—— 재정 적자를 이해하는 새로운 패러다임 ——

적자의 본질

THE DEFICIT MYTH

재정 적자를 이해하는 새로운 패러다임

THE DEFICIT MYTH

적자의 본질

MODERN MONETARY THEORY

STEPHANIE KELTON

스테파니 켈튼 지음 | 이가영 옮김

비즈니스맵

CONTENTS

범퍼 스티커 쇼크

“
문제를 일으키는 건, 모르는 게 아니라 확실히 안다는 착각이다.
”

– 마크 트웨인

2008년, 나는 캔자스주 로런스에 있는 집을 나와 캔자스시티 미주리 대학교로 가는 한 시간 남짓한 출근길에서 한 벤츠 SUV의 범퍼에 붙은 스티커를 봤다. 스티커에는 구부정하게 서서 텅 빈 바지 주머니를 뒤집어 보이는 한 남자가 그려져 있었다. 남자의 눈빛은 심각하게 굳어 있었다. 빨간색과 흰색의 줄무늬 바지에 진청색 재킷을 걸치고 머리에 별이 그려진 모자를 쓴 남자, 그는 엉클 샘Uncle Sam이었다.* 많은 미국인이 이 범퍼 스티커를 붙인 사람처럼 연방 정부가 빈털터리라고, 그래서 정부 예산으로

---

* 엉클 샘은 미국을 의인화한 상징이다.

는 우리 시대의 중요한 문제를 해결할 수 없다고 믿는다.

건강 보험, 사회 기반 시설, 교육, 기후 변화 같은 정책을 논의할 때마다 매번 이런 말이 나온다. '좋긴 한데, 그걸 무슨 돈으로 합니까?' 그 범퍼 스티커에는 미국의 재정 상태, 특히 연방 정부 적자에 관한 심한 불안과 불만이 드러나 있었다. 정부의 방만한 운영을 떠올릴 때마다 화가 나는 심정도 이해는 간다. 만일 우리 같은 개인이 정부처럼 돈을 썼다가는 그 스티커에 그려진 엉클 샘처럼 곧 파산하고 말 테니까.

하지만 만약 정부 재정이 일반 가정의 재정과 근본적으로 다르다면 어떨까? 내가 여러분에게 재정 적자라는 괴물이 가짜라는 사실과 사람이나 지구를 먼저 생각하는 경제가 가능하다는 사실을 증명해 보인다면, 돈을 구하는 게 문제가 아니라고 말한다면 어떨까?

코페르니쿠스와 그의 제자들은 태양이 지구 주위를 도는 게 아니라, 지구가 태양 주위를 돈다는 사실을 증명해 우주에 관한 우리의 생각을 바꿔 놓았다. 재정 적자, 그리고 재정 적자와 경제 사이의 관계에 대해서도 비슷한 발상의 전환이 필요하다. 전 국민의 삶의 질을 높일 방법은 생각보다 훨씬 많다. 다만, 우리의 발목을 잡는 착각들을 똑바로 들여다볼 필요가 있을 뿐이다.

이 책은 그동안 내가 앞장서서 주장해온 현대 화폐 이론MMT: Modern Monetary Theory이라는 관점을 통해 경제학의 코페르니쿠스적 전환을 설명한다. 미국, 영국, 일본, 호주, 캐나다 등 법정 화폐를 독점 발행하는 국가라면, 어디든 이 책의 주요 주장을 적용할 수 있다.[1] MMT는 정부 적자가 대체로 경제에 좋은 영향을 미친다는 사실을 입증함으로써, 우리가 정치와 경제를 보는 시각을 바꾼다. 재정 적자는 꼭 필요하다. 우리가 재정 적자를 보고 다룰 때 쓰는 낡은 방식은 부정확하거나 불완전하다. 점점 더 소수에게 부가 집중되는 것을 막고 모두가 잘사는 경제를 만들려면, 균형 재정이라는 잘못된 목표를 좇을 게 아니라, MMT에서 말하는 나랏돈, 즉 주권통화Sovereign Currency를 활용해 경제 균형 달성을 목표로 해야 한다.

전통적인 관점에서는 납세자가 통화 세계의 중심에 있다. 정부가 스스로 가진 돈이 없다고 믿기 때문이다. 이 관점에 따르면, 정부가 지출하는 모든 돈은, 결국 우리 같은 시민이 낸 것이다. MMT는 납세자가 아니라, 통화 발행 주체인 정부 자신이 지출 비용을 댄다는 사실을 간파해 우리의 인식을 뒤바꾼다. 물론 세금은 중요하지만, 뒤에서 이야기할 다른 이유들 때문이다. 세금으로 정부 지출을 충당한다는 믿음은 순전한 환상에 불과하다.

처음 들었을 때, 나는 이러한 주장에 회의적이었다. 사실 반발심마저 들었다. 경제학 박사 과정을 시작한 지 얼마 안 됐을 때, 나는 MMT의 주장을 반박하고자 미국 정부의 재정 활동과 통화 정책을 파고들었다. 이러한 주제로 학회지에 발표할 첫 번째 학술 논문을 작성할 무렵, 나는 내 가정이 틀렸음을 깨달았다. MMT를 뒷받침하는 핵심 개념은 처음엔 생소해 보일 수 있지만, 현실에서 정확성이 입증된 것들이다. MMT는 우리의 통화 시스템이 실제로 어떻게 작동하는지 보여주는 초당파적 관점이라고 볼 수도 있다. MMT의 설명력은 이념이나 정당을 가리지 않는다. MMT는 경제적으로 가능한 일을 명확히 보여줌으로써, 재정적 타당성에 가로막힌 정책 토론의 판도를 바꾼다. MMT는 좁은 시각에 갇혀 정책이 정부 재정에 미칠 영향을 따지기보다는, 넓은 시각에서 경제와 사회에 미칠 영향을 따지는 데 집중한다. 이러한 방식을 처음 주창한 사람은 케인스와 동시대를 산 경제학자인 아바 러너Abba P. Lerner이다. 그는 이 방식에 '기능적 재정Functional Finance'이라는 이름을 붙였다. 그는 정책이 하는 일, 즉 정책의 기능을 보고 정책을 판단하자고 주장했다. 정책이 물가 상승률을 적절히 유지하고 가난을 줄이고 소득과 부를 더 공평하게 분배하는가? 그렇다면, 매년 예산보다 정확히 얼마나 더 쓰는지(또는 썼는지)는 중요하지 않다.

물론 나도 단순히 돈만 더 쓰면 문제가 모두 해결될 거라고 믿는 건 아니다. 정부 재정에 '금전적' 제한이 없다고 해서, 정부가 할 수 있는 (그리고 해야 하는) 일을 제한하는 '실질적' 한계가 없는 건 아니다. 모든 경제에는 '실물 생산 자원'에 따라 정해지는 제한 최고 속도가 존재한다. 실물 생산 자원이란, 기술 수준, 땅의 너비와 비옥함, 노동력, 공장, 기계 등의 자원을 말한다. 만일 경제가 이미 최고 속도로 내달리는 상황에서 정부가 지출을 지나치게 늘린다면, 인플레이션이 가속화될 것이다. 제한은 있다. 하지만 그 제한이 정부의 지출 능력이나 재정 적자는 아니다. 제한은 인플레이션 압력과 실제 경제가 가진 자원이다. MMT는 불필요한 착각에 따라 정해진 자체적 제한과 진짜 제한을 구별한다.

어쩌면 여러분은 이미 현실에서 MMT의 주요 주장을 입증하는 장면을 봤을지도 모른다. 나는 미국 상원 의회에서 일할 때, 이런 장면을 가까이서 목격했다. 사회 보장 제도Social Security가 의제로 오르거나 교육이나 의료 예산을 늘리자는 주장이 나올 때마다, 재정 적자를 더 키울 수 없으니 돈을 '구해야' 한다는 말이 얼마나 많이 나오던지. 그런데 국방 예산을 늘릴 때나, 은행 구제 금융을 논의할 때나, 부자들의 세금을 감면해 줄 때는 재정 적자가 상당히 늘어날 게 분명한데도 별로 문제 삼지 않는다. 혹시 여러분도 눈치챘는가? 사실 의회의 동의만 있으면, 연방 정부는 언제든지 자금을 동원해 시급한 문제를 해결할 수 있다. 이것이 현실이다. 재정 적자는 1930년대에 루스벨트 대통령이 뉴딜 정책을 펴는 것을 막지 않았다. 달에 사람을 보내겠다는 케네디 대통령의 계획에 걸림돌이 되지도 않았다. 그리고 전쟁을 치르겠다는 의회를 가로막은 적도 없다.

이는 지갑을 여닫을 권한이 의회에 있기 때문이다. 의회가 정말로 하고 싶은 일이 있다면, 돈은 항상 거기 있다. 의원들이 마음만 먹는다면, 당장 오늘이라도 생활 수준을 높이기 위한 법을 제정하고, 교육이나 기술, 인프라처럼 장기적 성장에 꼭 필요한 분야에 공공 투자를 늘릴 수 있다. 지출할지 말지는 정치적 결정이다. 물론 모든 법안의 경제적 파급 효과는 신중히 따져야 한다. 하지만 임의로 정한 균형 예산이라는 목표나, 소위 재무 건전성이라 불리는 목표를 맹목적으로 추구하기 위해 정부 지출을 제한해서는 안 된다.

———

내가 2008년 11월에 엉클 샘이 그려진 범퍼 스티커를 목격한 건 아마 우연이 아니었을 것이다. 같은 해 발생한 금융 위기는 정부에 돈이 다 떨어졌다는 시대에 뒤처진 믿음에 지지 기반을 마련해 주었다. 당시 미국 경제는 대공황 이후 가장 심각한 불황을 겪고 있었다. 정말이지 미국이라는 나라 자체가 세계 여러 나라와 함께 파산을 향해 가고 있는 것만 같았다. 서브프라임 모기지 시장의 붕괴로 시작된 위기는 세계 금융 시장으로 번지더니 이어서 경제 전체가 무너져 내리면서 수백만 미국인의 직장과 집과 사업체를 앗아갔다.[2] 11월에만 80만 명의 미국인이 직장을 잃었다. 수백만 명이 실업 급여와 푸드 스탬프Food Stamp, 메디케이드Medicaid 같은 공공 보조를 신청했다. 경제가 깊은 불황의 늪으로 빠져들면서 세수가 급감하는 동시에 실업 급여 지출은 가파르게 늘어나, 재정 적자를 7,790억 달러라는 기록적인 수준까지 밀어 올렸다. 전국에 공포가 퍼져 있었다.

나를 포함한 MMT를 지지하는 사람들은 금융 위기를 후임 오바마 행정부에 과감한 정책 아이디어를 제안할 기회로 여겼다. 우리는 국회에 대규모 경기 부양에 나설 것을 촉구했고, 한시적 급여세 면제와 주 정부 및 지방 정부에 추가 자금 지원, 연방 일자리 보장 제도 도입 등을 요청했다. 하지만 의회는 추가 부양책을 추진할 마음이 없었다.

2009년 1월 16일경, 미국 4대 금융 회사의 기업 가치는 절반으로 떨어졌고 노동 시장에서는 한 달에 일자리가 수십만 개씩 사라지고 있었다. 1월 20일, 루스벨트와 마찬가지로 오바마 대통령은 역사적으로 긴박한 시기에 정권을 물려받았다. 그는 취임 후 30일이 채 지나기도 전에 7,870억 달러 규모의 경기 부양책이 실린 법안에 서명했다. 몇몇 참모는 경기 침체가 오래 지속되는 것을 막으려면, 최소 1.3조 달러가 필요하다면서 훨씬 더 많은 돈을 투입하라고 그를 압박했다. 하지만 다른 이들은 '조' 단위만 보면 움츠러들었다. 결국, 오바마는 겁에 질렸다.

왜? 재정 정책에 관한 한 오바마는 기본적으로 보수주의자였다. 서로 다른 숫자를 들이미는 사람들에게 둘러싸이자, 그는 결국 조심하는 쪽으로 결론을 내리고 제시된 액수 가운데 최저치를 고르는 실수를 범했다. 오바마 대통령 경제 자문 위원회 위원장이었던 크리스티나 로머Christina Romer는 겨우 7,870억 달러로는 그 정도 규모의 위기에 대응할 수 없다는 사실을 알고 있었다. 로머는 조 단위의 대규모 경기 부양책을 펴야 한다고 주장하면서 이렇게 말했다. "글쎄요, 대통령님. 이건 정말 '큰일 났다'고 말할 만한 상황인데요. 생각보다 상황이 심각합니다."[3] 로머의 계산으로는 더 깊은 침체를 향해 빠져들고 있는 경제를 부양하려면, 약 1.8조 달러를 투입해야 했다. 하지만 훗날 오바마의 수석 경제 고문이 된 하버드 경제학자이자 전 재무장관인 로런스 서머스Lawrence Summers가 로머의 의견을 반대하고 나섰다. 서머스는 규모를 더 키우는 편이 더 나아 보이기는 하지만, 의회에 1조 달러짜리 부양책을 통과시켜달라고 요청했다가는 비웃음만 살 거라면서 이렇게 말했다. "국민이 용납하지 않을 거예요. 의회를 절대 통과 못 할 겁니다."[4] 훗날 대통령 수석 고문 자리에 오른 데이비드 액설로드David Axelrod 또한 이에 동의해 조 단위가 넘는 부양책은 의회와 미국 시민에게 "터무니없는 금액"으로 받아들여질 거라면서 걱정했다.

나중에 의회를 통과한 이 7,870억 달러 규모의 경기 부양책에는 주 정부와 지방 정부 지원, 인프라와 환경 보호 프로젝트 투자, 민간 소비와 투자를 촉진하기 위한 상당한 규모의 세금 감면을 아우르는 정책이 포함됐다. 모두 도움이 됐지만, 절대 충분하지는 않았다. 경기는 후퇴했고, 재정 적자가 1.4조 달러를 넘어서자, 대통령을 상대로 붉은 글씨가 난무하는 정부 재무제표에 관한 질문이 이어졌다. 2009년 5월 23일, 오바마 대통령은 〈C-SPAN〉에 출연해 인터뷰했다. 당시에 쇼 호스트인 스티브 스컬리Steve Scully가 "언제 돈이 다 떨어질까요?"[5] 라고 묻자, 대통령은 이렇게 답했다. "글쎄요. 이미 돈은 다 떨어졌습니다." 그랬다. 엉클 샘 스티커를 범퍼에 붙인 운전자가 내내 하고 있던 걱정을 대통령이 확인해 준 것이다. 엉클 샘은 정말 빈털터리였다.

2007년 12월부터 2009년 6월까지 지속된 대침체는 미국을 비롯한 세계 여러 나라의 지역 공동체와 가정에 지울 수 없는 상처를 남겼다. 미국 노동 시장이 2007년 12월부터 2010년 초까지 손실된 870만 개 일자리를 복원하는 데는 6년이 넘는 시간이 걸렸다.[6] 1년 이상 일자리를 찾아 헤매는 사람이 수백만 명에 달했다. 그중 많은 수가 끝내 일자리를 찾지 못했다. 운 좋게 일자리를 찾은 사람도 파트타임 자리에 만족하거나, 원래 받던 급여보다 훨씬 적은 보수를 받아야 했다. 한편, 주택 압류로 인해 전체 주택 가치 가운데 8조 달러가 증발했고 2007년부터 2009년까지 210만 명의 아동을 포함해 630만 명이 빈곤으로 내몰렸다.[7]

국회는 더 많은 일을 할 수 있었고 그렇게 했어야만 했다. 하지만 부채 공포증의 뿌리는 깊었다. 2010년 1월, 여전히 실업률이 9.8%로 엄청나게 높았음에도, 오바마 대통령은 벌써 방향을 정반대로 틀고 있었다. 그달에 진행한 국정 연설에서 오바마 대통령은 "미국 전역에서 가족들이 허리띠를 졸라매고 어려운 결정을 내리고 있습니다. 연방 정부도 똑같이 해야 합니다"라는 말로 재정 부양을 그만두겠다고 전국에 선언했다. 이 말에 따라 자초한 고통의 시기는 계속됐다.

샌프란시스코 연방 은행FRBSF은 금융 위기와 지지부진한 회복이 2008년부터 2018년까지 미국 경제의 잠재 생산력을 7% 낮춘 것으로 추정했다. 정부가 일자리를 지키고 성장을 촉진하는 정책을 쓰지 않았기에 날아간, 우리가 만들어낼 수도 있었을 그 모든 물건과 서비스(그리고 소득)를 떠올려 보자. 올바른 정책적 대응을 하지 않음으로써 우리는 지역 공동체를 파괴하고 수조 달러의 경제 손실을 안긴 느리고 활력 없는 회복기를 자초했다. 샌프란시스코 연방 은행에 따르면, 이 10년 동안의 저성장은 미성년자를 포함하여 모든 미국인 한 명당 70,000달러의 손해를 끼쳤다.

우리는 왜 더 좋은 정책을 펴지 않았을까? 어쩌면 극심한 정당 양극화 때문에 대기업과 평범한 미국인 모두의 안전을 위협하는 국가 재난 상황에서조차 국회가 옳은 결정을 내릴 수 없었기 때문일지도 모른다. 확실히 이 답에는 어느 정도 일리가 있다. 2010년, 상원 다수당 대표인 미치 맥코널Mitch McConnell은 대놓고 이렇게 말하기도 했다. "우리에게 가장 중요한 유일한 목표는 오바마 대통령 임기를 이번 한 번으로 끝내는 것이다." 하지만 당파 정치만 장애물은 아니다. 그보다 더 큰 장애물은 지난 수십 년 동안 양당 모두 수용해 온 재정 적자를 둘러싼 히스테리이다.

정부가 재정 적자를 늘렸다면 회복기는 빠르고 활기찼을 것이며, 수백만 가정을 지키고 수조 달러의 경제적 손실을 막을 수 있었을 것이다. 하지만 실제 권력자들 가운데 적자를 늘리자고 주장한 사람은 아무도 없었다. 오바마 대통령도, 대다수 백악관 수석 고문도, 심지어 상·하원 모두에서 가장 진보적인 축에 드는 의원들조차도 그런 주장을 펼치지 않았다. 왜? 정말로 모두 정부에 돈이 떨어졌다고 믿은 걸까? 아니면 그저 벤츠 범퍼에 엉클 샘 스티커를 붙이고 다니는 유권자의 심기를 거스르고 싶지 않았던 걸까?

우리가 계속 재정 적자 자체를 문제로 여긴다면, 진짜 문제를 풀기 위해 재정 적자를 사용할 수 없다. 미국인 중 거의 절반(48%)이 대통령과 국회가 해야 할 가장 시급한 일로 연방 정부 적자 줄이기를 꼽았다. 이 책의 목표는 더 많은 사람이 정부 적자를 티끌만도 못한 문제로 생각하게 하는 데 있다. 쉽지는 않을 것이다. 그러려면 공공 담론을 이끌어 온 여러 착각과 오해를 꼼꼼히 파헤쳐야 하기 때문이다.

———————

이 책의 첫 여섯 장은 미국이라는 나라의 두 다리를 묶고 있는 적자에 관한 착각을 해체한다. 가장 먼저 공격할 착각은 연방 정부가 일반 가정처럼 예산을 운영해야 한다는 주장이다. 이보다 더 공포증을 유발하는 착각은 없다. 사실 연방 정부는 일반 가정이나 민간 기업과는 전혀 닮지 않았다. 다른 이들에겐 없는 미국 달러를 발행할 권한이 연방 정부에만 있기 때문이다. 연방 정부는 지출하기 전에 달러를 구할 필요가 없다. 하지만 우리는 달러를 구해야만 한다. 연방 정부가 갚지 못할 빚은 없다. 하지만 우리는 빚을 갚지 못할 수도 있다. 연방 정부는 절대 빈털터리가 되지 않는다. 하지만 우리는 빈털터리가 될 수 있다. 정부가 일반 가정처럼 돈을 쓰는 것은 주권 화폐가 가진 힘으로 국민의 삶을 개선할 기회를 내다 버리는 짓이다. 우리는 MMT를 통해 연방 정부 지출 규모를 제한하는 가장 중요한 요인이 세금 수입이나 차입금이 아닌, 인플레이션이라는 사실을 알게 될 것이다.

두 번째로 다룰 착각은 재정 적자가 과도한 지출의 증거라는 주장이다. 항상 재정 적자를 근거로 정부가 '분수를 모르고 써댄다'고 투덜대는 정치인들의 말을 듣다 보면, 이렇게 생각하기 쉽다. 하지만 잘못된 생각이다. 정부가 세금으로 걷은 돈보다 더 많이 쓸 때마다 장부에 적자가 기록되는 건 사실이다. 하지만 이것은 반쪽짜리 그림일 뿐이다. MMT는 간단한 회계 논리로 그림의 나머지 반쪽을 그려낸다. 정부가 경제에 100달러를 지출하고 90달러를 세금으로 걷었다고 가정해보자. 두 숫자의 차이를 우리는 '정부 적자'라고 부른다. 하지만 이 차액을 다른 방향에서 볼 수도 있다. 정부 적자는 곧 경제 내 다른 부문의 '흑자'다. 정부가 마이너스 10달러를 장부에 기록할 때마다, 정부를 제외한 다른 부문의 장부에는 플러스 10달러가 기록된다. 문제는 정책 결정자들이 한쪽 눈을 감고 그림을 본다는 데 있다. 이들은 재정 적자만 볼 뿐, 반대편에 기록된 같은 액수의 흑자는 보지 못한다. 다른 미국인들 또한 대개 이 흑자를 보지 못하기 때문에 자기 주머니에서 돈이 나간다는 뜻인 줄도 모르고 재정 균형을 달성하려는 노력에 박수를 보낸다. 연방 정부 지출이 과도할 수는 있지만, 재정 적자가 과도할 수는 없다. 과도한 지출의 증거는 인플레이션이다. 대개의 경우, 재정 적자는 너무 큰 게 아니라 너무 작다.

세 번째로 다룰 착각은 재정 적자가 다음 세대에 짐이 된다는 생각이다. 정치인들은 이러한 통념을 즐겨 말한다. 이들은 재정 적자가, 결국 우리 자식과 손주가 갚아야 할 빚이 되어 그들의 삶을 망칠 거라고 목소리를 높인다. 이러한 착각을 퍼뜨린 대표적 인물은 로널드 레이건Ronald Reagan이다. 하지만 버니 샌더스Bernie Sanders 상원 의원조차 레이건의 말을 그대로 되풀이 하고 있다. 샌더스는 이렇게 말했다. "저는 국가 부채를 우려하고 있습니다. 우리 아이들과 손주들에게 물려줘선 안 될 것이니까요."[8]

이러한 표현은 매우 울림이 강하지만, 경제학적 근거는 빈약하다. 역사적으로도 이 주장은 옳지 않다. 미국의 GDP 대비 국가 부채 비율이 가장 높았던(120%) 시절은 2차 세계 대전 직후다. 이 기간에 미국에서는 탄탄한 중산층이 형성됐으며, 가계의 실질 중위 소득이 가파르게 증가했다. 그다음 세대는 세금이 올라서 부담을 느끼기는커녕 더 높은 생활 수준을 즐겼다. 사실 재정 적자는 미래 세대에 금전적 부담을 지우지 않는다. 재정 적자를 늘린다고 미래 세대가 더 가난해지지는 않으며, 재정 적자를 줄인다고 미래 세대가 더 부유해지는 것도 아니다.

네 번째로 해체할 착각은 정부 적자가 민간 투자를 밀어내 장기 성장을 저해한다는 주장이다. 이는 주로 경제에 관해 더 잘 알아야 마땅할 주류 경제학자와 정치통 사이에서 도는 이야기이다. 이러한 통념의 바탕에는 정부가 적자를 메꿀 자금을 구하기 위해 한정된 저축을 두고 다른 차입자들과 다툰다는 잘못된 가정이 깔렸다. 민간 부문에 투자되어 장기적으로 성장률을 높여야 할 저축 자금 중 일부를 정부가 가져가 버린다는 것이다. 우리는 왜 그 반대가 맞는지 보게 될 것이다. 재정 적자는 사실 민간 저축을 늘리며, 오히려 대개 민간 투자를 끌어들인다.

다섯 번째로 다룰 착각은 재정 적자가 미국을 다른 나라에 의존하게 만든다는 주장이다. 이러한 통념은 중국이나 일본처럼 미국 국채를 대량으로 보유한 나라가 미국에 막대한 영향력을 행사한다고 믿게 한다. 우리는 이것이 정치인들이 일부러, 또는 잘 몰라서 퍼뜨리는 지어낸 이야기임을 보게 될 것이다. 이러한 통념은 시급히 자금을 투입해야 하는 사회 보장 프로그램에 돈을 지원하지 않는 핑계로 동원될 때가 많다. 때때로 이 통념은 정부가 책임감 없이 외국이 발행한 신용 카드나 긁고 있다는 비유로 나타난다. 하지만 이는 달러를 중국이 만드는 게 아니라는 사실을 간과한 말이다. 달러를 만드는 건 미국이다. 사실 미국은 중국으로부터 달러를 빌린 게 아니라, 중국에 달러를 공급한 것이다. 그리고 중국이 받은 달러를 이자를 주는 안전한 자산인 미국 국채로 바꾸는 것을 허락했을 뿐이다. 이는 전혀 위험하거나 사악한 일이 아니다. 미국은 원한다면 언제든 키보드를 두드려 손쉽게 부채를 갚을 수 있다. 외국에 미래를 저당 잡혔다는 생각은 주권 통화가 실제로 어떻게 작동하는지 이해하지 못해서 (또는 정치적 목적으로 일부러 사실을 곡해해서) 생긴 또 다른 공포증일 뿐이다.

여섯 번째로 다룰 착각은 복지 제도가 우리를 장기적 재정 위기로 몰아가고 있다는 주장이다. 범인으로 지목된 건 사회 보장 제도, 메디케어 Medicare, 메디케이드다. 나는 여러분에게 왜 이 주장이 틀렸는지 설명할 것이다. 예를 들어, 사회 보장 수당을 꼭 깎아야 할 정당한 이유는 없다. 정부에 돈이 떨어질 리 없기 때문에 미래에도 언제나 약속한 돈을 지급할 수 있다. 정치인들은 이들 프로그램에 들어가는 금전적 비용을 놓고 싸우기보다는 누구의 정책이 국민의 요구사항을 충족시킬 가능성이 큰지를 두고 논쟁해야 할 것이다. 자금줄은 마르지 않는다. 우리는 돈을 어떻게 구할지보다 그 돈으로 무엇을 살지 물어야 한다. 진짜 문제는 인구 구조와 기후가 변하면서 가용 자원이 부족해질 수 있다는 것이다. 우리는 최대한의 노력을 기울여 실물 자원을 관리하고 베이비 붐 세대가 나이 들어 직장을 떠나더라도 생산량을 유지할 수 있도록 대비해야 한다. 하지만 수당을 지급하는 일만 놓고 보면, 우리는 지금 은퇴하는 세대와 미래에 은퇴할 세대에 모두 약속한 은퇴 수당을 지급할 수 있다.

이 여섯 가지 착각이 근본적으로 잘못된 이유를 명백한 증거와 함께 다 살펴본 다음에는 정말 중요한 적자(결핍)들에 대해 다룰 것이다. 우리가 처한 진짜 위기는 연방 정부 적자나 복지 정책과는 아무 상관이 없다. 미국 아동 가운데 21%가 가난하다는 사실, 이것이 위기다. 미국의 인프라가 고작 D+라는 점수를 받았다는 사실, 이것이 위기다. 오늘날 미국의 불평등 수치가 도금 시대만큼이나 높다는 사실, 이것이 위기다. 평범한 미국 노동자의 실질 임금이 1970년대 이후 거의 한 푼도 오르지 않았다는 사실, 이것이 위기다. 4,400만 명의 미국인이 1.6조 달러의 학자금 대출에 매여 있다는 사실, 이것이 위기다. 그리고 만일 우리가 기후 변화를 가속화하고 지구 생태계를 파괴한다면, 결국 그 무엇도 '돈으로 살' 수 없을 거라는 사실, 아마 이것이 가장 큰 위기일 것이다.

이들이야말로 진짜 위기다. 국가 부채는 위기가 아니다.

———

2017년에 트럼프 대통령이 서명한 감세안의 문제는 적자를 키웠다는 게 아니라, 적자를 내서 가장 도움이 필요하지 않은 사람들을 도왔다는 것이다. 이 감세안은 불평등을 심화시켰고 정치·경제적 권력을 더욱더 소수에게 몰아주었다. MMT는 꼭 정부 수입을 늘리지 않아도 우리가 원하는 사업에 자금을 대고 더 나은 경제를 만들 수 있음을 알려준다. 물론 우리는 부자들에게 세금을 물릴 수 있고, 또 그렇게 해야만 한다. 하지만 그들이 낸 세금이 없으면, 아무것도 할 수 없기 때문은 아니다. 우리가 억만장자들에게 세금을 물리는 이유는 부와 소득을 균형 있게 분배하고 민주주의를 지키기 위해서다. 그러나 가난을 해결하거나, 코레타 스콧 킹Coretta Scott King이 주장한 생활 임금을 지급하는 연방 일자리 보장 제도를 도입하기 위해 부자들이 가진 돼지 저금통의 배를 갈라야 할 필요는 없다. 우리에게는 이미 필요한 도구가 있다. 엄청나게 부유한 자들의 세금에 의존하는 척 가장하는 행위는 잘못된 신호를 전달해, 그들이 우리의 목표를 달성하는 데 실제보다 더 중요한 역할을 하는 것처럼 보이게 만든다. 그렇다고 적자는 상관없으니 조심하던 버릇은 내던진 채, 그저 쓰고, 쓰고, 또 쓰자는 말은 아니다. 내가 지지하는 경제학파(MMT)는 연방 정부에 오히려 더 많은 '재정적 책임'을 묻는다. 그저 자원을 책임감 있게 배분하는 행동의 기준을 재정의할 뿐이다. 재정 적자에 관한 잘못된 생각 때문에 현재 우리 경제에는 너무 많은 쓰레기와 손대지 않은 잠재력이 공존하고 있다.

MMT는 우리에게 새로운 정치와 경제를 상상할 힘을 준다. MMT는 견고한 경제 이론을 무기로 정치판에 퍼져 있는 '좌우를 막론한' 통념에 대항한다. 전 세계 정책 결정자, 학자, 중앙은행, 재무 장관, 활동가, 일반 시민이 MMT에 큰 관심을 보이는 건 바로 이 때문이다. MMT의 관점은 우리에게 다른 사회를 만들 수 있음을 보여준다. 그 사회에서 우리는 의료, 교육, 건실한 인프라 등에 충분히 투자할 수 있을 것이다. MMT는 희소성 이론이 아닌 기회의 이론을 설파한다. 우리의 발목을 잡는 공포증에서 벗어나 정부 적자가 경제에 도움이 된다는 사실을 받아들이기만 하면, 우리는 인간의 욕구와 공익을 우선시하는 재정 정책을 펼 수 있다. 잃을 것은 스스로 정한 제약뿐이다.

미국은 세계 역사상 가장 부유한 나라다. 미국인들은 가장 가난했던 대공황기 때조차 사회 보장 제도와 최저 임금을 도입하고 시골 마을에 전기를 설치하고 연방 정부 주택 융자금 지원 사업을 시작하고 자금을 투자해 대규모 일자리 정책을 폈다. 『오즈의 마법사』에 나오는 도로시 일행처럼 우리는 환상에서 깨어나, 우리에게 충분한 힘이 있음을 다시금 기억해야 한다.

제1장 **가정 경제는 생각하지 마**

가정 경제는
생각하지 마

> **"**
>
> 미국 전역에서 많은 가정이 허리띠를 졸라매고 어려운 결정을
> 내리고 있습니다. 연방 정부도 똑같이 해야 합니다.
>
> **"**
>
> – 오바마 대통령, 2010년 국정연설

첫 번째 착각

연방 정부는 일반 가정처럼 돈을 관리해야 한다.

현실

일반 가정과 달리 연방 정부는 자신이 쓰는 돈을 직접 발행한다.

여느 미국 아이들처럼 나는 〈세서미 스트리트Sesame Street〉를 보며 자랐다. 〈세서미 스트리트〉에는 비슷한 것과 다른 것을 구분하는 능력을 길러주는 코너가 있다. '이 중 하나는 다른 것과 달라요'라는 노래가 나오며 코너가 시작되고, 화면에 보기 네 개가 등장했다. 바나나, 오렌지, 파인애플, 샌드위치. "샌드위치, 샌드위치!" 우리 자매는 TV에 대고 외쳤다. 나는 이제 어린아이가 아니다. 하지만 여전히 연방 정부 재정이 가정 경제와 다를 바 없다고 말하는 사람을 보면, TV에 대고 소리를 지르고 만다.

누군가 연방 정부 재정을 정상화해야 한다고 투덜거린다면, 그게 바로 가정 경제 착각에 빠진 것이다. 이러한 불만에는 연방 정부가 일반 가정과 똑같이 돈 관리를 해야 한다는 잘못된 생각이 깃들어 있다. 이 책에서 다룰 모든 잘못된 착각 가운데 가장 해로운 착각이 있다면, 단언컨대 가정 경제 착각일 것이다.

가정 경제 공포증은 쉬운 말로 유권자와 소통하고 싶어 하는 정치인들이 가장 즐겨 유발하는 공포증이다. 정부 재정을 유권자가 이미 잘 아는 가정 경제에 빗대 설명하는 것보다 더 쉽게 설명할 방법은 아마 없을 것이다. 우리는 모두 소득에 맞는 소비가 중요하다는 걸 안다. 그래서 정부도 우리처럼 소득에 맞는 소비를 해야 한다는 말을 친숙하고 당연하게 받아들인다. 어느새 정부 재정에는 주방 식탁 위에서 가계부를 쓰는 소탈한 그림이 덧입혀진다.

모두 한 번쯤 이런 장면을 봤을 것이다. 정치인들은 선거 광고나 미국 이곳저곳에서 열리는 타운홀 미팅에 등장해 소상공인이나 성실한 식당 종업원을 책임감 있게 돈을 쓰는 좋은 사람으로 치켜세운다. 평범한 미국인의 고충을 강조하고 식탁에 앉아 가계부를 적으며 적자가 날까 봐 전전긍긍하는 우리 자신을 떠올리게 한다. 그다음에는 분노를 자아내길 바라며, 대화의 초점을 연방 정부로 옮긴다. 연방 정부가 버릇처럼 무책임하게 돈을 써대는 통에 미국의 가계부가 항상 적자를 면치 못한다고 호통친다.

이런 이야기는 너무 익숙해서 쉽게 공감을 자아낸다. 돈을 잘 관리하고 버는 것보다 더 쓰지 않도록 분수에 맞는 생활을 해야 한다는 사실은 다들 알고 있다. 소득 중 일부를 미래를 위해 저축하고 돈을 빌릴 때 각별히 조심해야 한다는 사실도 마찬가지다. 빚을 너무 많이 지면 재산을 압류당하거나 파산할 수 있다. 심한 경우 감옥에 가야 할지도 모른다.

우리는 누구나 빈털터리가 될 수 있음을 안다. 라디오색Radio Shack이나 토이저러스Toys "R" Us, Inc. 같은 대기업조차 빚을 갚지 못해서 파산하지 않았던가. 심지어 시 정부(디트로이트)나 주 정부(캔자스주)도 수입보다 지출이 더 크면 심각한 문제를 겪는다. 식탁에 앉아 가계부를 써 본 사람이라면 모두 이런 현실을 알고 있다. 이들이 모르는 건 연방 정부(엉클 샘)는 다르다는 사실이다.

이제 MMT의 핵심으로 뛰어들어 연방 정부는 왜 다른지 알아보자.

통화 발행자와 통화 사용자

MMT의 출발점은 미국의 국가 통화인 미국 달러를 미국 정부가 발행하며, 오로지 미국 정부만 합법적으로 발행할 수 있다는 단순하고 논쟁의 여지 없는 사실이다. 미국 재무부와 재무 대행 기관인 연방 준비 제도(이하 연준)는 미국 달러를 발행할 권한을 가지고 있다. 여기에는 우리 주머니에 들어 있는 동전을 찍을 권한, 지갑에 들어 있는 지폐를 인쇄할 권한, 은행 대차대조표상의 숫자로만 존재하는 지급 준비금이라는 전자 달러를 발행할 권한 등이 모두 포함된다. 재무부는 동전을 발행하고 나머지 통화는 연준이 발행한다. 이 사실이 의미하는 바를 제대로 이해하기만 하면, 적자 공포증의 많은 부분을 스스로 깰 수 있다.

이전까지 이 사실에 대해 아무런 생각이 없었더라도, 이미 여러분은 마음 한편으로 이 단순한 진실의 의미를 깨달았을지도 모른다. 이렇게 생각해보자. '나'는 미국 달러를 가질 수 있나? 물론이다. 돈을 '벌면' 되니까. 하지만 내가 미국 달러를 만들 수 있을까? 물론 지하실에 정교한 인쇄 기계를 들여놓고 미국 달러와 거의 비슷한 것을 만들 수는 있다. 아니면 연준의 컴퓨터를 해킹한 뒤, 숫자를 입력해 전자 달러를 만들 수도 있을 것이다. 하지만 달러를 위조하면 죄수복을 입는다는 건 모두 아는 사실이다. 이유는 미국 헌법이 연방 정부에 달러의 '독점' 발행 권한을 주었기 때문이다.[1] 세인트루이스 연방 준비은행의 말처럼, 미국 정부는 "미국 달러의 유일한 생산자다."[2]

모두 알다시피 '독점'이라는 말은 특정 상품을 시장에 내놓는 공급자가 하나밖에 없다는 뜻이다. 연방 정부가 미국 달러의 '유일한' 생산자이므로, 우리는 연방 정부가 달러에 대한 전매권을 갖는다고 생각할 수 있다. 그러니까 연방 정부는 달러에 대해 절대 만료되지 않는 특별한 저작권을 가진 셈이다. 이 저작권은 미국의 건국자들이 법으로 명시한 독점 권한이다. 가정, 기업, 주 정부, 지역 정부는 달러를 발행할 수 없다. 오로지 연방 정부만이 우리가 쓰는 미국 달러를 '발행'할 수 있다. 다른 사람은 모두 그저 달러를 '사용'할 뿐이다. 달러를 발행할 권한은 신중하게 행사해야 할 특권이다.

다시 〈세서미 스트리트〉 이야기로 돌아가자. 이제 우리는 [자료 1]에 제시된 보기 가운데 성질이 다른 하나를 쉽게 찾아낼 수 있다.

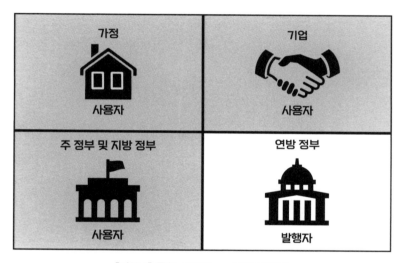

[자료 1] 통화 사용자 vs. 통화 발행자

통화 '사용자'와 통화 '발행자'의 구분은 MMT의 핵심이다. 앞으로 보게 될 것처럼, 이 차이는 의료, 기후 변화, 사회 보장 제도, 국제 무역, 불평등 같은 우리 시대의 주요 정치 쟁점에 엄청난 영향을 미친다.

통화를 독점적으로 발행할 수 있다고 해서 모든 나라가 통화 발행자에게 주어지는 특권을 완전히 행사할 수 있는 건 아니다. 권한을 제대로 행사하려면, 국가는 자신이 발행한 통화를 다른 자산(금 또는 다른 통화)으로 바꿔주겠다고 약속하지 않아야 한다. 이들 자산은 언제든 바닥날 수 있기 때문이다. 또한, 자신이 발행할 수 없는 다른 화폐를 차입하는(빚지는) 것도 조심해야 한다.[3] 자체 불환(명목) 화폐를 발행하면서 자신이 발행하는 화폐만 빌리는 나라는 화폐 주권을 가진다.[4] 화폐 주권을 지닌 나라는 일반 가정처럼 예산을 운용할 필요가 없다. 이들은 화폐 발행 능력을 활용해 완전 고용 유지를 목표로 정책을 펼 수 있다.

가끔 사람들은 미국이 아닌 다른 나라에도 MMT를 적용할 수 있는지 묻는다. 물론 가능하다! 미국 달러가 가진 국제 준비 통화라는 지위가 특별한 건 사실이지만, 사람을 위해 움직이는 통화 체제를 구축할 힘이 있는 나라는 미국 외에도 많다. 그러니 해외에 사는 독자들도 이 책이 자기 나라나 자신에게 중요한 교훈을 던져주지 못할 거라고 섣불리 판단하지 않길 바란다. 사실 높은 수준의 화폐 주권을 지닌 나라라면, '어디든' MMT를 적용해 정책을 새로 만들거나 개선할 수 있다. 미국, 일본, 영국, 호주, 캐나다 외 수많은 나라가 여기에 해당한다. 또, 5장에서 다룰 내용처럼 파나마, 튀니지, 그리스, 베네수엘라 등 화폐 주권이 약하거나 없는 나라도 MMT로부터 많은 시사점을 얻을 수 있다.

MMT는 고정 환율제였던 2001년 이전의 아르헨티나나 외국 통화로 표시된 부채를 차입한 베네수엘라 같은 나라의 화폐 주권이 약해진 이유와 이들 국가가 마치 이탈리아나 그리스 같은 유로존 국가처럼 통화 사용자가 직면한 제약을 받게 된 이유를 설명해 준다. 화폐 주권이 약하거나 없는 나라는 예산에 맞춰 돈을 쓰는 것을 우선순위에 두지 않으면, 일반 가계처럼 감당할 수 없는 빚을 지게 된다. 하지만 미국은 돈이 떨어질까 봐 걱정할 필요가 전혀 없다. 미국 정부는 아무리 큰 빚이라도 언제든 갚을 수 있다. 미국이 유로Euro를 쓰기 위해 드라크마Drachma 발행을 중단하고 화폐 주권을 포기한 그리스처럼 될 가능성은 없다. 미국은 중국(또는 다른 나라)에 의존해 자금을 조달하지 않는다. 무엇보다 중요한 사실은 화폐 주권을 가지고 있으면 돈을 어떻게 구할지 고민할 필요 없이 시민의 안전과 삶의 질을 최우선으로 고려해 국가 정책을 펼 수 있다는 것이다.

대처의 잘못된 금언: (TAB)S과세 및 차입 후 지출

훗날 유명해진 1983년 연설에서 영국 총리 마거릿 대처Margaret Thatcher는 이렇게 말했다. "국가에는 시민이 번 돈 외의 다른 자금원이 없습니다. 만약 국가가 돈을 더 쓰고자 한다면, 여러분이 저축한 돈을 빌리거나 세금을 더 걷을 수밖에 없습니다."[5] 이는 정부 재정이 가계 재정과 똑같은 제약을 받는다는 말의 대처식 표현이다. 이 말 대로라면 정부가 돈을 더 쓰려면 무조건 돈을 더 걷어야 한다. 이어서 대처는 "우리는 나랏돈 따위는 없다는 사실을 알고 있습니다. 납세자의 돈이 있을 뿐입니다"라고 덧붙였다. 정부에 뭘 더 해달라고 요구하려면, 비용은 영국 국민이 치러야 한다는 뜻이었다.

이 말은 악의 없는 실수였을까, 아니면 영국인들이 정부에 뭘 더 바라지 못하게 하려고 신중히 지어낸 말이었을까? 어느 쪽인지는 알 수 없다. 의도가 무엇이든 대처의 말은 국가의 화폐 발행 능력을 숨기고 있다. 30년도 더 지났지만, 여전히 영국과 미국을 포함한 여러 통화 발행국의 정치 지도자들은 마치 납세자인 우리가 정부 지출 자금의 궁극적 출처라는 듯이 말한다. 얼마 전에도 전임 영국 총리인 테레사 메이Theresa May가 정부에 "마법의 돈 나무"는 없다고 말했다.[6] 이들의 말에 따르면, '우리' 돈을 더 가져가지 않는 한, 정부는 새로운 대형 사업을 시작할 돈은커녕 지금 하는 일에 쓸 돈조차 부족하다.

정부가 돈을 더 쓰려면, 세금을 더 걷어야 한다는 말은 대부분에게 일리 있는 말로 들릴 것이다. 정치인들은 이 사실을 알고 있다. 그들이 아는 또 한 가지는, 사람들이 대부분 세금을 더 내는 걸 싫어한다는 것이다. 그래서 정치인들은 어떻게 하면 평범한 사람들이 내는 세금을 올리지 않고도 큰일을 할 수 있다고 장담해서 표를 받을 수 있을지 고심한다. 예를 들어, 도널드 트럼프는 국경 장벽을 세우는 데 드는 돈을 멕시코가 부담하게 하겠다고 약속했다. 그런가 하면 민주당 후보들은 월가의 은행과 부자들에게 세금을 매기면, 자신들의 야심 찬 정책을 시행할 돈을 충분히 마련할 수 있다고 주장한다. 아무튼, 뭘 하려면 '어디선가' 돈을 구해 와야 한다. 그렇지 않나? 하지만 사실 우리는 정반대로 알고 있다. 왜 그런지 따져보기 전에 먼저 전통적인 사고방식에 대해 알아보자. 그러면 실제와 낡은 사고방식의 차이를 더 쉽게 비교할 수 있을 것이다.

앞서 말했듯, 우리는 자신의 돈 관리 방식에 익숙해져 있다. 우리가 알기로는 돈을 쓰려면, 먼저 돈을 구해야 한다. 그러니 정부가 돈을 쓰려면, 먼저 돈을 걷어야 한다는 말은 당연히 옳은 말로 들린다. 우리가 경험하기로는 돈 없이 백화점에 들어가 새 신발을 신고 나오거나 자동차 판매장에 들러 스포츠카를 몰고 나올 수는 없다. 전통적인 사고방식에 따르면, 정부가 돈을 모으는 방법은 두 가지로, 세금을 걷거나 국민이 저축해둔 돈을 빌리는 것이다. 세금은 국민이 가진 돈을 정부가 걷을 수 있게 해 준다. 즉, 세금은 돈을 정부로 옮기는 수단인 셈이다. 만일 정부가 세금으로 걷은 돈보다 더 많이 지출하길 원한다면, 저축자들로부터 돈을 빌려서 부족한 자금을 보충해야 한다. 어떤 방법을 쓰든 간에 정부가 돈을 쓰기 '전'에 돈을 구해야 한다는 생각은 동일하다. 우리는 대체로 정부의 재정 활동을 이런 순서로 생각해야 한다고 배웠다. 과세와 차입이 먼저고 지출은 맨 마지막이라고 말이다. 이제 이 전통적인 사고방식을 (TAB)S라고 부르자. 과세Taxing 및And 차입Borrowing 후 지출Spending의 영어 두문자를 딴 것이다.

우리는 정부가 돈을 쓰려면, 먼저 '돈을 마련해야' 한다고 믿도록 교육받았다. 그래서 모든 사람이 '돈은 어떻게 마련하지?'라는 질문에 강박적으로 매달린다. 우리는 선출직 공무원이 지출을 늘리려고 할 때마다 재원 마련 방안을 1달러 단위까지 보여주길 바란다. 매우 진보적인 후보조차 재정 적자를 늘리는 건 자살 행위라고 생각한다. 사정이 이렇다 보니 돈을 더 빌리는 건 거의 언제나 선택지에서 제외된다. 결국, 후보들은 자신의 정책이 적자를 늘리지 않을 거라고 주장하기 위해 세수를 쥐어짤 방법을 고심한다. 주 표적은 세금을 더 낼 여유가 있는 사람들이다. 예를 들어, 버니 샌더스 상원 의원은 금융 거래세를 물리면 무상 공립대학을 세울 돈을 마련할 수 있다고 주장했다. 엘리자베스 워런Elizabeth Warren 상원 의원은 5천만 달러 이상의 자산에 2%의 세금을 물리면, 학자금 대출의 95%를 감면하고 보편적인 무상 보육과 무료 대학 교육을 하는 데 충분하다고 말했다. 둘 다 미국 초부유층에만 세금을 물려서 모든 비용을 충당할 수 있다고 주장하기 위해 한 말이다. 앞으로 보게 될 내용처럼, 사실 세금을 더 걷지 않아도 새로운 사업에 지출할 여력이 있을 때가 많다. 재정 적자를 늘리는 일을 금기시해선 안 된다. 세금은 무척 중요하지만, 정부가 우리 경제에 돈을 투자하려 할 때마다 세금을 더 걷어야 할 이유는 없다.

현실에서 연방 정부가 지출을 모두 상쇄할 만큼 많은 세금을 걷는 경우는 없다고 해도 될 정도로 드물다. 보통은 적자가 난다. 워싱턴에서 일하는 사람이라면, 모두 이 사실을 알고 있다. 물론 유권자들도 마찬가지다. 이렇다 보니 많은 정치인은 의회가 너무 늦기 전에 연방 정부 재정을 정상화해야 한다고 주장한다. 2018년, 민주당은 원내 대표인 낸시 펠로시(Nancy Pelosi, 캘리포니아 민주당 의원)의 지휘하에 페이고 원칙PAYGO을 다시 도입했다. 선량하고 보수적인 일반 가정식 재정 운영을 해나가겠다는 의지의 표명이었다. 페이고 원칙이 있는 한, 정부 지출을 늘리기 위해 돈을 더 빌리는 일은 원칙적으로 불가능하다. (TAB)S에서 차입Borrowing이 빠지고 (T)S가 되는 것이다. 그래서 의원들은 지출을 늘리려면, 재원 마련을 위해

세금을 더 걷어야 한다는 강한 압박에 시달린다.[7]

이게 정치적으로 좋은 전략일까? 경제적으로는 어떨까? 겉으로 보기에 페이고 원칙은 예산을 건전하게 운영하는 데 도움이 될 것처럼 '보인'다. 하지만 사실은 연방 정부가 실제로 어떻게 지출하는지 잘 몰라서 생긴 원칙이다. 알고 보면 모든 게 정반대다.

통화 발행자가 돈을 쓰는 법: S(TAB)

(TAB)S가 워낙 익숙한 사고방식이다 보니, 사람들은 대부분 저마다의 (TAB)S 모형을 마음속에 품고 있다. 연방 정부 재정이 어떻게 돌아가는지 시간을 들여 '스스로' 생각해 본 적 없는 사람이라도, 아마 자신이 돈을 내야 정부가 돈을 쓸 수 있다고 믿을 것이다. 어쩌면 매년 4월 국세청IRS에 세금을 낼 때마다, 저소득층에게 살 집을, 공무원에게 월급을, 농부에게 보조금을 지급하는 데 작으나마 이바지했다는 뿌듯함과 함께 약간의 애국심마저 느낄지도 모르겠다. 불편한 소식을 전하기는 싫지만, 사실 현실은 전혀 다르다. 이미 앉아 있는 게 아니라면, 일단 앉아서 듣길 바란다. 준비됐는가? 사실 우리가 낸 세금은 아무 데에도 쓰이지 않는다. 적어도 연방 정부에 내는 세금은 그렇다. 정부는 '우리' 돈이 필요 없다. 오히려 우리가 '정부' 돈이 필요하다. 우리는 지금껏 완전히 반대로 알고 있었다!

실제 과세와 지출이 어떻게 이루어지는지 처음으로 알게 됐을 때, 나는 쉽게 받아들일 수 없었다. 1997년의 일이었다. 나는 경제학 박사 과정을 밟고 있었다. 누군가 내게 『연화 경제학Softy Currency Economics』이라는 작은 책을 소개했다.[8] 저자인 워런 모슬러Warren Mosler는 경제학자가 아니라 성공한 월스트리트 투자자였다. 그는 직업 경제학자들이 거의 모든 것을 틀리게 알고 있다고 말했다. 나는 그 책을 읽었지만, 그의 주장에 동의하지는 않았다.

모슬러에 따르면, 정부는 지출을 먼저 한 다음 과세 또는 차입을 한다. 대처의 금언과는 완전히 반대되는 순서다. 기호를 재배열하면 S(TAB), 즉 지출Spending 후 과세Taxing 및And 차입Borrowing이 된다. 모슬러의 논리대로라면, 정부는 세금을 걷거나 돈을 빌려서 돈을 마련하는 게 아니라, 지출함으로써 화폐를 창출한다. 모슬러는 대다수 경제학자가 놓치고 있던 사실을 알아차렸다. 많은 경제학자에게 그의 생각은 완전히 새로운 주장처럼 들렸다. 하지만 그의 주장은 경제학자들만 새롭게 느꼈을 뿐, 대부분 전혀 새로운 것이 아니었다. 알고 보니 애덤 스미스의 『국부론』과 존 메이너드 케인스의 두 권짜리 역작, 『화폐론』 같은 고전에도 같은 주장이 실려 있었다(경제학자들이 이를 찾아냈다). 인류학, 사회학, 철학 등 다른 분야에서는 이미 오래전에 돈의 본성과 조세의 역할에 대해 비슷한 결론을 내렸다. 경제학만 엄청나게 뒤처져 있었던 셈이다.

모슬러는 MMT의 아버지로 불린다. 1990년대에 일부 경제학자에게 이 생각을 알린 사람이 모슬러였기 때문이다. 그는 자신이 어떻게 해서 과세와 정부 지출에 대해 이렇게 생각하게 됐는지는 잘 모르겠지만, 금융 시장에서 오래 일하다 보니 갑자기 그런 생각이 들었다고 했다. 모슬러는 오랫동안 금융 상품을 거래하고 은행 계좌 사이에 돈이 오가는 것을 지켜 봤기 때문에 대변과 차변 개념에 익숙했다. 어느 날, 그는 모든 달러가 원래 어디서 왔는지 생각하기 시작했다. 그리고 정부가 우리로부터 달러를 가져가기 위해서는(차변(출금)], 먼저 우리에게 달러를 줬어야 한다[대변(입금)] 는 생각을 떠올렸다. 모슬러는 추론을 통해 무조건 정부 지출이 선행해야 한다는 사실을 알아냈다. 아니라면, 사람들이 어디서 돈을 구해서 세금을 내겠는가? 그의 주장에 논리상 허점은 없어 보였지만, 나는 이 말이 옳을 리 없다고 확신했다. 어떻게 이 말이 사실일 수 있겠는가? 그의 주장은 내가 알고 있다고 믿었던 돈, 세금, 정부 지출에 관한 모든 것을 근본부터 뒤집어 놓았다. 케임브리지 대학교에서 세계적으로 유명한 경제학자들로부터 경제학을 배우는 동안, 이런 이야기를 해 준 교수님은 단 한 분도 없었다. 사실 내가 배운 모든 경제 모델은 정부가 돈을 쓰려면, 먼저 조세나 차입을 통해 돈을 마련해야 한다는 대처의 금언에 더 잘 부합했다.[9] 정말로 거의 모든 사람이 틀리게 알고 있는 걸까? 답을 찾아야만 했다.

　1998년, 나는 플로리다 웨스트팜비치에 있는 모슬러의 집을 방문해 몇 시간 동안 모슬러의 생각과 설명을 들었다. 모슬러는 미국 달러가 "단순한 정부 독점"이라면서 설명을 시작했다. 연방 정부가 달러의 유일한 공급자이니, 정부가 다른 사람에게서 달러를 구해야 한다는 생각은 어리석은 발상이었다. 당연히 달러 발행자인 정부는 달러를 원하는 만큼 가질 수 있다. 모슬러는 이렇게 말했다. "정부가 원하는 건 달러가 아닙니다. 정부는 다른 걸 원하죠."

"그럼 정부가 원하는 게 뭐죠?" 내가 물었다.

"정부가 원하는 건 '지원' 그 자체입니다. 세금은 돈을 마련하기 위해 있는 게 아니라, 사람들이 정부를 위해 일하고 정부를 위해 무언가를 만들어내도록 하려고 있는 거예요."

"무언가라면, 구체적으로 어떤 걸 말하는 건가요?"

"군대, 사법 체계, 공원, 병원, 도로, 다리 같은 것들이죠."

사람들이 그런 일을 하게 하려고 정부는 세금, 공공요금, 벌금 같은 지급 의무를 지운다. 세금은 정부 화폐의 수요를 창출하기 위해 있다. 세금을 내려면, 그 전에 일을 해서 정부가 발행한 화폐를 손에 넣어야 하니까.

어리둥절했다. 그러자 모슬러가 이야기를 하나 들려주었다.

모슬러는 바닷가의 수영장 딸린 아름다운 집에서 모든 사람이 선망할 만한 부유한 삶을 누리고 있었다. 십 대 자녀도 둘 있었는데, 그는 설명을 돕기 위해 아이들에게 집안일을 하라고 시켰을 때의 이야기를 들려주었다. 모슬러는 아이들을 모아놓고 잔디 깎기, 침대 정리, 설거지, 세차 등을 하면, 보상을 주겠다고 말했다. 침대 정리는 명함 세 장, 설거지는 명함 다섯 장, 세차는 명함 열 장, 정원 손질은 명함 스물다섯 장을 받을 수 있었다. 몇 주 뒤, 집은 엉망이 됐다. 잔디는 무릎 높이까지 자랐고, 설거짓거리는 싱크대에 산처럼 쌓였으며, 차는 바닷바람에 실려 온 모래와 염분으로 뒤덮였다. 모슬러가 물었다. "집안일을 하면 명함을 준다고 했잖아. 왜 아무 일도 안 하는 거니?" 아이들은 말꼬리를 늘이며 투덜댔다. "아빠아아, 우리가 왜 명함을 받으려고 일을 하겠어요? 아무 쓸모도 없잖아요!"

그때 모슬러는 깨달았다. 명함이 '쓸모'가 없어서 일을 안 했군. 그래서 그는 아이들에게 그럼 집안일을 안 해도 좋다고 말했다. 대신 매달 명함 서른 장을 내라고, 명함을 내지 않으면 권리도 누릴 수 없다고 선언했다. 명함을 내지 않은 사람은 TV를 보거나 수영장을 쓰거나 쇼핑몰에 갈 수 없다고 말이다. 천재적인 아이디어였다. 모슬러는 자신의 명함으로만 낼 수 있는 '세금'을 부과해, 명함의 쓸모를 생성한 것이다.

몇 시간 만에 아이들은 침실, 주방, 정원을 정리하느라 분주해졌다. 다 쓴 전화 카드처럼 취급받던 명함은 갑자기 소중한 돈으로 거듭났다. 왜 그렇게 된 걸까? 어떻게 모슬러는 집안일을 하라고 닦달하지 않고도 아이들에게 집안일을 시킬 수 있었을까? 간단하다. 그는 아이들을 그가 발행한 '돈'을 벌어야만 하는 상황에 빠뜨린 뒤, 손을 뗐다. 아이들은 일할 때마다 자신들이 한 일에 대한 보수(명함)를 받았다. 매달 말이 되면 아이들은 아버지에게 명함을 돌려줬다. 모슬러가 지적했듯, 사실 그는 아이들로부터 명함을 다시 거둬들여야 할 이유가 없었다. "제가 발행한 돈으로 제가 뭘 하겠어요?" 그는 이미 그 거래를 통해 원하는 것, 그러니까 정돈된 집을 얻었다! 그런데도 왜 굳이 세금으로 명함을 걷는 귀찮은 일을 한 걸까? 왜 아이들이 명함을 기념품으로 간직하도록 두지 않았을까? 이유는 간단하다. 아이들이 다음 달에도 명함을 벌게 하기 위해서였다. 그는 순환적 인력 지원 체제를 발명한 것이다! 여기서 '순환적'이라는 말은 끊임없이 반복된다는 뜻이다.

모슬러는 이 이야기를 통해 주권 통화를 발행하는 나라는 스스로 돈을 마련한다는 사실을 보였다. 세금은 정부 통화의 수요를 만들기 위해 존재한다. 정부는 달러, 엔, 파운드, 페소 등 회계 단위를 정해 통화를 만든 다음, 조세 및 여러 부담금을 그 통화로만 내게 함으로써 원래 아무것도 아닌 종잇조각에 가치를 부여한다. 모슬러는 우스갯소리로 이렇게 말했다. "세금은 쓰레기도 돈으로 바꿉니다." 통화를 발행하는 정부가 궁극적으로 원하는 건, 돈이 아니라 실물이다. 정부는 세금이 아니라, 우리의 시간을 원한다. 정부는 우리를 유인해 나라에 필요한 것을 만들어 내려고 세금을 비롯한 각종 지급 의무를 발명했다. 경제학 교과서 대부분에서는 찾아볼 수 없는 설명이다. 교과서에는 대개 물물교환의 비효율을 해소하기 위해 돈이 발명되었다는 피상적인 설명이 실려 있을 뿐이다. 이런 관점에서 보면, 돈은 그저 거래의 효율성을 높이기 위해 자연스럽게 생겨난, 편의를 위한 도구일 뿐이다. 학생들이 배운 바에 따르면, 물물교환 경제는 한때 어디에나 존재했던, 일종의 자연 상태다. 하지만 고대사학자들은 물물교환 경제를 중심으로 형성된 사회가 존재했다는 증거를 거의 찾지 못했다.[10]

MMT는 역사적으로 물물교환이 성행했다는 가설이 아닌, 폭넓은 학문적 근거를 가진 증표주의Chartalism라는 학설에 기초를 두고 있다. 증표주의는 고대 지도자와 초기 민족 국가가 자체 화폐를 도입하기 위한 수단으로 세금을 만들었고, 나중에 가서야 화폐가 민간에서 교환의 매개 수단으로 통용되었다는 사실을 보여준다. 조세는 도입과 동시에 정부 화폐를 벌기 위해 일을 찾아야 하는 사람(실업자)을 만들어낸다. 그리고 정부(또는 다른 권력)는 사람들이 국가에 대한 의무를 다할 수 있도록 지출을 통해 화폐를 창출한다. 정부가 돈을 공급하기 전에는 당연히 아무도 세금을 낼 수 없다. 모슬러는 단순한 논리로 거의 모든 사람이 순서를 잘못 알고 있음을 보였다. 납세자가 정부에 자금을 대는 게 아니라, 정부가 납세자에게 자

금을 대는 것이다.[11]

그제야 적어도 이론적으로는 납득이 가기 시작했다. 나는 정부를 화폐의 독점 공급자로 생각해 봤다. 모슬러의 말을 들으니 어릴 때 가족과 함께 모노폴리 게임을 한 기억이 났다. 게임의 규칙을 떠올리니 유사점이 더 뚜렷이 보였다. 먼저, 누군가 돈을 나눠주지 않으면 게임을 시작할 수 없다는 점이 비슷했다. 참가자의 돈을 각출해서 모노폴리 게임을 시작할 수는 없다. 아직 참가자들에게 모노폴리 돈이 없기 때문이다. 은행에서 돈을 나눠준 다음에야 참가자들에게 돈이 생긴다. 돈을 받고 나면, 참가자들은 판 위를 돌며 부동산을 사고 임대료를 낸다. 때로는 벌칙 카드를 뽑아 감옥에 빠지거나 국세청에 50달러를 내기도 한다. 판을 한 바퀴 돌 때마다 은행은 각 참가자에게 200달러를 지급한다. 참가자들은 화폐 '사용자'이기 때문에 돈이 다 떨어질 수 있다. 하지만 화폐 '발행자'의 돈이 떨어지는 일은 없다. 실제로 모노폴리에는 이런 규칙[12]이 있다. "은행의 돈은 절대 **다 떨어지지** 않는다. 만약 돈이 다 떨어졌다면, 은행은 아무 종이에나 금액을 적어 **필요한 만큼** 돈을 발행할 수 있다." (강조 표시는 저자)

아이들과 함께 워싱턴 연방 인쇄국을 견학하면서, 나는 종이에 금액을 적어 돈을 만든다는 이 규칙을 떠올렸다. 연방 인쇄국 견학을 안 가본 사람이 있다면, 한 번쯤 가보라고 권하고 싶다. 눈이 번쩍 뜨일 만한 경험을 할 것이다. 견학 신청은 웹 사이트(www.moneyfactory.gov)에서 할 수 있다. 연방 인쇄국은 모노폴리에서 말하는 '아무 종이에나 금액을 적어' 넣는 과정과는 비교도 할 수 없을 만큼 훨씬 복잡한 공정을 통해 돈을 만든다. 하지만 본질적으로, 둘은 거의 같은 일이다. 연방 인쇄국은 달러 발행자가 달러를 제조하는 곳 중 하나다.[13] 제일 먼저 내 눈을 사로잡은 건, 인쇄 장비 위쪽에 높이 걸린 거대한 네온사인이었다. 네온사인에는 '우리는 전통 방식으로 돈을 만듭니다. 우리는 돈을 인쇄합니다'라고 쓰여 있었다. 모든 사람이 네온사인을 사진에 담고 싶어 했지만, 관람객은 사진을 찍을 수 없었다. 사람들은 기계가 아직 잘리지 않은 10달러, 20달러, 100달러 뭉치를 연이어 뽑아내는 광경에 감탄했다. 그때, 누군가 모두의 머릿속에 떠오른 생각을 입 밖에 냈다. "나도 저렇게 할 수 있으면 좋겠네!" 아아. 하지만 죄수복을 입지 않으려면, 돈을 찍어내는 일은 연방 인쇄국에 맡겨야 할 것이다.

연방 인쇄국에서 만든 지폐는 미국 정부가 공급하는 통화 중 일부에 불과하다. 정부는 동전도 찍어낸다. 할머니들 집에 가면 꼭 있는 1센트, 5센트, 10센트짜리 동전이 가득 든 낡은 유리병을 떠올려 보라. 지폐는 자칭 '모든 연방 준비은행권의 발행권자'인 연준이 만들고, 동전은 자칭 '미국 유일의 법정 주화 제조자'인 미국 조폐국이 만든다. 마지막으로, 연준은 은행 지급 준비금이라는 전자 달러도 발행한다.[14] 이 전자 달러는 정부의 재무 대행 기관인 연준이 컴퓨터 키보드를 두드리기만 하면 만들어진다. 2008년 금융 위기 때도 연준은 뉴욕 연방 준비은행에 있는 키보드를 두드려 월가 은행들에 지원할 수조 달러를 손쉽게 만들어냈다.

일반인들은 정부가 인쇄기에서 뽑은 지폐나 갓 찍어낸 동전을 그대로 집어다가 쓰겠거니 생각할 것이다. 텔레비전 뉴스는 돈이 대량으로 만들어지는 장면을 좋아해서, 정부 지출에 관해 이야기할 때마다 새로운 지폐가 인쇄되는 장면을 단골로 내보낸다. 하지만 지폐와 동전은 대부분 우리의 편의를 위해 발행된다. 정부가 보잉에 새로운 전투기를 주문할 때마다 돈 무더기를 건넨다면, 너무 거추장스러울 것이다. 정부는 그렇게 하지 않는다.

연방 정부는 모노폴리 은행처럼 현금을 나눠주는 게 아니라, 대개 브리지 게임의 점수 기록자처럼 상대의 점수를 올려주는 방식으로 지출한다. 다른 게 있다면, 점수판에 점수를 쓰는 게 아니라 연준에서 키보드로 숫자를 입력한다는 것뿐이다. 사례를 보면, 쉽게 이해가 갈 것이다.

국방비 지출을 예로 들어보자.

2019년, 미국 상·하원은 2018년보다 800억 달러 가까이 늘어난 7,160억 달러의 국방 예산을 승인했다.[15] 국회는 이 지출을 감당할 방법에 대해 논쟁하지 않았다. '늘어난 800억 달러를 어떻게 조달할 겁니까?'라고 질문한 사람은 아무도 없었다. 의원들은 정부 지출이 늘어날 것을 대비해 세금을 올리지도 않았고, 사람들이 저축한 돈에서 800억 달러를 빌리기 위해 나서지도 않았다. 의회는 자기에게 없는 돈을 쓰겠다고 약속했다. 정부에 미국 달러를 발행하는 특별한 권한이 있기 때문에 가능한 일이었다. 의회가 지출을 승인하기만 하면, 국방부 등의 정부 기관은 보잉이나 록히드 마틴 같은 회사와 계약을 맺을 수 있다. 재무부가 자신의 은행인 연준에 F-35 전투기 대금을 대신 지급하라고 명령하면, 연준은 록히드 마틴의 은행 계좌 잔액을 늘려 계산을 마친다. 정부가 돈을 쓰기 위해 의회가 '돈을 구해야' 할 필요는 없다. 필요한 건 의원들의 표다! 표만 충분히 얻으면, 지출안은 통과될 것이고, 남은 건 단순한 회계 절차일 뿐이다. 업체가 영수증을 발행하면, 연준은 은행 지급 준비금이라는 전자 달러를 해당 액수만큼 판매자의 계좌에 입금해 계산을 마친다.[16] 이러한 이유로

MMT에서는 종종 연준을 달러 점수 기록자라고 부른다. 점수 기록자가 가진 점수가 떨어져서 점수를 못 올려줄 일은 없다.

카드 게임이나 야구 경기의 점수가 어디서 오는지 생각해보자. 점수는 아무 데서도 오지 않는다! 그저 점수를 기록하는 사람에 의해 생겨날 뿐이다. 1루와 3루에 주자가 있는 상황에서 타자가 홈런을 치면, 점수가 3점 오른다. 점수 기록자가 자기 점수에서 3점을 떼어내 점수를 올려준 걸까? 당연히 아니다! 점수 기록자에게는 점수가 '없다.' 점수 기록자는 단순히 3점 홈런을 표시하기 위해 숫자를 바꿨을 뿐이고, 그 결과 전광판에 더 큰 숫자가 떴을 뿐이다. 이제 이 홈런을 다시 판독한 심판이 파울을 선언했다고 가정해보자. 그러면 점수 기록자는 더했던 점수를 다시 빼 갈 것이다. 하지만 그렇다고 점수 기록자가 그 점수를 '가지는' 건 아니다. 그는 그저 점수를 올리고 내릴 뿐이다. 연방 정부가 지출과 과세를 통해 경제에 달러를 더하고 뺄 때도 마찬가지다. 연방 정부는 지출해도 달러를 '잃지' 않고 세금을 걷어도 달러를 '얻지' 않는다. 이러한 이유로 전임 연준 의장인 벤 버냉키Ben Bernanke는 정부가 금융 위기 때 납세자의 돈으로 은행을 구제했다는 비판에 동의하지 않았다. 그는 이렇게 설명했다. "은행은 연준에 계좌를 가지고 있습니다. 우리는 그저 컴퓨터로 그 계좌의 잔액을 올려줬을 뿐입니다." 월가를 구한 건 납세자가 아니라 점수 기록자였다.

버냉키의 이 말은 유명한 코미디 쇼, 〈후즈 라인 이즈 잇 애니웨이?Whose Line Is It Anyway?〉를 떠올리게 한다. 진행자 드루 캐리Drew Carey는 언제나 이런 말로 쇼를 시작한다. "모두 지어낸 이야기에, 점수는 중요하지 않은 쇼." 이 쇼는 즉석 코미디다. 그러니 정말로 모든 게 지어낸 이야기이다.

쇼를 진행하는 동안 진행자는 각 코미디언이 그와 관객을 얼마나 즐겁게 해줬는지에 따라 가상의 점수를 매긴다. 그러나 그 점수로 할 수 있는 건 아무것도 없고, 그래서 정말로 점수는 중요하지 않다. 하지만 정부의 점수는 '중요'하다.

일단, 우리에겐 세금으로 낼 달러가 필요하다. 벤저민 프랭클린Benjamin Franklin의 말처럼 세금(과 죽음)은 누구도 피할 수 없기에, 정부 통화는 우리 경제생활에서 중요한 위치를 차지한다. 달러처럼 세금을 등에 업은 통화가 도입되면, 보통 그 통화가 경제 내 모든 가격의 표준 단위가 된다. 미국 내 모든 식당과 매장에는 달러를 벌기 위해 노력하는 점원이 있다. 미국 법원에서는 판사가 피해 보상금을 달러로 내라고 선고한다. 하물며 컴퓨터로 피자를 주문해도 돈은 달러로 내야 한다. 우리에겐 달러가 필요하고, 달러는 유일하게 달러를 만들어 내는 존재인 통화 발행자로부터만 얻을 수 있다. 피자 가게와 백화점도 달러가 필요하다. 그들도 결국 세금을 내야 하기 때문이다. 심지어 주 정부와 지방 정부도 달러가 필요하다. 임금을 달러로 받고자 하는 교사, 판사, 소방관, 경찰관에게 월급을 줘야 하기 때문이다. 오직 점수 기록자만이 다르다. 엉클 샘은 달러가 필요 없다. 세금을 걷을 때, 그는 그저 우리가 가진 달러 중 일부를 빼낼 뿐이다. 그가 더 얻는 달러는 사실 한 푼도 없다.

받아들이기 힘들다는 건 안다. 이것이 우리의 첫 번째 코페르니쿠스적 순간이기 때문이다. 이런 이유로 한 〈파이낸셜타임스Financial Times〉 기자는 MMT를 매직아이Autostereogram에 비유했다.[17] 알다시피, 매직아이는 대충 봐선 어떤 그림인지 알 수 없다. 하지만 초점을 잘 맞추면, 알록달록한 사막이나 커다란 백상아리를 그린 정교한 3차원 그림이 보이기 시작한다. 납세자가 중심에 있고 정부 지출이 그 주위를 도는 게 아니라는 사실을 한 번 이해하고 나면, 재정에 관한 모든 패러다임이 바뀐다. 그 기자는 이렇게 썼다. "일단 받아들이고 나면, 다시는 예전과 같은 눈으로 볼 수 없다."

정부는 왜 세금을 걷고 돈을 빌릴까?

연방 정부가 정말로 달러를 원하는 만큼 만들 수 있다면, 왜 귀찮게 세금을 걷고 돈을 빌리는 걸까? 왜 세금을 아예 없애지 않는 걸까? 그러면 사람들이 기뻐할 텐데! 왜 필요하지도 않은 달러를 빌리는 걸까? 그만 빌리면 국가 부채가 없어질 텐데! 왜 과세와 차입은 건너뛰고 그냥 돈을 지출해서 문제를 해결하지 않는 걸까? 모두 중요한 질문이다. 화폐를 발행하는 정부가 조세나 차입에 의존할 필요가 없다는 사실을 깨닫고 나면, 그렇게 묻는 사람이 많다.

2018년, 자신을 영국 브리스톨에 사는 에이미라고 밝힌 열세 살 소녀가 유명 팟캐스트 방송 〈플래닛 머니Planet Money〉에 전화를 걸어 다음과 같은 제안을 했다.

> **에이미:** 정부가 돈을 찍어내니까, 그 돈을 은행에 줘서 물가 상승률을 올리는 대신 그냥 공공 서비스에만 돈을 쓰면 될 거라는 생각이

들었어요. 그렇게 하면 훨씬 쉬우니까요. 또, 그렇게 하면 전반적으로 정말 좋을 거예요. 왜냐하면, 학교와 병원 같은 곳은 세금을 충분히 받지 못해서 문제가 많잖아요. 그래서 제 생각이 도움이 될 것 같았어요. 들어주셔서 감사해요. 안녕히 계세요.

정말이지 아이답지 않게 똑똑한 말이다. 에이미는 해결해야 할 문제를 봤다. 예산이 부족한 학교와 국민 건강 보험에 정부의 시급한 투자가 필요했다. 한편, 에이미는 금융 위기 때 잉글랜드 은행이 양적 완화 정책의 일환으로 아무것도 없던 곳에서 갑자기 4,350억 파운드를 만들어 내는 것을 목격했다. 에이미가 보기에 해결책은 명확했다. 세금 따위는 그만 걷고 돈을 찍어서 사람들에게 쓰면 된다!

이 제안에 흥미를 느낀 팟캐스트 진행자들은 나를 불러 이렇게 물었다. "정부는 돈을 만들 수 있잖아요. 그런데도 세금을 걷는 이유는 뭐죠? 왜 정부는 제가 번 돈에서 세금을 떼어가야 하나요?"[18]

나는 〈플래닛 머니〉 진행자들에게 MMT 관점에서 정부가 세금을 걷는 데는 적어도 네 가지 중요한 이유가 있다고 말했다.[19] 첫 번째는 이미 언급했다시피, 세금을 걷으면 강요하지 않고 인력을 조달할 수 있다는 것이다. 만일 영국 정부가 영국 파운드로 세금을 낼 의무를 없앤다면, 얼마 지나지 않아 영국 정부의 인력 조달 능력은 매우 약해질 것이다. 파운드를 벌어야 하는 사람이 줄어들 것이고, 그래서 파운드를 받고 교사나 간호사 등으로 일하고자 하는 사람을 구하기 어려워질 것이기 때문이다.

두 번째 중요한 이유는 에이미도 언급한 물가 상승률 때문이다. 만일 정부가 에이미의 제안대로 세금을 전혀 걷지 않고 막대한 돈을 새로 찍어서 지출만 한다면, 인플레이션이 일어날 것이다. 다음 장에서 다룰 내용처럼, 돈을 '찍는' 것 자체는 문제가 아니지만, 돈을 '쓰는' 건 문제다. 만일 정부가 의료비나 교육비 지출을 늘리고자 한다면, 정부는 자신의 막대한 지출로 인해 물가가 오르는 상황을 막기 위해 우리의 지출 능력을 일부 제거해야 '할 수도' 있다. 한 가지 방법은 정부 지출을 늘리는 만큼 세금을 더 걷는 것이다. 그러면 사람들은 어쩔 수 없이 돈을 덜 쓰게 되고 그만큼 정부가 돈을 더 쓸 수 있다.[20] 이러한 조치는 경제의 실제 생산 능력에 가해지는 긴장을 완화해 인플레이션 압력을 조절하는 데 도움이 된다. MMT는 늘어난 정부 지출에 상응하는 세금을 '언제' 도입해야 하는지, 인플레이션 압력을 가장 효과적으로 억누르려면 '어떤' 세금을 써야 하는지를 다른 경제학파보다 훨씬 중요하게 생각한다. 불필요한 시기에 세금을 높이면 경기 부양 효과가 줄어들 수 있고, 잘못된 종류의 세금을 높이면 인플레이션이 점점 심해져 위기에 빠질 수 있기 때문이다. 이유는 다음 장에서 설명할 것이다.

셋째로, 세금은 정부가 부와 소득의 분포를 바꾸기 위해 사용할 수 있는 강력한 도구이다. 2017년 12월, 공화당이 통과시킨 감세안은 미국의 대기업과 부유층에는 뜻밖의 횡재를 안겼지만, 부자와 빈자 사이의 격차를 넓힐 소지가 크다. 오늘날, 미국은 역사상 가장 극심한 부와 소득의 불평등을 경험하고 있다. 새로운 소득의 약 절반이 상위 1%에게 돌아가며, 세 집안이 가진 부가 하위 50%가 가진 부를 모두 합한 것보다 더 많다. 이처럼 심각한 부와 소득의 집중 현상은 사회 경제적 문제를 일으킨다. 먼저, 소득을 대부분 (소비하지 않고) 저축하는 최상위층에 소득이 집중되면 경제를 건강하게 유지하기 힘들다. 자본주의는 판매에 기초해 움직인다. 경제가 잘 굴러가려면 기업이 충분한 고객을 확보하고 충분한 수입을 올려 충분히 많은 직원을 고용할 수 있도록 소득을 합리적으로 분배해야 한다. 극단적인 부의 집중은 미국의 정치 절차와 민주주의에도 악영향을 미친다. 세금 감면이 불평등을 심화시킬 수 있는 것처럼, 정부는 불평등을 줄이는 쪽으로 과세 권한을 행사할 수도 있다. 집행력을 강화하고, 탈세를 방지하고, 세율을 높이고, 새로운 세금을 도입하는 것은 모두 지금보다 지속 가능한 소득 및 자산 분포를 형성하기 위해 정부가 쓸 수 있는 중요한 수단이다. MMT는 세금을 지난 수십 년 동안 지속된 불경기와 커지는 불평등을 바로잡을 수 있는 중요한 수단으로 여긴다.

마지막으로, 정부는 특정한 행동을 장려하거나 단념시키기 위해 세금을 이용한다. 정부는 국민 건강을 개선하고 기후 변화를 방지하고 금융 시장의 위험한 투기를 막을 목적으로 담뱃세, 탄소세, 금융 거래세 등을 부과한다. 흔히 경제학자들은 이런 세금을 죄악세라고 부른다. 사람들이 해로운 행동을 하는 것을 막기 위해 도입된 세금이기 때문이다. MMT는 죄악세를 물리는 목적이 주권 통화 공급자인 정부의 자금을 조달하기 위해서가 아닌, 흡연, 환경오염, 지나친 투기와 같은 바람직하지 않은 행동을 줄이는 데 있다고 본다. 실제로 죄악세의 방지 효과가 높아질수록, 정부가 걷는 돈은 점점 '줄어'든다. 만일 탄소세가 이산화탄소 배출량을 아예 없애는 데 성공한다면 세수는 사라지겠지만, 세금은 본연의 목적을 달성한 것이다. 반대로, 세금은 특정 행동을 장려하기 위해 쓰일 수도 있다. 예를 들어, 정부는 에너지 효율이 높은 가전제품과 전기차의 소비를 늘리기 위해 세금 감면 혜택을 주곤 한다.

이런 모든 이유로, 세금은 꼭 필요한 정책 도구이며, 정부가 화폐를 만들 수 있다고 해서 간단히 없애버릴 수 있는 것이 아니다. 하지만 에이미의 지적에도 일리는 있다. 에이미가 사는 영국을 포함해 대다수 국가의 정부는 세금으로 걷은 것보다 더 많은 돈을 쓴다. 그런데 이렇게 매년 적자가 나는데도 인플레이션이 오지는 않았다. 오히려 지금껏 많은 경제 대국은 물가 상승률을 '높이기' 위해 노력해왔다. 그런데도 왜 이들 국가는 지출을 늘리기 전에 세금을 올릴 방법부터 찾는 걸까? 그리고 스스로 만들 수 있는 통화를 왜 굳이 빌리는 걸까? 이제부터 알아보자.

MMT에서 차입의 역할

가계 모형[(TAB)S]에서 통화 발행자 모형[S(TAB)]으로 사고방식을 바꾸기 전까지, 나는 세금과 차입이 실제로 어떤 역할을 하는지 명확히 알지 못했다. 사고방식을 바꾸는 건 쉽지 않았다. 처음에는 모슬러의 논리 전개를 받아들일 수 없었다. '느낌'상 틀린 것 같았기 때문이다. 하지만 그 이론은 계속 내 머릿속을 괴롭혔다. 경제학자가 되려고 공부하는 입장에서, 단순히 교과서에 그렇게 쓰여 있다는 이유로 납세자가 통화 세계의 중심이라는 기존의 사고방식을 받아들이기보다는 제대로 아는 게 중요하다는 생각이 들었다. 나는 답을 찾아 나섰다.

나는 몇 달에 걸쳐 복잡한 정부 재정에 관해 연구했다. 연준과 재무부에서 발행한 공식 문서를 꼼꼼히 살펴보고, 통화 정책을 다룬 수많은 책과 논문을 읽고, 여러 정부 내부 인사를 만나 이야기를 나눴다. 그리고 논문을 쓰기 시작했다. 나는 '조세와 채권이 정부 지출의 재원인가?'라는 질문을 중심으로 생각을 정리했다. 내가 그때까지 배운 바에 의하면, 그건 무의미한 연구였다. 과세와 차입을 하는 목적이 정부 지출의 재원을 마련하기 위해서라는 건 모두 아는 '사실'이었으니까. 하지만 나는 '문제를 일으키는 건 모르는 게 아니라, 확실히 안다는 착각이다'라는 마크 트웨인의 말을 되새기며 열린 마음을 갖기로 했다. 솔직히 논문을 쓰기 시작했을 때조차 결론을 내지 못한 상태였다. 나는 연구가 나를 이끌어주기를 바랐다. 1998년, 나는 논문 초안을 완성해 발표했다. 2년 뒤, 이를 다듬은 논문이 학술지에 게재되었다. 나의 첫 번째 피어리뷰Peer-review 학술 논문이었다.[21] 위 질문에 관해 내가 내린 답은 '아니오'였다.

모든 게 어떻게 작동하는지 파악하는 건 쉽지 않았다. 사실 정부의 통화 정책은 불연속적 시간 단위로 쪼개서 해석하기가 불가능하다. 어떤 날이든, 말 그대로 수백만 개의 부품이 움직인다. 한 해 동안 연준은 수조 달러 규모의 재무부 지출을 처리한다. 매달 수백만 가구와 기업이 연방 정부에 수표를 보내고, 민간 은행과 연준 사이에서 수표가 청산된다.[22] 재무부, 연준, 국채 전문 딜러들은 국채를 언제 발행할지, 만기 비율은 어떻게 조합할지, 한 번에 얼마나 많은 국채를 발행할지 조율한다. 모든 것이 마치 완벽하게 들어맞는 수중 발레 안무 같다. 이 영구 기관은 끊임없이 돌아가며 수표로 납부된 세금의 청산, 연방 정부의 지출, 그리고 차입을 한꺼

번에 처리한다.

언뜻 봐서는 정부가 비용을 충당하기 위해 납세자와 채권 구매자로부터 달러를 받아 모으는 과정처럼 보일지도 모른다. 이런 관점으로 보면, 과세와 채권 발행이 정부가 쓸 자금을 마련하기 위한 행동으로 보인다. 대처가 우리에게 바란 관점이 바로 이것이다. 대처는 우리가 일반 가정의 관점에서 정부 재정을 보길 바랐다. 반면, MMT는 통화 발행자의 관점에서 이 과정을 바라본다. 정부에는 우리가 낸 돈이 필요 없다. 정부가 자체 생산 가능한 화폐를 공급하는 것이 과세의 목적은 아니다. 마찬가지로, 정부가 국채를 발행하는(돈을 빌리는) 이유도 자신이 쓸 자금을 마련하기 위해서가 아니다.

그럼 정부는 왜 돈을 빌릴까? 답부터 말하면, 사실 정부는 돈을 빌리는 게 아니다. 정부는 사람들에게 여러 종류의 정부 화폐를 나눠주기로 결정하고 그중에 이자를 받을 수 있는 화폐도 하나 만든 것뿐이다. 바꿔 말하면, 미국 국채는 그저 이자를 주는 달러인 셈이다. 정부로부터 이자를 주는 달러를 사려면, 먼저 수중에 정부가 발행한 달러가 있어야 한다. 이제 이자를 주는 달러를 '노란색 달러', 그냥 달러를 '녹색 달러'라고 부르자. 정부가 세금으로 걷은 것보다 돈을 더 많이 썼을 때, 우리는 정부가 재정 적자를 기록했다고 말한다. 재정 적자는 녹색 달러의 공급을 늘린다. 수백 년 동안 정부는 적자 지출한 만큼을 국채로 발행하는 선택을 했다. 그러니까, 정부가 5조 달러를 썼는데 세금이 4조 달러밖에 안 걷혔다면, 1조 달러 규모의 미국 국채를 발행한다는 의미다. 우리가 정부 차입이라고 부르는 행위는 사실 정부가 사람들에게 평범한 녹색 달러를 이자를 받을 수 있는 노란색 달러로 바꿀 기회를 주는 것에 불과하다.

MMT는 일반 가정의 관점에서 정부 차입을 들여다보는 행동이 왜 틀렸는지 보여준다. 우리가 집이나 차를 사기 위해 대출받을 때, 은행 직원에게 돈뭉치를 건넨 뒤, 그 돈을 다시 빌려달라고 말하지는 않는다. 우리가 돈을 빌리는 이유는 돈이 없기 때문이다. 하지만 일반 가정과 달리, 정부는 먼저 돈을 지출함으로써 우리가 국채를 살 달러를 공급한다. 3장에서 보게 될 내용처럼, 정부가 이렇게 하는 이유는 지출에 필요한 자금을 마련하기 위해서가 아니라, 이자율이 일정 수준 밑으로 내려가는 것을 방지하기 위해서다.

제한 내에서

일단 통화 발행자와 통화 사용자의 차이를 받아들이고 나면, 우리의 정치 담론이 얼마나 잘못됐는지 눈에 들어오기 시작한다. 우리를 금본위제 시절에 묶어두는 제약 조건들을 벗어던지면, 미국 정부는 일반 가정처럼 예산을 운영하는 것이 아니라, 진정 시민을 위해 예산을 유연하게 운영할 수 있다.

그러려면, 우리는 대처의 금언으로부터 자유로워져야만 한다. 정부는 가진 돈이 없고, 정부가 쓰는 돈은 결국 납세자가 부담해야 한다는 공포를 벗어던져야 한다는 말이다. MMT는 이러한 사고방식이 완전히 틀렸음을 보여준다. 금전적인 면만 고려하면, 미국 정부는 가격을 미국 달러로 표시한 물건은 무엇이든 살 수 있다. 오바마 대통령 말처럼 "돈이 다 떨어질" 일은 절대 없다.

이 말은 전혀 제한이 없다는 소리일까? 돈만 찍어내면 번영을 향해 갈 수 있을까? 물론 아니다! MMT는 공짜 점심이 아니다. 경제에는 매우 실질적인 한계가 존재한다. 이 한계를 무시하고 지키지 않으면, 큰 화를 부를 수 있다. MMT는 우리가 자체적으로 내걸었기 때문에 언제든 바꿀 수 있는 제약 조건과 진짜 한계를 구별할 뿐이다.

어쩌면 당신은 미국 의회가 이미 아무런 제한 없이 돈을 쓴다고 생각할지도 모르겠다. 올해 미국의 재정 적자는 조 단위에 이를 것으로 보이며, 2019년 16조 달러였던 정부 부채는 2029년까지 28조 달러로 늘어날 것으로 예상한다. 여러모로 볼 때, 의회를 가로막는 건 아무것도 없어 보인다. 하지만 원칙적으로는 제약이 있다.

미국 의회는 새로운 지출안의 통과를 막거나 처리 속도를 늦추기 위해 여러 기계적 절차와 지켜야 할 관례를 도입했다. 이 중 일부만 살펴보자. 첫 번째는 앞서 언급한 하원의 페이고 원칙이다. 페이고는 하원 의회에서 자체 도입한 원칙으로, 의원들이 새로운 지출을 승인하기 어렵게 만든다. 연방 정부가 특정 부문(이를테면, 교육)에 돈을 더 쓰고 싶어 한다고 생각해보자. 페이고 원칙이 있으면, 안건 자체에 대해 표를 받는 것만으로 충분하지 않다. 늘어난 지출의 '자금을 대기 위한' 세금 인상안이나, 타 부문 지출 삭감안에 대해서도 지지를 얻어야 한다. 재정 적자를 늘려 자금을 마련하는 선택지는 제외된다. 페이고 원칙은 의회가 일반 가정처럼 예산을 운영하도록 강제하려는 원칙이다. 상원의 버드 룰Byrd Rule도 의회가 자발적으로 걸어둔 제한이다. 버드 룰에 따르면, 재정 적자를 늘릴 수는 있지만, 기한이 10년을 넘지 않아야 한다. 상·하원에 모두 적용되는 세 번째 제한은 주요 법안을 의결하기 전에 의회 예산처CBO 또는 합동 조세 위원회로부터 예산 점수를 받아야 한다는 것이다. 예산 점수가 낮으면 법안이 철회될 수도 있다. 끝으로, 의회는 정부 부채 총량을 제한하는 부채 상한을 지켜야 한다.

이런 제한은 모두 의회가 정한 것이므로, 의회의 결정에 따라 유예 또는 면제될 수 있다.[23] 다른 말로 하면, 의회가 원할 때만 원칙이 적용된다는 뜻이다. 의회는 게임의 규칙을 바꿀 수 있고 실제로도 자주 바꾼다. 예를 들어, 2017년에 공화당 하원 의원들은 세금 삭감 및 고용에 관한 법률Tax Cuts and Jobs Act을 통과시키기 위해 망설임 없이 페이고 원칙을 저버렸다. 한편, 공화당 상원 의원들은 이 법을 통과시키기 위해 버드 룰을 해결해야 했다. 이들은 감세가 경제 성장에 미칠 영향을 매우 낙관적으로 평가하고[24] 개인 소득세 감면 혜택을 2025년까지만 유지한다는 조항을 다는 술수를 발휘해 버드 룰을 빠져나갔다. 또한, 미국인이라면 부채 상한을 둘러싼 반복되는 드라마가 지겹도록 익숙할 것이다. 1917년에 처음으로 도입된 부채 상한은 말 그대로 국가 부채가 이 '상한'을 넘지 못하도록 하기 위해 만들어졌다. 하지만 현실에서 부채 상한은 날이 갈수록 정치적 수단이 되어가고 있다. 의원들은 국가 부채가 상한에 가까워질 때마다 지나치게 과장하거나 입법상의 양보를 얻어낼 기회로 삼는다. 하지만 논쟁의 끝은 언제나 디폴트를 피하고자 부채 상한을 높이는 것이다. 처음 부채 상한이 정해진 이후로 이런 상황이 백 번은 더 반복됐다.

의회가 이렇게 제한을 잘 빠져나가는데, 이 모든 구속력 없는 원칙들이 존재하는 이유는 뭘까? 왜 페이고나 버드 룰, 부채 상한 같은 정부 지출을 자체적으로 제한하는 원칙들을 폐지하지 않는 걸까? 왜 의회는 정부가 평범한 가정처럼 예산을 운용해야 한다는 거짓말을 그만두지 않는 걸까? 진실을 말하자면, 많은 의원은 이런 자체 제약이 '정치적으로' 유용하다고 생각한다.

예를 들어, 의원들은 유권자로부터 의료나 교육 같은 분야의 예산을 더 늘리라는 압박을 끊임없이 받는다. 이럴 때 예산 제한은 그럴싸한 변명이 돼 준다. 정치인들은 저소득층 학생이 대학에 갈 수 있도록 연방 장학 기금 예산을 늘리는 일이 자신의 철학에 맞지 않는다고 설명하는 대신, 정부 부채 때문에 손발이 묶여 어쩔 수 없다며 유권자들의 동정심을 유발할 수 있다. '적자 공포증'이 없다면, 예산을 늘리지 않는 이유를 무엇으로 변명하겠는가? 협박 수법이 하나 있으면 도움이 된다.

그게 아니라면, 의원들은 자체 예산 제한을 정치적 기회로 바꾸고자 노력한다. 말하자면, 레몬을 레모네이드로 만드는 것과 비슷하다. 이들은 싸워서 제한을 없애기보다는 지출 목적에 다른 정치적 목적을 결부시킬 궁리를 한다. 가령, 진보적인 민주당 의원은 페이고 원칙을 들어, 저소득층과 중산층을 돕는 새로운 사업에 쓸 '돈을 마련하기' 위해 부자들에게 세금을 물리자고 주장할 수 있다. 대중은 로빈 후드를 사랑하니까.

진짜 한계

MMT의 관점을 통해 보면, 연방 정부는 일반 가정이나 사기업과 전혀 다르다. 연방 정부와 우리 사이에는 단순하고 의심의 여지 없는 중요한 차이가 존재한다. 바로 연방 정부는 통화(미국 달러)를 '발행'하지만, 가계, 민간 기업, 주 정부, 지방 정부, 외국인 등 다른 모든 부문은 통화를 '사용하기만' 한다는 것이다. 이 차이 덕분에 연방 정부는 다른 부문보다 믿기 힘들 만큼 유리한 고지를 점하고 있다. 연방 정부는 돈을 쓰기 전에 달러를 구할 필요가 없다. 하지만 다른 부문은 아니다. 연방 정부에 갚지 못할 산더미 같은 빚이란 없다. 하지만 다른 부문은 아니다. 연방 정부는 절대 파산하지 않는다. 하지만 다른 부문은 아니다.

그렇다면 의회에 모든 문제가 해결될 때까지 계속 돈을 쓰라고 말하면 되는 것 아닐까? 아, 일이 그렇게 쉽게 풀린다면 얼마나 좋을까. 하지만 우리에게는 다음 장에서 다룰 인플레이션이라는 현실적 위험이 있다. 거듭 말하지만, MMT는 모든 제한을 없애자는 주장이 아니다. MMT는 공짜 점심을 주장하지 않는다. MMT는 재정적 결과에 집착하는 현재 접근 방식을 인간적 결과에 집중하는 접근 방식으로 바꾸자는 주장이며, 동시에 우리 경제가 가진 실물 자원Real Resource의 한계를 제대로 인식하자는 주장이다. 다른 말로 하면, 책임감 있는 예산 집행의 의미를 다시 정의하자는 주장이랄까. 민주당 전략 전문가인 제임스 카빌(James Carville, 1992년 빌 클린턴 대선 캠프에서 '바보야, 문제는 경제야'라는 문구를 만든 것으로 유명하다)의 표현을 빌리자면, '바보야, 문제는 실물 자원이야!'라고 말할 수 있겠다. 미국은 실물 자원이 풍부한 나라다. 발전된 기술, 잘 교육받은 인력, 공장, 기계, 비옥한 토양, 그리고 풍부한 천연자원까지. 이런 중요한 요소를 충분히 갖추고 있다는 건 축복이다. 우리는 모든 사람이 좋은 삶을 누리는 경제를 만들 수 있다. 해야 할 일은 보유한 실물 자원을 잘 운용하는 것뿐이다.

제2장 인플레이션을
생각하라

인플레이션을
생각하라

두 번째 착각

재정 적자는 과도한 지출의 증거다.

현실

과도한 지출의 증거는 인플레이션이다.

2015년에 나는 캔자스시티 미주리 주립 대학 경제학 교수직을 휴직하고 워싱턴으로 자리를 옮겼다. 미 상원 예산 위원회에서 민주당 수석 경제학자로 일하기 위해서였다. 뭐든 가능한 이론 세상인 학계를 떠나, 실제로 예산을 세우고 정부 지출을 결정해 사람들의 삶에 영향을 미치는 현장에 발 들이는 일은 흥미진진해 보였다. 내가 기대한 게 정확히 무엇이었는지는 나도 잘 모르겠다. 어쨌든 나는 믿기지 않을 만큼 실망스러운 사실을 발견했다. 예산 위원회라는 막강한 조직에 소속된 의원 가운데 연방 정부 재정이 일반 가정과 다르다는 사실을 아는 의원은 한 명도 없어 보였다.

위원회 소속 공화당 의원 가운데 가장 고위직을 맡은 사람은 위원장인 마이크 엔지Mike Enzi 와이오밍주 상원 의원이었다. 엔지는 회계학 학위를 가지고 있었고 정계에 발을 들이기 전에는 신발 사업을 했다. 그는 와이오밍주 하원 의원과 상원 의원을 지내며, 십 년 동안 주 의회에서 활동했다. 그때까지 엔지는 계속 예산이 제한된 환경에서 일했다. 사업가로서 그는 비용과 급여를 관리해 수익을 내야 살아남을 수 있었다. 와이오밍주 의원일 때, 그는 원칙적으로 균형 예산을 달성해야 하는 환경에서 일했다. 워싱턴에 오기 전까지 그는 오로지 통화 사용자의 눈으로 세상을 봤다.

위원회는 정기적으로 예산 관련 청문회를 열었다. 청문회 때 나는 주로 나를 고용한 버니 샌더스 민주당 상원 의원 바로 뒷자리에 배석했는데, 그가 예산 위원회에서 고위직을 맡고 있었기 때문에 엔지 상원 의원의 자리에서도 가까웠다. 청문회는 언제나 위원장인 엔지 상원 의원이 준비한 몇 분짜리 연설로 시작됐다. 매번 비슷한 내용이었다. 그는 자기 신발 회사 손익계산서를 보듯 연방 정부 예산을 봤다. 그가 보기에 문제는 명백했다. 연방 정부는 적자를 내고 있었다. 적자를 내고 빚을 지는 게 일상이었고, 이는 완전히 무책임한 태도였다. 이게 문제란 사실을 아는 데는 (엔지 상원 의원이 가진) 회계학 학위조차 필요 없었다. 몇 번이고 그는 다음과 같은 말로 일갈했다. "재정 적자는 지출이 과도하다는 증거입니다!"

내 안의 경제학자는 자리를 박차고 일어나고 싶어 했지만, 민주당 수석 경제학자가 그럴 수는 없는 일이었다. 나는 조용히 앉아 위원회에 소속된 다른 스물두 명의 상원 의원 가운데 경제학 학위를 가진 사람이 한 명이라도 있기를 빌었다. 정부가 지출을 너무 많이 하면 인플레이션이 나타난다는 건 경제학과에서 1학년 때 배우는 내용이었다. 인플레이션이 가속화되는 상황이 아니라면, 지출이 과도할 리 없었다.

매우 실망스럽게도, 상원 의원 가운데 엔지의 발언을 정정하고 나선 사람은 없었다. 그들은 모두 잘못된 시각을 공유하고 있었다. 수입과 지출을 맞춰야 할 필요성에 대한 지적이 이어졌다. 공화당은 지출에 초점을 맞춰 지출이 너무 많아서 문제라고 말했다. 민주당은 수입에 초점을 맞춰 수입이 너무 적어서 문제라고 말했다. 모두 재정 적자가 너무 크다고 믿고 있었다. 논쟁의 초점은 지출을 줄여 수입에 맞출지, 아니면 수입을 늘려 지출에 맞출지였다. 우리가 식탁에 둘러앉아 돈 문제를 논의할 때처럼 말이다.

그들은 무엇을 놓친 것일까?

크게 세 가지가 있다.

첫째, 앞 장에서 배웠듯이 화폐의 독점 공급자는 화폐 사용자(가정, 기업, 주 정부, 지방 정부)와 같은 제약을 받지 않는다. 1971년 8월 15일은 화폐의 역사에 큰 전환점이 된 날이다. 달러를 금으로 바꿔주지 않겠다는 닉슨 대통령의 선언으로 미국의 화폐 주권은 강해졌다. 이날부터 연방 정부 지출에 가해지던 제약의 성격은 완전히 바뀌었다. 이전의 브레턴우즈 체제 Bretton Woods System 아래에서는 금 보유량을 유지하기 위해 연방 정부 재정을 엄격히 관리해야만 했다. 하지만 현재 미국 달러는 순수한 명목 화폐다. 이는 미국 정부가 달러를 금으로 바꿔주겠다고 약속하지 않는다는 뜻이다. 브레턴우즈 때는 그런 약속이 있었기에 달러 가치를 보증하기 위해 금 보유량을 유지해야만 했다. 하지만 이제 연방 정부는 금이 다 떨어질지도 모른다는 걱정 없이 달러를 발행할 수 있다. 명목 화폐 체제에서 연방 정부에 돈이 떨어지는 일은 벌어지지 않는다. 하지만 거기 모인 상원 의원들은 마치 돈을 많이 쓰면 정부가 파산할 것처럼 말했다. 이들은 돈을 보는 시각을 업데이트할 필요가 있었다.

둘째, 정부는 재정 균형을 달성할 필요가 없다. 균형을 달성해야 하는 건 경제다. 재정은 정부가 우리에게 달러를 더해주거나 우리로부터 달러를 가져갈 때 사용하는 도구일 뿐이다. 정부가 우리에게 준 달러가 가져간 달러보다 더 많으면 재정 적자, 준 달러보다 가져간 달러가 더 많으면 재정 흑자다. MMT는 재정 적자와 재정 흑자를 절대적으로 좋다 나쁘다 판단할 수 없음을 보여준다. 적자와 흑자는 모두 경제 균형을 맞추기 위한 행동이다. 정부는 자신이 섬기는 국민을 위해 경제 전반의 균형을 잡는 쪽으로 재정을 운영해야 한다.

마지막으로, 이제껏 연방 정부는 거의 언제나 적자를 너무 작게 유지해 왔다. 그렇다. 너무 작다! 재정 적자가 적정 수준에 못 미친다는 증거는 실업이다. 물론 재정 적자가 너무 큰 상황도 있을 수 있다. 하지만 엔지 상원 의원의 말은 완전히 틀렸다. 재정 적자는 지출이 과도하다는 증거가 아니 다. 지출이 너무 많은지 판단하려면, 인플레이션을 봐야 한다.

인플레이션: 보편적 사고방식

물가가 걷잡을 수 없이 오르는 나라에서 살고 싶어 하는 사람은 없다. 인플레이션이란 물가가 꾸준히 오르는 현상을 말한다. 약간의 인플레이 션은 해롭지 않다. 오히려 경제학자들은 적당한 인플레이션을 경제가 건강하게 성장하고 있다는 증거로 여긴다. 하지만 물가가 대다수의 소 득보다 더 빠르게 오른다면, 이는 많은 가정의 구매력이 하락하고 있다 는 뜻이다. 이를 방치하면, 사회의 실질 생활 수준이 저하될 것이다. 극 단적으로는 가격이 통제할 수 없을 정도로 치솟아 하이퍼인플레이션에 빠질 수도 있다.

인플레이션은 여러 관점에서 생각할 수 있으며, 측정 수단도 다양하다. 미국 노동 통계국Bureau of Labor Statistics은 소비자 물가 지수CPI-U와 CPI-W, 생산자 물가 지수PPI, 연쇄 방식 소비자 물가 지수C-CPI-U 등 다양한 물가 지수를 발표한다. 미국 상무부 경제 분석국Bureau of Economic Analysis에서도 GDP 디플레이터와 개인 소비 지출PCE 지수를 포함해 여러 지수를 발표 한다. 연준은 근원 개인 소비 지출Core PCE이라는 물가 지수를 주로 쓴다.

이쯤 되면 상황이 그려질 것이다. 미국의 물가 동향을 파악하고자 하는 정책 결정자, 투자자, 기업, 조합 등을 돕기 위해 수많은 통계학자가 고용되어 다양한 추정치를 내놓고 있다.

국내에서 팔리는 모든 상품의 가격을 추적하기란 그야말로 불가능하다. 우리는 물가가 전반적으로 어떻게 움직이는지만 파악할 수 있을 뿐이다. 우리가 아침에 마시는 커피의 가격이나 기름값, 케이블 방송 수신료가 더 비싸졌다고 해서 물가가 전체적으로 올랐다고 말할 수는 없다. 거시 수준에서 일어나는 일을 이해하려면, 위에서 말한 물가 지수의 도움을 받아야만 한다. 예를 들어, 소비자 물가 지수CPI는 소비자가 구매하는 대표적인 물건과 서비스로 이뤄진 상품 묶음(바스켓)의 가격이 시간에 따라 어떻게 변하는지 알려준다. 상품 묶음에는 주택, 의료, 식품, 교통, 여가 생활, 의복 등 각종 품목이 포함된다. 물론 모든 가구가 동일한 상품 묶음을 소비하지는 않기 때문에, 소비자 물가 지수는 대표적인 가정의 소비 습관을 반영해 산출한다. 주거비처럼 일반 가정의 지출에서 큰 부분을 차지하는 비용은 평균적인 가정에서 덜 중요하다고 생각하는 다른 비용보다 더 중요하게 여겨진다(즉, 더 높은 가중치를 부여받는다). 주거비의 비중이 여가 생활비보다 더 높기 때문에 여가 생활비가 5% 오를 때보다 주거비가 5% 오를 때 소비자 물가 지수가 더 많이 오른다. 실제로는 시간이 지날수록 일부 물건과 서비스의 가격(주거비, 교육비, 의료비)은 올랐고 다른 품목의 가격은 점점 내려갔다. 중요한 건 전체 상품 묶음의 가격이 한 달 또는 일 년 전과 비교해서 어떻게 변했는지, 그리고 평균 소득이 물가 상승분을 따라잡을 만큼 빠르게 늘었는지다.

사람들이 인플레이션을 걱정하는 이유는 인플레이션이 실제 생활 수준을 낮출 수 있기 때문이다. 오늘 일반적인 상품 묶음을 소비하는 데 아무 문제가 없는 사람이라도, 물가가 오르면 더는 그 상품 묶음을 소비할 수 없게 될지 모른다. 생활 수준을 유지할 수 있을지 없을지는 소득이 어떻게 변하느냐에 따라 달라진다. 만일 상품 묶음의 가격이 매년 5%씩 오르는데 연봉은 2%밖에 오르지 않는다면, (물가 상승률을 고려한) 실질 소득은 매년 3%씩 줄어드는 셈이다. 이는 실제로 구매할 수 있는 물건이나 서비스의 양이 줄어든다는 뜻이다.

그렇다면 물가가 오르는 이유는 무엇이고, 어떻게 해야 인플레이션으로 인한 생활 수준 하락을 막을 수 있을까?

이 질문에 답하기 전에, 먼저 세계 주요국들이 지난 십수 년 동안 이와 정반대되는 현상인 저인플레이션과 싸워 왔다는 사실을 짚고 넘어가는 편이 좋겠다. 미국, 일본, 유럽은 그동안 물가 상승률이 너무 높아서가 아니라 너무 낮아서 골머리를 앓아 왔다. 이들 국가의 '적정' 물가 상승률은 공식적으로 2%로 알려져 있다. 그동안 연준, 일본 은행Bank of Japan, 유럽 중앙은행은 이 기준을 맞추기 위해 노력했다. 하지만 이들 가운데 누구도 계속해서 물가 상승률을 2%로 유지하는 데 성공하지 못했다. 일본은 특히 더 힘든 시간을 보냈는데, 저인플레이션을 넘어 뚜렷한 디플레이션(전체 물가가 하락하는 현상)이 주기적으로 나타났기 때문이다. 디플레이션은 보기 드문 현상으로, 미국은 1930년대 대공황 동안 디플레이션을 겪었다. 어쩌면 물가 상승률이 낮다고 걱정하는 사람이 어디 있겠느냐고 생각할지도 모르겠다. 물가가 내려간다니 좋을 것 같은데! 하지만 경제학자들은 걱정한다. 보통 저인플레이션은 거시 경제의 취약성을 보여주는 증거로 여겨진다.

대다수 경제학자에게 저인플레이션과의 오랜 싸움은 풀지 못한 수수께 끼다. 일부 경제학자들은 여러 요인이 복합적으로 작용해 세계적 저인플레이션 현상이 나타났다고 말한다. 이들은 대개 급격한 기술 발전과 인구 구조 변화, 세계화로 이 문제를 설명할 수 있다고 믿는다. 다른 경제학자들은 단순히 중앙은행이 가진 카드를 적극적으로 쓰지 않아서 생긴 문제라고 믿는다. 이들이 보기에 물가 상승률이 높아지지 않는 이유는 연준, 유럽 중앙은행, 일본 은행이 경제 심리를 바꾸기 위해 충분히 노력하지 않아서 사람들이 계속 물가 상승률이 낮을 거라고 기대하기 때문이다. 이들 경제학자가 보기에 실제 물가 상승률을 높이는 일은 단순히 사람들의 기대 인플레이션율을 높이는 일에 불과하다. 중앙은행이 사람들에게 물가 상승률이 높아질 거라는 기대를 품게 할 수만 있다면, 사람들은 오늘 더 많은 돈을 쓸 것이고(가격이 오르는데 미뤘다 살 이유가 있을까?), 수요가 증가하면서 실제로 물가가 오를 것이다. 또 다른 경제학자들은 성장이 느려지고 임금 및 물가 상승 압력이 약해진 주원인을 불평등과 임금 정체에서 찾는다. 이들 가운데 일부는 임금을 올리고 소득을 더 평등하게 분배하면, 저소득 가구와 중간 소득 가구의 수요가 탄탄해져 어느 정도 물가 상승 압력을 만들어 낼 수 있을 거라고 말한다.

현재의 저인플레이션 문제가 얼마나 오래 지속될지, 결국 어떤 요인이 가격을 밀어 올릴지는 아무도 모른다.[1] 일반적으로 경제학자들은 '비용 인상Cost-push' 인플레이션 압력과 '수요 견인Demand-pull' 인플레이션 압력을 구분한다. 텍사스 크리스천 대학교 경제학자인 존 하비John T. Harvey가 말했듯 비용 인상 인플레이션은 '하늘의 뜻'이나 '알력 다툼'으로 인해 벌어진다.[2] 예를 들어, 심각한 가뭄이 대규모 흉작을 초래해 식량 공급이 부족해지면 식비가 치솟을 것이다. 또는 강한 태풍이 정유 공장을 강타해 연료 가격이 갑자기 오를 수도 있다. 식비와 연료비는 소비자 물가 지수에 직접적 영향을 미치는 항목이므로 이런 상황이 지속되면 인플레이션을 유발할 수 있다. 노동자들이 임금을 올리기에 충분한 협상력을 갖췄을 때도 물가가 오를 수 있다. 기업이 늘어난 인건비 때문에 이윤이 줄어드는 것을 막고자, 가격을 올려 소비자에게 비용을 전가할 수 있기 때문이다. 수익 배분을 둘러싼 밀고 당기는 싸움이 계속되면 임금과 물가의 연쇄적 상승이 일어나 인플레이션이 가속화될 수 있다. 또, 시장 지배력이 큰 기업이 더 많은 이윤을 추구하는 과정에서 물가가 오를 수도 있다. 예를 들어, 특허권이 있는 제약 회사가 처방 약 가격을 높이면, 전체 의료비가 증가해 물가가 상승할 수 있다.[3]

수요 견인 인플레이션은 소비 습관이 변하면서 판매 가격이 오를 때 발생한다. 이 현상은 대개 경제가 상품과 서비스를 생산해 내는 속도보다 사람들이 소비하는 속도가 더 **빠를** 때 나타난다. 다음과 같이 생각해보자. 모든 경제에는 자신만의 제한 최고 속도가 있다. 언제를 기준으로 잡든, 경제는 그 순간 쓸 수 있는 실물 자원(사람, 공장, 기계, 천연자원)이 허락하는 만큼만 생산할 수 있다. 경기가 침체되면, 사람은 직업을 잃고 기업이 가진 기계는 전원이 꺼진 채 하는 일 없이 놀게 된다. 이런 상황에서는 안전하게 정부 지출을 늘릴 수 있다. 재고용할 수 있는 인력이 있고 당장 기계의 전원을 켜서 물건을 더 생산할 수 있기 때문이다. 미국에서 2009년에 통과된 7,870억 달러 규모의 경기 부양책이 인플레이션을 초래하지 않은 건 이 때문이다. 대침체는 수백만 명을 실업으로 내몰았고 기업이 최대 생산 능력에 훨씬 못 미치는 양만 생산하도록 했다. 놀고 있는 자원이 많을 때 정부 지출이 늘어나면, 기업은 쉽게 공급량을 늘려 늘어난 지출에 대응할 수 있다. 하지만 경제가 완전 고용 상태에 가까워질수록 실물 자원은 점점 더 희소해진다. 이때는 수요의 증가가 가격을 밀어 올릴 수 있다. 이미 생산량이 최대치에 달한 산업 분야에서는 공급이 지연될 것이다. 이는 물가 과열로 이어질 수 있다. 일단 경제가 완전 고용이라는 한계에 도달하면, (정부 지출뿐만 아니라) '모든' 추가 지출이 인플레이션에 기여할 수 있다. 지출이 과도하다는 말은 이런 상황에서 쓰는 것이다. 그리고 이런 상황은 정부 재정이 균형이나 흑자일 때도 충분히 일어날 수 있다.

인플레이션에 관한 또 다른 통념은 통화주의 경제학파와 밀접한 연관이 있다.[4] 통화주의의 아버지로 불리는 사람은 노벨상 수상 경제학자인 밀턴 프리드먼Milton Friedman이다. 통화주의는 1970년대 경제사상을 지배한 학파로, 오늘날의 경제 논쟁에도 여전히 통화주의의 허풍이 스며들어 있다. 프리드먼에 따르면, "인플레이션은 언제 어디서나 통화적 현상"이다. 그는 모든 인플레이션이 돈을 너무 많이 풀어서 생긴 현상이라는 뜻으로 이런 말을 했다. 그가 보기에 물가가 불안정한 이유는 중앙은행이 무리해서 일자리를 늘리기 위해 통화 공급량을 너무 빠르게 증가시켜 경제에 과도한 압력을 주었기 때문이었다.

프리드먼이 등장하기 전까지 거시 경제학을 지배한 건 케인스 학파였다.[5] 케인스 학파는 통화 공급량을 늘리는 것이 실업률을 낮추기 위해 중앙은행이 쓸 수 있는 합당한 방법이라고 믿었다. 돈이 늘면 소비가 늘고 소비가 늘면 기업은 증가한 수요에 맞춰 생산량을 늘리기 위해 고용을 늘릴 터였다. 이렇게 되면 실업률은 떨어지고 인플레이션이 발생할 가능성은 커진다. 기업이 고용을 늘리면서 급여와 가격이 함께 오르기 때문이다. 좋은 걸(일자리) 하나 얻으려면 비용(인플레이션)을 감내해야 하는 법이었다.[6] 이 상충 관계를 어떻게 활용할지는 중앙은행의 결정에 달려 있었다.

프리드먼은 케인스 학파의 견해에 도전했다. 그는 실업률을 일정 수준 이하로 떨어뜨리는 건 구조적으로 불가능하다고 봤다. 프리드먼은 이 도달 가능한 최저 실업률에 '자연 실업률'이라는 이름을 붙였다. 중앙은행은 자연 실업률에 맞서 싸울 수 있었다. 하지만 그건 지는 싸움이자, 갈수록 더 큰 비용을 치러야 하는 싸움이었다. 케인스 학파에 맞서 프리드먼은 통화 공급량을 과도하게 늘리면, 임금보다 물가가 더 빨리 오르면서 노동자들이 되풀이되는 함정에 빠질 거라고 주장했다. 노동자들은 일을 더 많이 하면서도(이는 곧 실업률이 줄어든다는 뜻이다) 전보다 줄어든 실질 임금을 받게 될 것이다. 곧 노동자들이 이를 알아채고 임금을 올려달라고 하겠지만, 기업은 임금을 올리기보다는 노동자를 해고할 것이다. 결국, 실업률은 다시 '자연 실업률'로 돌아가고 인플레이션만 심해진 꼴이 되어 상황이 악화될 뿐이다. 이 이야기의 교훈은 명확하다. 지금껏 케인스 학파는 악마와의 거래를 부추기고 있었다. 실업률을 낮추려는 노력은 인플레이션 악화라는 벌로 돌아올 것이다.

유일한 해결책은 거시 경제 정책 결정자들의 손발을 묶는 것이었다.[7]

중앙은행에 실업률을 낮추기 위해 물가 상승률을 높여야 할지 말지 결정할 재량권을 주어서는 안 된다. 중앙은행은 물가를 안정적으로 유지하려면 어느 정도의 실업은 불가피하다는 사실을 받아들여야만 했다. 앞으로 보게 될 내용처럼, MMT는 이러한 주장에 반대한다.

현재의 인플레이션 대처법

1977년, 연준은 의회로부터 최대 고용과 물가 안정이라는 이중 책무Dual-mandate를 부여받았다. 기본적으로 의회는 일자리와 물가에 대한 책임을 연준에 맡기고 있다. 의회는 연준에 일자리가 몇 개나 돼야 하고 물가 상승률은 어느 정도 이하가 돼야 하는지 일일이 말하지 않는다. 중앙은행은 독립적으로 물가 상승률 목표를 정하고 최대 고용 수준을 결정한다.[8] 대다수 중앙은행과 마찬가지로, 연준이 정한 목표 물가 상승률은 2%다.[9] 연준의 목표는 물가 상승률이 이 값을 벗어나지 않도록, 경제 내 '적정' 실업률을 유지하는 것이다. 대체로 프리드먼이 50년 전에 처방한 대로다.

연준은 직접 지출을 통해 경제에 돈을 공급할 수도, 경제에 풀린 돈을 세금으로 회수할 수도 없다. 이는 재정 결정을 내리는 주체인 국회만 가진 권한이다. 그런데도 연준은 어떻게 이중 책무를 달성할 수 있는 걸까?

과거 1970년대 말부터 1980년대 초까지만 해도 연준을 포함한 각국 중앙은행은 통화량 증가율을 직접 조절해 물가 상승률을 관리했다.[10] 그러나 오늘날, 사실상 모든 중앙은행은 기준 금리를 통해 물가 상승률을 간접적으로 조절한다.[11] 금리, 즉 돈을 빌리는 데 드는 비용을 조절해 경제 내 소비자와 기업이 빌리거나 지출하는 돈의 양에 영향을 미침으로써 통화량을 간접적으로 조절하는 것이다.

중앙은행이 정책 금리를 낮추면 대출 조건이 완화된다. 중앙은행은 실업률이, 소위 자연 실업률보다 더 '높다는' 생각이 들면 금리를 인하한다. 금리 인하의 목표는 실업률을 낮추는 것이다. 의도대로 진행된다면, 돈을 빌려 집이나 차를 사는 사람이 많아지고 기업도 대출을 받아 새로운 기계를 사고 공장을 지을 것이다. 대출금이 다 소비되면 경제가 활기를 띠면서 일자리도 늘어날 것이다. 한편, 직장이 없는 사람이 줄면, 노동 시장은 경색Tighten되고 이는 임금 인상으로 이어진다. 임금이 오르면, 임금·물가 상승의 악순환이 벌어지면서 인플레이션이 발생할 위험이 증가한다.

바로 이것이 문제다. 연준은 자신이 지나친 소비를 유도할 경우, 노동 시장이 과열되어 실업률이 '자연' 수준보다 아래로 떨어지면서 인플레이션이 가속화될 거라고 믿는다. 2012년, 보수파 경제학자인 마빈 굿프렌드Marvin Goodfriend는 같은 논리로 다음과 같이 경고했다. 연준이 실업률을 7% 아래로 떨어뜨린다면, "이후 몇 년 동안 물가 상승률이 계속 높아져 경제를 파괴할 것이다." 하지만 완전히 틀린 말이었다. 3년 뒤인 2015년, 실업률이 5%로 떨어졌는데도 물가 상승률은 2012년보다 오히려 더 '낮은' 수준에 머물렀으니까.

굿프렌드는 (그리고 다른 사람들은) 왜 그런 잘못된 생각을 한 걸까? 한 가지 문제는 (자연 실업률이 실제로 존재하는지는 둘째로 치더라도) 연준을 포함해 그 누구도 자연 실업률을 직접 관찰하거나 계산할 수 없다는 것이다. 사실 자연 실업률은 이상적 상태의 경제를 표현하는 말에 더 가깝다. 자연 실업률은 시간에 따라 바뀐다. 시간을 특정할 경우, 한순간에 단 하나의 자연 실업률이 존재한다. 하지만 그 값은 아무도 알 수 없다. 값을 알려면 시행착오가 필요하다. 실업률을 조금이라도 더 내렸을 때 인플레이션이 가속화되면, 그제야 과거의 자연 실업률이 그 값이었구나 하고 알 수 있는 것이다.

그러니까 한 경제가 자연 실업률을 달성한 상태인지 아닌지는 일이 벌어지고 나서야 '판단'할 수 있다는 말이다. 이런 면에서 경제학자들에게 자연 실업률 도달이란, 마치 사랑에 빠지는 일과도 비슷하다. 미리 알고 사랑에 빠지는 사람은 없다. 우리는 이미 푹 빠지고 나서야 사랑임을 깨닫는다.[12] 경제학자들은 이 사랑에 이름까지 붙였다. 물가 안정 실업률 Non-accelerating Inflationary Rate of Unemployment, 영어 약자로는 NAIRU. 참 매력적인 이름 아닌가? 실업률을 어떻게 조절하는지 궁금하다면 전래동화 『골디락스와 곰 세 마리』를 떠올려 보자.* 동화에 나오는 수프를 시장으로 바꾸면 다 이해한 것이나 다름없다. 시장이 차게 식어서 실업률이 너무 높으면, 연준은 대출과 소비를 촉진해 시장을 데우기 위해 금리를 낮춘다. 반대로 시장이 지나치게 뜨거워서 실업률이 너무 낮으면, 연준은 대출과 소비를 줄여 열기를 식히기 위해 금리를 높인다. 그러니까 실업률이 NAIRU에 머물도록 통화 정책을 조였다 풀었다 하는 것이다.

---

* 『골디락스와 곰 세 마리』는 영국의 전래동화로, 내용은 다음과 같다. 숲에서 길을 잃고 헤매던 골디락스라는 소녀가 비어 있는 곰 가족의 집을 발견하고 들어간다. 식탁 위에 수프 세 그릇이 놓여 있었는데 하나는 너무 뜨거웠고 다른 하나는 너무 차가웠다. 골디락스는 적당한 온도의 세 번째 수프를 먹고 잠에 빠진다.

그런데 문제가 있다. 연준은 인플레이션이 발생할 때까지 기다리고 싶어 하지 않는다. 인플레이션이라는 끔찍한 괴물이 고개도 들지 못하도록 미리 방어하고 싶어 한다. 뉴욕 연방 준비은행 총재인 윌리엄 더들리 William C. Dudley의 설명을 들어보자. "우리는 물가 상승률을 지나치게 높이지 않으면서 실업률을 어디까지 낮출 수 있는지 정확히 알지 못합니다. 우리는 NAIRU, 즉 물가 안정 실업률을 직접 관찰할 수 없습니다. 그저 고용 시장이 경색되면서 나타나는 임금과 가격 상승 반응을 보고 추측할 뿐입니다."[13]

즉, 연준은 고용 시장을 보면서 혹시 임금이 빠르게 오르고 있지는 않은지 관찰하고, 임금이 오르면 이를 인플레이션의 전조로 해석한다는 소리다. 중요한 건 인플레이션 괴물이 눈뜰 때까지 기다리면 안 된다는 것이다. 일단 쏘고 질문은 나중에. 이러한 조급증은 연준의 결정을 지나친 긴축 쪽으로 치우치게 한다. 너무 서둘러 이자율을 높이거나 잘못된 경고에 반응하게 만드는 것이다. 이러한 잘못된 결정 때문에 현실에서는 수백만 명이 불필요한 실업 상태를 경험한다.

이중 책무는 과도 고용과 과소 고용 사이 어딘가에 깨지기 쉬운 균형이 존재한다는 믿음을 근거로 한다. 여기에는 연준에 경제를 균형점으로 움직일 수 있는 능력이 있다는 가정도 깔려 있다. 이 균형점으로 가려면 일하고 싶어도 실업 상태에 머무르는 사람이 '적절히' 존재해야 한다. 물가를 안정적으로 유지하기 위해서다. 거칠게 표현하자면, 연준은 실업 상태에 있는 인간을 주 무기로 인플레이션에 맞서 싸우고 있는 것이다.

이론적으로야 쉬운 일이다. 하지만 현실은 다르다.

이론에서 연준은 수학 모형을 사용해 물가 상승률을 일정하게 유지하려면, 이자율을 얼마로 정해야 하는지 정확히 계산할 수 있다. 2008년 금융 위기 이후 연준은 기준 금리를 0으로 내려 유지했다. 실업률은 2009년 10월 10%로 최고치를 찍은 뒤, 2015년 5%까지 떨어졌다. 많은 사람이 일자리를 얻었다. 일반적으로 잘 고용되지 않는 저숙련 노동자와 소수 집단 노동자도 여럿 고용됐다. 2015년 12월, 물가 상승률이 아직 2% 목표에 도달하지 않았는데도 연준은 기준 금리를 0%에서 0.25%로 올렸다. 그 후로도 3년 동안 물가 상승률은 꾸준히 기준치 이하에 머물렀다. 하지만 그사이 연준은 기준 금리를 여덟 차례나 더 올렸다. 물가 상승률이 가속화될 조짐이 전혀 없는데도 기준 금리를 올린다는 비판이 일었지만, 연준은 금리 인상이 정당하다고 믿었다. 인플레이션을 막기 위해 실업률을 NAIRU 추정치로 돌려놓아야 한다는 거였다. 경제를 식히기 위한 연준의 노력에도 불구하고 실업률은 NAIRU로 추정되는 수치를 벗어나 계속 낮아졌다. 하지만 물가 상승률은 가속화되지 않았다. NAIRU 정책에 따르면, 일어나서는 안 될 일이 벌어진 것이다.

낮은 실업률과 물가 상승률 사이의 상관관계에 뚜렷한 금이 가기 시작했지만, 연준은 NAIRU 개념을 계속 유지하기로 했다. 2019년 7월에 열린 미 하원 금융 서비스 위원회House Committee on Financial Services 청문회에서 연방 준비 제도 의사회 의장인 제롬 파월Jerome Powell은 다음과 같이 증언했다. "우리에게는 자연 실업률이라는 개념이 필요합니다. 실업률이 높은지, 낮은지, 적절한지에 대한 감이 필요합니다."

파월 의장의 말이 옳은지 그른지는 차치하고서라도, 최근 연준이 지속적으로 NAIRU(인플레이션을 가속화하지 않는 최소 실업률) 예측에 실패했다는 사실에는 논란의 여지가 없다. 2019년 7월, 같은 청문회에서 있었던 초선 의원 알렉산드리아 오카시오코르테스Alexandria Ocasio-Cortez와 파월 의장 사이의 질의응답은 이 사실을 뚜렷이 보여준다.

> **오카시오코르테스**: 2014년부터 현재까지 실업률이 3%나 하락했습니다. 하지만 물가 상승률은 5년 전보다 전혀 높아지지 않았는데요. 이 사실로 미루어 볼 때, 연준이 지금껏 물가 안정 실업률을 너무 높게 예측했다는 점, 인정하십니까?
> **파월**: 물론입니다.

연준 의장이 이렇게까지 솔직하게 잘못을 인정하는 건 흔치 않은 일이다. 하지만 우리는 그의 말에서 NAIRU가 주요 정책 지침으로 삼기에 타당한 기준이 아닐지도 모른다는 의심을 조금도 찾아볼 수 없다는 점에 주목해야 한다. NAIRU의 타당성을 문제 삼는 대신, 그는 NAIRU를 잘못 예측한 자신을 비난했다. 경제의 고용 능력에 피할 수 없는 한계가 존재한다는 이 신념은 연준이 안전한 실업률의 최소치를 구조적으로 잘못 예측하게 한다. 연준은 이런 잘못된 예측을 기준으로, 실업률이 더 떨어지는 것을 틀어막기 위해 금리를 올린다. 실업률이 NAIRU에 이미 도달했다는 믿음 하나로, 실업이나 불완전 고용 상태에 있는 수백만 명이 일자리를 얻지 못하게 막는 것이다. 실업자는 현재 일하고 있지 않지만, 활발하게 구직 활동을 하는 사람을 말한다. 실업자는 아니지만, 불완전 고용 상태인 사람들도 있다. 현재 파트타임으로 일하지만, 사실 풀타임 직장에 다니고 싶어 하는 사람들이다. 하지만 이들은 고용돼 있기 때문에 공식 실업률 통계(U-3)에 포함되지 않는다. 대신 근로 의지는 있지만, 일자리를 구할 수 있다는 희망을 버린 사람들과 함께 U-6라는 더 넓은 범위의 실업률 통계에 포함된다. 여기서 끝이 아니다. 전임 연준 이사인 대니얼 타룰로 Daniel Tarullo가 고백한 대로 연준은 인플레이션에 대한 이론적 근거도 없이 매일 의사 결정을 내린다. 다양한 추측, 가정, 모형이 동원되긴 하지만, 대부분 검증이 안 됐거나, 아예 검증할 수 없는 것들이다.[14] 어떻게 보면 사람들의 삶을 걸고 추리 게임을 하는 것이나 마찬가지다.

연준은 정밀한 과학과는 거리가 먼, 믿음이라 불러야 맞을 만한 것을 핵심 지침으로 삼고 있다. 자신이 인플레이션에 대해 상당히 정확히 알고 있다는 믿음. 자신이 손에 쥔 도구가 인플레이션을 관리하기에 충분하다는 믿음. 아무리 불확실성이 존재한다고 하더라도, 언제 어디서나 지나친 실업보다는 지나친 인플레이션이 우리 모두의 삶에 더 위협적이라는 믿음이 그것이다.[15]

흔들리는 믿음

과학자와 공학자가 지속적인 혁신을 이뤄내 신약으로 병을 없애고 신기술로 인류의 문제를 해결하는 와중에도, 대다수 경제학자는 여전히 인플레이션과 싸우기 위해 사람을 제물로 바쳐야 한다는 50년 된 교리를 신봉하고 있다. 최근 연준의 일부 고위급 인사들은 연준이 접근 방식을 바꾸는 데 열려 있음을 시사하며, 기존 방식에 대한 우려를 표명했다. 그러나 대다수 주류 경제학자들은 여전히 실업률을 어느 한도 이상으로 낮추면 위험하다는 믿음을 고수하고 있다. 인간의 희생(강제 실업)으로 어느 정도 여유를 확보해 두지 않으면, 극심한 인플레이션이라는 재난을 자초하게 된다는 것이다. 경제학자들이 물가 상승률과 실업률 사이에 불가피한 상충 관계가 있다고 믿기 때문에, 연준은 실업을 인플레이션에 대한 보험 정도로 여기며, 실업률을 얼마로 유지해야 인플레이션을 막을 수 있을지만 생각하게 된다. 물가 상승률을 낮고 안정적으로 유지할 다른 방법이 없어 보이기 때문이다.

통화 정책과 재정 정책을 더 잘 조합해 경제를 완전 고용 상태로 계속 유지할 수는 없을까? 연준이 통화 정책을 더 잘 운용하면, 진정한 완전 고용을 달성할 수 있지 않을까? 의회가 나서서 정부 지출과 조세를 즉각적으로 조절하면, 경제 균형을 더 잘 맞추는 데 도움이 되지 않을까?

연준이 완전 고용의 정의를 자의로 정한다는 사실을 기억하자. 연준이 생각하는 완전 고용은 목표 물가 상승률 달성을 위해 어느 정도의 실업이 필요한지에 따라 달라진다. 즉, 연준은 완전 고용과 물가 안정이라는 두 가지 법적 의무를 지고 있지만, 이 중 후자에 훨씬 높은 우선순위를 둔다. 연준의 정의에 따르면, 실업자가 800만 명이든 1,000만 명이든 물가를 안정적으로 유지할 수만 있다면, 완전 고용이 달성된 것이다. '어느 정도 실업'이 존재하는 상태를 완전 고용이라고 정의하는 건 직관적으로 받아들이기 힘들다. 하지만 정치적으로는 유용하다. 연준은 주어진 과제의 달성 기준을 스스로 정함으로써, 쉽게 문제 해결에 성공했다고 주장할 수 있다. 실업자가 얼마나 많든, 자신은 최선을 다했지만, 인플레이션을 발생시키지 않고 실업률을 더 내릴 방법이 없는 걸 어쩌겠느냐고 둘러댈 수 있는 것이다. '여전히 직업을 못 구한 운 없는 사람들이 딱하기는 하지만, 인플레이션과 싸우려면 희생이 필요한 걸 어쩌겠는가. 여러분의 희생에 감사드립니다. 하지만 더 해 드릴 수 있는 일이 없네요.'

일자리는 충분한데 빈 일자리와 사람을 연결하기가 어려울 뿐이라면서, 실업을 단순한 구조적 문제로 보는 시각도 있다. 어쩌면 노동자들이 너무 까다로운 것인지도 모른다. 교육 수준이 너무 높아서 저숙련 일자리를 마다하는 것이다. 아니면 정반대 문제가 있을 수도 있다. 노동자들의 교육 수준과 업무 능력이 하이테크 일자리를 얻기에 부족한 것이다. 어느 쪽이든 자리와 사람을 연결하는 데 문제가 있을 뿐, 자리 자체가 모자란 건 아니라는 말이다. 적절한 교육을 받았거나 적절한 기술을 가졌거나 적절한 동기가 있거나 자기 관리를 잘하는 사람이라면, 직업을 찾을 수 있을 것이다.

하지만 이는 수백만 명을 버려두고도 만족하는 사람들이 편의상 둘러대는 말일 뿐, 사실이 아니다. 사실 연준은 그저 일하기를 원하는 사람이 모두 일할 수 있게 두는 것이 너무 위험하다고 생각한다. 그들이 얼마나 똑똑하고 성실한지는 중요하지 않다. 어떻게 보면 연준은 항상 필요 이상으로 많은 사람이 일자리를 찾지 못하도록 게임을 설계하는 일을 한다. 만일 연준이 생각하는 NAIRU가 5%라면, 안전을 위해 게임에 참가한 100명 가운데 95명이 앉을 자리만 마련해야 하는 것이다.

어떤 사람들은 실업률이 낮아지는데도 물가 상승률이 오르지 않았던 최근의 경향을 가리키며 연준을 비판한다. 이들은 최근의 경향을 연준이 일자리를 더 늘릴 수 있었다는 증거로 해석한다. 페드업FedUp 같은 진보 활동가 집단부터 보수 경제 작가 스티븐 무어Stephen Moore까지, 좌우를 막론하고 연준이 불필요하게 브레이크 페달을 밟았다는 불만이 터져 나왔다. 이들이 보기에 문제는 연준이 사용하는 도구가 아니라, 연준이 그 도구를 휘두르는 방식이었다. 특히 이들은 연준이 금리를 너무 성급히 올렸다고 믿는다. 그냥 뒀더라면 더 만들어졌을 일자리를 금리를 올려 빼앗아 갔다는 것이다. 그러니까 이들은 연준이 금리를 내리거나, 적어도 일자리가 더 만들어질 때까지 금리를 올리지 않고 기다렸다면 실업자에게 도움이 됐을 거라고 생각하는 것이다.

하지만 아무리 인내심을 키운다고 해도 연준은 모든 구직자에게 일자리를 보장할 수 없다. 2차 세계 대전 기간을 제외하면, 미국 경제는 진정한 완전 고용 가까이에 계속해서 머무른 적이 한 번도 없다. 이유는 1936년에 발간된 존 메이너드 케인스John Maynard Keynes의 가장 유명한 저서, 『고용·이자 및 화폐의 일반 이론The General Theory of Employment, Interest, and Money』에 자세히 설명돼 있다. 자본주의 경제는 만성적인 수요 불충분 상태로 운영된다. 이는 기업이 일하고자 하는 모든 사람을 고용할 수 있을 정도로 총지출(공공 및 민간)이 커지는 일이 없다는 뜻이다. 완전 고용에 가까이 다가갈 수는 있다. 심지어 전시에는 잠시라도 완전 고용을 달성할 수 있을지 모른다. 하지만 평화로운 시기에 경제는 완전 고용 상태에서 운영되지 않는다. 경제에는 언제나 유휴 노동력을 포함한 유휴 자원이 여유분으로 존재한다.[16]

대다수 경제학자는 일자리의 숫자를 결정하는 일을 시장에 맡기길 원한다. 이들이 보기에 의회가 할 수 있는 일은 예산을 책정해 실업자들에게 고용 시장에서 더 매력적으로 보일 만한 기술을 가르치는 것 정도다. 이들은 실업자들을 가난에서 구제할 방법으로, 교육을 늘리고 더 질 좋은 직업 훈련을 제공하고 고용 보조금을 지급하는 등의 해결책을 제시한다. 하지만 MMT는 이런 반쪽짜리 방법으로, 만성적인 불완전 고용과 실업 문제를 해결할 수 없다고 본다. 만성적으로 일자리가 부족한 상황에서 이런 해결책들은 기껏해야 사람들이 돌아가면서 일자리를 잃어 교대로 실업을 경험하는 결과를 낳을 뿐이다. 노벨상 수상 경제학자인 윌리엄 비크리William Vickrey가 말했듯, 전체 일자리의 수가 부족할 때 "[실업자들에게] 일자리를 구해주려고 노력하는 건, 관련 기관이 의자 뺏기 게임 참가자 가운데 일부 고객에게만 자리에 빠르게 앉는 기술을 귀띔하는 것이나 마찬가지다."[17]

사실 우리는 중앙은행에 너무 많은 책임을 지우고 있다. 이는 비단 미국에 국한되지 않는 전 세계적인 문제다. 중앙은행은 세법을 바꾸거나 경제에 돈을 직접 지출할 수 없다. 중앙은행이 고용률을 높이기 위해 쓸 수 있는 최선의 방법이라고 해봤자 고작 대출과 소비가 늘어나도록 금융 환경을 조성하는 것 정도다. 금리를 내리면, 대출이 충분히 늘어나서 실업률이 내려갈'지도 모른다.' 하지만 아닐 수도 있다. 케인스는 이런 명언을 남겼다. "줄을 잡고 밀어낼 수는 없다." 연준이 대출 금리를 낮출 수는 있지만, 돈을 빌리도록 강제할 수는 없다는 뜻이다. 대출은 기업과 개인이 빚에 묶이게 한다. 빌린 돈은 반드시 미래 소득으로 갚아야 한다. 이자율이 내려도 민간 주체는 경제 사정을 고려해 빚을 더 내지 않을 충분한 이유가 있다. 가계와 기업이 화폐 발행자가 아닌 화폐 사용자라는 사실을 기억하자. 이들은 미래에 돈을 어떻게 갚아야 할지 고민하는 게 당연하다.

연준 혼자 경제를 바로잡기 어렵다는 사실은 대침체를 수습하는 과정에서 더욱 명확해졌다. 일단 대침체 자체도 민간 부채(서브프라임 모기지)가 과도하게 축적되면서 벌어진 일이다. 사태를 해결하기 위해 연준은 제로 금리를 선언하고 양적 완화라는 새로운 방법까지 시도했다.[18] 연준은 사태를 수습하기 위해 총력을 기울였다. 아마 당시 연준 의장 벤 버냉키는 의회에 불려 나가 연준이 극단적인 조치까지 취했는데도 불구하고 왜 경제가 회복될 기미가 없느냐는 질타를 받으면서 좌절감을 느꼈을 것이다. 그는 텍사스주 연방 하원 의원 젭 헨사링Jeb Hensarling으로부터 받은 압박 질문에 다음과 같이 답했다. "먼저 다음 사실에 동의해 주시기 바랍니다. 통화 정책은 만병통치약이 아닙니다. 가장 적절한 도구도 아닙니다."[19]

가장 적절한 도구가 아니라니? 통화 정책은 '유일한' 도구가 아니던가. 의회는 법률로 경제 운영의 책임을 연준에 맡겼다. 좋을 때나 나쁠 때나, 연준은 경제 운영에 대한 모든 의무를 진다. 그리고 이것이 문제다. 통화 정책의 능력에는 한계가 있다. 통화 정책은 주로 소비자와 기업이 빚을 내게 함으로써 기능한다. 그런데 민간 부문의 부채는 공공 부문의 부채와 다르다. 주택 시장의 거품이 꺼지자, 대다수 미국인이 빚을 더 내기보다는 줄이고자 했다. 수백만 명의 주택 소유자가 모기지 대출금이 집값을 뛰어넘는 자본 잠식 상태에 빠졌다. 오랫동안 소득보다 더 많이 지출하기 위해 빚져 온 민간 부문은 빚을 더 지기는커녕 빚에서 벗어나길 바라고 있었다. 버냉키는 'ㅈ'으로 시작하는 말(물론 '젠장'이나 '제길' 따위가 아니라, '재정' 말이다)을 입 밖에 내지 않았을 뿐, 의도를 명확히 전달했다. 연준의 통화 정책만으로는 충분하지 않다. 다른 정책 수단(재정 정책)을 다시 게임에 끌어들여야 한다.

문제는 경기 침체로 인해 재정 적자가 훨씬 더 커진 데다, 의회가 이미 대침체의 파장에 대응하기 위해 7,870억 규모의 경기 부양책을 통과시켰다는 데 있었다. 2011년, 버냉키는 거의 대놓고 추가 지원을 요청했지만, 의회는 연방 정부 대차대조표의 상태에 정신이 팔려 귀머거리 상태였다. 정말로 혼자서 문제를 해결해야 한다는 사실을 깨달은 연준은, 양적 완화가 불평등을 심화시키고 금융 시장에 위험한 투기를 초래할 거라는 일부 전문가의 견해에도 불구하고 무제한 양적 완화에 모든 걸 걸었다. 시간이 지나면서 9%에 머물던 실업률은 4% 밑으로 떨어졌다.

7년이 걸리긴 했지만, 결국 노동 시장은 금융 위기 이후 잃은 일자리를 모두 되찾았다. 어떤 사람들은 이것으로 화폐 정책이 침체된 경기를 되살릴 수 있다는 사실이 증명됐다고 믿는다. 하지만 MMT 경제학자들이 보기에 이는 주류 거시 경제 안정화 정책인 화폐 정책의 한계를 드러낸 사건이다. 적절한 재정적 처방을 내렸더라면 경기 침체를 빠르게 벗어나, 2차 세계 대전 이후 가장 길고 지지부진한 침체기를 겪지 않아도 됐을 것이다. MMT는 이런 일이 재발하는 것을 막기 위해 중앙은행에 완전 고용과 물가 안정이라는 이중 책무를 지우는 현 체제를 벗어나라고 제안한다.

인플레이션과 실업: MMT의 접근 방식

MMT 경제학자들도 지출에 실질적 한계가 있고 이 한계를 넘을 때까지 지출을 늘리면 심각한 인플레이션이 발생할 수 있음을 인지하고 있다. 하지만 우리는 수백만 명을 지속적인 실업 상태에 몰아넣지 않고도 인플레이션 압력을 관리할 수 있는 더 나은 방법이 있다고 믿는다. 사실 우리는 '진정한' 완전 고용을 이용해 물가를 관리할 수 있다고 생각한다.

MMT는 NAIRU를 기준으로 경제가 생산 한계에 가까워지고 있는지 파악하지 말고 경제에 여유가 있는지 판단하는 기준을 넓히라고 권고한다. 현재 정책 결정자들은 U-3라는 공식 실업률 수치가 실체 없는 NAIRU에 얼마나 가까운지 알아내려고 노력한다. 연준 자신도 인정했듯이 연준은 자주 노동 시장에 남은 여유를 너무 과소하게 추정하는 실수를 저지른다. 경제가 최대 생산 능력에 다다르기도 전에 경기를 식히려고 노력하는 것이다. 일자리가 있었다면 사회를 위해 유용하게 쓰였을 노동력을 영원히 포기한다는 면에서, 이는 돈을 그냥 버리는 짓이나 다름없다. 일종의 손대지 않은 공짜 점심인 셈이다.

경제를 생산 능력 이하로 운용하는 것은, 우리가 능력치 이하로 생활해야 한다는 뜻이다. 경제에 쓰지 않은 생산 능력이 남아 있다면, 정부 재정이 아무리 적자라도 우리 경제는 '지출 부족' 상태다. 이는 성능 좋은 자동차를 골프 카트로 쓰는 것만큼이나 비효율적인 행동이다. 대규모 실업을 용인하는 행동은 실업자들이 직장을 구했더라면 시간과 에너지를 기울여 만들어냈을 무언가를 포기하는 일이다. 비자발적 실업을 어떻게 없앨지는 지난 수십 년 동안 케인스 학파의 주 관심사였다.

1940년대에 한 참신한 사고방식을 가진 경제학자가 아웃풋 갭(Output Gap, 잠재 생산 능력과 실제 생산량의 차이)을 영원히 없앨 방법을 제안했다. 그의 이름은 아바 러너Abba P. Lerner였다. 그는 민간 부문이 스스로 완전 고용에 가까운 상태를 달성하게 둔 다음, 주로 재정 정책을 이용해 총지출의 부족한 부분을 메꾸자고 제안했다. 그는 '총'지출만 충분하다면, 정책 결정자들이 계속 재정 정책을 조절해 경제를 최대 생산 능력에 잡아 둘 수 있다고 봤다. 통화 정책도 도움은 되겠지만, 러너는 재정 정책(세금과 정부 지출 조정)이 경제의 운전대를 잡기를 바랐다.[20] 그는 선배인 케인스보다 더 강하게 연방 정부가 완전 고용에서 한 치라도 벗어나지 않도록 재정 정책을 펴야 한다고 주장했다. 예산은 적자든 흑자든 상관없었다. 실제 경제에서 나타나는 결과가 중요했다.

러너는 이 방식을 기능적 재정이라고 명명했다. 그는 의회가 결정을 내릴 때 예산을 걱정하기보다는 정책이 실제로 경제에 어떤 일 또는 기능을 할지만을 고려하길 바랐다. 목표는 일자리가 충분하고 물가 상승률이 낮은 균형 잡힌 경제를 만드는 것이었다. 이 목표를 달성하려면 예산을 적자 운용해야 할 때도, 균형 운용해야 할 때도, 흑자 운용해야 할 때도 있을 것이다. 전체 경제가 균형을 이루기만 한다면, 셋 다 괜찮았다.

기능적 재정은 통념을 완전히 뒤엎는 방식이다. 러너는 정책 결정자들에게 경제를 압박해 연방 정부 지출에 맞춰 세금을 걷는 대신, 정반대로 생각하라고 말한다. 조세와 지출을 조절해 경제 전반의 균형을 잡으라는 것이다. 때로는 경제의 균형을 잡기 위해 정부가 걷은 돈(세금)보다 더 많은 돈을 투입(지출)해야 할 수도 있을 것이다. 어쩌면 장기적으로 이렇게 해야 할 수도 있다. 몇 년 정도가 아니라 수십 년 동안 재정 적자를 내야 할지도 모른다. 러너가 보기에는 이것이야말로 책임감 있게 재정을 운영하는 방법이었다. 인플레이션이 발생하지 않는 한, 재정 적자가 났다는 이유로 지출이 너무 많다고 판단하는 건 어불성설이다.

러너의 주장은 어떤 식으로 연방 정부 재정을 운영하는 것이 책임감 있고 효율적인지에 대한 우리의 생각을 근본적으로 바꿔놓는다. 조세 수입과 정부 지출이 일치하지 않는다는 이유로 의회를 비난해선 안 된다. 경제 전반의 균형이 달성됐다면, 재정이야 '적자든 흑자든' 받아들여야만 한다. 예를 들어, 만일 [자료 2]의 왼쪽에 그려진 대로 재정을 운영한 결과, 오른쪽에 그려진 균형 잡힌 경제 조건이 달성됐다면, 재정 정책을 더 수정할 것 없이 이 상태를 균형 재정으로 받아들여야 한다.

정부 지출　세금　완전 고용　물가 안정

[자료 2] 균형 재정의 새로운 정의

러너는 정부가 완전 고용을 유지하면서 물가 상승률을 낮게 유지하기 위해 지속적으로 경제를 관찰하기를 바랐다. 어떤 사건이 벌어져서 경제가 균형을 잃으면, 조세 제도를 손보든, 정부 지출을 조절하든 재정 정책을 수정해야 한다고 생각한 것이다. 예를 들어, 세금 감면은 대상을 적절히 선정해 신속히 시행할 경우 실업률을 낮출 수 있다. 여기서 적절한 대상이란, 덜 낸 세금을 바로 경제에 소비할 가능성이 큰 사람들을 말한다. 추가 소득을 바로 써 버리는 사람들에게 혜택을 줘야 효과를 볼 수 있기 때문이다. 트럼프의 개인 소득세 감면이 경기 부양에 별 효과가 없었던 이유는 최상위 소득 계층에게 훨씬 많은 혜택을 주었기 때문이다. 전체 혜택 가운데 80% 이상이 상위 1%에게 쏠렸다. 소득이 늘면 그중 많은 부분을 소비하는 저소득층이나 중산층에 비해, 부자들은 돈을 삽으로 퍼서 준다고 해도 소비를 거의 늘리지 않는다. 대상만 잘 선택한다면, 세금 감면으로도 효과를 낼 수 있다. 하지만 총지출을 더 직접적으로 유지하는 방법은 정부가 직접 돈을 쓰는 것이다. 세금 감면의 대상을 잘 선택해야 하듯, 정부 지출도 대상을 잘 선택할수록 효과가 더 좋다. 보통 경제학자들은 재정 승수가 큰 사업에 지출하는 것을 선호한다. 재정 승수가 클수록 정부가 지출한 돈이 계속 손 바꿈 하면서 더 여러 단계의 소비를 촉진해 경제 내에 지속적 수요를 창출하기 때문이다. 러너는 최대의 경기 부양 효과를 내려면, 지출을 늘릴 때마다 그 지출을 '감당하기 위해' 세금을 늘리는 일은 '해선 안 된다'고 단언했다. 그는 의회가 페이고 같은 규율을 따르는 대신, 인플레이션 압력과 싸워야 할 때가 아니면 세금을 인상하지 않기를 바랐다.[21] 러너는 물가 상승률이 조금씩 오르기 시작할 때, 의회가 세금을 올리거나 지출을 줄여서 인플레이션을 막을 수 있다고 믿었다. 만일 갑자기 실업률이 높아지면, 의회가 세금을 감면하고 신속히 많은 돈을 지출할 방법을 찾아내면 될 터였다.

러너의 생각은 MMT에 큰 영향을 미쳤다. 하지만 문제를 해결하기에 충분하지는 않았다. MMT는 이자율(통화 정책)보다는 조세와 지출(재정 정책)을 통해 경제를 운영해야 한다는 그의 의견에 동의한다. 재정 적자 자체는 좋은 것도 나쁜 것도 아니라는 생각에도 동의한다. 중요한 건 정부 예산이 적자인지 흑자인지가 아니라 정부가 전체 경제가 좋아지는 쪽으로 예산을 활용했는지다. 조세가 지출 능력을 줄이는 데 쓸 수 있는 중요한 도구이며, 단순히 재정을 책임감 있게 운영하는 것처럼 보이기 위해 조세를 인상해서는 안 된다는 의견에도 동의한다. 하지만 우리가 보기엔 러너의 처방에 따른다고 해도 여전히 너무 많은 사람이 실업자로 남을 것 같다.

535명의 연방 의원이 갑자기 내일 아침부터 러너가 충고한 대로 재정 정책을 펴나간다고 해도 비자발적 실업은 계속 남아 있을 것이다. 경제 환경이 바뀔 때마다 의회가 열심히 핸들을 돌린다고 해도 일자리를 찾는 모든 사람이 언제든 일할 수 있을 만큼 재빨리 방향을 바꿀 방법이 없다. 최선을 다해 봤자 완전 고용 비슷한 것에 가까이 다가갈 수 있을 뿐, 항상 많은 사람이 일자리 없이 남겨질 것이다. 또한, 물가 상승률이 오르기 시작할 때 의회가 정부 지출이나 세법을 수정하는 것만으로는 인플레이션에 제대로 대응할 수 없다. MMT가 제안하는 해결책은 재량적 재정 정책(핸들)을 보완하기 위해 연방 정부 재정으로 일자리 보장 제도를 도입하는 것이다. 일자리 보장 제도는 의회의 재량에 의존하지 않는 자동 안정화 장치로, 완전 고용과 물가 안정 모두에 도움을 줄 것이다.

　제대로 관리되지 않은 도로를 떠올려 보자. 움푹 파이거나 툭 튀어나온 곳을 만나기 전까지는 비교적 부드럽게 운전할 수 있다. 핸들을 이리저리 돌리면, 울퉁불퉁한 지점을 피할 수도 있을 것이다. 하지만 결국 하나쯤은 밟게 된다. 그 순간 차는 마구 흔들릴 것이다. 차에 달린 충격 흡수 장치가 좋은 제품이라면, 충격이 완화되어 몸까지 튀어 오르지는 않는다. 하지만 충격 흡수 장치가 별로라면, 너무 덜컹거려서 손잡이를 꽉 잡아야 한다. 일자리 보장 제도는 MMT가 제안하는 러너의 핸들을 보완할 충격 흡수 장치다.

　일자리 보장 제도의 작동 방식은 다음과 같다.

　먼저 연방 정부가 경제 내에서 적당한 일을 찾지 못한 모든 구직자에게 (급여와 함께 각종 복지를 제공하는) 유급 일자리를 보장하겠다고 약속한다. 일부 MMT 경제학자들은 특히 돌봄 경제Care Economy를 구축하는 데 필요한 일자리를 중점적으로 제공해야 한다고 주장한다.[22] 간단히 말하자면, 사람, 마을, 지구를 돌보는 일자리를 만들어야 한다는 뜻이다. 정부가 고용 인원 제한 없이 고정된 시급의 일자리를 제공하면, 노동 시장에 공공 일자리라는 선택지가 자연스럽게 추가될 것이다. 실업자의 시장 가격은 0이다. 이는 현재 그들에게 임금을 제시하는 사람이 아무도 없다는 뜻이다. 정부는 실업자들에게 특정 임금을 제시함으로써, 시장을 만들 수 있다. 이렇게 되면, 비자발적 실업은 사라진다. 일하고자 하는 사람은 누구나 연방 정부가 정한 시급을 받고 일할 수 있다.

일자리 보장 제도는 루스벨트 대통령의 생각에 그 뿌리를 두고 있다. 루스벨트는 고용 보장이 모든 사람이 누려야 하는 경제권Economic Right으로 인정받기를 원했다. 시민운동을 이끈 마틴 루터 킹Martin Luther King Jr.과 그의 아내 코레타 스콧 킹Coretta Scott King, 존경받는 인권 운동가 필립 랜돌프A. Philip Randolph 또한 일자리 보장을 중요하게 여겼다. 영향력 있는 경제학자 하이먼 민스키Hyman Minsky는 일자리 보장을 주요 빈곤 퇴치 수단으로 언급하고 지지했다. 일자리 보장 제도를 시행하면 노동 시장의 여유를 가늠하기 위해 NAIRU 같은 지표에 의존할 필요가 없다는 점은 중요하다. 정부는 그저 임금을 공표하고 일자리를 구하러 온 사람을 모두 고용하기만 하면 된다. 아무도 오지 않는다면, 경제는 이미 완전 고용 상태다. 1,500만 명이 왔다면, 완전 고용과 거리가 먼 여유 있는 상태다. 진정한 의미에서 경제 내에 제대로 사용하고 있지 않은 가용 자원이 얼마나 되는지 확실히 알 방법은 이것뿐이다.

왜 이 사업에 드는 돈을 연방 정부가 지원해야만 할까? 이유는 단순하다. 연방 정부의 돈은 떨어질 일이 없기 때문이다. 통화 사용자인 주 정부나 지방 정부가 일자리를 구하는 사람을 모두 고용하기란 불가능에 가깝다. 예를 들어, 디트로이트 시장이 일하고 싶어도 일자리를 구하지 못한 시민을 전부 고용하겠다고 발표하면 어떻게 될지 생각해보자. 아마 지원자가 넘쳐날 것이다. 경기가 비교적 좋을 때도 수만에서 수백만 명이 몰려 시 정부 재정에 엄청난 부담을 지울 것이다. 이제 경기가 침체되어 세수가 급감하고 동시에 지원자가 두 배로 늘었다고 가정해보자. 주 정부와 지방 정부는 세금 수입으로 지출한다는 사실을 잊지 않아야 한다. 경기가 침체되어 세금 수입이 줄어들 때, 시 정부가 돈을 더 쓸 수는 없는 노릇이다. 문제는 이때가 바로 일자리 보장 제도에 가장 많은 돈이 드는 시점이라는 것이다(동시에 일자리 보장 제도가 가장 중요한 역할을 하는 시점이기도 하다).

앞 장에서 모슬러가 아이들에게 집안일을 시키기 위해 자기 명함으로만 낼 수 있는 세금을 만들었던 일을 떠올려 보자. 어떻게 보면 세금이야말로 사람들이 일을 구하려는 이유다(적어도 세금이 만들어진 이유는 일을 시키기 위해서다). 애초에 정부가 세금을 물려 사람들이 정부 통화를 벌 방법을 찾게 했으니, 사람들이 원할 때 언제든 돈을 벌 수 있게끔 보장하는 건 당연한 일이라는 게 MMT의 생각이다.

일자리 보장 제도가 있으면, 수백만 명을 실직으로 내몰지 않고도 험한 길을 지나갈 수 있다. 험한 길을 피할 수는 없다. 지구상에 존재하는 모든 자본주의 국가는 단 한 곳도 빠짐없이 경기 변동을 겪는다. 경제는 일자리를 만들어 내며 성장하다가도 결국엔 일이 터지면서 침체된다. 정부는 재량 정책(핸들)을 써서 경기 변동에 대응할 수 있고 당연히 그렇게 해야 한다. 덜컹거리는 것보다는 부드럽게 지나가는 편이 더 좋으니까. 하지만 핸들을 트는 것만으로 모든 위험을 피해갈 방법을 발견한 나라는 없다. 지난 60년 동안 미국이 경기 침체를 겪은 해를 나열하면 다음과 같다. 1960~1961년, 1969~1970년, 1973~1975년, 1980년, 1981~1982년, 1990~1991년, 2001년, 2007~2009년. 좋은 시절이 가면 나쁜 시절이 오고 나쁜 시절을 발판 삼아 또 좋은 시절이 온다.

일자리 보장 제도의 주요 장점 가운데 하나는 피할 수 없는 호황과 불황의 주기로부터 경제를 안전하게 보호한다는 것이다. 경기가 나쁠 때, 일자리 보장 제도는 수백만 명을 실업으로 내몰지 않고 다른 직장으로 옮겨 임금을 받을 수 있게 한다. 소매점에서 박스 분류하는 일을 하다가 해고 당하더라도, 바로 공공서비스 부문에서 유용한 일을 찾을 수 있다. 일자리 보장 제도는 노동자를 실업자로 만드는 대신 다른 '직장'으로 이직하게 한다. 경기가 회복되어 노동자들이 민간 부문 일자리로 돌아갈 수 있을 때까지 임금을 지급하고 노동자가 가진 업무 능력을 보존(또는 개발)해 경제 전반에 미치는 충격을 흡수한다. 게다가 일자리 보장 제도가 있으면, 노동자를 고용할 때마다 정부 지출이 자동으로 늘어나기 때문에 경기 변동으로 인한 충격을 줄이기 위해 재량 지출에 의존할 필요가 없다.[23]

연방 정부는 자금을 지원하고 어떤 일자리를 만들지 대략적인 기준을 세우며, 협조와 의무 이행을 끌어내기 위해 감시하는 역할을 한다. 이 외의 모든 것은 거의 탈중앙화 방식으로 운영된다. 되도록 제도의 수혜자인 마을과 사람들이 직접 의사 결정을 내리게 하기 위해서다. 무엇보다 중요한 점은 일자리 보장 제도가 경제 전체를 보호하는 새로운 자동 안정화 장치가 될 거라는 것이다.

MMT가 비자발적 실업과 싸우는 방식은 비자발적 실업을 아예 없애는 것이다. 우리가 보기에 실업을 직접 겨냥하는 것만큼 효과적인 완전 고용 정책은 없다. 인프라 구축에 돈을 쓴 뒤 낙수 효과Trickle Down가 일어나 실업자들에게 일자리가 돌아가기를 바라는 방식보다는 보텀업Bottom-up 방식이 더 효과적이라고 생각한다. 보텀업은 바드 대학교Bard College 경제학 교수 파블리나 체르네바Pavlina Tcherneva가 주장한 방식으로,[24] 노동자가 어떤 사람이든, 어디에 살든 그대로 받아들인 뒤, 노동자 개개인의 능력과 공동체에 필요한 일을 고려해 맞춤형 일자리를 제공하는 것이다. 아무 일자리나 만들자는 말이 아니다. 임금을 주기 위해 실업자들에게 삽이나 한 자루씩 쥐여주는 꼼수를 부려서는 안 된다. 일자리 보장 제도는 공유 거버넌스Shared Governance 시스템을 통해 공동체를 강화하는 동시에 공익을 증진하는 수단이 될 것이다. 비크리는 공공 서비스 일자리가 "실업 상태에 있는 노동력을 더 좋은 다양한 공공시설과 편의 시설로 바꿔" 준다고 말했다.[25] 사람들에게 지역 공동체에 필요한 유용한 일을 맡기는 대가로 제대로 된 급여와 복지를 지급하는 것이다.

2008년처럼 경제가 무너지는 상황이 다시 왔을 때, 일자리 보장 제도가 있으면 수십만 명을 실직 위기에서 구해낼 수 있다.[26] 민간 부문이 일자리를 줄이는 즉시 새로운 공공 서비스 일자리가 생겨날 테고, 연방 정부가 새로운 일자리에 돈을 지출하면서 자연스럽게 재정 적자가 늘어나 경기 하강으로 인한 충격을 흡수해줄 것이다. 이 과정은 자동으로 진행되므로 의회가 경기 부양책의 필요성을 따지고 논쟁할 때까지 기다리지 않아도 된다. 일자리 보장 제도가 소득을 뒷받침해주면, 경제는 이전보다 빠르게 안정을 되찾을 것이다. 불황은 덜 심각해지고 경제는 더 빨리 회복될 것이다. 일자리 보장 제도는 항구적인 제도이기 때문에, 경기가 좋을 때나 나쁠 때나 경제를 뒷받침하는 버팀목이 되어준다.

항구적 일자리 보장 제도는 전반적인 경기 변동을 완화해 물가 상승률을 안정적으로 관리하는 데에도 도움이 된다. 일자리 보장 제도가 없으면 기업이 인원을 감축할 때 소득이 더 빠르게 줄어든다. 소비자의 소득이 줄어들면, 기업에 재고가 쌓이기 시작한다. 그러면 기업은 재고를 빨리

처분하기 위해 가격을 급격하게 인하한다. 경기가 회복하기 시작하면 기업은 평상시의 마진을 되찾기 위해 가격을 올린다. 경기가 큰 폭으로 진동할수록 물가도 큰 폭으로 움직인다. 일자리 보장 제도는 소비자의 소득을 안정시켜 소비자의 급격한 소득 변화가 급격한 물가 변동으로 이어지는 일을 막아준다.

경제에 일자리 보장 제도의 임금이라는 중요한 가격 기준이 생기는 것도 물가 안정에 도움이 된다. 일자리 보장 제도의 보수가 임금의 하한선이 되면, 정부는 진정한 최저 임금(예를 들어, 시간당 15달러)을 책정할 수 있다. 다른 직업의 보수는 모두 일자리 보장 제도의 보수를 기준으로 정해질 것이다. 현재, 미국의 최저 임금은 사실상 제로다. 물론 연방 최저 임금은 시간당 7.25달러이지만, 경제학자 하이먼 민스키Hyman Minsky가 지적했듯 실업자의 최저 임금은 0달러이다. 연방 최저 임금도 일단 고용이 되어야 벌 수 있으므로, 실업자 수백만 명에게는 무용지물이다. 최저 임금이 모두에게 적용되게 하려면, 노동력에 대한 대가로 항상 0이 아닌 최저 입찰가를 제시하는 사람이 있어야만 한다. 일자리 보장 제도는 이러한 입찰자 역할을 맡음으로써, 일자리 보장 제도에서 지급하는 임금이 경제 전체의 실질적인 최저 임금으로 자리 잡게 할 것이다. 한 번 자리를 잡고 나면, 다른 고용인은 모두 이 기준 임금에 돈을 더 붙여 일자리를 제안하게 될 것이다.[27] 이는 현재 이자율을 조절하는 방식과도 비슷하다. 연준이 익일물 금리Overnight Rate를 정하면, 이 금리를 기준으로 모기지, 신용 카드, 오토론 등의 이율이 정해진다. 연준이 단기 지표 금리를 올리면, 대개 다른 이자율도 뒤따라 오른다.[28] 일자리 보장은 노동의 최저 가격 기준을 정함으로써, 임금과 물가의 변동 범위를 안정적으로 좁힐 것이다.

마지막으로, 일자리 보장 제도는 기업이 생산을 늘리고자 할 때, 바로 고용할 수 있는 '피고용자' 인력 풀을 유지하는 역할을 함으로써 물가가 너무 빠르게 오르지 않도록 해준다. 조사 결과에 따르면, 고용인들은 가장 채용하고 싶지 않은 지원자로 장기 실업 상태에 있는 사람을 꼽았다. 최근 경력이 없는 사람을 채용하는 모험을 감행하고 싶지 않은 것이다.[29] 고용인들은 피고용인에 대한 정보를 가능한 한 많이 얻고 싶어 한다. 실업자를 채용하는 것은 상당히 큰 위험을 감수하는 일이다. 오랫동안 실업 상태를 경험한 지원자의 경우, 근무 태도나 사회성에 대해 알아볼 방법이 없다. 게다가 원래 타이핑 실력이 좋거나 기술이 뛰어난 사람이라고 하더라도 일을 쉬는 동안 기술이 녹슬었을 수 있다. 오랫동안 일을 안 한 사람을 고용하는 건 그야말로 주사위 던지기다. 기업은 이런 불확실성을 피하고자, 들으면 혹할 정도로 높은 보수를 주고 이미 다른 곳에서 일하는 사람을 스카우트하곤 한다. 만일 모든 고용인이 이렇게 행동한다면, 우리는 한 번 의자에 앉은 사람은 계속 더 돈을 많이 주는 의자로 이동하고, 의자에 앉지 못한 사람은 영영 앉지 못하는 의자 뺏기 게임을 하는 셈이다. 기업에 공공 서비스직에서 일하는 사람을 고용할 다른 선택지가 주어진다면, 보수를 높여 부르는 관행으로 인해 생긴 인플레이션 편향이 완화될 것이다. 일자리 보장 제도는 고용인들이 실제로 고용할 만한 인력의 풀을 넓혀 준다. 일자리 보장 제도는 하마터면 실업자가 될 뻔한 사람이나 고용인만이 아니라, 우리 모두에게 도움을 주는 제도다.

일자리 보장 제도는 자동 안정화 장치이다. 경기가 나쁠 때는 적자를 늘리고, 경기가 좋을 때는 적자를 줄인다. 경기 순환에 맞춰 재정 적자를 자동으로 조절하므로, 일자리 보장 제도에 들어가는 지출이 과도해질 일은 없다. 물론 다른 부문 예산은 계속 의회가 '재량적으로' 관리해야 할 것이다. 돈줄을 쥔 통화 발행자인 연방 정부는 언제든 인프라, 교육, 국방 등의 지출을 늘릴 수 있다. 연방 정부는 원한다면 가장 높은 가격을 불러 다른 이를 제치고 원하는 물건이나 서비스를 손에 넣을 수 있다. 연방 정부에 금전적 제약이란 존재하지 않는다. 통화 발행자는 수중에 없는 돈을 쓸 수 있으며, 그러므로 돈이 떨어질 일이 없다. 이것이 MMT가 밝혀낸 사실이다.

작가 스탠 리Stan Lee는 만화 『스파이더맨Spider-Man』에서 이런 명언을 남겼다. "큰 힘에는 큰 책임이 따른다." 과도한 지출을 경계하는 엔지 상원 의원의 태도는 옳았다. 하지만 그는 진짜 위험이 뭔지 알지 못했다. 우리 모두의 삶을 위협하는 존재는 재정 적자가 아니라, 심각한 인플레이션이다.

국민을 위해 주권 통화가 가진 잠재력을 최대한 활용하면서 동시에 과도한 지출을 막으려면 어떻게 해야 할까? 물론 우리에게 이미 안전장치가 있다고 생각하는 사람도 있을 것이다. 겉보기에는 부채 상한, 버드 룰, 페이고 원칙이 과도한 지출을 막아 줄 것만 같다. 하지만 사실은 그렇지 않다. 의회가 이 원칙들을 손쉽게 우회할 수 있기 때문은 아니다. 문제는 현재의 예산 수립 절차가 인플레이션 위험을 고려할 필요 없이 지출을 늘릴 수 있게 돼 있다는 것이다. 의회가 물가 안정에 대한 책임을 연준에 맡겼다는 사실을 기억하자. 국회 의원들은 지출을 늘리면 물가가 오를지 묻는 게 아니라, 지출을 늘리면 재정 적자가 늘어날지만 묻는다. 질문부터 틀린 셈이다.

　사실 MMT가 보기에 의회는 재정을 운영하는 주체라면 당연히 져야 할 커다란 책임을 회피하고 있다. 예를 들어보자. 경제가 제한 최고 속도에 거의 가까워져서, 기업과 노동자가 이미 최선을 다해 물건과 서비스를 만들어내고 있는 상황이다. 그런데 이때, 의회가 미국의 낡은 인프라(공항, 병원, 고속도로, 다리, 수처리 설비 등)를 개보수하는 데 2조 달러를 투입하고자 한다.[30] 국회 의원 가운데 통화 발행자의 시각을 가진 사람이 한 명도 없기 때문에 모두가 재정 적자가 늘어날지 말지에만 관심이 있다. 의원들은 재정 적자를 늘리지 않기 위해 순자산 천만 달러 이상의 극소수 부자들에게 약간의 세금을 물려 2조 달러를 모은다는 자금 마련 계획을 법안과 함께 제출한다. 이제 의회 예산처로 보내진 그 법안은 재정 적자를 늘리지 않는다는 이유로 좋은 점수를 받을 가능성이 크다. 의회 예산처가 초록 불을 켜면, 의원들은 아무런 제한을 받지 않고 지출안을 표결에 부쳐 통과시킬 것이다. 그다음 벌어질 일은 재앙이나 다름없다.

　일을 발주한 교통부는 곧 정부가 고용할 수 있는 무직 상태의 인력이 충분치 않다는 사실을 발견한다. 세금으로 낸 돈을 원래 쓸 생각이 없었던 일부 부자(약 7만 5천 명)에게만 세금을 물렸으니 당연한 일이다. 부자들에게 세금을 물린 게 잘못됐다는 뜻이 '아니'다. 주먹구구로 세법을 정하는 행태가 잘못됐다는 것이다. 부자에게 세금을 물려야 할 이유는 많고, 실제로 세금을 물려야만 한다. 하지만 부자 과세를 할 때는 부와 소득 분배의 균형을 바로잡는 데 목적이 있다는 사실을 정확히 인지하고 전략적으로 접근해야 한다. 부자 과세를 하는 이유는 오늘날과 같은 과도한 부의 쏠림 현상이 민주주의와 경제를 제대로 기능하지 못하게 하기 때문이지, 정부 지출을 감당하기 위해서가 아니다. 생각해보자. 미국에서 제일가는 부자인 제프 베조스Jeff Bezos*의 순자산은 약 1,100억 달러다. 그의 재산에서 2%를 세금으로 뗀다고 하면, 베조스는 차, 수영장, 테니스장, 호화로운 휴가 등에 쓰는 돈을 얼마나 줄일까? 아마 거의 안 줄일 것이다. 그가 가진 어마어마한 재산 가운데 고작 2%를 세금으로 내는 것은 그의 소비에 큰 영향을 주지 않는다. 애초에 그는 소비보다 저축을 더 많이 할 것이다. 억만장자들은 금융 자산, 미술품, 희귀 동전, 빈티지 시가 등으로 자신의 부를 저축한다. 부유세는 인프라 법안을 재정적으로 건전해 보이도록 '포장해' 줄지는 몰라도, 경제에 추가 생산 여유가 없는 상태에서 늘어난 정부 지출을 상쇄할 방편으로 쓰기에는 형편없는 전략이다.

물론 경제가 심각한 불황에 빠져 있을 때는 이렇게 해도 문제가 생기지 않는다. 기업은 최대 생산 능력에 훨씬 못 미치는 양을 생산하고 있을 테고 고용할 무직 인력도 많아서 '재정 여력Fiscal Space'이 충분하기 때문이다. 하지만 경제가 완전 고용에 다가갈수록, 실물 자원은 점점 더 희소해진다. 경제의 실질 생산 능력이 한계에 달했을 때, 정부가 건설 노동자, 건축가, 엔지니어, 철, 콘크리트, 도로포장용 트럭, 크레인 등을 얻을 수 있

---

*세계 최대 온라인 쇼핑몰인 아마존(Amazon)의 창업자이다.

는 유일한 방법은 현재 다른 곳에서 쓰고 있는 자원을 웃돈을 주고 빼 오는 것뿐이다. 이 같은 행위는 물가를 밀어 올려 인플레이션 압력을 심화시킨다. 인플레이션 위험을 줄이려면, 지출을 충분히 상쇄할 만큼 세금을 걷어 정부가 쓰고자 하는 실물 자원을 유휴 상태로 만들어야만 한다. 하지만 부유층 가운데서도 극히 일부에게만 부과되는 부유세로는 재정 여력을 거의 확보할 수 없다.

물론 다른 상황에서는 부유세도 좋은 방법이 될 수 있다! 그저 부유세가 인플레이션 위험을 줄이기에 효과적인 수단은 아니라는 소리다. 경제가 최고 속도에 가까울 때는 인플레이션 위험을 줄이는 게 특히 더 중요하다.

이러한 이유로 MMT는 연방 예산 절차를 고쳐, 의회가 새로운 지출을 승인하기 '전'에 일단 멈춰서 인플레이션을 방지하기 위한 최선의 조치를 다했는지 생각하는 단계를 거치길 바란다. 이 방법은 우리를 인플레이션으로부터 더 '안전'하게 지켜줄 것이다. 최선의 방어야말로 인플레이션과 싸우는 가장 좋은 방법이기 때문이다. 지출을 지나치게 늘려 인플레이션을 일으킨 다음 인플레이션을 잡겠다고 뒷북을 치는 건 MMT의 방식이 아니다.[31] 우리는 의회 예산처 같은 부처를 신설해 법안이 통과되기 '전'에 위험을 평가해 인플레이션을 미리 예방할 수 있기를 바란다. MMT가 주장하는 바의 핵심은 인위적 제약(조세 수입)을 진정한 제약(인플레이션)으로 바꾸는 데 있다.[32]

사실 조세 수입은 연방 정부 지출을 제한하지 않는다. 연방 정부는 일단 지출하고 나중에 세금을 부과해 돈을 거둬들인다. '1달러를 지출할 때마다 1달러를 걷어야 한다는 전제를 시작점으로 삼지 말고 돈을 얼마나 **빼내야 할까?**'라는 질문에서 시작해야 한다. 이는 페이고 원칙의 근본을 흔드는 질문이다. MMT는 적자를 키우는 일은 무조건 하면 안 된다는 근거 없는 추측에 의존하지 말고 인플레이션을 방지하기 위해 민간의 지출 능력을 덜어낼 필요가 있는지부터 질문하라고 말한다.

앞서 언급한 2조 달러짜리 인프라 법안으로 돌아가 보자. MMT의 조언을 따른다면, 의회는 먼저 지출을 상쇄할 방안을 마련하지 '않고' 2조 달러를 추가로 더 지출하는 일이 안전한지부터 질문할 것이다. 그리고 현재 (그리고 예산을 집행한 이후에) 경제가 완전 고용에 얼마나 가까운지 신중히 분석해 이 질문에 대한 답을 내릴 것이다. 만일 의회 예산처나 다른 독립 평가 기관이 그 법안이 물가 상승률을 목표치 이상으로 높일 위험이 있다고 판단하면, 의회는 인플레이션 위험을 가장 '효과적'으로 줄일 방안을 찾기 위해 여러 방안을 고려할 수 있다. 어떨 땐 상쇄 방안이 전혀 필요하지 않을 것이고, 어떨 땐 정부 지출액의 1/3, 1/2, 3/4에 해당하는 금액을 상쇄해야 할 것이다. 만약 경제가 완전 고용에 가깝다면, 페이고 원칙을 쓰는 게 맞다. 중요한 건 1달러 더 지출하면 1달러를 더 걷어야 한다는 전제에서 출발하는 게 아니라, '거꾸로' 목표에서 시작해 알맞은 방안을 찾아내는 것이다. 이렇게 하면 불필요한 세금 인상과 과도한 인플레이션을 방지할 수 있다. 동시에 더 지출할 때마다 항상 인플레이션을 점검할 수 있다. 인플레이션과 싸우는 가장 좋은 방법은 뭐니 뭐니 해도 예방이다.

어떻게 보면, 미국인들은 지금까지 운이 좋았다. 지금껏 의회는 인플레이션 위험을 전혀 고려하지 않고 대규모 재정 정책을 일상적으로 승인해 왔다. 방위비를 수천억 달러 늘리는가 하면, 장기적으로 재정 적자를 수조 달러 늘릴 감세 법안을 통과시키기도 했다. 그런데도 아무 탈이 없었다. 적어도 물가 상승률만 보면 전혀 문제가 없다. 이는 평상시 경제에 재정 적자가 늘어도 상관없을 만큼 충분한 유휴 자원이 있기 때문이다. 이런 과도한 유휴 자원은 의회가 인플레이션 위험을 고려하지 않아도 괜찮게끔 일종의 보험 역할을 해 준다. 하지만 자원을 놀리는 데는 대가가 따른다. 자원을 제대로 활용했더라면 누릴 수 있었을 여러 혜택을 못 누리게 됨으로써 우리 모두의 삶의 질이 낮아지는 것이다. MMT의 목표는 이 상황을 바로잡는 데 있다.

MMT는 경제의 잠재력을 최대한 끌어내기 위해 공공 지갑의 힘을 사용하고 이 힘을 적절히 감시할 방법을 연구한다. 만일 스파이더맨이 자신이 가진 힘을 사람을 지키고 돕는 데 쓰지 않는다면, 아무도 그를 슈퍼 히어로라고 칭송하지 않을 것이다. 큰 힘에는 큰 책임이 따른다. 공공 지갑의 힘은 우리 모두의 것이다. 비록 그 힘을 직접 휘두르는 사람은 민주주의 절차를 통해 선출된 국회 의원들이지만, 우리는 그 힘이 모든 사람을 위해 존재한다는 사실을 기억해야 한다. 지나친 지출은 권력 남용이다. 하지만 인플레이션 걱정 없이 인간의 삶을 개선할 수 있을 때조차 행동하지 않는 것 또한 권력 남용이다.

제3장 (부채 아닌) 국가 부채

(부채 아닌) 국가 부채

세 번째 착각
이러나저러나 우리는 모두 빚에 잡혀 산다.

현실
국가 부채는 재정에 아무런 부담을 주지 않는다.

2015년 1월 워싱턴 DC에 도착했을 때, 미 상원 예산 위원회 직원 가운데 통화 발행자의 시각으로 세상을 보는 사람은 나밖에 없었다. 나는 연방 정부가 가정이나 사기업과 다르다는 사실을 알고 있었다. 연방 정부에 돈이 떨어질 일은 절대 없다는 사실도 알고 있었다. 지나친 지출의 대가는 파산이 아니라 인플레이션이라는 사실도 알고 있었다. 또한, 나는 이렇게 생각하는 사람이 나밖에 없다는 사실도 알고 있었다.

다른 사람들은 모두 적자 매파와 적자 비둘기파로 나뉘었다. 매파는 강경파로, 다는 아니지만 대개 공화당 의원들로 구성돼 있었다. 이들은 재정 적자를 국가 재정을 심각하게 잘못 운영한 증거로 여겼다. 예산은 균형을 달성해야 한다. 예외는 없다. 이들은 지출과 조세 수입이 약간만 어긋나도 심기 불편해했다. 부채 위기를 경고하고 재정 적자를 억제하기 위해 신속한 행동에 나서야 한다고 촉구했다. 매파라는 이름에 걸맞게 이들은 예산 균형을 달성하고 국가 부채를 없애라고 (적어도 말로는) 강경하게 주장한다. 매파는 반대파인 비둘기파가 산더미처럼 불어난 국가 부채의 위협을 (마치 비둘기처럼) 너무 낙천적으로 받아들인다고 조롱한다. 매파가 주로 사회 보장 제도, 메디케어, 메디케이드 같은 복지 프로그램에 비난의 화살을 돌리는 동안, 비둘기파는 부자 감세와 천문학적인 돈이 드는 전쟁을 정부 적자의 주원인으로 지목한다.

워싱턴 전문가와 내부자들은 매파와 비둘기파를 마치 양극단에 있는 사람들처럼 묘사하지만, 내 눈에는 둘 다 깃털 달린 새일 뿐이었다. 둘 다 장기적으로 재정을 정상화해야만 한다고 생각했다. 누가 (그리고 무엇이) 우리를 이 지경에 빠뜨렸고, 얼마나 빨리 문제 해결에 나서야 하는지에 대해 의견이 갈릴 뿐이었다. 공화당 의원들은 대부분 복지 사업 지출을 줄이길 원했고, 민주당 의원들은 대부분 세금을 올리길 원했다. 방법은 다르지만, 목표는 같았다.

나는 예산 위원회에 들어가기 전에 이미 매파와 비둘기파가 각축전을 벌이는 이 무대의 역발상 참가자로서 입지를 굳히고 있었다. 내가 민주당 자문역을 맡기 위해 국회로 간다는 말이 돌자, 기자들은 「샌더스, 적자 부엉이 고용」 따위의 제목을 단 기사를 쏟아냈다. 적자 부엉이는 2010년, 적자에 민감한 다른 새들과 MMT 경제학자를 구분 짓기 위해 내가 만들어낸 말이다. 나는 부엉이가 흔히 현명하다고 여겨지는 데다 360도 가까이 돌아가는 목으로 재정 적자를 여러 각도에서 볼 수 있다는 면에서 MMT 경제학자들을 대표하는 마스코트가 될 자격이 있다고 생각했다.

예산 위원회 소속 의원 가운데 대다수는 한 번도 MMT에 대해 들어본 경험이 없었다. 심지어 나를 고용한 버니 샌더스 상원 의원조차, 처음에는 언론이 자신의 선택에 큰 관심을 보이는 것에 놀라워했다. 위원회 소속 의원들을 처음 만난 자리에서, 버지니아주 상원 의원 팀 케인Tim Kaine은 〈캔자스시티 스타Kansas City Star〉를 읽고 내가 지목된 걸 알았다고 말해주었다. 무례한 사람은 없었지만, 다른 종의 새를 맞아들인 것을 썩 내키지 않아 하는 분위기가 느껴졌다.

새로운 종의 새로 사는 건 쉽지 않았다. 나는 다른 사람과 나의 시각이 첨예하게 다르다는 사실을 알고 있었다. 내가 자문해야 하는 민주당 의원 중에는 재정 보수론자로 불리는 상원 의원도 여럿 있었다. 그중 세 명은 심지어 적자를 손가락질하기로 악명 높은 위장 단체 '픽스 더 데트Fix the

Debt'로부터 '재정 영웅'으로 선정되기까지 했다.[1]

위원회 일은 많은 면에서 내게 좌절감을 안겼다. 내가 자문해야 할 의원들은 재정 문제에 관해 나와 다른 시각을 가지고 있었다. 나는 미국의 재정에 관한 잘못된 통념과 오해를 강화하지 않고 위원회를 도울 방법을 찾으려 했다. 나는 위원회에 속한 고위급 의원들이 발표할 발언 요지와 연설문 초안을 신중하게 작성했다. 어떨 땐 말하는 것만큼이나 말하지 않는 것이 중요하다. 그래서 나는 가끔 동료 보좌관들에게 보도 자료나 사설에 들어갈 문장 몇 개를 강조해 달라고 요청하는 등, 노골적이지 않게 사고 방식을 바꿔보고자 했다. 여전히 뼛속까지 교육자였던 나는 새로운 사고 방식을 소개하고 싶다는 욕망을 완전히 억누를 수 없었다. 여기에는 잘못된 논리가 잘못된 정책으로 이어지고, 잘못된 정책이 모두에게 악영향을 미칠 거라는 우려도 한몫했다.

나는 위원회 소속 의원과 보좌관들에게 질문을 던지면서 매우 놀라운 사실을 알아냈다. 열 번 넘게 이 질문을 했는데, 그때마다 사람들은 흥미로운 반응을 보였다. 나는 먼저 국가 부채를 단번에 없앨 수 있는 마법 지팡이가 있다면, 그 지팡이를 휘두르겠냐고 물었다. 아무도 고민하지 않았다. 모두 부채를 없앨 수 있길 바랐다. 이렇게 부채를 없애고 싶다는 열망을 확인한 다음, 나는 '좀 달라 보이는' 질문을 던졌다. "혹시 그 지팡이에 미국 재무부 채권(미국 국채) 시장을 날려 버릴 힘이 있다면, 그걸 휘두르시겠어요?" 질문을 받은 사람들은 어리둥절한 표정을 지으며, 눈을 찌푸리고 고심한다. 그러고는 결국 지팡이를 휘두르지 않겠다고 말한다.

대단히 흥미로운 결과였다! 연방 예산에 관한 문제를 논의하기 위해 만들어진 위원회에서 일하는 사람 가운데 단 한 명도 두 개가 같은 질문이라는 사실을 알아차리지 못했다. 그들은 모두 국가 부채를 애증 섞인 마음으로 보고 있었다. 이들은 민간이 소유한 금융 '자산'으로서의 재무부 채권을 사랑했다. 하지만 연방 정부가 진 '채무'로서의 재무부 채권은 증오했다. 불행히도 국가 채무를 구성하는 금융 자산을 없애지 않고 국가 부채, 즉 미국 재무부 채권을 없앨 수는 없다. 국가 부채와 재무부 채권은 동일한 존재다.

나중에 나는 똑같은 질문을 말만 바꿔서 했을 뿐이라는 사실을 그들에게 알려 주었다. 마치 77℉와 25℃ 가운데 어떤 온도가 더 좋으냐고 물어본 것이나 마찬가지였으니까. 가끔 불편한 상황이 생기기도 했다. 몇몇 사람은 그 지팡이를 휘두르면 미국 재무부 채권 시장 전체가 사라진다는 사실은 알겠지만, 어쨌든 유권자들이 무서워하니까 국가 부채는 다 사라졌으면 좋겠다고 말했다.

아무튼 국가 부채가
너어어어어어어어무 많잖아요

당연히 유권자들은 겁에 질려 있다! 어떻게 마음이 편하겠는가? 정치 논쟁에 아예 귀를 닫고 살지 않는 한, 재정 적자와 국가 부채를 둘러싼 일종의 히스테리를 듣지 않고는 단 한 주도 살 수 없는데. 신문 헤드라인은 기록적인 국가 부채를 언급하며 재앙이 머지않았다고 외쳐대고, 뉴욕 웨스트 43번가 인도 위에 설치된 국가 부채 시계에서는 헤아리기도 힘들 만큼 큰 숫자가 실시간으로 올라간다. 정치 풍자 만화가는 국가 부채를 먹이를 찾아 도시를 휘젓고 다니는 배고픈 티라노사우루스나 한없이 팽창해 폭발 직전까지 간 풍선으로 묘사한다. 서점은 '막판', '적자', '재정 테라피' 따위의 불안을 부추기는 과장된 제목이 붙은 책으로 가득하다. 소셜 미디어에서는 의회 예산처에서 최근 발표한 불길한 전망이 최신 뉴스로 공유된다. 라디오에서는 "증가하는 국가 부채가 국가 보안을 위협한다"라고 경고하는 전임 국무 장관 힐러리 클린턴Hillary Clinton의 목소리가 들려온다. 자동차 범퍼에 빈털터리가 된 엉클 샘 스티커를 붙이고 다니던 그 누군가처럼, 평범한 시민조차 파국을 알리는 전령이 되었다.

모두 방공호에 숨어 심판의 날을 기다리지 않는 게 이상할 지경이다. 종말이 머지않았다지 않는가.

하지만 사실 우리는 괜찮다. 웨스트 43번 가의 부채 시계는 단순히 연방 정부가 (세금으로) 도로 가져가지 않고 시민들의 주머니에 꽂아 준 돈이 얼마인지 보여줄 뿐이다. 이 달러들은 미국 국채의 형태로 저축돼 있다. 만일 당신에게 국채가 있다면, 축하한다! 국채는 당신의 자산이다. 누군가는 '부채 시계'라 부를지 몰라도, 사실 그건 미국 달러의 '저축 시계'다. 하지만 의회의 정치인들은 아무도 이런 말을 하지 않는다. 왜 그런지는 쉽게 이해할 수 있다. 어떤 국회 의원이 지역구를 방문해 연설장을 꽉 채운 겁에 질린 유권자들에게 국가 부채에 대한 걱정은 사실 쓸데없는 걱정이라고 말한다면, 무슨 일이 벌어질지 한번 생각해보자. 다른 권력자들이 모두 정반대의 말을 하는 상황에서 진정하라는 말은 찬물만 끼얹을 뿐이다. 마크 트웨인의 말처럼 때로는 "사람들을 속이는 편이, 속고 있다는 사실을 알리는 것보다 쉽다."

꼭 속이기 위해서가 아니라도, 의원들에게는 소위 국가 부채라 불리지만 사실 1장에서 본대로 이자를 주는 노란색 달러에 불과한 이 존재의 진실을 다른 사람에게 알리고 싶지 않아 할 만한 이유가 더 있다. 일부 정치인에게 '부채'라는 단어와 엄청나게 '큰' 숫자의 조합은 자신을 돋보이게 하는 완벽한 장식품이다. 큰 수 공포증Meganumaphobia이 의학적으로 인정받은 불안 장애는 아니지만, 여러 정치인은 그 정도면 써먹을 만하다고 생각한다.

나는 위원회 위원들과 함께한 회의 자리에서 이 사실을 깨달았다. 의회 예산처가 2015~2025년 예산 전망을 막 발표한지라, 상원 의원들은 보고서를 유심히 살펴보고 있었다.[2] 의회 예산처는 2025년 재정 적자는 1.1조 달러로 예상되며, 이로 인해 총 연방 재정 적자는 27.3조 달러로 올라설 것이라고 적었다. 이를 본 엔지 위원장은 깜짝 놀랄 만한 숫자이긴 하지만, 어딘가 부족하다고 생각했다. 그는 반점이 아닌 소수점으로는 시민들로부터 제대로 된 감정을 불러일으킬 수 없을 거라고 걱정했다. 그는 수가 더 극적으로 보이도록 각각 1,100,000,000,000달러와 27,300,000,000,000달러로 길게 표시할 것을 의회 예산처에 제안했다.

엔지 상원 의원이 정치 입문 전에 신발 사업을 했다는 걸 잊지 말자. 사업을 하면서 그는 홍보의 중요성을 깨달았던 게 분명하다. 편안한 착화감, 다양한 종류, 패셔너블한 디자인. 소비자의 마음을 움직이는 메시지를 찾는 건 고객층을 유지하는 데 굉장히 중요하다. 좋은 홍보 전략으로 제대로 감정을 움직이면, 길 가던 사람을 가게로 들어오게 만들 수 있다. 엔지는 정부 재정에 관한 정보를 홍보 전략으로 활용해 유권자들에게 특정한 감정을 불러일으킬 방법을 찾고 있었던 셈이다. 엔지 같은 정치인들은 사람들을 국가 부채의 크기만 보고 지레 겁먹게 만든 다음, 이 두려움을 여러 곳에서 무기로 활용한다.

정치인들은 이 거대하고 무서운 숫자를 어떻게든 처치해야 한다고 유권자들을 설득해, 사회 보장 제도나 메디케어처럼 인기 많은 정책의 예산을 삭감하라고 요구할 수 있다.[3] 유권자들이 고통스러운 삭감 정책을 지지하게 하려면, 국가 재정을 향한 지속적인 분노를 부추겨야 한다. 삭감 대상이 되는 정책은 수많은 유권자에게 혜택을 주는 정책이다. 사람들은 이 정책을 지키기 위해 안간힘을 쓸 것이다. 하지만 너무 늦기 전에 '부채를 해결해야' 한다는 논리로 다른 방법이 없다고 믿게 하면 사정은 달라진다.

그러나 MMT가 보인 대로 국가 부채는 바로잡지 않아도 된다. 바로잡아야 할 건 우리의 생각이다. 수천만 미국인의 생계가 달린 사업 예산을 몰지각하게 삭감하는 행동을 제지하기 위해서이기도 하지만, 국가 부채를 두려워하지 않아야만 다른 수많은 가능성에 관해 제대로 논의할 수 있어서이기도 하다. 우리가 옳은 일을 하지 못하는 이유는 국가 부채 때문이 아니라, 잘못된 생각 때문이다. 잘못된 생각을 바로잡으려면, '부채'라는 이름이 붙은 큰 수에 대한 거부감보다 더 많은 것을 극복해야 한다. 생각을 방해하는 모든 잘못된 통념을 바로잡아야 한다.

중국, 그리스, 그리고
버니 메이도프

자동차 범퍼에 스티커를 붙인 그 사람이 미국 국채 시장의 규모, 그러니까 국가 부채의 규모에만 불안감을 느꼈을 리 없다. 분명 다른 걱정거리도 있었을 것이다. 혹시 당시 대통령 후보인 버락 오바마가 했던 미국이 중국으로부터 돈을 빌리는 바람에 "갚아야 할 국가 부채가 늘고 있다"라는 말을 들었던 건 아닐까. 뉴욕 웨스트 43번가의 국가 부채 시계에는 어마어마한 부채 총액 외에 그 값을 미국 인구로 나눈 '당신의 몫'도 적혀 있다. 어쩌면 그 사람은 위스콘신주 하원 의원 폴 라이언이 "우리 아이들과 손자, 손녀가 부채와 조세 부담에 짓눌리지 않도록" 국가 부채 문제를 해결해야 한다고 말하는 것을 듣고 엄마로서 죄책감을 느꼈는지도 모른다. 또는 미국이 파산할 거라고 생각했을 수도 있다. 우리는 모두 그리스가 겪은 일을 알고 있다. 그녀는 위대한 조국이 걱정됐을 것이다. 오바마도 국가 부채가 "무책임"하고 "비애국적"이라고 했을 정도니 말 다했지.

나는 엄마고 애국심도 강하다. 하지만 그런 말을 듣고 걱정하지는 않는다. 그건 내가 근본부터 다른 관점을 통해 이 문제를 보는 MMT 경제학자이기 때문이다. 나는 국가 부채 증가 예상액을 보고 겁에 질리는 일 없이 의회 예산처가 펴낸 최신 보고서를 읽을 수 있다. 나는 국가 부채 중 '내 몫'을 보고 고민하지 않는다. 미국이 그리스처럼 될 거라는 걱정도 전혀 하지 않는다. 중국이 언젠가는 돈줄을 말려, 미국 정부가 쓸 달러가 다 떨어질까 봐 초조해하지도 않는다. 참, 심지어 나는 미국이 국채를 판매하는 행위를 차입이라고 부르거나, 이 증권을 국가 부채라는 이름으로 불러야 한다고 생각하지도 않는다. 그런 이름은 문제를 복잡하게 만들고 사람들을 쓸데없는 근심에 빠뜨릴 뿐이다. 더 큰 문제는 이 잘못된 공포가 더 나은 공공 정책을 펼치지 못하게 하고, 그래서 우리 모두에게 해가 된다는 것이다. 그러니 이제부터 생각을 고쳐 보자.

오바마는 노스다코타주 파고Fargo의 유세장에 모인 몇 안 되는 유권자 앞에서 미국이 "중국 은행의 신용 카드"에 의존하고 있다고 말했다. 이러한 단어 선택은 미국인이 가진 두 가지 근본적 불안감을 건드린다. 그중 하나는 빚을 내어 돈을 쓰고 있다는 불안감이다. 우리는 빚을 너무 많이 지면, 몹시 고통스러운 재정난을 겪을 수 있다는 사실을 경험으로 알고 있다. 집이나 차, 심지어 식료품을 사느라 진 빚은 모두 미래에 갚아야 하는 부담이다. 얼마 지나지 않아, 집 대출금, 차 할부금, 신용 카드 사용액을 납부하라는 고지서가 날아오고 우리는 이를 갚기 위해 돈을 마련해야 할 것이다. 미국의 신용 카드 부채가 수조 달러에 달한다고 말하는 것만으로도 모두를 걱정시키기에 충분하다. 그런데 외국, 그것도 적대 관계에 있는 외국에 빚을 지고 있다는 소식은 불안을 한층 고조시킬 수밖에 없다.

국제 무역 상대국과의 관계에 대해 아무 걱정할 필요 없다고 말하려는 건 아니다. 5장(무역에서 '승리'하기)에서 다루겠지만, 이런 걱정에는 여러 가지 타당한 이유가 있다. 하지만 정부 지출을 중국에 의존하고 있기 때문은 아니다. 왜 그런지 이해하기 위해, 먼저 시간을 되돌려 애초에 중국(그리고 다른 외국)이 어쩌다 미국 국채를 손에 쥐게 되었는지부터 생각해보자.[4] 중국은 2019년 5월 현재, 미국 국채를 1.11조 달러 보유하고 있다. 중국은 어쩌다 미국 국채를 손에 쥐게 된 걸까? 설마 엉클 샘이 별이 그려진 모자를 공손히 손에 쥔 채, 베이징까지 날아가 중국 정부에 돈을 빌려달라고 사정한 걸까? 물론 아니다.

제일 먼저 일어난 일은 중국이 자국 생산품 가운데 일부를 미국을 포함한 외국 구매자에게 팔기로 한 것이다. 미국도 똑같은 일을 한다. 다만, 미국은 수출보다 수입을 더 많이 할 뿐이다. 2018년, 미국은 1,200억 달러 규모의 미국산 제품을 중국에 수출했고 중국은 5,400억 달러의 중국산 제품을 미국에 수출했다. 이 차이로 인해 중국은 미국을 상대로 4,200억 달러의 무역 흑자를 기록했다(반대로, 미국은 중국을 상대로 4,200억 달러의 무역 적자를 기록했다). 미국은 구매한 물건의 대금을 미국 달러로 지급했고, 이 돈은 연준에 있는 중국의 계좌에 입금됐다. 다른 미국 달러 소유자와 마찬가지로, 중국은 달러를 그냥 가지고 있을 수도 있고 다른 것을 살 수도 있다. 연방 정부는 연준의 입출금 계좌에 들어 있는 달러에 이자를 지급하지 않는다. 그래서 중국은 연준의 저축 계좌에 해당하는 곳으로 자신이 가진 달러를 옮기기로 했다. 그러니까, 미국 국채를 구매한 것이다. '중국으로부터 차입'했다는 말은 그저 연준이 중국의 지급 준비 계좌(입출금 계좌) 잔액을 줄인 뒤, 해당액만큼 증권 계좌(저축 계좌) 잔액을 올리는 회계 작업을 했다는 뜻이다. 중국은 여전히 미국 달러를 그냥 가지고 있지만, 이제 녹색 달러가 아닌 노란색 달러로 가지고 있을 뿐이다. 중국에 돈을 갚으려면, 연준은 그냥 회계 작업만 반대로 하면 된다. 증권 계좌의 잔액을 줄이고 지급 준비 계좌의 잔액을 올리는 것이다. 뉴욕 연방 준비은행의 키보드만 있으면 할 수 있는 일이다.

오바마는 달러의 원산지가 중국이 아니라는 점을 간과했다. 달러는 미국에서 만든다. 미국은 사실 중국으로부터 달러를 빌려온 게 아니라, 중국에 달러를 공급한 뒤, 이 달러를 미국 국채로 바꾸는 것을 허용했을 뿐이다. 정말이지 문제는 우리가 이 일을 언급할 때 쓰는 단어일 뿐이다. 국가가 쓰는 신용 카드 같은 건 없다. '차입'이라는 단어는 오해의 소지가 있다. 미국 국채라는 증권을 국가 부채라고 부르는 것도 마찬가지다. 국채는 사실 '진짜' 채무가 아니다. 워런 모슬러가 즐겨 말한 대로, "우리가 중국에 진 빚은 잔액 증명서밖에 없다." 사실 어찌 보면 이는 중국이 밑지는 거래다(미국을 상대로 무역 흑자를 기록하고 있는 다른 국가도 마찬가지다). 어쨌든 중국이 자국 노동자들이 시간과 에너지를 들여 만들어낸 실제 상품과 서비스를 자국민이 쓰게 두지 않았다는 뜻이니까. 중국은 흑자를 기록함으로써, 미국이 중국으로부터 받은 물건 가액을 기록하는 장부에 적힌 숫자와 자국이 생산한 물건을 교환한 것이다. 그러나 5장에서 다루겠지만, 중국도 미국과의 무역에서 각종 이익을 얻는다.

중국이 미국 국채를 가장 많이 소유한 국가이긴 하지만, 이 글을 쓰는 현재 중국이 가진 미국 국채는 전체 미국 국채 가운데 7%도 채 되지 않는다. 여전히 어떤 이들은 중국이 자신이 가진 미국 채권을 팔기로 결정하면, 미국 국채의 가격이 낮아지고 국채 수익률(이자율)이 높아질 것이므로, 중국이 미국에 큰 영향력을 행사할 수 있다고 걱정한다. 중국이 계속 미국 국채를 사주지 않으면, 연방 정부의 자금원이 사라질지도 모른다고 생각하는 것이다. 이런 생각은 여러 면에서 잘못된 생각이다. 먼저, 중국은 미국과의 무역 흑자를 모두 없애버리지 않는 한, 달러 자산을 보유하지 않을 수 없다. 이는 중국이 원치 않는 상황이다. 대미 수출량을 줄이면, 경제 성장이 느려질 가능성이 높기 때문이다. 만일 중국이 무역 흑자를 계속 유지하길 원한다면, 결국 달러 자산을 가지고 있을 수밖에 없다. 투자 은행가로 일했던 금융 해설가인 에드워드 해리슨Edward Harrison의 말처럼 "중국이 던질 수 있는 질문은 어떤 달러 자산[녹색 달러냐 노란색 달러냐]을 사느냐일 뿐, 달러 파업을 할지 말지가 아니다."[5] 게다가 중국이 자산 포트폴리오에서 미국 국채(노란색 달러) 보유 비중을 줄이기로 결정한다고 해도 연방 정부에 돈이 떨어질 일은 없다. 미국이 달러의 발행자라는 사실을 기억하자. 이는 미국에 달러가 떨어질 일이 절대 없다는 뜻이다. 더욱이 TV에 자주 나오는 유명 금융 해설가이자, 『달러의 이해Making Sense of the Dollar』를 쓴 마크 챈들러Marc Chandler의 말에 따르면, 2016년 6월부터 11월까지 중국이 미국 국채 보유량을 15% 줄였음에도 불구하고 10년 만기 미국 국채의 수익률은 "거의 변하지 않았다."[6]

미국에는 일어날 수 없는 일이지만, 국가가 자금을 조달하기 어려워지는 때도 있다. 2010년에 그리스가 바로 그런 일을 겪었다. 하지만 그건 그리스가 2001년에 드라크마를 포기하고 유로를 채택하면서 화폐 주권이 약해졌기 때문이다. 유로의 도입은 모든 것을 바꿔 놓았다. 그리스 정부가 보유하고 있던 부채의 단위가 하루아침에 그리스 정부가 발행할 수 없는 화폐인 유로로 바뀐 것이다. 그때부터 그리스 정부로부터 채권을 산 사람은 모두 디폴트 위험Default Risk이라는 새로운 위험을 지게 됐다. 그리스에 돈을 빌려주는 일은 이제 조지아주나 일리노이주 같은 미국의 지방 정부에 돈을 빌려주는 일과 비슷해졌다. 1장에서 배운 대로 미국의 각 주는 통화 발행자가 아니라 통화 사용자다. 이들은 실제로 세수와 차입에 '의존'해 지출한다. 물론 이들도 채권을 팔아서 돈을 모을 순 있다. 하지만 금융 시장에서 돈을 못 갚을 수도 있는 채권 발행자는 보통 투자자에게 더 높은 이자를 지급해야 한다. 그리스는 (아일랜드, 포르투갈, 이탈리아, 스페인과 함께) 이 사실을 어렵게 깨달았다.

2008년, 미국의 금융 위기가 유럽으로 전파되면서 그리스 경제는 심각한 불황을 겪었다. 일자리가 빠르게 사라졌고 세수는 급격히 줄어들었다. 동시에 그리스 정부는 경제를 살리기 위해 지출을 늘렸다. 세수의 급감과 지출 증가가 겹치면서 2009년 그리스의 재정 적자는 GDP의 15%를 넘어섰다. 유로화 사용국 규정에 따르면, 회원국 정부는 재정 적자가 GDP의 3%를 넘지 않도록 관리해야만 했다. 그러나 경기 침체가 심했던 그리스의 재정 적자는 3% 제한을 훌쩍 넘겨 버렸다. 그리스는 적자를 메꾸기 위해 돈을 차입할 수밖에 없었다. 유로화 체제를 채택하면서 정부를 위해 나서서 지급금을 청산해 줄 중앙은행이 사라졌기 때문이었다. 이제 그리스 정부는 지출한 돈의 대금 납부 기한이 다가오기 전에 '돈을 구해야만' 했다. (TAB)S 모델은 미국처럼 화폐를 발행하는 정부에는 적용되지 않지만, 그리스 정부에는 적용된다. 그리스 의회와 중앙은행 사이의 관계가 끊어지면서 그리스 정부가 화폐 발행자에서 화폐 사용자로 변했기 때문이다. 그리스는 곧 사람들이 그리스 채권을 사려 하지 않는다는 사실을 알았다. 이자를 높게 쳐주지 않는 한, 돈을 못 갚을지도 모르는 화폐 사용자에게 수십억 유로를 빌려주는 명백한 위험을 감내하고 싶어 하는 사람은 없었다. 2009년에 6%였던 10년 만기 그리스 정부 채권의 이자율은 2012년에는 35%까지 올랐다.

비교를 위해 2007년부터 2009년까지 재정 적자가 세 배 이상 증가한 미국이나 영국 같은 통화 발행국에서 어떤 일이 일어났는지 살펴보자. 2009년, GDP의 3% 수준이던 두 나라의 재정 적자는 10%까지 치솟았다. 하지만 같은 기간 동안 10년 만기 국채의 평균 이자율은 미국의 경우 3.3%에서 1.8%로, 영국의 경우 5%에서 3.6%로 오히려 '떨어'졌다. 두 나라 모두 정부를 위해 화폐를 독점 공급하는 중앙은행을 가지고 있기 때문이었다. 투자자들은 중앙은행이 단기 금리에 절대적 영향을 미칠 뿐 아니라, 중장기 금리에도 상당한 영향을 미친다는 사실을 알고 있기 때문에 중앙은행이라는 안전장치를 보면 안심한다.[7] 그리스는 유로를 채택하면서 이 안전장치를 포기했다. 그리스 정부의 돈은 실제로 바닥날 수 있고, 모두가 그 사실을 안다. 그리스가 채권 자경단Bond Vigilantes을 막아낼 수 없었던 건 이 때문이다. 채권 자경단이란, 국채 등 금융 자산의 가격을 급격하게 변화시켜, 예상치 못한 금리 변동을 일으키는 금융 시장 세력(더 정확히 말하자면, 투자자들)을 일컫는 말이다. 결국, 유럽 중앙은행이 개입해 채권 자경단을 몰아내는 데 '성공'했지만, 그리스 국민에게는 고통스러운 긴축 재정 처방이 내려졌다.[8]

2010년, 그리스를 포함해 여러 유럽 국가가 심각한 부채 위기를 겪었다. 피치, 무디스, S&P 등의 신용 평가 기관이 그리스 정부 채권의 신용 등급을 낮추자 차입 비용은 통제 불능으로 급격히 높아졌다. 부채 위기에 몰린 그리스 정부는, 결국 디폴트를 선언했다. 부채 위기가 유로존 국가들을 휩쓰는 동안, 미국의 정치인들은 미국도 곧 그리스처럼 부채 위기를 겪을 거라고 경고하며, 재정 적자를 줄이라고 의회를 압박했다.[9] 버크셔 해서웨이Berkshire Hathaway의 CEO이자 억만장자인 워런 버핏 같은 현명한 투자자들은 상황을 더 잘 이해했다. 버핏은 이렇게 말했다. 미국은 "자체 통화를 발행하는 한, 어떤 종류의 부채 위기도 겪을" 수 없다고 말이다.[10] 또한, 버핏은 그리스의 부채 위기가 "그리스가 돈을 발행하는 능력을 잃었기" 때문에 발생했고 "만일 그리스가 드라크마를 발행할 수 있었다면, 다른 문제는 몰라도 부채 문제는 없었을 것"이라고 말하기도 했다.[11]

하지만 한계가 있지 않을까? 뉴턴의 법칙대로 '올라가면 내려와야 하는 법'인데. 물론 부채를 영원히 늘릴 수는 없다. 정부가 부채를 계속 늘리려면, 채권을 사줄 새로운 투자자를 계속 찾아야만 한다.[12] 이건 너무 위험해 보인다. 마거릿 대처는 이렇게 말했다. 정부가 "결국, 다른 사람들 돈을 바닥낼" 거라고. 어떻게 보면 정부 부채가 계속 쌓여만 가는데 새로운 투자자에게 국채를 파는 행동은 일종의 피라미드 사기처럼 느껴질 수도 있다.[13] 악명 높은 사기꾼 버니 메이도프Bernie Madoff가 썼던 수법처럼 말이다. 하지만 그렇지 않다.

메이도프는 투자자들을 속였다. 그러나 미국 재무부는 투자자를 속이지 않는다. 앨런 그린스펀Alan Greenspan은 NBC 〈미트 더 프레스Meet the Press〉에 출연해 미국 국채 투자자들이 "디폴트를 경험할 확률은 0"이라고 설명했다.[14] 이 말을 이해하려면 자발적 디폴트와 비자발적 디폴트를 구분해야 한다. 그린스펀이 말한 건 후자다. 그가 한 말의 요지는 미국이 그리스처럼 될 수 없다는 것이다. 그리스는 만기에 투자자들에게 돈을 갚으려 했지만, 중앙은행에 돈을 지급하라고 명령할 권한이 없었다. 물론 미국 의회가 부채 상한을 높이지 않는 등의 어리석은 짓을 하면 미국도 '자발적' 디폴트를 선언할 수 있다. 하지만 미국이 채권자들의 등쌀에 밀려 어쩔 수 없이 디폴트를 선언하게 될 확률은 0이다. 연방 정부는 언제든 노란색 달러를 녹색 달러로 도로 바꿔줌으로써 빚을 갚을 수 있다. 해야 할 일은 연준의 대차대조표에 기록된 숫자를 바꾸는 것뿐이다. 정부가 "다른 사람들 돈"을 바닥낼 일은 없다. 대처는 반대로 알고 있었다. 영국 정부가 돈을 쓰려면 세금을 걷거나 다른 사람 돈을 빌리는 수밖에 없다는 대처의 말은 정부를 일반 가정과 똑같이 취급하는 잘못된 말이다.

MMT는 이 생각을 뒤집어 S(TAB)이 더 현실에 잘 부합한다는 사실을 보였다. 정부는 먼저 지출을 해서 민간이 세금을 내거나 국채를 살 수 있게 달러를 공급한다. 예를 들어, 정부가 경제에 100달러를 지출하고 90달러를 세금으로 거둬들였다고 가정해 보자. 정부가 10달러 적자를 낸 덕분에 우리에게는 10달러가 남겨져 있을 것이다. 오늘날 정부는 적자 지출에 해당하는 액수만큼 국채를 발행해 돈을 '차입'한다. 여기서 중요한 건, 민간이 국채를 사는 데 쓴 돈 10달러가 원래 정부가 적자 지출을 통해 경제에 남겨준 돈이라는 사실이다. 이런 의미에서 화폐 발행자는 자신이 지출하는 돈을 '자체 조달'한다. 연방 정부는 달러가 필요해서 국채를 파는 게 아니다. 국채 발행은 단순히 지급 준비금 계좌를 가진 사람에게 잔액(녹색 달러)을 국채(노란색 달러)로 바꿀 기회를 주는 일일 뿐이다. 국채를 발행하는 이유는 이자율을 일정 수준 이상으로 유지하기 위해서지 정부가 쓸 돈을 조달하기 위해서가 아니다.

아직 MMT를 접하지 못한 미국 국회 의원들은 부채가 늘면, 연방 정부의 재정 부담이 점점 커질 거라고 생각한다. 이는 잘못된 생각이다. 사실 정부는 다른 지출을 할 때와 마찬가지로 국채 이자도 손쉽게 지급할 수 있다. 그저 이자 지급일에 연준이 해당 은행 계좌의 잔액을 높이기만 하면 되는 일이다. 오늘날 의회는 연방 예산이 제로섬 게임이라고 믿는다. 국회 의원들은 이자 지출이 늘어날 때마다 마치 케이블 방송 수신료가 올라서 다른 곳에 쓸 돈이 줄어든 것처럼 생각한다. 의회 예산처가 이대로라면 "2046년경에는 국방과 모든 국내 프로그램을 포함한 전체 재량 예산보다 [연방 정부] 이자 지출이 더 많아질 것"이라고 예측하자 많은 의원이 공황 상태에 빠졌다.[15] 이자를 내고 나면 남는 돈이 없을 테니 어쩔 수 없이 다른 중요한 곳에 쓸 예산을 줄여야 할 거라고 생각한 것이다. 하지만 그렇지 않다. 정부 예산을 제한하는 건 의회 자신밖에 없다. 국민이 중요하게 생각하는 분야의 예산을 깎는 대신 그냥 '예산을 더 많이' 책정하기만 하면 된다. 돈의 총량은 정해져 있지 않다. 다만, 경제에 지출을 안전하게 흡수할 만한 여력이 남아 있는지가 중요할 뿐이다. 국회가 신경 써야 할 진짜 제약은 이것이다.

2장에서 본 것처럼 지출을 제한하는 건 경제에 인플레이션을 가속화하지 않고 추가 지출을 흡수할 여력이 얼마나 남아 있는지다. 정부가 이자로 지급한 돈은 고스란히 채권자의 '소득'이 된다. 이자 지출이 지나치게 많아지면, 총지출이 경제를 최고 속도 이상으로 밀어붙일 위험이 있다. MMT는 이자 소득 증가가 잠재적 재정 부양책으로 기능할 수 있음을 강조해왔다. 국채 이자의 최종 지급자는 연방 정부이며, 연방 정부가 지급하는 이자는 고스란히 국채 투자자에게 넘어간다. 이 이자 소득 가운데 적어도 '일부'는 이 돈을 소비하려는 사람에게 돌아가 새로 만들어진 상품이나 서비스를 사는 데 쓰일 것이다. 이는 총 수요를 한계치 이상으로 밀어붙여 인플레이션 압력을 만들어 낼 수 있다. 물론 바이든 부통령의 수석 경제학자로 일했던 재러드 번스타인Jared Bernstein이 한 말에 따르면, 정부의 이자 지출이 단기간 내에 경기 과열로 이어질 가능성은 작아 보인다. 그는 "미국의 국가 부채 가운데 약 40%가 외국인 소유"라고 말했는데, 이는 "이자 지출 가운데 많은 부분이 미국 경제 밖으로 새어 나가고 있다"라는 뜻이기 때문이다.[16] 그러나 채권자들의 이자 소득이 (소비자 물가 지수 변화로 측정되는) '일반적인' 가격 인플레이션을 일으키지는 않는다고 해도, 이자 수익을 동원해 부동산이나 주식 같은 자산의 가격을 올려 '자산 가격 인플레이션'을 일으킬 가능성은 여전히 남아 있다.

이처럼 인플레이션 문제도 있고 '분배' 문제도 있지만, 연방 정부가 국채 이자를 지급한다고 해서 재정적으로 문제 될 일은 전혀 없다. 일각에서는 정부가 국채 이자를 아예 지급하지 말아야 한다고 주장한다. 이들이 보기에 국채는 돈 많은 사람이나 사는 사치재다. 그러니까 정부는 부자들이 가진 녹색 달러를 노란색 달러로 바꿔주고 이자를 지급함으로써 부자들의 자산을 계속 불려주며, 소득 하위 계층과 상위 계층의 차이를 더욱 벌려 놓고 있다는 것이다. 이 생각에도 일리는 있다. 물론, 어떻게 보면 국채는 많은 노동자의 보호망 역할을 하고 있기도 하다. 이들이 가입한 각종 퇴직 연기금에서 기금의 일부를 안전 자산인 국채에 투자하는 분산 투자를 하고 있기 때문이다. 아무튼, 분배 문제를 제쳐두고 재정적인 면만 고려할 때, 연방 정부는 언제나 이자 지출을 감당할 수 있다.

내일 당장 갚을 수 있다

2016년 4월 〈타임〉 표지의 주인공은 미국의 국가 부채였다. 표지에는 이런 문구가 써 있었다. "독자 여러분께. 당신은 42,998.12달러를 빚지고 있습니다. 국가 부채 13.9조 달러를 없애려면 남성, 여성, 아이 할 것 없이 모든 미국인이 이 돈을 갚아야 합니다."[17] 다른 사람들 사정이야 모르겠지만, 나에겐 43,000달러를 바로 갚을 여유가 없다. 하지만 언젠가 연방 정부가 '내 몫'을 요구할 때를 대비해 따로 돈을 모으지는 않는다. 그럴 일은 절대 일어나지 않을 테니까. 모든 사람이 국가 부채 중 일부를 개인적으로 책임져야 한다는 생각은 터무니없다. 이 생각은 가정 경제 공포증의 연장으로, 궁극적으로 납세자인 우리가 정부가 지출하는 돈을 대야 한다는 잘못된 가정에 기초하고 있다. 이젠 이것이 화폐를 발행하는 정부에 맞지 않는 논리라는 걸 모두 알고 있기를 바란다. 사실 우리가 돈 한 푼 내지 않아도 정부는 내일 당장 국가 부채를 모두 갚을 수 있다.

대다수 경제학자의 생각은 다르다. 어떤 경제학자들은 경제 규모 대비 부채 비율(GDP 대비 국가 부채)이 중요하다면서, 성장 속도를 높이면 '부채 문제' 해결에 도움이 될 거라고 말한다. 분자(부채)보다 분모(경제 규모)가 더 빨리 커지면 부채가 늘어도 비율은 낮아질 테니까. 많은 경제학자가 이런 접근 방식이 옳다고 믿는다. 그렇다면, 이제 관건은 부채 비율이 계속 늘어나는 상황을 막을 방법을 찾는 것이다. 언젠가는 부채 비율이 낮아져야 한다. 아니라면, 부채는 이론적으로 지속 불가능한 추세를 따르게 될 것이다. 지난 수십 년 동안, 주류 경제학자들은 미국의 부채가 지속 불가능한 추세로 증가하고 있다는 입장을 고수했다. 부채 추세 예측에 쓰이는 정규 모형 모두가 부채 비율이 무한정 커질 거라는 결과를 내놓았기 때문이다.[18]

　최근 들어 세계적으로 유명한 경제 석학 가운데 몇몇이 나서서 적어도 지금은 부채가 감당 가능한 수준으로 증가하고 있다고 주장하기 시작했다. 주류 경제학자들은 아직 MMT 경제학자들이 도달한 패러다임 전환적 결론에는 이르지 못했지만, 그중 일부는 부채 위기가 다가온다며 불안을 조성하던 과거와 달리 표현을 순화하고 있다. 2019년 1월에는 IMF 수석 경제학자를 역임한 저명 경제학자인 올리비에 블랑샤르Olivier Blanchard가 전미경제학회 연례 총회 회장단 연설에서 이 주제를 다뤘다.[19] 블랑샤르는 미국을 포함한 여러 나라의 부채 추세가 적어도 짧은 기간은 지속 가능해 보인다고 말했다. 그는 그 이유를 가까운 과거의 상황이 미래에도 지속될 것으로 생각하기 때문이라고 설명했다. 그가 말하는 상황이란, 국채 이자율(r)이 경제 성장률(g)보다 작은 상황을 말한다. 이 조건(r < g)을 만족하면 부채 비율은 무한정 커지지 않는다. 미래에도 이런 상황이 유지된

다고 가정했을 때, 그가 세운 모형은 미국이 가까운 시일 내에 부채 위기를 겪지 않으리라는 예측을 내놓았다. 블랑샤르에 따르면, 우리는 경제 성장률보다 이자율이 높아지는(r > g) 날이 오기 전까지만 안전하다. 만일 금융 시장이 국채 이자율을 밀어 올려 두 값이 역전되는 날이 오면, 미국의 국가 부채는 재정을 흑자로 전환하지 않는 한, 곧장 지속 불가능한 추세에 오를 것이다. 하지만 그때까지는 안심할 수 있으며, 심지어 재정 적자를 더 늘려도 안전할지 모른다. 이 연구 결과는 국가 부채에 대한 (정치권과 언론의) 지배적 의견과 너무 달랐기 때문에 언론의 주목을 받았다. 얼마 뒤, 〈마켓워치MarketWatch〉는 「저명한 경제학자, 국가 부채 증가 상황이 '그리 나쁘지 않을지도 모른다'라고 말하다」라는 제목으로 기사를 냈다.[20] 곧이어 〈월스트리트저널〉도 「부채 걱정? 일부 경제학자는 너무 이르다고 말해」라는 제목의 기사를 실었다.[21] 블랑샤르의 연구 결과가 중요한 건 맞다. 하지만 MMT 경제학자인 스콧 풀와일러Scott Fullwiler가 이미 13년 전에 비슷한 결과를 도출했다는 사실을 알아 둘 필요가 있다.[22]

과거 풀와일러가 했던 연구가 최근에 발표한 블랑샤르의 연구와 다른 점은 풀와일러는 부채의 지속 가능성 문제를 MMT 관점으로 접근했다는 것이다.[23] 블랑샤르와 달리 풀와일러는 자신이 발행하는 주권 통화만 차입하는 정부라면, 지속 가능성 조건(r < g)을 항상 만족시킬 수 있다는 사실을 알아냈다. 이런 정부라면 시장 이자율을 받아들일 필요가 전혀 없기 때문이다. 풀와일러에 따르면, 블랑샤르가 말하는 재정의 지속 가능성 개념은 틀렸다. 그는 이렇게 말했다. "재정의 지속 가능성이라는 개념은 핵심 변수인 국채 이자율이 민간 금융 시장에서 결정된다고 가정하

기 때문에 잘못된 개념이다."[24] 다시 말해서, 블랑샤르는 시장 이자율이 높아지면 미국도 그리스나 아르헨티나처럼 부채 위기를 겪을 수 있다고 생각하여 이자율이 오를 확률에 따라 국가 부채의 지속 가능성이 달라진다는 신중한 입장을 취한 것이다. 하지만 미국은 그리스(유로로 차입)나 아르헨티나(달러 부채 디폴트 선언)와는 다르다. 미국이 달러 부채 이자율을 통제하지 못할 일은 없다. 풀와일러가 보기에 국채 이자율은 "정치 경제학적 문제"다. 이는 정책 결정자들이 언제나 시장 심리를 이긴다는 뜻이다.[25] 갤브레이스Galbraith의 재치 있는 표현을 빌리자면, "바보야, 이건 국채 이자율이야!"랄까. 갤브레이스에 따르면, 중앙은행은 단순히 "목표 금리를 낮추기만 하면" 국채 이자율이 경제 성장률보다 높아지는 일을 막을 수 있다.[26] 이는 부채의 지속 가능성에 대한 MMT의 시각을 전통적 사고방식과 차별화하는 매우 중요한 통찰이다. MMT는 이자율과 경제 성장률 사이의 관계가 아닌 인플레이션을 중시한다. 하지만 주류 경제학에서 말하는 지속 가능성 조건을 만족하는 일도 미국을 비롯한 여러 화폐 주권국에는 쉬운 일이다.

일본의 사례만 봐도 알 수 있다. 현재 일본의 GDP 대비 부채 비율은 선진국 가운데 가장 높은 수준인 240%다. 2019년 9월 말, 일본의 국가 부채는 13,355,000억 엔을 돌파했다.[27] 천조가 넘는 숫자다. 미국의 부채가 '천조'를 넘으면, 엔지 상원 의원은 엄청난 공포를 느낄 것이다. 0이 이렇게 많다니! 만일 일본 부채가 〈타임〉 표지를 장식했다면, 이런 문구가 쓰였을 테다. '당신은 1,050만 엔(미국 달러로 96,000달러)을 빚지고 있습니다.' 하지만 미국과 마찬가지로 일본은 적어도 국가 부채의 지속 가능성을 걱정할 필요가 없다. 자국 화폐를 발행하는 나라이자, 만기가 도래한 국채를 모두 청산해 줄 중앙은행을 가진 나라이기 때문이다. 금융 시장이 일본을 부채 위기로 몰아갈 수는 없다. 일본 은행은 국채 이자율의 원치 않는 움직임을 모두 제압할 수 있다. 게다가 기본적으로 일본 은행은 키보드 하나만 가지고도 부채를 다 청산할 수 있다.

주요국 중앙은행들은 대부분 익일물 금리라는 초단기 금리를 정하는 데 집중한다. 익일물 금리만 명확히 정해 공표하고 이보다 장기 금리는 미래 단기 정책 금리 추세에 대한 기대를 반영해 시장 심리에 따라 정해지도록 두는 것이다. 이는 곧 장기 국채 이자율도 그 나라 중앙은행이 정하는 익일물 금리에 따라 변한다는 뜻이다. 풀와일러는 이렇게 말했다. "장기 이자율은 [중앙은행의] 현재 행동과 미래에 할 것으로 기대되는 행동에 따라 정해진다."[28] 투자자들이 미국이나 영국 정부의 국채 이자율에 '어느 정도' 영향력을 미칠 수는 있다. 하지만 언제든 정부가 나서서 시장이 국채 이자율에 아무 영향을 미치지 못하도록 조치할 수 있다는 사실을 명심해야 한다. 오늘날 일본 은행은 바로 그런 조치를 하고 있다. 그리고 2차 세계 대전 직후에는 연준도 그렇게 했었다.[29]

2차 세계 대전 동안 연준은 이자율을 일정 수준 이하로 유지하기 위해 "공식적으로는 단기 국채 금리를 3/8% 저금리로 고정해 유지하고, 장기 국채 금리 또한 암암리에 2.5% 이하로 관리했다."[30] 재정 적자가 폭발적으로 늘면서 1942년 790억 달러이던 국가 부채는 전쟁이 끝난 1945년에는 2,600억 달러로 불어났다. 하지만 연방 정부가 장기 국채에 지급하는 이자는 고작 2.5%였다. 연준이 이자율을 2.5%로 유지하기 위해 한 일은 그냥 국채를 대량으로 사들이는 것이었다. 무제한으로 국채를 사들여야 하긴 했지만, 판매자의 지급 준비금 계좌 잔액(녹색 달러)만 늘려주면 국채(노란색 달러)를 살 수 있는 연준에는 식은 죽 먹기였다. 심지어 연준은 전쟁이 끝난 뒤에도 한동안 정부를 위해 장기 금리를 계속 기준치 이하로 관리했다. 이러한 통화 정책과 재정 정책의 협력은 1951년에 공식적으로 막을 내렸다. 1951년 재무부·연준 합의 이후로 연준은 독립적인 통화 정책을 펴게 됐다.[31]

현재 세계 중앙은행들은 재정 정책과 긴밀히 협력하는 쪽으로 다시 방향을 틀고 있다.[32] 일본 은행은 3년 넘게 수익률 곡선 관리 정책을 펴고 있다. 수익률 곡선 관리 정책이란, 단기 금리를 정하는 수준을 넘어 10년 만기 정부 채권JGB의 이자율까지 거의 0에 고정하는 정책이다. 일본 은행은 이 정책을 펴기 위해 엄청난 양의 국채를 매입했다. 2019년 6월 한 달동안 6.9조 엔어치를 구입했을 정도다.[33] 공격적으로 국채를 매입한 결과, 이제 일본 정부가 발행한 국채의 약 50%는 일본 은행 소유가 됐다. 선진국 가운데 가장 부채가 많은 나라로 불리는 일본이지만, 따지고 보면 절반은 이미 중앙은행에 의해 청산된(갚은) 것이나 다름없다. 사실 중앙은행에는 이 비율을 높여 아예 국채를 100% 다 사들이는 것도 손쉬운 일이다. 정말로 이렇게 한다면, 일본은 하루아침에 국가 부채가 가장 적은 선진국이 될 것이다.

MMT 경제학자들은 이 사실을 알고 있다. 하지만 국가 부채를 전부 청산하는 일이 일본 같은 나라(통화를 발행하는 주권 국가)에 얼마나 쉬운 일인지 아는 사람이 그리 많지는 않은 것 같다. 사실 이런 나라들은 납세자들에게 돈 한 푼 걷지 않아도 내일 당장 빚을 갚을 수 있다.

경제학자인 에릭 로너건Eric Lonergan은 이 사실을 아는 몇 안 되는 사람 중 한 명일 것이다. 2012년에 그는 "만일 일본이 국채 잔액을 100% 현금화하면 어떻게 될까?"라는 질문으로 사고 실험을 한 결과를 소개했다.[34] 말이 조금 어렵지만, '만일 일본 은행이 국가 부채를 전부 갚으면 어떻게 될까?'와 똑같은 질문이다. 어떻게 갚느냐고? 일본 은행이 현재 보유한 국채를 사들인 방식대로 판매자의 은행 계좌에 돈을 넣어주기만 하면 된다. 사고 실험을 하기 위해 로너건은 일본 은행이 지팡이를 휘둘러 단번에 이 일을 해냈다고 가정했다. "일본 은행이 내일 갑자기 은행 지급 준비금(돈)을 창출해 일본 국채를 전부 사들인다고 가정하자." 얍! 국가 부채가 사라졌다. 이제 로너건은 묻는다. "물가 상승률, 경제 성장률, 환율은 어떻게 바뀔까?" 로너건의 생각은 이렇다. "일본 국채를 100% 현금화해도 아무것도 바뀌지 않는다!"

터무니없는 소리라고 생각하는 사람도 있을 것이다.[35] 일본 은행이 갑자기 500조 엔을 만들어냈는데 심각한 인플레이션이 일어나지 않을 거라고? 경제학자 대부분은 어느 정도 화폐 수량설QTM: Quantity Theory of Money을 지지한다. 밀턴 프리드먼의 추종자들처럼 이 이론을 강하게 지지하는 사람들은 '짐바브웨!', '바이마르 공화국!', '베네수엘라!' 등을 보라고 부르짖을 것이다.[36] 화폐 수량설이 "인플레이션은 언제 어디서나 화폐적 현상"이라고 가르치기 때문이다.[37] 정부 부채를 사들이기 위해 현금 500조 엔을 새로 만든다는 발상을 듣는 순간, 이들의 머릿속에는 하이퍼인플레이션이 떠오를 것이다. 하지만 금융계에서 일하는 로너건은 이들보다 잘 알고 있었다. 그는 일본 국채를 현금으로 바꾼다고 해도 민간 부문의 순 재산에 아무런 변화가 없다는 사실을 올바르게 유추했다. 투자자들은 정부 채권 대신 '같은 양의 현금'을 손에 쥐게 될 뿐이다. 이처럼 순'재산'은 변하지 않지만, '소득'은 변한다. 채권은 이자를 지급하는 상품이지만, 현금은 아니기 때문이다. 일본 은행이 국채를 현금으로 바꿔주는 순간, 민간 부문은 원래 받을 수 있었던 이자를 잃게 된다. 즉, 부채 청산은 민간 부문의 이자 수입을 줄인다. 이 생각을 바탕으로 로너건은 묻는다. "재산은 그대로인데 이자 수입만 줄어든 상황에서 물가가 내리는 데 익숙한 일본 가정이 과연 무언가를 서둘러 사려고 할까?" 당연히 안 그럴 것이다. 국채 잔액을 모두 중앙은행의 장부에 옮겨 적는 행동이 물가에 영향을 미친다면, 아마 물가를 낮추는 방향이지 높이는 방향은 아닐 것이다. 물론, 나라면 민간이 이자 수익을 올릴 수 있는 수단인 국채를 단번에 회수하는 결정을 재고할 것이다. 하지만 일본 정부에 그럴 만한 힘이 있다는 건 확실하다. 이 점은 미국도 마찬가지다.[38]

부채 없는 삶?

떠올려 보라. 국가 부채가 없다면, 의회가 부채 상한 인상을 두고 보여주기식 소동을 벌이느라 연방 정부가 셧다운이 되는 일은 없을 것이다. 엉클 샘이 신용 카드를 한도 초과해 쓰다 못해 중국에 손까지 벌리고 있다고 지적하는 사람도 없을 것이다. 미국 정부가 채권 시장에서 돈을 빌리지 못하고 그리스처럼 강제로 디폴트를 선언하게 되지 않을까 두려워하는 일도 없을 것이다. 국가 부채를 계속 감당할 수 있을 만큼 이자율이 낮은지 그렇지 않은지 논쟁하는 경제학자도 없을 것이다. 무엇보다 좋은 일은 '내 몫'을 어떻게 치를지 고민하느라 스트레스받지 않아도 된다는 것이다. 범퍼 스티커는 바로 떼어내도 좋을 것이다.

실제로, 미국은 이미 국가 부채를 없애 본 경험이 있다.[39] 앤드루 잭슨 대통령 시절인 1835년의 일이다. 미국 역사상 유일한 부채 없는 시기가 바로 이때였다. 연준이 만들어지기 훨씬 전이었으므로, 중앙은행이 국채를 사들이는 방식으로 부채를 청산한 건 아니었다.[40] 청산은 재정 적자를 줄이고 채권 소지자에게 돈을 갚는 옛날 방식으로 이뤄졌다. 그 결과는 그리 좋지 않았다.

미국 정부는 10년 넘는 기간에 걸쳐 부채를 다 갚았다. 1823년부터 1836년까지 정부가 예산을 흑자 운영했기 때문에 생긴 일이었다. 이 기간에 미국 정부는 항상 지출하는 것보다 세금을 더 많이 걷었기 때문에 국채를 신규 발행하지 않았다. 이전에 발행한 국채의 만기일이 돌아오면 정부는 그 돈을 갚았다.[41] 1835년, 미국은 모든 부채를 벗어던졌다. 그러고는 사상 초유의 경기 불황을 향해 걸어 들어갔다. 돌이켜보면 당연한 일이었다.

재정 흑자는 경제 내의 돈을 빨아들인다. 반대로 재정 적자는 돈을 넣어준다. 지나치지 않은 재정 적자는 소득, 판매, 이윤을 뒷받침해 경제를 건강하게 유지해준다.[42] 정부가 반드시 적자를 내야 하는 건 아니지만, 너무 오랜 기간 적자를 내지 않으면, 결국 경제는 벽에 부딪히고 만다.[43] 피츠버그 대학교 공공 및 외교학과 교수로 여러 권의 책을 저술한 프레더릭 세이어Frederick Thayer는 1996년에 이런 글을 썼다. "미국은 심각한 경제 불황을 여섯 번 겪었다. 여섯 번 모두 오랜 균형 재정 뒤에 발생했다."[44] [표 1]을 보자.

부채를 갚은 해	부채 감소율	불황이 시작한 해
1817~1821년	29%	1819년
1823~1836년	100%*	1837년
1852~1857년	59%	1857년
1867~1873년	27%	1873년
1880~1893년	57%	1893년
1920~1930년	36%	1929년

[표 1] 미국의 재정 흑자와 부채 감축 기록

역사 기록이 증언하는 바는 명확하다. 미국 정부가 국가 부채를 대폭 줄일 때마다 경제는 불황에 빠졌다. 기막힌 우연일까? 세이어는 그렇게 생각하지 않는다. 그는 "경제학적 신화(통념)"가 부채를 줄이는 것이 재정적·도덕적으로 책임감 있는 행동이라는 잘못된 믿음에 기초해 재정을 흑자 운영하도록 몰아가고 있다고 비판했다.[45] MMT 관점에서 보면 재정 흑자는 민간 부문에 '적자를 전가'하는 행위다.[46] 문제는 통화 사용자인 민간 부문이 적자를 계속 감당할 수 없다는 것이다. 결국, 민간 부문은 그동안 쌓인 빚을 갚을 수 없는 상황에 몰린다. 이 상황이 되면 소비가 급격히 줄면서 경제가 불황에 빠진다.

세이어가 연구를 발표한 뒤에도 미국은 다시 한번 짧은 기간(1998~2001년) 동안 재정 흑자를 기록했다. 빌 클린턴 재임 기간에 있었던 이 일은 여전히 많은 민주당원 사이에서 최고의 성과로 회자된다. 적자가 사라지면서 연방 정부 가계부는 수십 년 만에 흑자로 돌아왔다. 1998년부터 시작된 이 흑자는 1999년에도 지속됐다. 세기말답게 백악관은 파티를 시작할 준비가 되어 있었다.[47] 이듬해 백악관 경제학자들은 보고서를 작성하기 시작했다. 제목은 「부채 이후의 삶Life After Debt」이었다. 이들은 보고서에 2012년까지 국가 부채를 모두 청산할 수 있을 거라는 희망찬 소식을 담고자 했다.

처음에 백악관은 이를 전국에서 축하 퍼레이드를 열 만한 성과라고 생각했다. 매년 발간하는 「대통령 경제 보고서」에도 이 내용을 실을 생각이었다. 하지만 갑자기 모두가 겁을 먹었다. 대중에게 공개된 보고서에는 이 내용을 다룬 장이 빠져 있었다. 이 사실이 알려진 건 미국 공영 라디오 NPR 프로그램인 〈플래닛 머니Planet Money〉 덕분이다. 〈플래닛 머니〉 측은 "한때 닥칠 뻔했던 위기 상황을 다룬 비밀 정부 보고서를 입수했다"라고 밝혔다. 보고서에서 다룬 위기 상황이란, 다름 아닌 "미국 정부가 국가 부채를 모두 갚을 가능성"이었다.[48] 백악관은 이 소식을 높은 곳에 올라 큰 소리로 알리는 대신, 구석진 곳에 숨겼다. 왜 그랬을까? 미국 국채 시장을 전부 없애면 일어날 후폭풍을 우려했기 때문이었다. 또 한 번 공직자들이 국가 부채에 품고 있는 애증이 드러난 것이다. 백악관은 국가 부채가 사라지는 건 기쁘면서도 국채를 모두 없애버린 후 발생할 위험을 각오할 수는 없었다.

정책 결정자들이 가장 우려한 부분은 국채가 사라지면, 연준이 국채를 사용해 통화 정책을 펼 수 없다는 점이었다. 당시만 해도 연준은 국채를 사고팔아서 단기 금리를 관리했다. 금리를 올리고 싶을 때, 연준은 가진 국채 중 일부를 팔았다. 매입자들은 국채를 사기 위해 자신이 가진 지급 준비금 중 일부를 내놓았다. 이 과정을 통해 지급 준비금을 충분히 없애면서, 연준은 금리를 올릴 수 있었다.[49] 금리를 낮추고 싶을 때, 연준은 반대로 국채를 사들이고 판매자들에게 새 지급 준비금을 공급했다. 국채가 없다면, 연준은 이자율을 조절할 다른 방법을 찾아야 했다.[50]

이 문제는 시간이 지나면서 자연스럽게 해결됐다. 2002년부터 재정 흑자가 사라지고 미국의 국가 부채 감소세가 막을 내림에 따라, 국가 부채가 모두 사라질 가능성이 희박해진 것이다. 2001년, 그전까지 소비 지출을 지탱하던 주식 시장 거품이 터지자 연방 예산은 다시 적자를 기록하기 시작했다. 경기 침체의 골은 그리 깊지 않았지만, 상처는 남았다.[51] 다음 장에서 다루겠지만, 클린턴의 재정 흑자는 민간 부문 재정을 약화시켜 2007년부터 시작된 대침체의 피해 규모를 증폭시켰다.

대침체를 겪으면서 연준은 화폐 정책 수행 방식을 바꿨다. 2008년 11월, 연준은 총 세 차례 진행된 양적 완화라는 채권 매입 정책을 처음으로 시행했다.[52] 연준은 이 정책이 특히 장기 이자율을 낮춰 경기 부양에 도움이 될 것으로 기대했다. 양적 완화가 끝날 때까지 연준은 미국 국채 약 3조 달러를 포함해 약 4.5조 달러 규모의 채권을 매입했다.[53] 연준은 '장기'

이자율 관리를 위해 양적 완화를 도입한 데 이어, '단기' 이자율 관리 방식도 바꿨다. 연준은 국채를 사고팔아서 지급 준비금을 늘리고 줄이는 대신, "더 직접적이고 효율적인 방식으로 이자율을 관리"하기로 했다.[54] 간단히 지급 준비금 잔액에 이자를 지급하기로 한 것이다. 오늘날, 연준은 새로운 금리를 적용하겠다고 발표하기만 하면 언제든 단기 금리를 조정할 수 있다.

시대가 변했다. 달러는 더는 금과 연동되지 않는다. 미국 정부는 자유 변동 명목 화폐를 발행하므로 지출하기 전에 세금을 걷고 돈을 빌릴 필요가 없다. 1장에서 배운 대로 S(TAB) 모형이 경제의 실제 작동 방식에 더 가깝다. 세금은 정부의 자금원이라서가 아니라, 정부 지출이 인플레이션을 일으키는 상황을 막아주기 때문에 중요하다. 마찬가지로 국채 발행은 정부의 재정 적자를 메꾸기 위해서가 아니라, 과도한 지급 준비금을 빼내 연준이 양(+)의 목표 금리를 달성하게 해주기 때문에 중요하다. 그런데 이제 연준은 지급 준비금 잔액에 이자를 지급하는 방식으로 금리를 조절한다. 더는 화폐 정책을 펴기 위해 국채에 의존하지 않는다는 뜻이다.[55]

그런데도 국채를 계속 발행해야 할까? 우리는 국채를 안고 가야 할까, 버려야 할까? 국채는 알렉산더 해밀턴Alexander Hamilton이 말한 '국가의 보물Treasure'일까? 아니면 버락 오바마가 말한 "무책임"하고 "비애국적"인 존재일까? 우리는 국채를 보물처럼 아껴야 할까, 아니면 쓰레기처럼 버려야 할까?

한 가지 분명한 건, 잘못된 방식으로 국채를 없애면 안 된다는 것이다. 1835년이나 클린턴 때처럼 재정 흑자를 내기 위해 지속 불가능한 민간 부문 적자를 늘리는 방식을 써서는 안 된다. 다음 장에서 다룰 내용처럼, 그런 방식은 경제에 부정적 결과를 초래할 것이다. 정말 국가 부채를 없애고 싶다면, 고통 없이 없앨 방법도 있다. 가장 직관적인 방법은 로너건이 설명한 대로 하는 것이다. 즉, 중앙은행이 정부 국채를 은행 지급 준비금으로 다 바꿀 때까지 두면 된다. 고통 없이 그저 노란색 달러를 녹색 달러로 전환하는 것이다. 연준이 키보드만 두드리면 할 수 있는 일이다. 또 다른 방법은 국채 발행을 서서히 줄이는 것이다. 국채를 발행해 적자 지출로 생겨난 지급 준비금 잔액을 회수하는 대신, 지급 준비금을 경제 내에 그대로 두면 된다.[56] 이제 연준이 단기 금리 관리에 국채를 사용하지 않기 때문에 이 방식을 쓴다고 해도 통화 정책을 펴는 데는 문제가 없다. 시간이 지날수록 이미 발행된 국채의 만기가 지나면서 점차 국가 부채가 사라질 것이다.[57]

또 다른 방법은 국가 부채와 공존하는 법을 배우는 것이다. 달러를 보유하고자 하는 사람에게 안전하게 이자를 받을 방법을 제공하는 건 전혀 위험한 일이 아니다.[58] 국가 부채와 공존하는 쪽을 택하려면, 우리가 국가 부채라고 부르는 것이 그저 과거의 기록에 지나지 않음을 이해해야만 한다. 국가 부채는 우리가 지나온 길을 말해주는 존재일 뿐, 우리가 향할 미래를 알려주는 존재는 아니다. 국가 부채는 1789년 미국 정부가 수립된 이래 발생한 수많은 재정 적자가 쌓여 만들어진 역사적 기록이다.[59] 피로 얼룩진 전쟁, 여러 차례의 불황, 그동안 국회를 거쳐 간 수천 명의 사람이 내린 결정들. 중요한 건 국가 부채의 규모(또는 소유자)가 아니라, 국가 부채가 (대부분) 민주주의를 위한 수많은 긍정적 개입의 결과로 생겼다는 사실을 이해하고 이 과거를 자랑스럽게 여기는 것이다.

국채 시장을 없앨 게 아니라면, 우리는 국가 부채와 평화롭게 공존할 방법을 찾아야만 한다. 어쩌면 이름을 바꾸는 일부터 시작해야 할 수도 있다. 국가 부채는 가계 부채와는 전혀 다르다. '부채'라는 같은 단어를 쓰는 것은 불필요한 불안과 혼란을 불러일으킬 뿐이다. 국가 부채라는 말을 여러 종류의 화폐 중 하나를 지칭하는 말로 바꿔도 좋을 것이다. 내가 지은 '노란색 달러'라는 단어가 국가 부채라는 말을 이길 수 있을 것 같진 않지만, 시도할 가치는 있다! 『로미오와 줄리엣』에서 줄리엣은 이렇게 말한다. "이름이 뭐가 중요해?" 줄리엣은 로미오가 몬터규라는 사실을 알고도 개의치 않았다. "장미가 다른 이름으로 불린다 해도 향기는 그대로인걸." 사랑은 맹목적이다. 하지만 정치 무대에서 이름은 중요하다. 이제 이자 지급형 달러에 새로운 이름을 붙일 때다.

제4장 그들의 적자는 우리의 흑자다

그들의 적자는 우리의 흑자다

네 번째 착각

정부 적자는 민간 투자를 밀어내 우리를 더 가난하게 만든다.

현실

재정 적자는 우리의 부와 총저축을 늘린다.

우리가 매일 접하는 적자에 관한 통념은 대부분 상당히 단순하다. 우리는 연방 정부를 국가 신용 카드를 남용하며(3장) 생각 없이 과소비하는(2장) 일반 가정처럼 생각하라(1장)는 말을 듣는다. 이런 통념은 대중적 소비를 노리고 만들어졌다. 설명하기 쉬워서, 텔레비전이나 정치 연설에서 언급해 주목을 모으기에 제격이다. 게다가 경제학(또는 다른) 배경지식이 없어도 바로 수긍할 수 있다. 반면, 쉽게 설명하기는 어렵지만, 주류 경제학 용어에 깊이 배어 있거나 학자나 정책통 사이에서 지지를 받는 잘못된 통념들도 있다. 이들 통념은 자주 접하기 어렵지만, 그렇다고 덜 위험한 건 아니다. 밀어내기 효과Crowding Out는 이러한 통념의 전형적 사례다.

가장 흔한 형태의 밀어내기 효과에 관한 통념은 재정 적자가 발생하면 정부가 차입해야 하기 때문에 돈을 빌리고자 하는 다른 이들과 정부 사이에 경쟁 구도가 생긴다는 것이다. 한정된 저축액을 두고 많은 이가 경쟁하다 보면 차입 비용이 커진다. 이자율이 오르면 돈을 빌리고자 하는 사람 중 일부(특히 민간 기업)는 프로젝트에 쓸 자금을 확보할 수 없다. 이로 인해 민간 투자가 줄면, 미래에 쓸 공장과 설비가 부족해진다. 자본 스톡이 줄면, 결국 노동 생산성이 낮아지고 임금 증가율이 느려지고 경제 전체의 부가 줄어들 것이다. '정말' 불길한 소리다!

밀어내기 효과는 여러 이론적 가정에 기반한 복잡한 이야기다. 이 이야기를 들어봤다면 아마 〈폭스 뉴스〉나 〈MSNBC〉가 아닌, 〈C-SPAN〉 같은 정책 전문 채널에서였을 것이다. 정치에 상당한 관심을 가진 사람이라도 평생 밀어내기 효과에 대해 자세히 들어보지 못했을 가능성이 크다. 하지만 워싱턴 DC에서는 어딜 가든 들을 수 있다.

밀어내기 효과는 의회 예산처가 매년 발간하는 주요 예산 관련 보고서인 「장기 재정 전망Long-Term Budget Outlook」에 단골로 등장한다. 아무 연도 보고서나 뽑아 들어 펼쳐 보면 밀어내기 효과를 다룬 부분을 찾을 수 있다. 예를 들어, 2019년 보고서에서는 재정 적자의 잠재적 위험을 다음과 같이 설명하고 있다. "연방 정부 차입의 예상 추세에 따르면, 장기적으로 총생산이 줄어들 것이다. 차입할 때 정부는 사람들과 기업이 저축해 둔 돈을 빌려오는 것이다. 정부가 차입하지 않았다면, 이 돈은 민간이 공장이나 컴퓨터 같은 생산 자본에 투자하는 데 쓰였을 것이다."[1]

전문가 뺨치는 정책통과 학자들, 그리고 워싱턴 내부자들에게 밀어내기 효과는 하나의 신념이다. 전문 용어와 여러 피상적인 데이터 및 차트는 이 이야기를 믿을 만한 것으로 포장해 마치 면밀히 검증된 수학적 가정('만약 ~하면')과 결과('~할 것이다')의 연쇄에 의해 필연적이고 자동적으로 밀어내기 효과가 나타날 수밖에 없다는 인상을 준다. '만약' 적자가 나서 차입을 늘려야 한다면, 민간 투자에 쓰일 저축 공급이 줄어'들 것이다.' '만약' 저축 공급이 줄어들면, 이자율이 높아'질 것이다.' '만약' 이자율이 높아지면, 민간 투자가 줄어'들 것이다.' '만약' 민간 투자가 줄어들면, 경제 성장이 점차 느려'질 것이다.' 마치 도미노처럼 맨 앞에 선 가정만 툭 건드리면, 나머지는 알아서 진행된다.

이 모든 이야기는 우리의 공공 담론을 지배하는 주류 경제학 학파인 고전학파의 대부 자금 이론에 근거를 두고 있다. 진보의 아이콘 폴 크루그먼Paul Krugman이 쓴 〈뉴욕타임스〉 칼럼[2]에서도, 보수 시사평론가인 조지 윌George Will이 쓴 〈워싱턴 포스트〉 칼럼[3]에서도 밀어내기 효과에 대한 언급을 찾아볼 수 있다. 〈C-SPAN〉 시청자라면 오바마 행정부에서 대통령 경제 자문 위원장을 지낸 하버드 경제학자 제이슨 퍼먼Jason Furman 등이 의회 진술에서 이 이야기를 하는 장면을 봤을지도 모르겠다. 일례로, 2007년 1월 31일에 퍼먼은 미 상원 예산 위원회에서 의원들에게 "적자 흐름을 막아 달라"고 촉구했다. 퍼먼은 재정 전망을 두고 "국가 저축을 축내는 … 중요한 재정적 시험대"에 올라 있다고 말했다. 그는 "느리고 점진적이지만, 분명하고 끈질긴" 연쇄 작용이 일어나, 결국 경제 건전성 이 위태로워질 것이라고 경고했다.[4]

밀어내기 효과는 재정 적자를 발전을 저해하는 악당으로 묘사한다. 반면, 저축은 사회를 더 부유하게 만들어 줄 민간 투자에 쓰일 연료를 공급 하는 선량한 행동으로 여겨진다. 재정 적자가 이 연료를 가로채 써버림으로써 풍요로운 사회로 가는 길을 저해한다는 것이다. 이 이론에 따르면, 재정 적자와 민간 투자가 서로 경쟁 관계에 있기 때문에 정부가 차입하면, 민간 산업이 빌려 쓸 수 있는 저축의 양이 줄어든다.[5] 이것이 주류 경제학자들이 가진 통념이다. 매우 당연하고 설득력 있어 보이지만, 사실은 잘못된 통념을 도미노처럼 이어 붙인 이야기일 뿐이다.

두 양동이

2007년, 퍼먼이 의원들에게 "적자 흐름을 막아 달라"고 말했을 때, 그는

GDP의 1.5%에 해당하는 1,980억 달러의 적자가 예상된다면서 걱정했다. 그는 적자가 더 커지는 것을 막기 위해 의회에 페이고 원칙을 재도입하라고 촉구했다. 또한, 그는 "민간 저축률이 1939년 이래 최저"라는 사실에도 우려를 표했다. 그가 보기에는 재정 적자가 "국가 저축을 억제하고" 있었다. 사실과는 정반대로 생각한 것이다.

이런 생각이 왜 틀렸는지 보려면, 양동이 두 개를 떠올려 보자. 하나는 연방 정부의 양동이이고, 다른 하나는 연방 정부를 제외한 모든 미국인 집단의 양동이이다. 양동이로 생각하면, 정부와 비정부라는 경제의 두 부문 사이에 달러가 어떻게 오가는지 쉽게 알 수 있다.

내게 이런 식으로 사고하는 방법을 가르쳐준 사람은 부문 균형론Sector Balance Framework의 선구자인 영국의 경제학자 윈 고들리Wynne Godley이다. 1997년, 나는 뉴욕 허드슨 밸리에 있는 싱크 탱크인 레비 경제 연구소Levy Economics Institute에서 1년 동안 연구 펠로우로 일할 기회를 얻었다. 그리고 그곳에서 고들리를 만났다. 나는 아직 대학원생 신분이었지만, 고들리가 쓰는 연구실 바로 옆방을 배정받았다. 우리는 몇 시간이고 마주 앉아 이야기를 나누곤 했다.

고들리의 말투는 부드러우면서도 힘이 있었다. 그는 전문 음악 교육을 받은 연주자로, (종종 연구실에서) 오보에를 연주했다. 그는 일생의 대부분을 영국에 머물면서 BBC 웨일스 국립 오케스트라에서 수석 오보이스트로 활동했고, 이후 왕립 오페라 감독(1976~1987년)을 맡았다. 그가 사랑한 다른 직업은 경제학자였다. 그는 영국 재무성에서 오랫동안 일했고, 이후 케임브리지 대학교로 자리를 옮겨 응용경제학과 학과장을 역임했다. 고들리는 영국 사회에서 매우 존경받는 인물로, 영국 재무 장관을 보좌하는 '일곱 현인' 가운데 한 명이었다. 그는 언제나 경제가 향하는 방향을 아는 것 같았다. 런던의 〈더 타임스〉지는 그를 "종종 이단적이지만, 동시대 거시 경제 예측가 가운데 가장 뛰어난 직관을 가진 인물"이라고 평했다.[6] 고들리 사망 3주기에 〈뉴욕타임스〉는 「위기 모형을 만든 경제학자, 윈 고들리를 감싸 안으며」라는 제목으로 그를 기리는 헌정 기사를 실었다.[7]

운 좋게도 나는 고들리가 뉴욕으로 자리를 옮긴 지 2년째 되던 해에 레비 경제 연구소에서 그와 함께 일할 수 있었다. 성긴 백발에 키가 크고 호리호리한 그는 연구 결과를 발표하기 전이면, 언제나 완벽한 표현을 찾느라 신경이 곤두서 있었다. 고들리는 나처럼 거시 경제학자였지만, 경제에 대해 완전히 독창적인 사고방식을 가지고 있었다. 그는 거시 모형을 세워 그 모형을 통해 경제를 분석했다. 어느 날 아침, 고들리는 나를 불러 자신이 세운 모형을 사용해 정부 지출이 증가하면 어떤 결과가 나타나는지 시뮬레이션하는 모습을 보여주었다. 그는 이렇게 말했다. "알다시피, 모든 지출은 어디선가 와서 어디론가 가야만 하네."

고들리는 아무것도 빠뜨리지 않은 모형을 만드는 데 집착했다. 그는 경제 내에서 움직이는 모든 부품을 서로 연결하기 위해 많은 행과 열을 가진 커다란 행렬을 만들었다. 그는 내게 이렇게 해야만 시스템 내에서 움직이는 모든 금전 지출을 계산에 넣었다는 확신을 가질 수 있다고 말했다. 경제 내 누군가가 돈을 지출하면, 다른 누군가가 반드시 그 돈을 받아야 한다. 이것이 모든 지출은 어디선가 와서 어디론가 가야만 한다는 말의 의미였다. 그는 복잡한 모형도 여러 개 만들었지만, 자신이 '세계의 단일 등식 모형'이라고 이름 붙인 간단한 모형을 가장 유용하다고 생각하는 것 같았다. 그 모형은 내가 대학원에서 배웠던 다른 어떤 경제학 모형과도 달랐다. 추측도 없고 숨겨진 행동주의적 가정도 없었다. 따지고 보면, 경제학 모형이라고 할 수도 없었다. 당연히 언제나 참일 수밖에 없는 간결한 회계 항등식이었으니까.

고들리의 가장 간단한 모형을 이해하는 데 복잡한 행렬을 동원할 필요는 없다. 이 모형에서 움직이는 부품은 딱 두 가지다. 정부 재정 잔액과 우리의 재정 잔액. 게임 참여자가 두 명(정부와 그 외 모든 사람)뿐이므로 정부가 지출하는 모든 돈이 갈 곳은 한 군데밖에 없다. 같은 논리로, 정부가 돈을 받을 수 있는 곳도 딱 한 군데다. 이것은 정부의 재정 잔액(흑자 또는 적자)이 그 외의 사람들에게 어떤 영향을 미치는지 보여주는 간단하지만 강력한 등식이다. 이 등식은 왜 밀어내기 효과 이론이 시작부터 틀렸는지 보여준다.

등식은 다음과 같다.

정부 재정 잔액 + 비정부 재정 잔액 = 0

이 식은 현실과 다른 어떤 가정하에서만 성립하는 이론이 아니다. 이 식은 언제나 성립하는 회계 항등식으로, 항상 참이다. '모든 작용에 대해 크기는 같고 방향은 반대인 반작용이 존재한다'라는 뉴턴의 작용 반작용 법칙을 변형한 식이라고 생각해도 좋다. 고들리의 모형을 보면, 한 경제 부문에 적자가 존재하면, 다른 경제 부문에 크기가 같고 부호는 반대인 흑자가 존재한다는 사실을 알 수 있다. 이는 피할 수 없는 진리다. 경제의 한 부문이 달러를 더 지출하면, 다른 부문은 딱 그만큼의 달러를 더 받는다.

모든 마이너스 부호(-)는 뒤집어서 보면 같은 크기의 플러스 부호(+)이다. 식을 정리하면 다음과 같이 쓸 수 있다.

정부 적자 = 비정부 흑자

이 식은 밀어내기 효과 이론에 최후의 일격을 날리는 매우 강력한 통찰이다. 고들리의 모델을 더 쉬운 말로 바꿔 이유를 살펴보자. 우선 양동이 두 개가 필요하다. 목표는 밀어내기 효과가 주장하는 정부 적자가 우리가 저축해둔 돈을 갉아먹는다는 부분을 검증하는 것이다. 먼저 사례를 통해 경제의 두 부문 사이에서 금전 지출이 어떻게 일어나는지 살펴보자. 정부가 대통령 차 퍼레이드를 열기 위해 100달러를 지출해 여러 대의 차를 샀다고 가정해보자. 이제 비경제 부문에 속한 기업과 노동자는 차를 제작할 것이다. 정부가 지출한 달러는 모두 다른 곳으로 가야 하는데, 달러가 갈 수 있는 곳은 딱 한 곳, 비정부 부문 양동이뿐이다. 이제 정부가 모두 합쳐 90달러를 세금으로 걷었다고 해 보자.

재정 적자

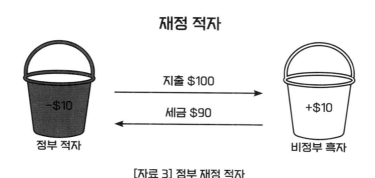

정부 적자   지출 $100   세금 $90   비정부 흑자

-$10   +$10

[자료 3] 정부 재정 적자

만일 앞에서 설명한 것이 정부가 주고받은 돈의 전부라면, 의회 예산처는 정부가 재정 적자를 기록했다고 보고하고 연간 재정 보고서에 -10달러를 적어 넣을 것이다. 그러나 잠깐! 이게 다가 아니다. 정부의 재정 적자는 비정부 부문에는 금액은 같고 부호는 반대인 재정 흑자다. 정부 적자가 우리에겐 흑자라는 말이다! 돈의 흐름을 따라가 보자. 우리 양동이에 100달러가 들어왔고, 90달러는 세금으로 다시 돌아갔으니, 우리 양동이에는 이제 10달러가 남았다. 모든 재정 적자는 비정부 부문 양동이의 '금전적 이익Financial Contribution'이 된다.

고들리는 디테일을 중시하는 사람이었다. 그의 말을 그대로 옮기자면, 그가 세운 모형들은 저량-유량 일관Stock-flow Consistent 모형이다. 이는 일정 시간 동안 양동이에 쌓인 자산이 그 시간 동안 양동이로 '흐른' 금전적 이익의 양을 모두 합한 것과 같다는 말이다. 다시 말해서, 한쪽이 돈을 지출하면 다른 쪽은 그 돈을 받을 수밖에 없고 돈이 오가다 보면 각자의 양동이에 남은 돈이 자산으로 쌓이게 된다. 욕조를 떠올리면 더 쉽게 이해가 갈 것이다. 수도꼭지를 돌리면 욕조에 물이 차고 배수구 마개를 뽑으면 물이 빠진다. 만일 물이 차는 속도보다 물이 빠지는 속도가 더 빠르다면 욕조에는 물이 모이지 않을 것이다. 하지만 물이 빠지는 속도보다 물이 차는 속도가 더 빠르다면, 수위가 오르면서 욕조에 물이 찰 것이다. 앞서 본 상황에서 벌어진 일도 마찬가지다. 정부는 우리 양동이에 100달러를 흘려보낸 뒤, 90달러만 빼 갔다. 제이슨 퍼먼이 한탄한 적자의 흐름은 우리 양동이에 달러를 채워 준다. 재정 적자는 저축을 갉아먹지 않는다. 오히려 더 키운다!

만일 연방 정부가 이 속도로 계속 적자 지출을 유지한다면, 우리 양동이에는 매년 10달러가 모일 것이다. 이렇게 모인 달러는 우리의 금융 자산이 된다. 이 속도라면, 10년 뒤 우리 양동이에는 자산 100달러가 들어있을 것이다. 차입은 조금 뒤에 고려하기로 하자. 여기서는 의회가 펴먼의 조언을 받아들여 재정 적자를 없애고 페이고 원칙에 따라 재정을 운영하면 어떻게 되는지부터 알아보자.

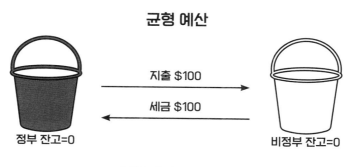

균형 예산

지출 \$100

세금 \$100

정부 잔고=0

비정부 잔고=0

[자료 4] 정부 재정 균형

조세 수입만큼만 지출했더니 무서운 붉은 글씨는 사라졌다. 하지만 좋아해야 할 일일까? 이는 비정부 부문 양동이의 재정 흑자가 사라졌다는 뜻이다. 어떨 땐, 이게 좋은 일일 수도 있다. MMT가 '재정' 성적이 아니라 '경제' 성적에 주목한다는 사실을 기억하자. 균형 재정이 경제 전체에 완전 고용과 물가 안정이라는 좋은 결과를 가져다준다면, 균형 예산을 나쁘게 볼 이유는 없다. 하지만 미국의 경우 경제 전체의 균형을 달성하려면,

대개 재정 적자가 필요하다. 이러한 적자를 너무 크거나 작지 않게 유지하는 것이 요령이다.

2장에서 배웠다시피, 지출을 너무 많이 하고 세금을 너무 적게 걷으면 문제가 생길 수 있다. 극단적인 상황을 가정해 정부가 세금을 전혀 걷지 않아서 우리 양동이로 들어온 달러가 계속 남아 있다고 생각해보자. 이는 배수구를 막고 수도꼭지에서 나온 물을 우리 양동이에 모조리 모으는 것과 같은 상황이다. 머지않아 양동이는 넘치고 경기는 과열될 것이다. 양동이 안에 너무 많은 돈이 돌면서 곧 인플레이션이 발생할 것이다. 적자의 적정한 규모는 우리 경제가 인플레이션 없이 순항할 수 있는 딱 그만큼의 돈을 공급하는 것이다.

적자는 너무 클 수도 있지만, 너무 작을 수도 있다. 두 양동이 모형을 통해 지금껏 많은 찬사를 받은 클린턴 시대의 흑자(1998~2001년)를 한 번 더 살펴보자. 1998년 이전까지 미국 정부는 계속 적자 상태였다. 그러다 상황이 급변했다. 달러가 연방 정부 양동이에서 우리 양동이로 흐르지 않고 반대 방향으로 흐르기 시작했다. 연방 정부 재정은 플러스(+)를 기록했고 우리의 재정은 마이너스(-)를 기록했다. 간단한 숫자를 대입해 이 상황을 살펴보자. 정부는 우리 양동이로 지출(90달러)한 돈보다 더 많은 돈을 세금(100달러)으로 걷어 흑자를 냈다. 연방 정부가 '당해' 지출한 돈보다 더 많은 돈을 우리 양동이에서 꺼내 가려면, '이전에' 우리에게 준 달러 중 일부를 도로 가져가는 수밖에 없다.

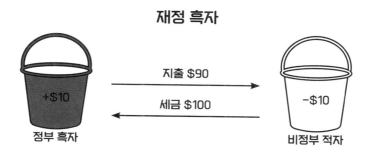

재정 흑자

지출 $90

세금 $100

+$10
정부 흑자

−$10
비정부 적자

[자료 5] 정부 재정 흑자

　이번에도 우리는 정부 장부에 기록된 무서운 붉은 글씨를 몰아냈다. 정부는 이제 흑자 상태에 있다. 하지만 아직 샴페인을 터뜨리기는 이르다. 모든 재정 흑자는 반대편에서 보면 같은 크기의 재정 적자라는 사실을 기억하자. 이는 정부의 흑자가 곧 우리의 적자라는 뜻이다! 클린턴 정부의 재정 흑자는 우리가 양동이에 모은 달러 가운데 일부를 포기하게 했다. 밀어내기 효과 이론은 사실과 정반대다. 우리의 저축을 갉아먹는 것은 재정 적자가 아닌 재정 흑자다.

　왜 이 사실을 지적하는 경제학자가 별로 없을까? 의회 예산처가 발표하는 연간 재정 전망은 이야기의 반쪽만 보여준다. 의회 예산처는 정부의 현재 (그리고 앞으로의) 재정 상태를 보고할 뿐, 이 재정 상태가 다른 양동이에 속한 우리에게 의미하는 바에 대해서는 다루지 않는다. 의회 예산처는 정치인과 전문가가 대중의 공포를 유발하는 데 사용할 데이터(무섭도록 큰 적자)를 공급하기만 하지, 적자가 우리의 재정 상태에 '필연적으로' 미치는 영향을 보여주려 하지는 않는다. 그래서 대중은 한쪽 관점에서 재정 적자를 보는 편향된 기사에 둘러싸인다. 예를 들어, 2019년 7월에 〈뉴욕포스트〉 편집위원들은 「조 단위 부채라는 미래에 갇히다」라는 제목으로 오피니언을 게재했다.[8] 그 일 년 전에는 〈월스트리트저널〉이 「조 단위 적자가 뉴노멀이 될 수도 있는 이유」라는 비슷한 제목의 머리기사로, 경종을 울렸다. 문제는 아무도 독자들에게 전체 그림을 보여주려 하지 않는다는 것이다. 정부의 재정 상태가 다인 것처럼 말하지만, 사실은 다르다.

더 나은 공공 담론을 이끌어가기 위해서는 적자 부엉이처럼 생각해야 한다. 3장에서 본 것처럼 매와 비둘기는 적자에 관해 깍깍대는 데 너무 많은 시간을 허비하고, 그 적자가 다른 국민들에게 어떤 의미인지 알려주는 데에는 너무 적은 시간을 할애한다. 전체 그림을 보려면, 반대쪽에서도 지출의 흐름을 볼 수 있어야만 한다. 적자 부엉이가 (자신보다 세 배는 빠른) 다른 새들보다 더 나은 점이 있다면 바로 이것이다. 어디로든 고개를 돌릴 수 있는 부엉이는 다른 새들이 놓친 것을 볼 수 있다. 부엉이를 곁에 두면 온전한 그림을 보는 데 도움이 된다.

고들리는 적자 부엉이였다. 그래서 그는 1998년 정부 재정이 흑자로 전환됐을 때 많은 사람이 놓친 것을 볼 수 있었다. 민주당 정치인들과 대다수 경제학자가 클린턴 정부의 흑자에 환호할 때 고들리는 경종을 울렸다.[9] 그의 모형에는 빠진 것이 없었기에, 그는 정부의 흑자가 우리의 금융 저축을 빨아들인다는 사실을 볼 수 있었다. 대통령 경제 자문위원회가 그 유명한 「부채 이후의 삶」 보고서 초안을 작성하느라 바빴을 무렵,[10] 고들리는 거의 모든 사람이 간과한 '민간 부문' 적자에 초점을 맞춘 보고서를 발표했다. 그는 거의 유일하게 나서서 클린턴 행정부의 흑자가 경기 회복을 저해하고, 결국 연방 재정이 다시 적자로 돌아설 것을 예견했다.[11] 재정 흑자가 다른 국민의 금전적 부를 앗아가, 미국 경제를 움직이는 지출을 지탱하던 민간의 구매력을 낮출 것이기 때문이었다.

고들리의 접근 방식은 '재정적인 면만 고려하자면' 모든 재정 적자가 다른 누군가에게는 좋은 일임을 알려준다. 정부의 재정 적자는 언제나 단 한 푼도 빠짐없이 비정부 부문 양동이의 재정 흑자를 뜻한다. 거시적(큰 그림)으로 보면, 연방 정부의 적자는 언제나 우리의 흑자다. 연방 정부가 세금으로 가져가는 돈보다 더 많이 지출하면, 우리는 남은 달러를 우리의 금융 자산으로 모을 수 있다. 그런데 여기서 말하는 '우리'는 정확히 누구일까?

우리가 아는 사실은 1,000m 정도 떨어져서 보면, 그 돈이 연방 정부를 제외한 모두가 속한 거대한 양동이로 들어간다는 것뿐이다. 여러분도 나도 그 커다란 양동이 속에 들어 있다. 보잉Boeing이나 캐터필러Caterpillar 같은 기업도 우리와 함께 있다. 중국, 멕시코, 일본 같은 무역 상대국도 거기에 들어 있다. 케네디 대통령은 "파도는 모든 배를 밀어 올린다"라는 말을 즐겨 했다. 이 말은 경제가 좋아지면, 모두가 함께 좋아진다는 뜻이다. 고들리의 모형은 재정 적자가 우리 모두가 타고 있는 비정부 부문의 (재정적) 배를 '언제나' 밀어 올린다는 사실을 보여준다. 그런데 거대한 양동이 속에 떠 있는 개개인의 배에는 어떤 일이 일어날까?

재정 적자는 수백만 대의 작은 배를 띄울 '능력'을 가지고 있지만, 그 혜택이 경제 전반에 고루 돌아가지 않는 경우가 많다. 대기업이나 최상류층에 불평등한 이득을 안겨주는 감세 정책은 수백만 가구가 가라앉지 않으려 안간힘을 쓰는 동안 부자들의 양동이로만 돈을 보낸다. 부를 골고루 나누는 것이 목표라면, 자원을 더 평등하게 분배하는 재정 적자 정책이 필요하다. 만일 의료나 교육, 공공 인프라에 투자한다면, 그 분야에서 일하며 돈을 받는 의료인, 교사, 건설 노동자에게만 좋은 게 아니라, 환자, 학생, 운전자 등 더 나은 공공 서비스를 제공받는 사람들에게도 좋을 것이다.[12] 또한, 저소득 가정과 중간 소득 가정을 돕는 데 재정 적자를 사용한다면 돈이 역외 은행 계좌로 흘러 들어가 쌓이는 일은 없을 것이다. 오히려 그 돈은 경제 내에서 다시 소비되어 그들과 비슷한 가족이 타고 있는 배를 위로 밀어 올리는 데 일조할 것이다.

요점은 모든 재정 적자가 공동선은 아니라는 것이다. 재정 적자는 좋은 의도로 쓸 수도 있고 나쁜 의도로 쓸 수도 있다. 수백만 명을 뒤로한 채 극소수에게 혜택을 몰아주는 방향으로 재정 적자를 사용한다면, 부자와 권력자의 배만 두둥실 떠오를 것이다. 또한, 재정 적자를 사용해 세계를 위험에 빠뜨리고 수백만 명의 목숨을 앗아가는 부당한 전쟁에 자금을 댈 수도 있다. 반대로, 재정 적자를 활용해 사람을 살리고 소수가 아닌 다수를 위해 더 공정한 경제를 만들 수도 있다. 하지만 어느 쪽이든 재정 적자가 우리의 '총' 저축을 갉아먹는 일은 절대 없다.[13]

이자율은 정책 변수다

밀어내기 효과는 1장에서 소개한 (TAB)S 모형을 기반으로 한다. 다시 한 번 말하자면, (TAB)S 모형은 연방 정부를 통화 사용자로 취급해, 조세 또는 차입을 통해 정부 지출 자금을 마련해야 한다고 주장한다. 이 모형에 따르면, 연방 정부가 조세(T) 수입보다 더 많이 지출(S)하기 위해서는 차입(B)을 통해 모자라는 돈(즉, 적자)을 메워야만 한다. 매파든 비둘기파든 기존 경제학자들은 '만일' 정부가 적자를 메우기 위해 차입을 한다면, 민간 기업을 비롯한 다른 차입자에게 돌아갈 저축이 '줄어들 것'이라고 말한다. 이 이야기 뒤에는 '만약' 저축의 공급이 줄어든다면, 차입자들이 더 적은 자금을 놓고 경쟁하게 되므로 차입 비용이 커져 이자율이 '오를 것'이라는 이야기가 따라온다.

적자 지출이 우리의 총저축을 증가시킨다는 사실은 앞에서 살펴보았다. 하지만 정부가 적자가 날 때마다 차입한다면 어떻게 될까? 차입이 저축을 갉아먹고 이자율을 밀어 올릴까? 결론부터 말하자면, 그렇지 않다.

밀어내기 효과 이론은 저축 공급이 '고정돼' 있고 이 돈을 모든 차입자가 빌려 쓴다고 생각하게 한다. 세상 어딘가에 미국 달러가 쌓인 산이 있다고 생각해보라. 그 산은 돈을 다 쓰지 않고 저축한 사람들이 모은 달러로 이뤄져 있다. 예금자들은 돈을 빌리고자 하는 사람 중 이자를 지급할 수 있는 사람에게만 돈을 빌려준다. 예금자들은 돈을 빌려준 대가로 이자를 받고, 차입자들은 돈을 쓰는 대가로 이자를 낸다. 수요 공급 이론에 따라 자금에 대한 수요와 공급은 특정 이자율에서 균형을 이룬다. 만일 정부가 적자를 내지 않으면, 시장에는 민간 차입자 수요만 있을 것이다. 한정된 대부 자금Loanable Fund을 두고 경쟁해야 하는 건 마찬가지지만, 기업이 원하는 이자율로 돈을 빌리기 위해 경쟁할 대상은 다른 민간 부문 차입자뿐이다.[14] 연방 정부가 경쟁에 뛰어들지 않는다면, 모든 저축은 민간의 투자 자금으로 쓰일 것이다. 하지만 정부 재정에 적자가 나면, 저축된 돈 중 일부를 연방 정부가 가져갈 것이다. 그 결과, 민간이 빌릴 수 있는 투자 자금이 줄어들고 이자율이 높아지면서 일부 기업은 사업 자금을 조달하지 못하게 된다. 그러니까 재정 적자 자체가 아니라, 적자 지출을 차입으로 충당하는 행위가 이자율을 높여 밀어내기 효과를 초래한다는 소리다.

MMT는 빌릴 수 있는 돈이 한정돼 있다는 생각에 기초한 대부 자금 이론에 동의하지 않는다. MMT 경제학자인 스콧 풀와일러가 말했듯, "기존의 해석은 현대 금융 시스템의 실제 작동 방식에 부합하지 않는다."[15] 이유를 알기 위해 연방 정부가 적자 지출분만큼 채권을 판매할 때, 실제로 어떤 일이 일어나는지 자세히 들여다보자. MMT는 연방 정부가 일반 가정처럼 재정을 운용하지 않는다는 사실을 기반으로 (TAB)S 모형을 부정하고 대신 통화 발행자의 S(TAB) 모형을 사용한다. 다시 한번 말하자면, S(TAB) 모형은 정부가 (일반 가정과 달리) 수입에 연연하지 않는다는 사실을 반영해 먼저 돈을 지출한 다음 과세나 차입을 하는 모형이다. 먼저 의회가 100달러의 신규 지출을 승인했다고 가정하자. 정부가 돈을 지출하면, 100달러가 비정부 부문 양동이로 흘러 들어갈 것이다. 이번에도 정부는 90달러를 세금으로 거둬들였다.

재정 적자

지출 $100

세금 $90

-$10
정부 적자

+$10
비정부 흑자

[자료 6] 정부 재정 적자

전과 마찬가지로 정부는 10달러 적자를 냈다. 현재 이 10달러는 비정부 부문 양동이에 들어 있다. 만일 여기까지가 일어난 일의 전부라면, 이 달러들은 그저 전자 또는 물리적 형태의 녹색 달러로 남아 있을 것이다(1장에서 말한 녹색 달러를 떠올려 보자. 녹색 달러는 은행 지급 준비금, 지폐, 동전의 형태로 존재한다). 이 녹색 달러를 그냥 남겨 두기만 하면, 정부는 국채를 발행해 국가 부채라고 불리는 것을 늘리지 않고도 재정을 적자 운영할 수 있다. 하지만 현재 정부는 그렇게 하지 않는다. 약속에 따라, 정부는 재정 적자를 기록할 때마다 해당 금액만큼 국채를 발행한다. 보통 정부가 돈을 빌린다는 표현을 쓰지만, 우리는 3장에서 이것이 매우 잘못된 표현임을 배웠다. '정부 자신이 낸 재정 적자가 국채를 사는 데 필요한 달러를 공급'하는 역할을 하기 때문이다. 적자가 10달러 나서 국채를 발행할 때 정부가 하는 일은 단지 우리 양동이에서 녹색 달러 10달러를 **빼낸** 뒤, 이를 노란색 달러(미국 국채) 10달러로 바꿔서 다시 넣어주는 것뿐이다. [자료 7]은 정부가 비정부 부문 양동이에서 녹색 달러를 꺼내, 이자를 지급하는 국채로 바꿔 넣는 것을 보여준다.

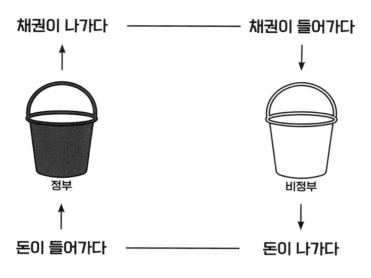

채권이 나가다 ──────── 채권이 들어가다

정부

비정부

돈이 들어가다 ──────── 돈이 나가다

[자료 7] 정부 '차입'

　여기까지 연방 정부는 우리 양동이로 100달러를 지출(S)했고 90달러를 세금(T)으로 가져갔으며, 나머지 10달러를 미국 국채(B)라고 불리는 노란색 달러로 전환했다. 발행된 국채는 이제 미국과 전 세계 저축자의 자산이 됐다. 고들리의 모형대로 정부의 재정 적자는 1달러도 빠짐없이 비정부 부문 양동이의 순 금융 자산을 '증가'시킨다.[16] 어떤 이론이나 견해에 따르면, 그렇다는 말이 아니다. 이는 저량-유량 일관 회계의 부정할 수 없는 진리다.

　이처럼 차입을 고려해도 재정 적자는 달러 저축 공급을 줄이지 않는다. 저축 공급이 줄어들지 않으므로, 저축 풀이 줄면서 차입 비용(이자율)이 커지는 일도 없다. 이 결과는 정부 지출과 민간 투자가 '제한된' 저축 풀을 놓고 경쟁한다고 주장하는 밀어내기 효과 이론의 문제점을 명확히 보여준다.

　대부 자금 이론이 현실에 맞지 않는 이유는, 연방 정부를 통화 '사용자'로 보기 때문이다. 이 고지식한 시각을 버리면, 미국을 비롯한 여러 나라가 차입에 의존해 자금을 조달하거나 국채를 사주는 민간 투자자의 처분에 휘둘리지 않는다는 사실을 알게 된다.[17] 엉클 샘(연방 정부)은 걸인처럼 돈을 마련하기 위해 모자를 들고 구걸하지 않는다. 그는 힘센 화폐 발행자다! 차입할지 말지는 정부의 선택이다. 의회는 언제나 발행하고자 하는 국채의 이자율을 마음대로 정할 수 있다. 모든 나라에 적용되는 말은 아니지만, 화폐 주권이 있는 나라에는 이것이 사실이다.[18]

　화폐 주권의 유무는 믿기 힘들 만큼 중요하다. 재정 적자가 이자율을 밀어 올릴 수 있다는 기존 논리에도 어느 정도 진실은 담겨 있다. 하지만 그 논리를 적용할 때는 신중해야 한다. MMT는 통화 제도와 적자 지출의 실제 의미에 집중해 이 논리를 아무 데나 적용하지 않게 해준다. 가장 중요하게 봐야 할 건 그 나라의 '통화 제도'다. 화폐 주권을 가진 나라들은 그리스나 베네수엘라, 아르헨티나처럼 금융 시장의 처분에 의해 좌지우지되지 않는다. 이해를 돕기 위해 미국처럼 화폐 주권을 가진 나라가 재정 적자를 내면, 벌어지는 일을 자세히 살펴보자.

　MMT는 연방 정부가 시중 은행의 계좌에 지급 준비금을 입금하는 방식으로 지출한다는 사실을 명확히 보여준다. 먼저 정부가 지급 준비금 잔액을 올려주면, 은행은 정부의 돈을 받는 상대의 계좌 잔액을 올려준다. 실제로 여러분이 연방 정부로부터 1,000달러짜리 수표를 받아서 은행에 가져가면, 연준에 있는 은행의 지급 준비금 계좌에 1,000달러가 입금된다.

그러면 은행은 여러분의 개인 은행 계좌에 1,000달러를 입금한다. 여러분이 연방 정부에 내는 돈은 반대로 처리된다. 예를 들어, 여러분이 연방 소득세를 내기 위해 정부에 500달러짜리 수표를 보내면, 여러분의 은행은 여러분의 통장 잔액에서 500달러를 제하고, 연준은 그 은행의 지급 준비금 계좌에서 500달러를 제한다. 정부가 세금으로 걷는 돈보다 지출하는 돈이 더 많으면, 시중 은행이 보유한 지급 준비금이 늘어난다. 즉, 재정 적자는 지급 준비금의 '총'공급을 늘린다.

이다음에 무엇을 할지는 오롯이 정책적 선택에 달렸다. 현행대로 국채를 발행해 새로 창출된 지급 준비금을 미국 국채로 전환하는 것도 한 방법이다. 이렇게 하면 재정 적자를 내도 '시중 은행이 가진 지급 준비금의 양이 바뀌지 않는'다. MMT의 관점에서 보면, 정부가 국채를 발행하는 목적은 (이미 행해진) 정부 지출의 '자금을 대기' 위해서가 아니라, 지급 준비금이 갑자기 늘어나 익일 금리가 연준의 목표 금리보다 낮아지는 상황을 방지하기 위해서다.[19] 의회가 언제든 다른 방식을 택할 수 있으므로, 채권 발행은 순전히 자발적인 행동이다.[20]

미국은 화폐 주권이 있어서 차입이나 이자율 관리 면에서 다양한 선택지를 쥐고 있다. 현행대로 단기 금리는 강력히 통제하되, 장기 금리는 금융 시장이 '어느 정도' 관여하도록 허용할 수도 있고, 오늘날의 일본이나 2차 세계 대전 직후의 미국처럼 장기 금리까지 통제할 수도 있다. 심지어 국채를 아예 없앨 수도 있다. 이렇게 하면, 정부 '차입'이 이자율을 올린다고 주장하며 밀어내기 효과를 입에 올리는 사람은 찾아보기 힘들어질 것이다. 요점은 재정 적자가 필연적으로 밀어내기 효과를 발생시키지는 않는다는 것이다. 대부 자금 이론은 완전히 틀렸다. 국채를 발행하든 발행하지 않든 재정 적자가 무조건 이자율을 밀어 올리지는 않는다.

이해를 돕기 위해 현행 국채 발행 절차에 대해 간단히 살펴보기로 하자. 오늘날 미국 재무부는 재정 적자가 발생할 때마다 무위험 증권으로 분류되는 채권인 미국 국채를 발행한다. 국채를 무위험으로 간주하는 이유는 채권이 그 나라 통화로 표시돼 있다면, 그 통화를 발행하는 정부가 돈을 갚겠다는 약속을 못 지킬 리 없기 때문이다. 일본 정부는 언제든 엔화 부채를 갚을 수 있다. 미국 정부는 언제든 미국 달러 부채를 갚을 수 있다. 영국 정부는 언제든 영국 파운드 부채를 갚을 수 있다. 이들을 비롯한 각국 정부는 각자 정한 절차를 통해 민간 구매자에게 국채를 판매한다.

미국은 경매를 통해 민간 시장에 채권을 발행한다. 연방 정부 적자가 예상될 때마다, 미국 재무부는 예상 적자와 동일한 금액의 국채를 발행한다. 재무부 관계자들이 국채를 얼마 발행할지 정하고 나면 시장 참여자들, 즉 투자자들은 이 한정된 공급을 두고 경쟁한다. 국채의 1차 발행은 국채 입찰에 참여할 자격이 있는 국고채 전문 딜러PD: Primary Dealer라는 특정 구매자들로만 구성된 발행시장(Primary Market, 1차 시장)에서 이뤄진다. 국고채 전문 딜러란, 뉴욕 연방 준비은행의 거래 상대인 금융 기관을 말한다. 현재 웰스 파고, 모건 스탠리, 뱅크 오브 아메리카, 시티 그룹 등 잘 알려진 금융 기관을 포함해 총 스물네 곳의 국고채 전문 딜러가 있다. 이들은 발행 시장에서 최초로 국채를 매입한 뒤 유통 시장(Secondary Market, 2차 시장)에서 이 국채를 다른 이들에게 판매한다. 연기금, 헤지펀드, 주 정부,

지방 정부, 보험 회사, 외국인 투자자 등은 유통 시장에서만 국채를 살 수 있다. 국채의 이자율은 경쟁 입찰 과정을 통해 정해진다. 경매가 열릴 때마다 국고채 전문 딜러들은 해당 경매 공급분에 대한 이자율을 제시해 '시장을 조성'하는 역할을 한다.[21]

예를 들어, 정부 재정 적자가 2,000억 달러로 예상된다면, 재무부는 해당 금액만큼의 국채를 경매에 부칠 준비를 할 것이다.[22] 재무부는 경매를 열기 전에 경매 일시와 발행할 국채의 양, 액면가, 만기 등을 정한다.[23] 예를 들어, 재무부가 2,000억 달러 중 일부를 액면가 1,000달러의 10년 만기 국채로 발행한다고 가정해보자. 경매가 열리면, 국고채 전문 딜러들이 전체 발행량 가운데 자신이 인수하고자 하는 수량과 가격을 각자 제시한다. 이를테면, 한 딜러는 일 년에 20달러씩 이자를 받을 수 있을 때만 특정 분량을 인수하고 싶다고 말할 수 있다. 다른 딜러들은 18달러 또는 22달러의 이자를 제시할 수도 있다. 호가를 수익률로 환산하면, 딜러들은 각각 2%, 1.8%, 2.2%의 연간 수익률을 원하는 셈이다. 20달러를 부른 딜러가 국채를 낙찰받으면, 연준은 그 딜러의 은행 지급 준비금 계좌에서 해당 금액을 제한 뒤, 그들의 계좌에 향후 10년 동안 연 2% 이자를 지급하는 국채를 채워 넣을 것이다.[24] 10년 뒤, 이들이 국채 한 장당 지급받은 이자는 200달러가 될 것이다.[25]

국고채 전문 딜러들은 합당한 이자율을 제시할 의무가 있지만, 똑같은 이자율을 제시할 필요는 없다. 2% 이자가 너무 낮다고 생각할 경우, 더 가격을 낮게 불러서 수익률을 높일 수도 있다. 하지만 이렇게 할 경우 경매에서 이길 가능성이 작아진다. 채권 가격과 채권 수익률(이자율) 사이의 관계를 이해하는 데 도움이 되는 한 가지 요령은 엄지손가락을 이용하는 것이다. 투자자들의 국채 수요가 많으면 엄지를 위로 든다. 수요가 많으면 입찰가가 오르고 입찰가가 오르면 채권 가격이 높아지므로, 채권 가격에도 엄지를 위로 든다. 채권의 가격과 이자율은 역관계에 있다. 그러니까 채권 가격에 엄지를 위로 들었다면, 채권 이자율에는 엄지를 아래로 내려야 한다. 국고채 전문 딜러들이 높은 가격(즉, 낮은 이자율)에 국채를 사겠다고 하면, 정부는 더 적은 이자를 주고 돈을 빌릴 수 있다. 하지만 딜러들이 낮은 가격을 써냈다면, 그건 높은 이자율을 원한다는 뜻이다. 만일 낮은 가격을 써낸 딜러가 많다면, 재무부는 처음에 생각했던 것보다 더 많은 돈을 이자로 지출해야 할 수도 있다.

　현실에서 국채 경매를 하면, 언제나 구매 신청이 넘친다. 항상 국채 발행량보다 딜러들이 사려는 양이 더 많다는 말이다. 전 재무부 차관인 프랭크 뉴먼Frank Newman은 내게 다음과 같이 설명했다. "국채 경매가 열리면, 할당할 수 있는 신규 발행 공급량은 제한되어 있고 사려는 수요는 항상 넘칩니다. 경매에서 이기면 미국 달러로 표시된 유동 금융 자산 가운데 가장 안전한 형태로 자산을 보관할 수 있습니다. 진 사람들은 도산 위험이 있는 은행에 계속 자산을 맡겨야 합니다."[26] 언제나 공급보다 수요가 많아서 상대적으로 낮은 가격을 써낸 투자자들은 빈손으로 돌아갈 확률이 높다. 상대적으로 높은 가격을 써낸 이들은 지급 준비금 잔액 일부를 국채로 바꿀 수 있다. 승자와 패자를 가리기 위해 정부는 높은 금액부터 낮은 금액까지 입찰가를 순서대로 정렬한다. 가장 높은 가격을 써낸 사람, 즉 가장 낮은 이자를 요구한 입찰자는 무조건 국채를 살 수 있다. 남은 분량은 그다음 높은 가격을 적어 낸 입찰자에게 돌아가고 준비된 양이 모두 소진될 때까지 이 과정이 반복된다.

여기까지 들으면, 밀어내기 효과에서 말하는 가상의 대부 자금 시장이 연상될지도 모르겠다. 하지만 다르다. 발행 시장은 연방 정부가 신규 발행 국채만 거래할 목적으로 만든 실제 시장이다.[27] 정부는 재정 활동의 일환으로, 미국 국채를 민간의 손에 넘기기 위해 발행 시장을 만들었다. 연방 정부는 대부 시장에서 다른 차입자들과 경쟁하지 않는다. 오히려 스물네 곳의 국고채 전문 딜러(대출 기관)가 발행 시장에서 경매를 통해 국채를 차지하기 위해 경쟁한다. 경매가 열릴 때마다 재무부와 연준은 협력한다. 그렇기 때문에 '예상치 못한' 대규모 재정 적자조차 전혀 재정적 문제를 일으키지 않는다. 연준이 국고채 전문 딜러를 지원하기 때문이다. 여기서 말하는 지원이란, 국채 발행 과정에서 조금이라도 문제가 생길 경우, 연준이 나서서 자금을 지원해 발행된 모든 국채가 합당한 가격에 낙찰되는 동시에 국고채 전문 딜러들이 이윤을 남길 수 있도록 보장한다는 뜻이다. 이러한 합의의 존재는 정부가 대출자들이 정한 이자율을 받아들이는 것이 아니라 정책적으로 국채 이자율을 정한다는 사실을 명확히 보여준다.

그렇다면, 재정 적자와 이자율 사이에는 어떤 '관계'가 있을까? 일단 재정 적자가 익일 금리를 '내린다'는 데는 반론의 여지가 없다. 국채를 발행하지 않고 중앙은행이 다른 이자율 방어 정책도 쓰지 않는다면, 재정 적자는 이자율을 0으로 끌어내릴 것이다. 적자 지출이 시중 은행에 과도한 지급 준비금을 공급하면, 지급 준비금 공급이 크게 늘면서 연방 기금 금리를 0까지 밀어 내릴 것이기 때문이다.[28] 만일 중앙은행이 제로 금리를 원하지 않는다면, 이자율을 올리기 위한 조처를 해야 한다. 과거(2008년 이전) 연준은 공개 시장 운영을 통해 금리가 연준이 목표한 수준으로 오를 때까지 국채를 팔아서 지급 준비금 잔액을 줄이는 방식을 썼다. 하지만 오늘날 연준은 발표만 하면, 이자율을 목표 이자율에 맞출 수 있다. 이자율을 조절하고 싶으면, 그냥 새로운 목표 이자율을 발표하면 된다. 그러면 '짜잔!' 하고 이자율이 새로 (이전보다 높거나 낮게) 정해진다. 여하튼 중요한 건 외부 개입이 없으면, 재정 적자가 자연스럽게 단기 금리를 0으로 밀어 내린다는 것이다.[29]

중장기 금리는 어떻게 될까? 국고채 전문 딜러들은 황금알을 낳는 거위를 가진 것이나 마찬가지다. 재무부의 재정 활동을 보조하는 이 통화 시스템상의 특별한 지위를 차지하기만 하면 이윤을 보장받을 수 있기 때문이다. 국고채 전문 딜러는 특권적 지위이며, 어떤 딜러도 이 특권을 잃고 싶어 하지 않는다. 유리한 고지에 머물기 위해 이들이 해야 하는 일은 그저 경매가 열릴 때마다 발행된 국채 중 자기 몫을 사기 위해 합리적인 가격을 제시하는 것뿐이다. 여기서 핵심은 '합리적'이라는 말이다. 이 말은 연준이 정책적으로 관리하는 현행 이자율과 비슷한 이자율을 제시해야 한다는 뜻이다. 그러니까, 형식적으로는 국고채 전문 딜러가 원하는 이자율을 제시하게 돼 있다지만, 결국 낙찰된 국채에 적용되는 이자율은 딜러의 통제 범위 밖이다. 시야를 넓혀 세계 국채 시장에서 이뤄지는 거래의 약 3분의 1가량이 마이너스 이자율(명목)로 거래된다는 것을 알고 나면, 이 사실은 더욱 명확해진다. 이는 일본 은행, 유럽 중앙은행, 스웨덴 중앙은행Sweden's Riksbank, 덴마크 국립은행National Bank of Denmark, 스위스 국립은행Swiss National Bank 등 일부 국가의 중앙은행이 단기 금리를 마이너스로 책정했기 때문이다.

국채를 민간 투자자에게 판매한다는 사실은 정부가 예금자에게 의존해 자금을 조달하며, 민간 대출 기관들에 의해 금융 시장에서 정해진 이자율을 받아들여야만 할 거라는 환상을 심어준다. 하지만 현실은 전혀 다르다. 화폐를 발행하는 정부는 지출 자금을 마련하기 위해 자신이 발행하는 화폐를 빌릴 필요가 없다. 또한, 차입하더라도 국채 이자율에 막강한 영향력을 행사할 수 있다. 국고채 전문 딜러들이 더 높은 이자율을 받고 싶다는 '희망'을 내비칠 수는 있다. 하지만 연준은 원한다면 언제든지 이자율을 낮출 수 있다. 현명한 투자자들은 '연준과 싸우지 말라'고 말한다. 연준이 이자율을 내리기로 결정했다면, 이자율 하락에 대비하는 게 최선이다. 중앙은행의 결정에 맞서는 투자자들은 사실상 언제나 금전적 손해를 보기 마련이다. 예를 들어, 최악의 투자로 손꼽히는 투자자 카일 배스Kyle Bass의 일본 국채 투자를 살펴보자. 그는 일본의 정부 부채가 지속 불가능한 수준에 도달했다고 확신하고 일본 국채의 가격이 내리는 쪽에 돈을 거는 쇼트 포지션(공매도)을 취했다. 투자자가 국채에 쇼트 포지션을 취했다는 말은 그가 채권 가격이 내리는(가격 엄지 내림) 쪽, 즉 수익률이 오르는(이자율 엄지 올림) 쪽에 돈을 걸었다는 뜻이다. 배스처럼 이런 전략을 편 투자자들은 모두 엄청난 손해를 입었다. 투자에 실패한 뒤 살아남은 투자자가 별로 없었기 때문에 일본 국채 공매도는 과부 제조기 투자로 불리기 시작했다.

대다수 경제학자의 말과 달리, 재정 적자와 이자율 사이에 필연적 관계는 존재하지 않는다. 중앙은행이 이자율을 현행대로 유지하거나 내리고자 할 경우, 고전학파에서 말하는 밀어내기 효과가 일어나 재정 적자로 인해 어쩔 수 없이 이자율이 오르는 일은 벌어지지 않는다. 이 사실은 역사를 살펴보면 금방 알 수 있다.

1942년부터 1947년까지 연준은 재무부의 명령에 따라 국채 이자율을 적극적으로 관리했다. 2차 세계 대전을 치르느라 지출이 늘어난 1943년에는 GDP의 25%를 넘는 재정 적자가 발생했지만, 이자율은 오히려 낮아졌다. 연준이 단기 국채T-bill 이자율을 0.375%, 20년 만기 국채 이자율을 2.5%로 못 박았기 때문이었다. MMT 경제학자 L. 랜덜 레이L. Randall Wray는 이렇게 썼다. "정부는 중앙은행이 정한 이자율로 '차입'(대중에게 국채를 발행)할 수 있다. 단기 국채 이자를 고정하기 위해 국채를 정해진 가격으로 무제한 사들이는 것은 중앙은행에 비교적 쉬운 일이다. 1951년까지는 미국 연준도 그렇게 했다. 연준은 은행의 과도한 지급 준비금을 대신할 이자 지급형 대체재를 공급하되, 이자율은 아주 낮게 쳐주었다."[30]

1951년 재무부·연준 합의로 연준이 재무부를 도와 이자율을 관리해야 할 공식적 의무는 사라졌지만, 연준의 이자율 관리 능력 자체가 사라진 것은 아니다. 사실 연준에는 여전히 재정 적자가 치솟아도 이자율을 내릴 힘이 있다. 이는 지난 10년 동안 연준의 정책을 봐 온 사람이라면 모를 수 없는 명백한 사실이다. 2008년 미국 경제가 무너졌을 때, 재정 적자는 GDP의 10% 이상으로 치솟았다. 적자가 증가하자, 연준은 익일 금리를 0

으로 내려 7년 동안 유지했다. 게다가 연준은 세 차례의 양적 완화를 통해 국채와 모기지 담보부 증권을 사들여 장기 이자율까지 낮췄다. 재정 적자가 이자율을 밀어 올릴 수밖에 없다고 말하는 사람은 2차 세계 대전의 역사와 최근의 경험을 망각한 것이다. 이는 미국이 아닌 다른 나라를 봐도 마찬가지다.

2016년 일본의 중앙은행인 일본 은행은 공개적으로 수익률 곡선 관리에 나섰다.[31] 이는 일본 은행이 (연준처럼) 익일 금리만 정하는 게 아니라, 장기 금리까지 사실상 정해 버린다는 뜻이다. 이 정책을 수익률 곡선 관리 정책이라고 부르는 이유는 실제 정책에 10년 만기 국채의 수익률 관리가 포함돼 있기 때문이다. 현재 일본 은행은 10년 만기 일본 국채 수익률을 0에 가깝게 관리하고 있다. 이를 위해 일본 은행이 하는 일은 수익률이 오르지 못하도록 충분한 양의 국채를 사들이는 것뿐이다. 이자율을 낮추는 게 목적이라는 면에서는 양적 완화와 비슷하지만, 양적 완화와 달리 미리 매입량을 정하지 않는다는 면에서 수익률 곡선 관리 정책이 더 강력하다. 수익률 곡선 관리 정책은 채권을 얼마나 사들일지(양)가 아니라 이자율을 얼마로 맞출지(가격)를 정하고 펴는 정책이다. 일본 은행의 이 정책은 '정부 차입이 증가하더라도' 중앙은행이 단기와 장기 금리를 모두 정할 수 있다는 사실을 명확히 보여준다. 일본은 주권 통화 발행자로서의 능력을 발휘해 대부 자금 이론에서 말하는 이자율 상승 압력을 저지했다.

모든 나라가 이런 능력을 갖춘 건 아니다. 풀와일러는 이렇게 말했다. "이는 화폐 주권국의 경제 정책에 패러다임 전환을 가져올 것이다." 간단히 말해 밀어내기 효과는 자신이 발행한 주권 통화를 차입하는 나라에는 적용되지 않는다.[32] 미국, 일본, 영국을 포함한 화폐 주권국의 국채 이자율은 정책 변수다. 화폐 발행자인 이들 국가는 자신이 발행한 통화를 빌려 지출 자금을 조달할 필요가 없다. 채권 발행은 완전히 자발적 결정이며, 정부가 발행하기로 정한 모든 채권의 이자율은 언제나 정책적으로 결정된다.[33] 하지만 화폐 주권이 없는 나라에 있어서 이는 사실이 아니다.

그리스와 이탈리아, 그 외 열일곱 곳의 유로존 국가들은 유로를 사용하기 위해 주권 통화를 포기했다. 이들은 유로를 자체 발행할 수 없기 때문에 재정 적자를 메우기 위해 국채를 발행해야만 한다. 이는 이들 정부가 발행한 채권을 유로와 바꾸고자 하는 투자자를 찾아야 한다는 뜻이다. 문제는 자체 발행할 수 없는 통화로 돈을 갚겠다고 선언한 순간부터 이들 국가에 돈을 빌려주는 일이 훨씬 위험해졌다는 데 있다. 2008년, 금융 위기 이후 세계 경기 침체로 그리스를 비롯한 유로존 국가의 국가 부채가 큰 폭으로 증가하자, 이 사실은 고통스러울 만큼 명백해졌다. 각국은 적자를 메우기 위해 밀어내기 효과에서 말하는 대부 자금 시장과 비슷한 시장에 참가해 자금을 구해야만 했다. 이들 정부에는 민간 금융 시장에서 돈을 빌리는 것 외에 다른 선택지가 없었으므로, 시장이 요구하는 이자를 주고 필요한 돈을 구하는 수밖에 없었다. 투자자들은 당연히 더는 상환을 장담하지 못하는 정부에 돈을 빌려주기를 꺼렸다. 금융 시장은 위험에 대한 보상으로 점점 더 높은 이자율을 요구했다. 오래 지나지 않아 심각한 부채 위기가 터졌다. 부채 위기를 겪은 대표적 국가인 그리스에서는

2008년 9월 4.5%였던 10년 만기 국채 이자율이 2012년 2월에는 거의 30%까지 올랐다. 결국, 통화 발행자인 유럽 중앙은행이 구제에 나서면서 이자율은 빠르게 떨어졌다.[34]

유로존 국가들은 자체 발행할 수 없는 통화로 차입함으로써, 고전학파의 밀어내기 효과에서 예견한 이자율 상승 압력에 노출됐다. 자국 통화의 가치를 금 또는 다른 통화에 연동한 고정 환율제 국가에서도 비슷한 현상이 일어나는 경향이 있다. 예를 들어, 러시아와 아르헨티나는 한때 자국 통화(각각 루블과 페소)를 고정 환율에 따라 미국 달러로 바꿔주겠다고 선언했다. 문제는 환율을 고정하려면, 이자율 관리를 포기할 수밖에 없다는 것이다.

러시아에서 벌어진 일은 다음과 같다. 러시아 화폐인 루블을 보유한 사람은 루블을 그대로 가지고 있거나 중앙은행에 요청해 미국 달러로 바꿀 수 있었다. 루블이 있으면 러시아 국채GKO도 살 수 있지만, 고정 환율로 미국 달러를 받을 수도 있었던 것이다. 포스테이터와 모슬러는 이렇게 설명했다. "[이는] 정부 국채와 [미국 달러로의] 태환이 서로 '경쟁'하는 상황으로 생각할 수 있다."[35] 사람들이 대부분 루블을 그대로 가지고 있거나 러시아 국채를 사려고 했던 시절에는 모든 게 잘 굴러갔다. 러시아 정부가 둘 다 발행할 수 있었기 때문이었다. 하지만 1998년, 갑자기 모두가 미국 달러를 원하면서 지옥이 펼쳐졌다. 러시아 국채 수요가 증발하면서, 러시아 국채의 가격은 무너졌고 이자율은 갑자기 뛰어올랐다. 그리스 정부가 갑자기 뛴 이자율을 억누를 수 없었던 것처럼 고정 환율 정책을 택한 나라도 이자율 관리를 포기할 수밖에 없다. 포스테이터와 모슬러는 이렇게 평했다. "이는 고정 환율제 국가였다면 감당할 수 없을 만한 부채 규모를 가진 일본 같은 변동 환율제 국가가 이자율을 0으로 유지하는 데 반해, 디폴트 위험이 있는 고정 환율 정책 국가들은 훨씬 높은 이자율을 지급하는 현재 상황을 설명해준다."[36]

이 이야기에서 얻을 수 있는 교훈은 단순하다. 통화 제도는 중요하다. 대부 자금 이론은 더는 존재하지 않는 세상을 설명하기 위해 만들어진 이론이다. 그런데도 고전 경제학 이론에서는 적자 지출을 하면 밀어내기 효과가 반드시 일어나는 것처럼 말한다. 그러나 사실 밀어내기 효과는 특정 조건에서만 발생한다. 티머시 샤프Timothy Sharpe는 이렇게 썼다. "본디 밀어내기 효과는 브레턴우즈 고정 환율 합의(1946~1971년)와 금본위제라는 태환 통화 체제하에서 만들어지고 분석된 이론이다." 통화 제도가 변하면 모든 게 달라진다. 샤프는 고정 환율제 또는 외국환을 차입하는 국가와 MMT 모형에 부합하는 화폐 주권을 가진 국가를 비교한 광범위한 실증조사를 통해 이 사실을 밝혀냈다. 샤프는 다음과 같은 결론을 내렸다. "실증적 증거에 따르면, 비화폐 주권 경제에서는 밀어내기 효과가 나타나지만, 화폐 주권 경제에서는 나타나지 않는다." 간단히 말해 미국, 일본, 영국, 호주 같은 화폐 주권국에 밀어내기 효과 이론을 적용하면 안 된다는 것이다.[37]

정부 적자는 발전을 가로막는 악당이 아니다. 정부 적자는 민간 부문의 차입과 투자를 방해하지 않는다. 오히려 대체로 더 쉽게 만든다. 연방 정부 적자가 우리 양동이에 달러를 채우기 때문이다. 감세의 형태로든 지출 증가의 형태로든, 달러가 들어오면 우리의 소비력은 커진다. 소비는 자본주의의 생명줄이다. 소비가 사라지면 기업은 살아남을 만한 소비자, 매출액, 이윤을 유지할 수 없다. 노벨 경제학상 수상자인 윌리엄 비크리가 말했듯, 지출 목적을 잘 정하기만 하면 적자는 "처분 가능 소득을 높이고 산업 생산물의 수요를 늘리며, 민간 투자의 수익성을 개선할 것이다."[38] 재정 적자가 커지든 작아지든, 재정 정책을 잘 쓰면 투자를 촉진해 민간 투자를 밀어내기보다는 끌어오는 선순환을 일으킬 수 있다는 말이다.

제5장

무역에서 '승리'하기

무역에서
'승리'하기

다섯 번째 착각
무역 적자는 미국의 패배를 의미한다.

현실
미국의 무역 적자는 '상품' 흑자다.

나는 도널드 트럼프가 공화당 프라이머리(예비 선거)에서 토론하는 장면을 아홉 살짜리 아들 브래들리와 함께 지켜보았다. 2015년이었는데, 트럼프는 멕시코, 중국, 일본 등의 나라가 미국을 벗겨 먹고 있다면서 자신을 백악관으로 보내준다면, 이 도둑질을 용납하지 않겠다고 맹세했다. '미국이 외국과의 무역 전쟁에서 지고 있다'라는 말은 트럼프 대선 캠페인의 핵심 메시지로 자리 잡았다. 오하이오주 클리블랜드에서 열린 프라이머리 토론회에서 트럼프는 외쳤다. "미국은 이제 승리하는 나라가 아닙니다. 우리는 무역에서 중국을 이기지 못합니다. 이 나라로 수백만 대의 차를 끊임없이 밀고 들어오는 일본도 이기지 못합니다."[1] 이 메시지는 수백만 미국인의 공감을 끌어냈다. 특히 수입품과의 경쟁과 커지는 무역 적자로 인해 좋은 직장이 사라지고 지역이 공동화되는 모습을 목격한 오하이오, 미시건, 펜실베이니아, 노스캐롤라이나, 위스콘신 등지에서 반향이 컸다.

대통령이 되고 나서도 트럼프는 계속 수출액과 수입액의 차이, 그러니까 전 세계를 상대로 한 미국의 무역 적자에 집착했다. 그에게 무역 적자는 미국이 무역에서 지고 있음을 '한눈에 보여주는' 증거였다. 한편으로, 그는 금전상의 패배를 목격하고 이런 트윗을 날렸다. "오랫동안 미국은 무역에서 한 해 6,000억에서 8,000억 달러의 손해를 입었다. 중국을 상대로만 5,000억 달러를 잃었다. 미안하지만, 더는 안 된다!"[2] 그러니까 트럼프는 외국이 우리 돈을 가져가는 게 문제라고 생각하는 것 같다. 그런데 '실물 무역', 그러니까 미국과 외국이 주고받은 실제 상품을 살펴본 그는 여기서도 미국이 부당한 대우를 받고 있음을 목격했다. 2019년 8월, 트럼프는 이렇게 말했다. 일본이 보내는 자동차 수백만 대에 대한 대가로 "우리는 밀을 보냅니다. 밀이요. 이건 좋은 거래가 아닙니다."[3] 그러자 이제 열세 살이 된 브래들리가 어리둥절한 표정으로 내게 물었다. "그러니까 우리는 일본에서 자동차를 가져오는데 일본은 밀밖에 못 가져가는 게 문제인 거예요? 별로 안 좋은 카드 두 장이랑 훨씬 좋은 카드 열 장이랑 바꾸는 것 같은데. 난 진짜 좋을 것 같은데요!"

브래들리의 눈으로 보면 편익(수입)을 최대화하고 비용(수출)은 최소화하는 나라가 '이긴' 것이다. 하지만 그렇다면 약 7,000억 달러에 달하는 무역 적자는 겉보기와 달리 미국이 무역에서 이기고 있다는 증거인 셈이다. 정말 그럴까? 트럼프가 완전히 반대로 알고 있는 걸까? 중국을 비롯한 외국산 상품이 미국으로 들어오는 걸 막기 위해 관세를 높이고 무역 전쟁을 선포하는 대신 무역 적자를 더 키우려고 노력해야 하는 건 아닐까? 그렇게 하면 명실상부한 세계 무역의 일인자가 될 수 있을까? 나중에 설명하겠지만, 단순한 흑백 논리로 풀기에는 너무 복잡한 문제다.

왜 많은 미국인이 전 세계가 무역에서 '미국을 때려눕히고' 있다고 생각하는 걸까? 한마디로 말해 일자리 때문이다. 미국 최대 노동조합의 위원장인 리처드 트럼카Richard Trumka는 취임 일주일 전 트럼프를 만나 그동안 잘못된 무역 협정으로 인해 노조에 가입할 수 있는 좋은 일자리 수백만 개가 날아갔다고 말했다. "지역 사회 전체가 목표와 정체성을 상실했습니다. 문제를 바로잡아야만 합니다."[4] 그는 북미 자유 무역 협정NAFTA을 비롯한 무역 협정을 재협상하겠다는 트럼프의 공약에 지지를 표명하며 다음과 같이 말했다. "노동자들은 새로운 방식의 무역을 기대하고 있습니다."

지는 미국

미국과 마찬가지로 중국과 일본 등 모든 나라에서 노동자들의 생계는 일자리에 달려 있다. 노동자들이 생산하던 상품의 수요가 갑자기 사라지면 일자리도 사라질 수 있다. 노조와 정치인들이 소비자에게 국산 상품을 애용하라고 홍보하고 포드나 애플 같은 기업에 자국 내 생산량을 늘리라고 압박하는 건 이런 이유에서다. 미국인이 외국에서 생산된 제품을 사느라 돈을 썼다면, 그 수요는 미국 내 일자리가 아닌 외국의 일자리를 지탱한 것이다.

1994년, 클린턴 대통령이 NAFTA에 서명하면서 '자유 무역'의 새 시대가 열렸다. 수많은 미국인의 생활은 점점 더 어려워졌다. 기업이 생산 설비를 멕시코로 이전하고 거기서 또 인건비가 더 낮은 다른 국가로 옮겨가면서, 수백만 개의 고소득 생산직 일자리가 사라졌다. 2001년, 중국이 WTO(세계 무역 기구)에 가입한 일도 미국 노동 계급에 비슷한 재앙을 가져왔다. 경제 정책 연구소Economic Policy Institute에 따르면, 2001년부터 2011년까지 미국은 자국 수출품에 대한 중국의 수요 덕분에 538,000개의 일자리를 지킬 수 있었다. 하지만 중국 수입품 때문에 사라진 일자리가 320만 개에 달해, 약 270만 개의 일자리를 손해 봤다.[5] 게다가 일자리를 잃은 노동자가 새 직장을 구한 경우에도 새로운 일자리의 평균 임금은 이전보다 22.6% 더 낮았다.

무역 협정이 촉발한 일자리 이동으로 인해 주민 대다수가 제조업 일자리에 종사하던 많은 지역 사회가 몰락했다. 수많은 미국인이 비자발적 장기 실업 상태를 겪거나 저임금 서비스직을 전전하는 악순환에 빠졌다. 피해는 이미 10년 전 기업농 통합으로 큰 타격을 입은 마을과 지역 사회에 집중됐다. 이들 지역은 이후 다시 10년 동안 중국의 WTO 가입과 함께 찾아온 차이나 쇼크라는 직격탄을 견뎌야 했다. 이 기간에 중국과의 무역이 늘어나면서 소비자들이 얻은 편익 대부분은 중국이라는 새로운 국가와의 경쟁에 노출된 산업이 몰려 있는 이들 지역의 노동 시장을 희생하고 얻은 성과였다. 게다가 몇 년 뒤 2008년에는 대침체로 인해 다시 한번 대규모 실직 바람이 불었다.

2016년에 트럼프가 이들 지역에 도착했을 때, 잇따른 경제난으로 괴로워하던 노동자들은 이민자와 무역 적자로 공포감을 조성하는 그의 말에 강하게 동조했다. 트럼프가 벌이는 전쟁에 참전해서 잃을 건 없어 보였다. 무역에서 승리하자, 일자리를 미국으로 가져오자, '미국을 다시 위대한 나라로 만들자!'

한편, 여기에 맞선 민주당은 눈치 없는 짓만 했다. 클린턴 선거 운동단은 "미국은 이미 위대하다"라는 슬로건을 적은 파란 야구 모자를 팔았다.[6] 클린턴 국무 장관은 어쩌면 수세에 몰린 기분이 들어서 무역으로 인해 누적된 고통과 피해를 본 유권자들을 아예 못 본 척하는 전략을 택했는지도 모르겠다. 민주당 고위 당직자들은 좋은 일자리를 늘리고 어려움을 겪는 지역 공동체를 도와줄 설득력 있는 공약을 만들기보다, 노동 계급 유권자 대부분을 아예 포기해 버렸다. 실제로 상원 다수당 원내 대표인 찰스 슈머Charles E. Schumer는 이런 말을 했다. "펜실베이니아 서부에서 블루칼라 민주당 지지자 한 명을 잃을 때마다, 필라델피아 교외의 중도 공화당 지지자 두 명을 얻을 수 있다. 오하이오, 일리노이, 위스콘신에서도 마찬가지다."[7] 이것은 지는 전략이었다.

2016년 대선에서 승리한 트럼프는 미국이 무역 경쟁에서 지고 있다는 메시지를 계속 밀고 나갔다. 심지어 그의 경쟁자들도 비슷한 말을 하곤 했다. 예를 들어, 버니 샌더스 상원 의원은 다음과 같은 트윗을 날렸다. "중국이 경제적으로 미국의 주 경쟁 상대가 못 된다는 듯 행동하는 건 옳지 않다. 백악관에 간다면, 우리는 무역 정책을 수정해 경쟁에서 이길 것이다." 물론 샌더스는 노동자와 환경을 보호하는 방향으로 무역 정책을 고치고자 했을 것이다. 하지만 그의 말에서 우리는 진보와 보수가 모두 가진 불안인 무역 적자에 대한 두려움을 엿볼 수 있다.

사실 무역 적자는 무서운 것이 아니다. 일자리를 지키고 공동체를 복원하기 위해 무역 적자를 없앨 필요는 없다. 연방 정부가 재정 능력을 사용해 항상 완전 고용을 유지하기만 하면 무역 전쟁에 나서지 않아도 된다. 대신 국제 무역 질서를 다시 생각할 필요가 있다. 기업이 규제를 피하고 노동력을 싼값에 착취하도록 돕는 국제 무역 질서가 아니라, NAFTA 이후 '자유 무역' 정책으로 부당한 대우를 받아 온 노동자들을 위한 새로운 국제 무역 질서를 만드는 것이다. 새로운 국제 무역 질서를 만드는 과정에서 환경과 개발도상국 관련 정책도 개선할 수 있을 것이다.

세 개의 양동이

무역 불균형을 이해하기 위해 지난 장에서 사용한 모형에 세 번째 양동이를 더해 보자. 지난 장에서 우리는 연방 정부를 한 양동이에 담고 다른 모두를 두 번째 양동이에 담았다. 그 모형에서 연방 정부가 쓰는 달러가 갈 곳은 비정부 부문이라고 불리는 연방 정부가 아닌 모두가 속한 양동이밖에 없었다. 연방 정부 적자가 '우리' 양동이에 달러를 부어준다는 사실을 설명하기에는 꼭 맞는 모형이었다. 이제 비정부 부문 양동이를 세분화해 보자. 이번 장은 국제 무역에 관한 장이므로, 우리는 미국과 다른 나라 사이에 달러가 어떻게 오가는지 보고자 한다. 그렇게 하려면 비정부 부문 양동이를 두 개로 나눌 필요가 있다. 즉, 양동이 세 개짜리 모형을 만드는 것이다. 연방 정부 양동이는 그대로지만, 이제 비정부 부문 양동이는 미국 내 모든 가정과 기업이 속한 양동이(즉, 국내 민간 부문 양동이)와 미국을 제외한 세계의 양동이(즉, 외국 부문 양동이)로 나뉘었다.

  이전과 마찬가지로, 모든 양동이가 동시에 흑자(또는 적자)를 기록할 수는 없다. 한 양동이가 적자를 기록하면, 다른 양동이 가운데 적어도 하나는 흑자를 기록해야 한다. 고들리가 한 말처럼 "모든 것은 어디선가 와서 어디론가 가야 한다." 한 양동이에서 '나온' 모든 지출은 다른 두 양동이 가운데 적어도 하나로 '들어가야'만 한다. 회계적으로는 세 양동이의 잔액을 합하면, 언제나 0이라고 말할 수 있다. [자료 8]은 이 관계를 잘 보여준다.

정부 재정 수지   민간 부문
재정 수지   외국 부문
재정 수지

[자료 8] 세 부문 회계 항등식

현실 세계에서 세 양동이 사이에는 매일 달러가 흐른다. 연방 정부가 캐터필러로부터 불도저 몇 대를 구매하고 교량 건설을 위해 미국 노동자를 고용하면, 정부가 지급한 달러가 미국 민간 부문 양동이로 흘러 들어간다. 반대로, 연방 정부가 미국의 노동자와 기업에 세금을 부과하면 민간 부문 양동이에 들어 있는 달러가 빠져나간다.

쉽게 설명하기 위해 이번에도 연방 정부가 100달러를 지출하고 90달러를 세금으로 걷었다고 가정해보자. 민간 부문 양동이에는 10달러 흑자가 발생했을 것이다. 미국인들이 미국에 있는 미용실에서 머리를 자르고 영화표를 구매하고 대학 등록금을 내는 동안, 이 흑자는 계속 손을 바꾸며 미국 민간 부문 양동이에 머무른다. 하지만 미국인이 외국 상품을 수입하면, 외국 부문 양동이로 옮겨 간다. 미국인들이 외국산 상품을 구매하기 위해 5달러를 썼는데, 외국인들은 미국산 상품을 구매하는 데 3달러만 썼다고 가정해보자. 수출액보다 수입액이 더 많으므로, 미국은 무역 적자를 기록한다. 계산하면 미국의 무역 적자는 2달러이고 이 2달러는 외국 부문 양동이로 옮겨갈 것이다. [자료 9]는 모든 계산이 끝난 뒤 미국 정부의 재정 적자(-10달러)가 다른 두 양동이의 흑자(8달러+2달러)와 정확히 같다는 사실을 보여준다. 미국 경제가 완전 고용을 유지하는 한, 이 결과 자체는 문제가 아니다.

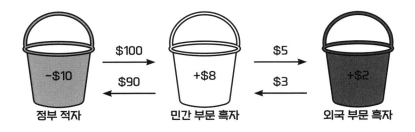

[자료 9] 미국의 재정 적자 더하기 미국의 무역 적자(쌍둥이 적자)

연방 정부는 달러의 '발행자'이므로 달러가 떨어질 걱정을 할 필요가 없다. 연방 정부 양동이는 마음대로 달러를 만들어낼 수 있다. 하지만 다른 모두는 어딘가에서 달러를 구해야만 한다. 일반적으로 미국의 민간 부문은 번 돈보다 덜 소비하고 싶어 한다. 즉, 흑자를 내길 바란다. 그렇다고 민간 부문이 적자를 낼 수 없는 건 아니다. 1990년대 후반부터 2000년대 초반까지 그랬던 것처럼 민간 부문도 적자를 낼 수 있다. 하지만 고들리가 경고한 대로 민간 부문 적자가 쌓이면, 민간 부채가 과도해지므로 민간 부문 적자는 대개 지속 가능하지 않다(민간 부문이 통화 발행자가 아님을 기억하자. 민간 부문이 연방 정부와 같은 방식으로 적자를 견딜 수는 없다).[8] 미국 민간 부문이 적자를 내지 않도록 하려면, 민간 부문이 흑자를 유지할 수 있도록 '누군가' 충분한 달러를 공급해야만 한다. 현재, 그 '누군가'는 연방 정부다. 미국이 민간 부문 양동이에서 외국 부문 양동이로 달러가 계속 빠져나가는 지속적인 무역 적자('상품' 흑자) 상태에 있기 때문이다. 이런 상황이 지속될 때 민간 부문이 흑자를 유지할 수 있도록 달러를 공급할 수 있는 이는 연방 정부뿐이다. 그러려면 정부는 항상 무역 적자보다 더 '큰' 재정 적자를 내야 한다.[9] 재정 적자가 무역 적자보다 작으면 [자료 10]에서 보는 것과 같은 일이 벌어진다.

[자료 10] 미국의 재정 적자가 무역 적자보다 작은 경우

[자료 10]에서 정부는 '거의' 재정 균형을 달성했다. 하지만 완벽한 균형 상태는 아니다. 연방 정부는 100달러를 미국 경제에 공급하고 99달러를 세금으로 거둬들여 약간의 적자를 냈다.[10] 즉, 이번에 정부 적자는 미국 민간 부문 양동이에 겨우 1달러를 더해주었다. 그런데 미국은 그 1달러에 4달러를 더한 5달러를 외국으로 보내는 중이다. 그리고 외국이 돌려주는 돈은 3달러뿐이다. 해외에서 생산된 상품을 사느라 5달러를 썼는데 수출로 3달러밖에 못 벌어들였으므로 미국은 무역 적자를 기록했다. 계

산해보면, 외국 부문은 2달러의 흑자를 기록했고 미국 연방 정부와 민간 부문은 각각 1달러의 적자를 기록했다. 정부 적자가 무역 적자보다 작으면, 필연적으로 민간 부문 적자가 발생한다.

민간 부문을 평소처럼 흑자로 되돌리려면, 어떻게 해야 할까? 한 가지 방법은 연방 정부가 세금을 낮추거나 국내 경제에 달러를 더 지출해 민간 부문 양동이에 달러를 채워주는 것이다. 정부 적자가 무역 적자보다 커지는 순간, 민간 부문 재정은 바로 흑자로 전환될 것이다. 민간 부문 적자를 줄이는 다른 방법은 무역 적자를 줄이기 위해(또는 무역 흑자를 내기 위해) 노력하는 것이다. 무역 적자를 줄이는 방법은 여러 가지다. 종종 정부는 세계 시장에서 자국 상품의 경쟁력을 높이기 위해 자국 화폐의 가치를 낮추려 노력한다. 트럼프 대통령은 항상 중국이 미국 제조업체보다 유리한 고지를 차지하기 위해 '위안'화 환율을 조작한다고 비난한다. 2019년 12월에는 브라질과 아르헨티나가 "자국 화폐의 가치를 평가 절하해 미국 농부들에게 나쁜 영향을 미친다"라고 비난하기도 했다.[11] 그런데 자국 통화 가치를 낮출 수 없는 나라들도 있다. 일례로 통화 동맹(경제 통화 동맹, EMU)을 맺은 유럽 19개국은 서로 간의 통화 가치를 바꿀 수 없다(1유로는 유로존 내 어떤 국가에서도 1유로다). 환율 같은 '외부 요인'을 평가 절하할 수 없는 경우, 정부는 무역에서 '이기기' 위해 '내부 요인'을 평가 절하하는 방법을 쓰곤 한다. 신자유주의에서는 이 전략을 '구조 개혁'이라고 부른다. 구조 개혁은 생산 비용을 줄여 경쟁력을 높이기 위해 인건비(임금과 연금)를 깎는 정책을 점잖게 일컫는 말이다. 통화 값어치를 내릴 수 없으니 노동력의 값어치를 내리는 것이다. 유럽에서는 대표적으로 독일이 이 전략을 펴고 있다. 독일은 2000년대 초반부터 이 전략을 사용해 고질적인 무역 적자를 대규모 무역 흑자로 전환했다.[12]

트럼프가 펴는 무역 정책의 이면에는 관세(수입품에 매기는 세금)를 높여 미국의 무역 적자를 줄이자는 생각이 있다. 트럼프는 일부 외국산 상품의 가격을 높이는 전략이 미국 우선 정책이라고 믿는다. 이렇게 하면 미국 소비자가 수입품 소비를 줄여 국산품을 더 구매할 것이기 때문이다. 그렇게 되면 미국 민간 부문 양동이를 떠나 외국 부문 양동이로 들어가는 달러가 줄어들 것이다. 트럼프가 이 결과를 '승리'로 인식하는 까닭은 그의 세계관이 오로지 돈으로만 이루어져 있기 때문이다. 이 세계관에 따르면, 양동이에 돈을 가장 많이 모은 자가 승리한다. 건전한 재정 상태를 유지하는 게 중요하다는 건 MMT도 동의하는 바이지만, 관세는 너무 비생산적이다. 사실 관세는 미국이 얻는 편익에 세금을 붙이는 행동이다. 나중에 다루겠지만, 민간 부문의 재정 건전성을 지키는 동시에 국내 일자리를 보호할 더 좋은 방법이 있다.

완전 고용 없이는
공정 무역도 없다

돈의 흐름은 살펴봤으니 이제 무역이 인간과 경제에 미치는 영향에 대해 생각해보자. 미국은 다른 나라를 상대로 달러만 잃는 게 아니라 일자리도 함께 잃는 때가 너무 많다. 앞서 언급한 대로 사람들이 무역 적자에 분노하는 이유는 대개 고통 때문이다. 특히 미국 기업이 국내 사업장을 정리하고 일자리를 해외로 옮기면서 발생한 실업으로 인한 고통이 사람들을 분노하게 한다. MMT 경제학자 파블리나 체르네바는 실업을 전염병에 비유했다. 실업은 바이러스처럼 주변 사람에게까지 영향을 미쳐, 소득의 감소뿐만 아니라 사망률과 자살률의 증가, 삶의 질의 영구적 하락이라는 결과를 초래한다.[13] 그러나 이주 노동자, 환율 조작국, 심지어 기술 발전을 비난하는 건 쉽지만, 실업이 미국의 국가 정책이라는 사실을 인정하는 건 어려운 일이다.

"저들이 우리 일자리를 훔쳤다!"라는 말에 대응하는 최선의 해결책은 모두에게 일자리를 주는 것이라는 게 내 주장이다. 비자발적 실업에 대한 MMT의 해결책은 연방 일자리 보장 제도를 도입해 제대로 된 임금과 복지를 제공하는 좋은 직장에 다닐 권리를 법적으로 보장하는 것이다. 이렇게 하면 무역의 가장 치명적인 문제인 실업을 없앨 수 있다. 그동안 외국과의 경쟁에 밀려 지역 주민 전체가 일자리를 잃는 일이 너무 자주 벌어졌다. 외국과의 경쟁으로 일자리를 잃은 노동자에게 직업 훈련 같은 일시적 지원을 하는 것만으로는 부족하다. 무역 조정 지원 제도TAA[14] 같은 연방 정부 정책도 중요하지만, 이를 넘어서는 무언가가 필요하다.

그 무언가가 바로 일자리 보장 제도이다. 일자리 보장 제도가 만병통치약은 아니지만, 최소한 (실업이 초래한 문제를 공략하는 다른 방법과 달리) 실업을 직접적으로 공략하는 시작점은 되어 줄 것이다. 호경기에나 불경기에나 우리는 수천만 명의 미국인을 실업으로 내몰았고, 그렇게 하는 것이 정치·

경제·사회적으로 타당하다고 믿었다. 내가 17년 동안 거주한 미주리주 캔자스시티에서 할리 데이비드슨Harley-Davidson 공장이 문 닫았을 때를 예로 들어보겠다. 공장 문을 닫는다는 사측의 발표에 800명의 직원은 망연자실했다. 이는 결국 350명의 인력 감축으로 이어졌다.[15] 주주 배당금을 늘리고 자사 주식 1,500만 주를 매입하겠다고 공표할 정도로 회사 사정이 좋았기 때문에 더 충격적이었다. 만약 일자리 보장 제도가 있었다면, 공장이 폐쇄된 충격을 줄일 수 있었을 것이다. 최소한 직업을 잃은 사람들에게 지역 사회에서 계속 일할 기회를 주었을 테니까. 게다가 그 외에도 훨씬 많은 역할을 했을 것이다.

일자리 보장 제도의 효용은 상품을 만들고 소득을 창출하는 데서 그치지 않는다. 직장 내 훈련, 능력 개발, 빈곤 저감, 공동체와 사회 연결망 구축, 정치·사회·경제 안정, 사회적 가치 승수 효과(사회·경제적 이익의 선순환을 만들어 내는 긍정적 피드백 효과) 등도 기대할 수 있다. 정부는 일자리 보장 제도를 통해 질 좋은 제조업 일자리가 사라지면서 지역 사회가 받은 충격을 완화할 수 있을 것이다.

수많은 실업자가 사라지면 어떻게 될지 상상이 안 갈 수도 있다. 이는 미국이 진정한 완전 고용을 경험한 적이 거의 없기 때문이다. 전시를 제외하면 완전 고용을 경험하기는 힘들다. 일자리 보장 제도의 주요 기능 가운데 하나는 실업자를 즉각 공공 부문 직장에 재고용해 보수와 함께 직업 재훈련을 받을 기회를 주는 것이다. 특히 직업 재훈련은 무역 환경 변화로 실직한 사람들에게 꼭 필요하다. 이런 면에서 일자리 보장 제도는 '자유 무역'으로 인한 문제와 '무역 전쟁'을 동시에 해결하는 핵심 정책이 될 수 있다. 일자리 보장 제도가 도입되면, 자유 무역으로 인해 완전 고용이 위태로워지는 일은 벌어지지 않을 것이며, 일자리를 지키기 위해 무역 전쟁을 할 필요도 없을 것이다.

그러면 무역 협상의 초점을 근로 기준과 지속 가능한 환경에 맞출 수 있을 것이다. 미국의 시장 지배력을 활용하면 국제 사회에 합리적인 근로 조건과 환경 기준을 마련하라고 촉구할 수 있다.[16] 현재 중국 기업들은 미국 소비자에게 환경에 나쁜 영향을 미치는 제품을 많이 판매하고 있다. 또한, 미국이 상품 수지 흑자를 누리는 동안 세계 전역의 근로자들은 위험하고 불결한 근로 조건을 견디고 있는 실정이다. 전 세계 노동자의 삶의 질을 높이고 공동체와 지구 환경을 지키려면, 새로운 국제 무역 질서를 만들어야 한다.

특히 기후 변화에 대응하려면, 무역의 '승자'와 '패자'를 나누는 단순한 말에 현혹돼서는 안 된다. 무역의 '양'도 중요하지만, 무역의 '질' 또한 적어도 그만큼은 중요하다. 우리는 어떤 목적으로 누구의 이익을 위해 무역 관계를 맺을까? 재정 적자와 마찬가지로, 무역 적자라 불리는 큰 수도 이만한 주목을 받을 가치가 없다. MMT의 지적대로 무역 정책에서 가장 중요한 건 실물 자원과 실질적인 사회적 필요와 실질적인 환경 보호 효과다.

이쯤에서 미국과 무역을 하는 다른 나라들의 상황을 살펴보고 미국만이 가진 특권에 대해서도 짚고 넘어가는 편이 좋겠다. 지금까지 우리는 MMT의 시각으로 국제 무역이 미국에 미치는 영향과 미국을 들고 나는 무역 흐름을 더 생산적이고 인간적으로 바꿀 방안에 대해 알아보았다. 그럼 영국, 프랑스, 사우디아라비아, 터키, 베네수엘라 등 다른 나라들은 어떨까?

미국 달러의 특별한 지위

1970년대 이후 세계 화폐 제도는 근본적으로 변했다. 이 변화는 자체 통화를 발행하는 정부의 역할을 재정의했다. 거시 경제에 대한 우리의 사고방식 또한 이 변화를 반영해 바꿔야만 했다. 그러나 안타깝게도 정책 결정자들은 여전히 다른 문제와 마찬가지로 무역 문제에 대해서도 과거 금본위제 시절의 낡은 사고방식을 고수하고 있다.

19세기 중반부터 1970년대 초, 미국이 달러의 금 태환 정지를 선언한 '닉슨 쇼크'가 닥치기 전까지, 각국 경제와 국제 무역을 규제하는 화폐 제도는 (이런저런 형태의) 금본위제였다. 세부적인 기준은 점점 완화됐지만, 금본위제의 핵심 원칙은 변하지 않았다. 그 원칙이란, 모든 국가가 자국 통화의 가치를 금에 연동하는 것이었다. 유통 중인 통화의 고정 환율을 유지하기 위해 각국은 국제 무역에서 공급이나 수요 불균형이 생길 때마다 금(또는 미국 달러)을 사고팔아 균형을 맞췄다. 그러려면 각국 중앙은행(또는 중앙은행의 전신)은 항상 금(또는 미국 달러)을 충분히 비축해 둬야만 했다.

금본위제는 정부가 화폐를 일정량의 금으로 바꿔준다는 약속을 지킬 수 있을 때까지만 존속할 수 있다. 충분한 금을 확보하는 것은 매우 중요했다. 국가의 금 보유량을 늘리는 가장 확실한 방법은 무역 흑자를 내는 것이었다. 반대로 무역 적자를 내면 금이 유출됐다. 각국이 수입 대금을 금으로 지급했기 때문이었다. 당시 정부는 금 보유량이 줄어드는 것을 방지하고 자국 내로 들어오는 금의 양을 늘리기 위해 이자율을 자주 인상했다. 이자율을 높이면 국내 소비 속도가 느려지면서 수입량이 줄어 금 유출량은 줄어들고 높은 이자를 받으려는 사람이 몰려 금 유입량이 늘어나기 때문이었다. 하지만 금 유출을 방지하기 위해 이자율을 올려야 하다 보니, 정부가 자유롭게 이자율을 내려 경기를 부양할 수 없는 경우가 많았다. 이자율을 높이면 금 보유량은 늘어났지만, 경제가 엄청난 타격을 입곤 했다. 이자율이 오르면 대체로 경기가 침체됐기 때문에 많은 사람이 불황과 실업으로 고통받았다. 이처럼 금본위제는 무역 적자를 내는 국가를 불황으로 몰아갔다. 금본위제의 경직성 때문에 정부는 완전 고용에 집중할 수 없었다.

1차 세계 대전과 2차 세계 대전 기간에는 금본위제가 유예됐다. 미국을 포함한 많은 나라가 전쟁 자금을 대기 위해 대규모 적자 정책(즉, '녹색 달러'를 많이 발행하는 정책)을 펴야 했기 때문이었다. '전간기'에 재도입된 금본위제는 대공황 시절 국제 경제에 상당한 압박을 가했다. 금본위제가 아직도 존재했다면, 미국의 무역 적자를 없애려는 트럼프의 열망이 훨씬 설득력 있게 들렸을 것이다.

2차 세계 대전이 끝나자 새로운 국제 화폐 제도가 채택되었다. 새로운 제도는 이전의 금본위제를 수정한 금환본위제였지만, 화폐를 정해진 양의 금으로 바꿀 수 있다는 점은 변함이 없었다. 브레턴우즈 체제라 불리는 이 새로운 화폐 제도하에서 각국은 통화를 금으로 직접 바꿔주는 대신 미국 달러로 바꿔주었다. 그리고 미국 달러는 다시 정해진 교환 비율에 따라 금으로 바꿀 수 있었다. 미국이 국제 무역에서 차지하는 지배적 지위와 전승국이라는 점을 반영한 처사였다. 모든 국가는 통화의 가치를 미국 달러에 연동했으며, 미국 달러와 금의 교환 비율은 35달러당

금 1온스였다.

　브레턴우즈 체제는 미국 달러가 통화 사슬의 중간 고리 역할을 하는 점만 다를 뿐, 사실상 금본위제의 일종이었다. 각국 정부는 이제 미국 재무부에 35달러를 주고 금 1온스를 받아올 수 있었고, 미국 재무부는 언제나 이 요청에 응해야 했다. 1971년, 베트남 전쟁 등을 원인으로 미국의 무역 적자가 늘어나자, 다른 나라에서는 미국의 금 보유량이 시중에 유통 중인 달러를 전부 금으로 바꿔줄 만큼 충분하지 않을지도 모른다고 의심하기 시작했다. 압박이 심해지자 리처드 닉슨 대통령은 달러의 금 태환을 일시적으로 중지한다고 선언해 전 세계를 충격에 빠뜨렸다. 1973년, 닉슨 대통령이 '일시적' 중지를 영구적인 것으로 못 박으면서 세계는 다시 한번 충격에 빠졌다. 닉슨의 이러한 행보는 미국에 브레턴우즈 체제가 허용하는 것보다 더 큰 정책 여력이 필요하다는 깨달음에서 나온 것이었다.

　정책 변화를 발표하면서 닉슨은 이렇게 선언했다. "우리는 더 좋은 일자리를 더 많이 만들어야 합니다. 생활 물가가 오르는 것을 막아야 합니다. 국제 환투기 세력의 공격으로부터 달러를 보호해야만 합니다."[17] 앞의 두 가지 목표를 달성하기 위해 닉슨은 감세 정책과 90일 동안 물가와 임금을 동결하는 정책을 제안했다. 그리고 세 번째 목표를 달성하기 위해 달러의 금 태환 중지를 선언했다.

　결국, 국제 사회에 동요가 일면서 금본위제는 무너졌다. 사실 금본위제는 1960년대부터 흔들리기 시작했다. 지속적인 무역 적자로 인해 높은 실업률에 시달리던 영국을 비롯한 많은 나라가 무역 경쟁력을 높이기 위해 '경쟁적 평가절하'에 나섰던 것이다. 1971년에 닉슨이 결정적 한 방을 날리면서 금본위제는 무너졌다. 이날 이후, 대다수 국가는 고정 환율제를 포기했다. 고정 환율제의 포기와 변동 환율제의 채택은 미국처럼 통화를 발행하는 국가의 정부에 완전 고용을 달성하기 위해 쓸 수 있는 정책 여력을 마련해 주었다.

고정 환율제인 브레턴우즈 체제가 몰락했음에도 불구하고 우리의 무역 정책 담론은 여전히 금본위제 시절 '사고방식'에 머물러 있다. 많은 정치인이 아직도 무역 적자가 근본적으로 위험하다고 믿는 건 이 때문이다. 금본위제 시절에는 나라에 금이 다 떨어질 수도 있었으니까.

하지만 이러한 걱정은 금본위제와 고정 환율제가 자취를 감추면서 타당성을 잃었다. 브레턴우즈 체제가 남긴 유일한 유산이 있다면, 여전히 미국 달러가 국제 경제에서 중심적 역할을 한다는 것뿐이다. 전 세계 기업과 정부는 대부분 미국 달러로 무역 계약을 맺는다. 물건을 사고파는 당사국 내에서 달러가 통용되지 않을 때조차 마찬가지다! 유로를 비롯한 일부 주요 통화가 달러와 비슷한 역할을 할 때도 있지만, 미국 달러의 시장 지배력에 대적할 만한 통화는 없다. 현재 달러는 외환 거래의 약 90%에 관여한다.[18] 사람들은 미국 달러를 지배적 국제 통화라고 부른다.[19] 상황이 변할 수도 있지 않을까? 물론이다. 영원한 건 없으니까. 그러나 MMT 경제학자인 L. 랜덜 레이는 다음과 같이 말했다. "달러가 영원히 최고의 위치에 머무르지는 않을 것이다. 하지만 포트폴리오를 구성할 때 가장 선호되는 자산으로서 달러의 수명은 아주 오래 남아 있다."[20]

화폐 주권의 스펙트럼

화폐 주권은 MMT를 이해하는 데 매우 중요하다. 정부가 금융 시장과 외환 시장의 반발을 두려워하지 않고 자율적인 재정 및 통화 정책을 펴기 위해서는 높은 수준의 화폐 주권이 필요하다. 많은 나라가 화폐 주권을 가지고 있으면서도 이 장점을 제대로 활용하지 않는다. 일부만 예로 들자면, 미국과 더불어 영국, 일본, 캐나다, 호주 같은 나라는 강한 화폐 주권을 가지고 있다. 이들은 모두 불태환 명목 화폐를 발행하며, 다른 통화로 표시된 부채를 차입하기를 꺼린다. 이런 조건을 만족하는 나라들은 일반적으로 높은 화폐 주권을 가지고 있으며, 국가 경제의 운명을 좌우하는 정책을 펼 때 더 높은 자율성을 누릴 수 있다. 이들 국가는 정부 부채나 무역 적자로 고민할 필요 없이, 완전 고용 같은 거시 경제적 목표를 달성하기 위한 국내 정책에 자유롭게 초점을 맞출 수 있다. 하지만 모든 정부가 이 정도의 정책적 자유를 누리는 건 아니다.

환율을 고정하거나(버뮤다, 베네수엘라, 니제르 등), 자국 화폐를 포기하거나(유로존 19개국, 에콰도르, 파나마 등), 달러 또는 다른 외국 통화를 너무 많이 차입해서(우크라이나, 아르헨티나, 터키, 브라질 등) 화폐 주권이 약해진 나라도 있다. 이런 행동은 모두 국가의 화폐 주권을 약화시켜 정책적 자유를 제한한다.

개발도상국은 대부분 화폐 주권이 약하다. 이들 국가는 불태환 명목 화폐를 발행하는 경우에도 재정 적자와 무역 적자를 무시할 수 없는 경우가 대부분이다. 이는 개발도상국들이 대체로 사회가 필수적으로 필요로 하는 식량, 연료, 의약품, 기술 등을 수입에 의존해 조달하기 때문이다. 이런 국가는 수입품을 살 때 사용할 외국 통화(대개 미국 달러)를 충분히 확보하기 위해 주의를 기울일 수밖에 없다. 달러가 다 떨어져서 달러를 빌린 다음 그 돈을 갚느라 어려움을 겪는 나라도 많다. 이런 이유나 그 밖의 다른 이유로, 많은 나라가 통화 발행 능력을 활용해 국민을 위한 경제 정책을 펼수 없는 상황에 빠져 있다. 국제 사회의 원조나 IMF 같은 국제기구의 차관으로 생존을 위해 외국 통화에 의존해야만 하는 함정에서 이들 국가를 구해내기에는 역부족이다.

미국의 무역 적자는 이런 나라가 달러 보유고를 채울 수 있게 해 준다. 많은 개발도상국에 있어 달러 보유고는 생존을 위해 필요한 음식이나 의약품 같은 필수 수입품을 공급하는 생명줄이다. 또한, 미국의 무역 적자는 부채에 허덕이는 나라들이 IMF나 다른 외국인 채권자들에게 빌린 채무를 갚을 돈을 마련하게 해준다. 어떤 면에서 보면, 미국의 무역 적자는 선택 사항이 아니다. 많은 나라가 미국과의 무역에서 '무조건' 흑자를 기록해야 하는 입장에 있다.

심지어 선진국(한국, 대만, 일본 등)조차 미국 달러를 보유할 수밖에 없다. 이들은 달러를 대개 미국 국채 형태로 보유한다. 외국이 미국을 상대로 무역 흑자를 기록했다는 건, 미국이 외국 양동이로 달러를 보냈다는 뜻이다. 녹색 달러를 가진 다른 이들과 마찬가지로, 외국인도 녹색 달러를 미국 국채라 불리는 노란색 달러로 바꿀 수 있다. 몇몇 사람은 이를 다른 나라보다 미국이 약하다는 신호로 해석하고 불안해한다. 겉보기에는 마치 미국이 외국 채권자로부터 돈을 빌려 쓰는 것처럼 보이기 때문이다(미국이 "중국 은행이 발행한 신용 카드"를 쓰고 있다는 버락 오바마의 말을 떠올려 보자). 하지만 이는 사실과 다르다. 사실 미국 국채의 주요 국제 투자자 목록을 자세히 살펴보면, (중국, 일본, 대만, 홍콩, 주요 산유국 등) 대부분이 미국을 상대로 한 '순 수출국Net Exporter'임을 알 수 있다.[21] 미국 정부가 이들이 가진 노란색 달러에 이자를 지급하는 것은 사실이지만, 우리가 지금껏 배웠듯 미국 같은 나라에 국채 발행은 필수가 아니다. 외국인에게 국채를 살 기회를 주는 것은 단순히 다른 녹색 달러를 가진 사람과 똑같은 기회를 주는 것에 불과하다. 외국이 미국 국채를 보유하는 이유는 여러분과 내가 입출금 계좌와 저축 계좌에 돈을 나누어 보관하는 이유와 같다. 요점은 많은 사람의 걱정과 달리, 미국은 외국에 의지하지 않는다는 것이다.

요약하자면, 달러를 모으고자 하는 미국 기업과 가정의 욕망이 연방 정부 적자로 이어진 것처럼, 미국의 무역 적자도 달러를 모으고자 하는 미국 외 전 세계 국가의 욕망 때문에 생긴 것이다. 미국이 수십 년 동안 계속 무역 적자를 기록한 주원인은 세계적인 달러 부족 현상 때문이다. 이런 면에서, 미국은 확실히 선하든 악하든 다른 나라보다 힘 있는 자리를 차지하고 있다.

미국 달러가 가진 국제 준비 통화라는 특별한 지위 덕분에 미국 연방 정부는 자신이 발행하는 화폐가 아닌 다른 화폐로 차입할 일이 전혀 없다(심지어 차입 자체를 아예 할 필요가 없다!). 미국에 이러한 이점이 있기는 하지만, 국내 정책을 자유롭게 펼 힘을 가진 나라가 미국밖에 없는 건 아니다. 강한 화폐 주권을 지닌 나라라면, 어디나 완전 고용 경제 유지를 목표로 국내 정책을 펼 힘이 있다. 앞으로 다룰 내용처럼, 개발도상국도 화폐 주권을 강화하면 완전 고용 달성을 목표로 하는 정책을 펴는 데 충분한 여력을 확보할 수 있다.

많은 선진국이 강한 화폐 주권을 가지고 있다. 선진국은 고부가가치 산업을 많이 보유하고 있다(고부가가치 산업의 중요성에 대해서는 뒤에서 다룬다). 선진국은 자국의 주식이나 부동산 등을 사서 투자하고자 하는 사람들에게 큰 기회를 준다. 선진국 자산에 투자하려면 그 나라 화폐가 있어야 하므로, 선진국이 발행하는 화폐의 국제 수요는 항상 많다. [경제 전문 용어로는, '자본 시장이 딥 마켓(Deep Market)이다'라고 표현한다.] MMT에 따르면, 세금을 내려면 달러가 필요하기 때문에 미국 달러의 국내 수요가 존재하며, 그 수요가 달러의 가치를 유지시킨다. 마찬가지로 선진국에 투자하려는 욕구는 달러 등 세계 주요 화폐의 수요를 늘려 이들 국가의 화폐 가치를 안정시킨다. 미국과 마찬가지로 다른 주요 화폐를 발행하는 선진국도 변동 환율제를 채택하고 있다. 이는 자국 통화의 가치를 다른 어떤 자산에도 연동하지 않는다는 뜻이다. 그러므로 이들 국가는 자신이 발행하지 못하는 통화를 사거나 팔거나 빌려서 환율을 방어하지 않아도 된다. 이는 이들이 강한 화폐 주권을 누리는 또 하나의 이유다.

많은 국가가 자국 통화의 환율을 달러에 연동하거나(사우디아라비아, 레바논, 요르단 등), 아예 미국 달러를 공인 화폐로 사용함으로써(에콰도르, 파나마, 엘살바도르 등) 스스로 화폐 주권을 약화시킨다. 이런 국가들은 달러 보유량을 늘리는 데 더 큰 노력을 기울여야 한다.[22] 또한, 시간이 갈수록 민간 부문이 달러를 빌리는 데 익숙해지기 때문에 화폐 주권이 계속 더 약해질 위험이 있다. 한편, 정부 자신도 달러 빚을 계속 더 낼 수밖에 없는 상황에 몰리면, 화폐 주권은 더욱더 약해질 것이다.

통화 동맹에 가입하는 것도 화폐 주권을 매우 약화하는 행동이다. 프랑스, 스페인, 이탈리아 등의 국가는 자본 시장이 딥 마켓인 선진국임에도 불구하고 통화 발행자로 행동할 수 없다. 유럽 중앙은행ECB이 발행하는 통화만 쓸 수 있는 유로존 회원국이기 때문이다. 통화 동맹은 유로존 회원국들을 단순한 통화 사용자의 지위로 격하시켰다. 이 사실은 끝나지 않을 것처럼 보이는 그리스의 부채 위기 사례 등을 분석하는 데 매우 중요하다.

마지막으로, 아프리카, 아시아, 라틴아메리카의 가난한 개발도상국들은 화폐 주권 스펙트럼에서 미국과 정반대에 있다. 이 장을 마무리하기 전에 이들의 상황을 좀 더 자세히 살펴볼 필요가 있다. 무역 정책이 미국 노동 계층에 미친 해악에도 불구하고, 현대 국제 무역 질서의 가장 큰 희생양은 미국이 아닌 이들 국가이기 때문이다.

브레턴우즈를 벗어나
자유 무역으로

정도의 차이는 있지만, 개발도상국에는 발전한 선진국이 가진 다양하고 성숙한 산업이 없다(개발도상국의 정의를 생각하면 당연한 말이다). 방글라데시, 베트남, 가나 등 개발도상국들은 값싼 제조업 노동력이나 석유, 금속, 광물 등의 천연자원을 다른 나라에 팔 수밖에 없다. 이런 수출 산업은 개발도상국의 국가 경제를 지배하는 경우가 많다. 이들 국가는 컴퓨터, 자동차, 의약품, 생산 설비 등을 더 발전한 나라에서 수입해야 한다. 또한, 국내 수요를 만족시키기에 충분한 식량, 에너지, 의약품 등을 생산할 능력이 없거나, 없다고 믿는 경우가 많다. 그래서 식량, 에너지, 의약품 등도 선진국에 의존한다. 앞서 말했듯이 이들 국가는 필수 수입품을 사기 위해 언제나 달러를 가지고 있어야 한다.

MMT 경제학자인 파델 카붑Fadhel Kaboub은 국제 공급 사슬의 최하층에 있는 나라의 경제에 근본적인 문제가 있다고 주장한다. 대개 식민 지배 역사가 남긴 유산에서 이어진 문제들이다.[23] 값싼 노동력과 원자재를 수출하고 값비싼 고부가가치 제품을 수입하는 개발도상국은 지속적인 무역 적자를 겪을 가능성이 크다. 문제는 개발도상국의 금융 자산이나 부동산을 매입하려는 지속적이고 탄탄한 수요가 없다는 것이다. 즉, 개발도상국의 자본 시장은 딥 마켓이 아니다. 신흥시장 투자자들은 개발도상국의 화폐나 금융 자산을 투기 목적으로 사들일 뿐, 장기로 투자해서 미국 달러 같은 주요 통화를 지속적으로 공급하는 경우는 별로 없다. 개발도상국이 자체 통화로 필수 수입품의 대금을 지급하는 것을 다른 국가들이 용납하지 않는 한, 개발도상국은 자신이 발행할 수 없는 달러 같은 외국 통화를 빌릴 수밖에 없다. 이렇게 하면 통화 주권이 약해질 뿐 아니라, 필요한 외국 통화를 구하기 위해 자국 통화를 자꾸 팔다 보니 자국 통화의 가치가 낮아지면서 필수 수입품의 가격이 더 오르는 악순환이 초래된다. 이러한 악순환이 생기면 수입품의 가격이 오르면서 인플레이션이 나타나는 경우가 많다. 카붑 교수의 고국인 튀니지나 베네수엘라, 아르헨티나 등지에서

는 인플레이션이 정치적 혼란으로 이어지기도 했다.[24]

선진 산업이나 딥 마켓 자본 시장이 없는 개발도상국은 여러 예측 불가능한 외부 위험에 노출돼 있다. 예를 들어, 달러 부족에 시달리는 국가는 서구 투기 세력의 표적이 될 때가 많다. 서구 투기 세력은 갑작스럽게 투자를 늘려 시장을 과열시켜 개발도상국의 화폐 가치를 치솟게 만든 뒤, 순식간에 자금을 빼내 화폐 가치를 무너뜨린다.[25] 한편, 개발도상국의 주요 수출품에 대한 해외 수요가 갑자기 줄어들 때도 수입 대금을 지급할 외화를 확보하지 못해 문제가 될 수 있다. 미국에서 천연가스 (수압 파쇄) 시추 붐이 일면서 석유 가격이 급락했을 때 베네수엘라와 러시아가 이런 문제를 겪었다. 아르헨티나의 주요 달러벌이 상품인 대두의 가격이 갑자기 낮아졌을 때도 비슷한 일이 일어났다. 두 경우 다 투자자들이 공포에 빠지면서 시장이 붕괴했고 지역 화폐의 가치가 끝 모르고 추락하면서 인플레이션과 정치적 변동이 일었다.

이런 외부 충격이 가해지면, 안정적이라고 알려진 경제 정책을 펴고 있던 나라조차 금융 위기에 빠져 외화 채무의 재조정을 요청하거나, IMF 등에 구제 금융을 신청하거나, 아예 디폴트를 선언해야 하는 상황에 몰릴 수 있다.[26] 많은 개발도상국은 무역 적자를 내고 있거나 달러(또는 다른 외화) 채무를 지고 있기 때문에, 예상치 못한 사건으로 외화를 충분히 벌지 못하게 되면(또는 괜찮은 조건으로 빌리지 못하게 되면) 빚을 갚고 수입품을 살 돈을 마련하지 못해 심각한 위기에 빠질 수 있다. 하지만 미국, 영국, 호주처럼 화폐 주권이 강한 나라의 사정은 다르다.

사실 미국 달러가 통화 패권을 쥐고 있다는 말은 미국의 이자율 변동에 전 세계가 영향을 받는다는 뜻이다. 연준의 결정이 개발도상국에 막대한 영향을 미치는데도 개발도상국에는 자신을 보호할 방법이 별로 없다. 미국이 두 자릿수 인플레이션을 경험했던 1979년 초, 전 연준 의장인 폴 볼커Paul Volcker는 금리 인상밖에 방법이 없다는 믿음으로 여러 번에 걸쳐 금리를 큰 폭으로 올렸다. 그 결과, 미국에 빚을 지고 있던 라틴 아메리카 국가와 유럽의 전 식민 지배국에 빚을 지고 있던 사하라 이남 아프리카 국가의 차입 비용이 크게 올랐다. 이들 국가는 이미 부유한 나라로부터 필수 수입품을 사 오려고 최대한 많은 저부가가치 제조업 상품을 생산하고 있었기에 수출을 늘리기가 어려웠다. 이런 와중에 연준이 이자율을 높이면서 미국 내 투자 수요가 증가해 달러 환율이 높아진 것이다. 개발도상국들은 자국 통화의 가치가 떨어지는 동시에 늘어나는 외채의 차입 비용이 높아지는 이중고를 겪어야 했다. 볼커의 잇따른 금리 인상은 많은 개발도상국을 위기로 몰아넣었고, 이들의 경제적 몰락을 부추겼다. 당시 피해를 본 국가 중 일부는 여전히 경제를 완전히 회복하지 못했다.[27]

IMF, 세계은행, 관세 및 무역에 관한 일반 협정(WTO의 전신) 등 여러 국제기구는 브레턴우즈 체제가 아직 건재할 때 만들어졌다. 브레턴우즈 체제하에서 이들 기구는 국제 무역 환경을 조성하는 데 적극적으로 관여했다. 무역 흐름을 안정적으로 유지하고 각국을 외국의 영향으로부터 어느 정도 보호하기 위해 관세와 자본 통제를 포함한 여러 방식이 동원됐다.

이들 국제기구는 브레턴우즈 체제가 막을 내린 뒤에도 살아남았다. 하지만 시간이 지나면서 운영 철학은 바뀌었다. 자유 무역이라는 종교가 이들을 장악하면서 무역 자유화라는 이름 아래 관세와 자본 통제가 완화됐다. 서구 엘리트들은 개발도상국을 국제 무역 시장에 고스란히 노출시켰고 빠르게 들고 나는 투자 자본이 이들 국가의 경제를 더 좋은 길로 이끌 거라고 판단했다. '보호 무역주의'와 '정부 개입'은 입에 올리기도 어려운 말이 되었다. 새로운 체제의 승자들은 자유 무역이 무역 참여국 사이의 조화로운 무역 관계를 보장하고 완전 고용을 달성하는 길이라고 주장했다.[28]

물론 그런 일은 벌어지지 않았다. IMF, WTO, 세계은행을 움직이는 이들은 대부분 잘 사는 국가의 외교관과 은행가다. 이들에게는 세계의 완전 고용을 달성해야 할 의무가 없다. 이들은 위기에 빠진 개발도상국에 눈에 익은 해결책을 제시할 뿐이다. 그 해결책이란, 정부 지출을 극단적으로 삭감(긴축 재정)하는 것과 투자자를 모으고 통화 가치를 끌어올리기 위해 긴축적 통화 정책(매우 높은 이자율)을 펴는 것을 말한다. 물론 무역 자유화도 빠지지 않는다. 게다가 이들은 개발도상국에 통화 가치를 유로, 위안, 미국 달러 같은 다른 주요 통화에 연동하라는 권고도 자주 한다. 이들이 제시하는 정책 조합에는 개발도상국의 화폐 주권을 높일 만한 정책이 하나도 없다.

의도야 어찌 됐건, 이런 해결책이 실제로 미치는 영향은 부정적이다. 화폐 주권을 희생하고 고정 환율 제도를 채택하더라도 기준 환율에 맞출 만큼 충분히 외화를 확보할 수 없으면 고정 환율 제도가 무너진다. 이렇게 되면 자국 화폐를 고정 환율에 따라 외국환으로 바꿀 수 없어지면서, 정부와 기업은 물론 가계마저 외채를 갚지 못해 경제 위기가 고조될 수 있다.[29] 환율이 크게 오르면서 하이퍼인플레이션이 나타날 수 있으며, 핵심 수입품의 가격은 치솟을 것이다. 이 상황에서 긴축 재정과 긴축적 화폐 정책을 펴면, 국내 경제가 망가지고 실업률과 빈곤율이 높아질 것이다. 이런 모든 일이 그저 이 같은 악순환을 다시 불러일으킬 뿐인 서구 투자자들을 끌어온다는 미명 아래 행해진다.

여기서 끝이 아니다. 오랫동안 IMF 등의 국제기구들은 특히 2차 세계대전 이후 식민 지배에서 독립한 개발도상국들에 부유한 나라를 대상으로 특정 상품만 팔 것을 권고해 왔다.[30] 이러한 권고는 19세기 영국 경제학자인 데이비드 리카도David Ricardo가 주장한 '비교우위론'에 근거를 두고 있다. 리카도는 모든 나라가 자신이 능숙하고 효율적으로 만들 수 있는 제품과 서비스를 생산하는 데 집중해야 한다고 권고했을 뿐이다. 하지만 유명 경제학자 중에는 이 주장을 극단적으로 받아들이는 사람이 많다. 일례로, 이들은 개발도상국에 신산업을 발전시켜 장기적으로 화폐 주권을 강화하라고 권고하기보다는 단기간에 가장 저비용으로 생산할 수 있는 제품을 만드는 데 주력하라고 말한다.

그러니까 서구 국제 사회 엘리트들은 가난한 나라를 상대로 일자리를 만들거나 에너지를 자급하기 위한 개발 전략을 펴지 '말고' 특정 제품을 생산하는 데만 집중하라고 조언해온 것이다. 이는 오늘날의 서구 사회처럼 선진적이고 다각화된 경제를 만들 생각은 아예 하지 말고 영원히 '개발 중'인 상태로 남으라는 말이나 다름없다. 이러한 전략은 미국과 일본을 비롯한 여러 경제 강국이 택했던 과거 전략과는 정'반대'다. 선진국들은 자국에서 소비하는 필수품을 수입에 의존하기보다 자국 내에서 생산하는 데 집중했다. 실제로 다양한 실물 자원을 보유한 대국인 중국은 수백 년 동안 미국이 해 온 대로 수단과 방법을 가리지 않고 국제 무역량을 늘려 크게 발전할 수 있었다. 예상과 마찬가지로 중국 정부는 산업 공정에서 금융, 보험, 부동산이 담당하는 역할에 강력한 제한을 두고 있다.[31]

무역 전쟁은 가고
무역 평화가 올까?

당연히 모든 문제를 풀 수는 없겠지만, MMT는 미국을 비롯한 서구 열강과 개발도상국 모두가 얽혀 있는 매듭을 푸는 데 유용한 도구가 될 수 있다.

국제 무역 질서를 개혁하기 위해 가장 큰 걸음을 내디뎌야 하는 나라는 미국이다. 여러모로 미국은 가야 할 길이 멀다. 무역 전쟁에서 이기고 지는 문제를 말하는 것이 아니다. 내가 이번 장에서 전달하고자 했던 바는 무역이 국가 간 자유 경쟁이 아니라, 특수한 이해관계를 둘러싼 특정 국가 사이의 권력 관계[32]라는 사실이다. 미국에는 큰 힘이 있고 이 사실을 제대로 인지해야 한다. 평범한 사람과 지구 환경을 위해 안전한 세상을 만들고 싶다면, 우리는 무역 전쟁에 대한 생각은 조금 접어 두고 무역 평화에 가까운 것을 상상해봐야 한다.

먼저, 우리는 무역에서 흑자를 내서 다른 나라를 '이긴'다는 식의 생각을 그만둬야 한다. 한 국가의 무역 흑자는 다른 나라의 무역 적자이므로,

이런 생각대로라면 당연히 모든 나라가 함께 이길 수 없다. 사실 정책만 잘 쓴다면, 무역 적자를 낸 나라가 실제로 경제적 손해를 감수해야 하는 일은 벌어지지 않는다. 무역에 대한 트럼프의 접근 방식은 갈등을 유발해 전 세계가 부족한 일자리를 두고 제로섬의 바닥 치기 경쟁을 하게 만들 뿐이다. 이미 트럼프의 관세 정책은 미국 제조업을 되살리는 데 실패했고 미국의 소비자 물가를 높였으며, 중국의 보복을 유발했고 세계 경제 침체에도 일조했다. 모두 무역 적자 통념을 따른 결과다.

우리는 미국 정부가 미국 내 민간 부문이 완전 고용을 유지하는 데 필요한 모든 달러'와' 외국이 준비 통화를 확보하고 무역량을 안정적으로 유지하는 데 필요한 모든 달러를 공급할 수 있다는 사실을 깨달아야 한다. 미국은 자국의 편협한 이익을 위해 통화 패권을 휘둘러 국제 자원을 움직일 게 아니라, 국제 그린 뉴딜을 이끄는 쪽으로 자원을 움직이고 이자율을 안정적으로 유지해 국제 경제의 안정성을 높일 수 있다.

미국을 비롯한 선진국에는 분명 일자리 보장 제도를 운용할 만큼 강한 화폐 주권이 있다. 하지만 중위 소득 국가나 개발도상국은 어떨까? 멕시코 같은 나라도 일자리 보장 제도를 도입하면, 현재의 혼란을 일부 해결할 수 있을까? 어쩌면 가능할지도 모른다. 국제 사회 엘리트들의 생각과는 달리, 과거 사례로 미루어볼 때 개발도상국이 일자리 보장 제도를 도입하기 위해 넘어야 할 장애물은 그리 많지 않을 수도 있다.

아르헨티나를 예로 들어보자. 아르헨티나는 금융 위기를 겪은 대표적인 국가로 손꼽힌다. 하지만 2001년 인플레이션 위기를 겪으면서 아르헨티나 정부는 국내 발전에 초점을 맞추는 쪽으로 정책 방향을 크게 변경했다.[33] 먼저, 아르헨티나는 환율을 달러에 연동하고 미국 달러를 비축하는 정책을 폐지했다. 정책 결정자들은 해외 채권단에 디폴트를 선언하고 자국민에게 투자하는 쪽을 택했다. 그리고 가난한 가정의 가장에게 일자리를 보장하는 대규모 직접 고용 창출 제도를 도입했다. MMT 경제학자인 L. 랜덜 레이와 파블리나 체르네바의 보고에 따르면, 실업 가장을 위한 계획Plan Jefes y Jefas de Hogar Desocupados이라는 이 제도는 아르헨티나 노동 인구의 약 13%에 해당하는 200만 명의 일자리를 창출했다. 참여자의 대부분은 여성이었고, 주로 정원 손질, 사회 복지 센터 개조, 주방 관리, 공공 보건 교육 등 지역 공동체를 위한 일을 맡았다.[34] 이 프로그램 덕분에 아르헨티나는 외국 자본에 의존하는 데서 발생하는 많은 문제를 피할 수 있었다. 이 프로그램은 모두 함께 더 풍요롭고 지속 가능하고 평화로운 지구를 만들 방법이 있다는 희망을 보여줬다.

궁극적으로는 체르네바의 제안대로 세계 일자리 보장 제도를 도입해야 할 것이다.[35] 이 책을 쓰는 현재 국제 노동 기구에 따르면, 세계의 비자발적 실업 인구는 2억 명에 달한다.[36] 많은 국가가 수출 주도 성장으로 고용을 늘리려 하지만, 성공하는 경우는 극히 드물다. 우리에게는 실업을 자연 상태로 인정하지 않는 예방적 완전 고용 정책이 필요하다. 일자리는 시장 원리에 따라 사라지는 존재가 아니라, UN 세계 인권 선언에서 말한 대로 인간의 권리가 되어야 한다.

미국이 다른 나라 정부를 대신해 정책을 펼 수는 없다. 하지만 미국은 달러의 기축 통화 지위를 활용해 세계의 완전 고용에 도움이 되는 방향으로 통화 정책을 펼 수 있다. 모든 노동자는 좋은 일자리를 보장받으면서 지속 가능한 인프라를 만들고 더 다양한 공공 서비스를 제공하기 위한 정부의 산업 정책에 참여할 수 있을 것이다.

멕시코와 미국의 생활 수준 차이를 고려할 때, 미국과의 무역에서 멕시코가 더 큰 이득을 보고 있다는 트럼프의 주장은 설득력이 떨어진다.[37] 중국이나 일본과 다르게 멕시코는 미국과 국제기구에서 제안하는 공격적인 신자유주의 개혁안을 따른 적이 많다. 일례로, 멕시코는 NAFTA에 가입해 미국과 캐나다 금융 자본의 진입 장벽을 낮췄다. 또한, 어쩌면 더 중요할 수도 있는 농산물에 대한 무역 장벽조차 낮춰버렸다. 여러 미국 기업이 제조업 일자리를 멕시코 국경 지대로 옮긴 건 사실이지만, 옥수수를 비롯한 미국 농산물의 유입은 멕시코의 농촌에서 수백만 명의 일자리를 앗아갔다. 이들 중 많은 수가 일자리를 찾기 위해 미국 국경을 건널 수밖에 없었다.[38]

이런 사례를 보면, 자유 무역 협정에 대해 근본부터 다시 생각해봐야 하는 게 아닐까 하는 의문이 든다.

현재의 자유 무역 협정은 환경 문제는 말할 것도 없고 노동자들마저 제쳐둔 채 부유한 국제 투자자들의 이익만을 고려한다. 일례로, 최근 맺어진 많은 무역 협정에는 투자자·국가 간 소송 제도ISDS가 포함돼 있다. 이 제도는 한 나라 국민이 선출한 정부가 자국 산업을 보호하려고 도입한 제한이나 규제 등에 대해 기업이 고소를 통해 이의를 제기할 수 있게 하는 병렬적 사법 제도다. 이 제도는 해당 국가의 법정이 아니라, 대체로 기업 측에 더 호의적인 사설 중재 기관에서 분쟁을 해결하게 한다. 또한, 국제 저작권법 이행 조항도 포함되는데, 이 조항 때문에 개발도상국은 허가를 받아 합리적인 가격의 복제 의약품을 생산할 수 있게 되기 전까지 제약 회사에 터무니없는 가격과 특허료를 지급해야만 한다. 환태평양 경제 동반자 협정Trans-Pacific Partnership 등의 자유 무역 협정에 포함된 특허 조항은 가난한 나라 에이즈 환자들에게는 사형 선고나 다름없다.

이 같은 '자유 무역' 협정은 부유한 나라와 가난한 나라로 분열된 세계를 공고히 한다. 자유 무역 협정은 가난한 나라가 화석 연료를 캐내도록 압박해 기후 변화를 재촉한다. 또한, 개발도상국에 수출 중심 성장 외에 다른 선택지를 허락하지 않는다. 하지만 수출 중심 성장이란, 부유한 선진국을 위해 착취적인 노동 환경에서 싸구려 제품을 생산하는 것을 뜻할 뿐이다. 심지어 부유한 국가들은 가난한 나라를 희생시켜 자신의 화폐 주권을 키우기까지 한다.

미국은 무역 협정의 기준을 새로 정함으로써 무역 협정을 개선하는 일에 앞장설 수 있다. 예를 들어, 상대국에 엄격한 환경 기준을 준수해 달라고 요구하거나 일자리 보장 제도 같은 강력한 일자리 보호 정책을 도입하라는 조건을 걸거나 가난한 나라의 식량 및 에너지 주권을 기르는 데 초점을 맞출 수 있을 것이다. 또한, 진정한 모두의 번영을 위해 무역 상대국에 녹색 기술과 지적 재산을 다른 나라와 공유해 달라고 요청할 수도 있을 것이다. 어쩌면 WTO를 혁신해 현재처럼 힘 있는 다국적 기업의 특권을 변호하는 기구가 아닌, 무역 협정에 위와 같은 조항을 넣도록 강제하는 기구로 만들 수도 있을 것이다.

한편, 파델 카붑이 제안한 개발도상국 간 무역 협정South-South Trade Partnership이 실제로 맺어진다면, 개발도상국은 보완 산업을 육성해 고부가가치 완성품을 수입하고 값싼 중간 제품을 수출하는 국제 공급 사슬상의 현 지위를 벗어날 수 있을 것이다. 또한, 우리는 선진국의 생산 자원과 기술적 노하우를 개발도상국으로 이전하는 시스템을 구축할 필요가 있다.[39] 이 시스템을 활용해 가난한 나라의 산업 역량을 키우면, 이들 국가는 필수품을 수입에 의존하는 데서 오는 악순환을 벗어나 (재생 가능한) 에너지 주권과 (지속 가능한) 식량 주권을 기를 수 있을 것이다.

식량 주권과 에너지 주권을 강화하는 일은 이론적으로 전혀 불가능한 일이 아니며, 실제로도 그렇다. 황량한 사막 기후에 위치해 식량 대부분을 수입하는 나라조차 물을 효율적으로 사용하는 수경 재배와 아쿠아포닉스Aquaponics 기법 등의 식량 생산 기술을 활용하면, 지속 가능한 농업 정책을 펼 수 있다. 또, 석유나 천연가스가 나지 않는 나라도 태양열이나 풍력 발전 등의 재생 에너지를 활용할 수 있다. 개발도상국의 탈탄소화를 지원하면, 이들 국가가 화석 연료를 수입하기 위해 미국 달러에 의존하는 경향을 줄일 수 있을뿐더러, 전 세계에 기후 변화를 막기 위한 노력을 촉구해 국제 사회가 다 함께 지구의 생존을 위협하는 탄소 배출 공해를 줄여나갈 수 있을 것이다.

기초 생활 필수품을 수입에 의존하는 한, 많은 개발도상국은 부유한 나라 화폐를 얻기 위한 치열한 경쟁 속에서 계속 '개발 중'인 상태로 남을 수밖에 없다. 앞으로도 전 세계 기업들은 주주 가치 극대화라는 미명 아래 끊임없이 단기 이윤만을 좇아 희귀 천연자원을 캐내고 소중한 생태계를 오염시키며, 절박한 사람들을 무자비하게 해고할 것이다. 그대로 둔다면 이러한 상황을 무대 삼아 '외국인'을 비난하고 국제 갈등을 심화시키는 트럼프 같은 선동가가 계속 등장할 수밖에 없다.

　개발도상국들은 개도국 간 무역 협정을 맺고 국가 간 금융 거래를 규제해야 할 필요가 있다. 브레턴우즈 체제 동안 존재했던 전통적 형태의 자본 통제를 도입할 수는 없겠지만, 지금보다 자본을 규제할 방법은 분명 있다. 개발도상국은 외국인 투자자의 자산 투자와 양도를 규제하고 이들이 외환 시장에서 지나친 하방 압력을 행사하지 못하도록 할 필요가 있다. 이렇게 하면 달러를 지나치게 많이 비축할 필요가 줄어들고 변동 환율 체제의 장점을 깨달을 수 있을 것이다. 요는 짧은 시간 동안 '임시'로 국제 자본을 규제할 것이 아니라, 지속적인 규제를 통해 개발도상국의 화폐 주권을 계속 키워나가야만 한다는 것이다.

　우리는 지구라는 한 행성을 공유하고 있다. 현재 우리의 무역 체제로는 국제 빈곤과 실업이라는 사회·경제적 문제를 해결할 수 없다. 기후 변화에 대응하려면, 전 세계가 힘을 모아야 한다. 무역 평화는 그저 달성 가능한 목표가 아니라, 달성해야만 하는 목표다.

제6장 우리에겐 자격이 있다!

우리에겐 자격이 있다!

여섯 번째 착각
사회 보장 제도와 메디케어 같은 '복지' 프로그램은 재정적으로 지속 불가능하다. 더는 이들 프로그램을 운영할 여력이 없다.

현실
연방 정부가 자금을 대는 한 복지 프로그램을 운영할 금전적 여력은 항상 있다. 중요한 건 미래에 필요해질 실제 물건과 서비스를 생산하기에 충분한 장기 생산 능력을 갖추는 것이다.

우리는 수십 년째 사회 보장 제도, 메디케어, 메디케이드 등 복지 프로그램의 재정을 우려하는 목소리를 듣고 있다. 이들 프로그램에 들어가는 비용이 너무 가파르게 늘어서 연방 정부 예산을 다 잡아먹고 있다고. 이대로 계속 갈 순 없다고. 과감하게 개혁하지 않으면, 기금이 고갈돼서 연방 정부 전체가 재정난에 빠질 거라고.

사람들이 보기에 문제는 명확하다. 조만간 복지 프로그램을 운영하는 데 들어가는 비용이 정부가 감당할 수 있는 범위를 벗어나리라는 것이다. 어떤 사람들은 재정이 부족해질 때를 대비해 복지 프로그램의 규모를 줄이고 '분수에 맞게 사는 것'만이 현실적인 해결책이라고 주장한다. 다른 사람들은 돈을 더 걷어서 수지를 맞추면 된다고 말한다.

하지만 양쪽 다 잘못 알고 있다. 복지 프로그램은 '연방 정부가 돈을 대는 프로그램이다.' 돈이 떨어지는 일은 없다.

모든 정부 지출에 대한 우리의 생각은 부채 공포증으로 인해 뒤틀려 있다. 복지에 대해서는 특히 더 심한데, 이는 일정 부분 복지 제도를 설계할 때 이 제도를 보호하고자 취한 조치들 때문이다. 루스벨트 대통령은 사회 보장 제도를 도입하면서 재원 마련에 관해 특별한 규정을 두었다. 그는 이 조치가 사회 보장 제도를 지켜줄 거라고 믿었다. 하지만 이는 실수였다. 이 규정 때문에 우리가 중요시하는 가치와 우선 사항과 실질 생산 능력에 쏠렸어야 할 정치적 관심이 재원 마련 방법 쪽으로 쏠리게 됐기 때문이다.

복지 프로그램의 기금 고갈을 둘러싼 논쟁에 대해 본격적으로 다루기 전에, 먼저 더 기초적인 질문부터 던져보자. 누가, 왜 복지 수급권자가 되는 걸까?

수급권자는 누구인가?

'자격 급여Entitlement'란 노인, 장애인, 가난한 사람 등 특정 조건을 만족하는 집단에 복지 혜택을 제공하는 정부 프로그램을 통틀어 일컫는 말이다. 미 상원 웹 사이트에서는 자격 급여를 다음과 같이 정의하고 있다.[1]

> **자격 급여:** 정해진 조건을 만족하는 개인이나 정부 기관에 수당을 지급하는 연방 정부 프로그램 또는 법 조항. 연방 정부는 자격 급여를 지급할 의무가 있으며, 조건에 부합하는 수급자는 이 의무가 이행되지 않았을 때, 법적 조치를 취할 수 있다. 자격 급여 프로그램의 예로는 사회 보장 제도, 제대 군인 지원, 연금 등이 있다.

쉽게 말해, 기준을 만족하면 누구나 수급권자라는 뜻이다. 정부가 지원하고자 하는 집단 중 하나에 소속되어 있는 사람은 모두 수당을 받을 자격이 있다. 이게 전부다. 우리에게는 수당을 받을 법적 권한이 있고 아무도 이 권한을 부정할 수 없다. 조건을 만족하는 순간 정부는 우리에게 돈을 지급해야 한다.

사람들은 대개 살면서 한 번쯤은 복지 제도의 도움을 받는다. 거의 모든 미국인이 퇴직 이후 사회 보장 연금과 메디케어 혜택을 받는다. 지금 이 순간에도 여러분의 조부모, 부모, 이웃 또는 여러분 자신이 그 혜택을 받고 있을 것이다.

사회 보장 제도는 장애 보험도 제공한다. 은퇴 연령 이전에 장애를 입은 모든 사람이 이 혜택을 받을 수 있다. 2018년 현재, 미국에서 사회 보장 장애 수당을 받는 장애인은 거의 천만 명에 달한다.[2] '미국 척수 마비 상이 군인회Paralyzed Veterans of America' 사무 차장인 숀 캐슬Shaun Castle도 이들 중 한 명이다. 현재 그는 전국을 돌며 사회 보장 제도 덕분에 노숙자가 되지 않을 수 있었던 자신의 사연을 알리고 있다. 캐슬은 군 경찰 임무를 수행하던 중 척수를 다쳤다. 이 부상은 그가 제대한 뒤 척수 마비로 악화했다. 캐슬이 여러 인터뷰[3]와 국회 진술[4]에서 이야기한 것처럼 그는 군인 수당을 받기 전까지 사회 보장 장애 보험SSDI: Social Security Disability Insurance에 의지해 생계를 꾸렸다.

또한, 사회 보장 제도는 근로 기간 중에 가장이 사망한 경우 그 가족들에게 수당을 지급한다. 몇 년 전, 친구가 이른 나이에 사망했을 때 나는 이 제도의 필요성을 절감했다. 친구는 좋은 직장에 다녔으므로, 남은 가족은 줄어든 수입으로 인해 엄청난 경제적 압박을 받았다. 아내를 잃은 친구의 남편은 두 아이를 혼자 기를 방법을 찾아야 했다. 모두에게 어려운 시기였고, 특히 아이들이 힘들어했다. 하지만 사회 보장 제도가 매달 줄어든 소득 중 일부를 지원해 준 덕분에 적어도 금전적으로는 도움을 받을 수 있었다. 그 돈은 친구의 남편이 아이들을 18세가 될 때까지 키울 수 있게 도와주었다.

빈곤 퇴치 프로그램도 많은 사람에게 도움을 준다. 미국인 열 명 가운데 약 여섯 명은 20세부터 65세까지 적어도 일 년 이상 빈곤을 경험한다.[5] 미국의 빈곤 아동 비율은 거의 다섯 명 중 한 명에 달한다.

복지 수당을 받는 것은 비도덕적인 일이 아니며, 나약함의 증거도 아니다. 불확실한 미래에 대비해 상당한 돈을 저축할 여유가 있는 사람이 아니라도 기본적인 경제적 안정은 누릴 수 있어야 한다. 저축하는 건 좋은 일이지만, 미래를 대비하기 위해 돈을 저축하기는커녕 생계를 꾸려나가기조차 힘든 사람이 수백만 명에 달한다. 모든 사람에게는 치료가 필요하면 치료받을 수 있고, 나이가 들거나 장애가 생겨도 경제적 안정을 유지할 수 있고, 직장을 잃는 등의 어려움이 생기면 도움을 받을 수 있다는 믿음을 가질 자격이 있다.

적어도 '원칙적으로는' 그렇다. 하지만 지난 수십 년 동안 미국의 복지 제도(식량 보조, 주택 바우처, 세액 공제 등의 빈곤 감소 사업과 사회 보장 제도, 메디케어, 메디케이드 등)는 공격의 대상이었다. 어떤 사람들은 자신의 이익을 위해 복지 제도에 반대한다. 부유한 개인과 기업은 세금이 오를 거라는 이유로 복지 제도를 공격하곤 한다. 그런가 하면, 자격이 있는 부자가 가져야 할 소득을 자격도 없는 빈곤층과 저소득 가정에 분배하는 것이 잘못됐다는 신념을 가지고 공격하는 사람도 있다.

논쟁이 추해질 때도 있다. 일부 비평가들은 노화, 장애, 빈곤의 현실을 매일 마주하면서도 복지 수급자를 향한 인격 모독을 멈추지 않는다. 일례로, 오바마 대통령이 만든 재정 적자 대책 위원회의 공동 위원장이었던 앨런 심프슨Alan Simpson 상원 의원은 분노를 유발하고 청년층과 노인층을 분열시키기 위해, 퇴직자들을 "욕심쟁이 영감탱이"라고 불렀다. 심프슨은 사회 보장 제도를 지지하는 페미니즘 활동가들을 "핑크 팬더Pink Panther"*라고 부르며, 그중 한 명에게 사회 보장 제도란 "젖이 3억 1,000만 개 달린 암소" 같은 거라고 말했다. 그 말을 들은 활동가 애슐리 카슨

---

* 여성 성기를 뜻하는 비속어이다.

Ashley B. Carson이 노년 여성의 권리를 옹호하는 발언을 하자, 그는 "정직한 직장이나 잡고 연락하쇼!"라고 대꾸했다.[6]

수급자들을 인격적으로 모독한 사람은 그전에도 많았다. 복지 제도는 처음 생길 때부터 비난을 달고 다녔다. 1882년 발간된 한 잡지 표지에는 「만족을 모르는 식충」이라는 제목과 함께 제대 군인을 풍자한 캐리커처가 실렸다. 그림에 그려진 제대 군인은 여러 개 달린 '팔Arm'로 나랏돈을 퍼먹는다. 물론 각 팔은 떳떳하지 못한 군인 연금 청구자들을 의미한다.[7] 21세기에도 이와 비슷한 풍자만화가 그려졌다. 이 만화에는 "1991년, 2001년, 2011년의 가장 큰 위협"이라는 문구 아래 사담 후세인, 오사마 빈 라덴 옆에 '수급자'라는 팻말을 건 노년 여성이 서 있다.[8]

가끔 그저 분노를 표출하거나 정부에 대한 불만을 표현하려고 복지 제도와 수급권자를 공격하는 사람들도 있다. 그리고 일부는 그저 잘못 알고 있어서 이 비난에 동참한다. 이유가 무엇이든 복지 논쟁의 많은 부분은 경제에 대한 잘못된 사고방식에서 비롯된다. 다행히 MMT에 따르면, 우리는 '재정난'을 해결하려고 둘로 나뉘어 필사적으로 (불필요한) 싸움을 할 필요가 없다. MMT는 복지 프로그램의 지속 가능성을 '재정적' 측면으로 판단하는 것이 본질을 벗어난다는 사실과 복지 프로그램의 가장 큰 문제는 결코 재정 문제가 아니라는 사실을 알려준다.

사회 보장 제도의
가장 큰 실수

미국 사회 보장 제도의 역사는 적자 공포증이 어떤 악영향을 미치는지 잘 보여준다.

사회 보장 제도는 연방 정부의 가장 큰 성공 사례 중 하나다. 사회 보장 제도는 매년 수백만 명을 빈곤에서 구출하고, 다른 수백만 명에게 경제적 안전장치가 돼 준다. 노년층과 장애인을 지원하며, 미국에서 가장 큰 규모의 아동 지원 사업이기도 하다.[9] 이처럼 많은 사람에게 중요한 혜택을 제공하는 사회 보장 제도가 미국인들로부터 많은 지지를 받는 건 놀랄 만한 일이 아니다.[10]

이렇게 인기 있고 성공적인 정책이 왜 정치권의 끊임없는 공격에 시달리는 걸까? 답을 찾으려면, 사회 보장 제도가 생겨난 1935년으로 돌아가야 한다.

루스벨트 대통령은 오늘날 우리가 아는 사회 보장 제도를 훨씬 뛰어넘는 원대한 계획을 품고 있었다. 그는 1935년에 세운 법안을 모든 미국인의 재정적 안정을 보장하고 미국인을 '요람에서 무덤까지' 보호해 줄 훨씬 방대한 체제를 구축하기 위한 첫걸음으로 여겼다.[11] 1935년 사회 보장법에 서명하면서 루스벨트는 이렇게 말했다. "현재 만들고 있는 체제의 초석일 뿐, 결코 완성된 건 아니다."[12]

사회 보장Social Security이라는 이름 자체가 루스벨트가 마음에 품었던 계획을 엿보여 준다. 루스벨트는 1944년 국정 연설에서 경제 기본권

Economic Rights이라는 원대한 비전을 소개했다. 그는 괜찮은 소득, 살 만한 집, 적절한 의료를 누릴 권리, 실업이나 사고로 인한 불행으로부터 보호받을 권리, 노년기에 경제적 어려움을 겪지 않을 권리, 그리고 "유용하고 보수가 좋은 일자리"를 가질 권리를 경제 기본권으로 보장하길 바랐다.

루스벨트는 말했다. "이 모든 권리가 모여 '안전Security'이 됩니다."

루스벨트가 초석을 다진 뒤로 몇 가지 파생 제도들이 도입됐다. 1935년 사회 보장법의 권고에 따라 주 정부들은 실업 보험 프로그램을 구축했다. 1965년에는 노년층과 장애인을 위한 메디케어와 저소득층을 위한 메디케이드가 통과되면서 의료 보장을 위한 큰 그림이 구체화되기 시작했다(1973년에는 65세 이하 장애인도 메디케어에 가입할 수 있게 되면서 더 보장 범위가 넓어졌다).

루스벨트는 사회 보장 제도가 계속해서 일부 세력의 반대에 부딪히리라는 걸 알고 있었다. 이 생각은 옳았다. 반대파가 보기에 루스벨트는 '사회주의자'였고 사회 보장 제도는 정부가 자유에 가한 또 다른 일격일 뿐이었다. 루스벨트는 이 제도를 미래 세대까지 지키기 위해 몇 가지를 조처했다. 하지만 이는 결정적인 실수였다. 이들 조치는 적자 공포증을 강화하고 사회 보장 제도를 위태롭게 만들었다. 또한, 사회 보장 제도 외에 다른 제도에도 광범위한 악영향을 미쳤다.

1935년 사회 보장법은 급여세Payroll Tax를 걷어 연금을 지급하도록 했다. 돈을 어떻게 '마련할지' 보임으로써 사회 보장 제도가 자금을 자체 조달한다는 사실을 강조하기 위해서였다. 근로자들은 급여 중 일부를 내고 나중에 퇴직 연금을 받는다. 사람들은 대부분 정부가 급여세 수입으로 연금을 지급한다고 믿었고, 지금도 그렇게 믿고 있다.

곧, 첫 번째 사회 보장 신탁 기금이 만들어졌다. 매년 연금 및 수당을 지급하고 '남은' 돈은 미국 국채에 투자되어 신탁 펀드에 안전하게 보관됐다. 이러한 사실은 연방 정부가 아니라 근로자로부터 걷은 급여세가 사회 보장 제도에 들어가는 예산을 댄다는 믿음을 더 키웠다.

루스벨트가 보기에는 이런 식으로 자금을 마련해야 할 이유가 하나 더 있었다. 그는 사람들이 돈을 냈으므로 자신에게 수당을 받을 권리가 있다고 믿길 바랐다. 미국에서 일하는 사람이라면 모두 연방 보험료법FICA: Federal Insurance Contributions Act에 따라 매달 월급에서 급여세가 원천 징수되는 것을 확인할 수 있다. 루스벨트는 모두가 자신의 기여를 직접 눈으로 확인할 수 있다면, '어떤 정치인 나부랭이도 나의 사회 보장 제도를 폐지할 수 없다'라는 강한 권리감을 가지게 될 거라고 믿었다.[13]

루스벨트가 한 다른 조치도 사회 보장 제도를 정치적으로 취약하게 만들었다. 신탁 펀드 설립에 관한 1939년 사회 보장법 개정안에서 루스벨트는 신탁 이사회를 두게 했다. 현재 신탁 이사회는 향후 75년간의 수입과 지출을 예측해 사회 보장 제도의 지급 능력을 평가하는 일을 맡고 있다. 신탁 이사회는 미래에 사회 보장 제도로 들어올 돈과 나갈 돈을 예상하기 위해 어쩔 수 없이 수많은 가정에 의존한다. 이들은 향후 75년간 매년 몇 명의 근로자가 일하게 될지, 경제가 얼마나 빠르게 성장할지, 임금이 얼마나 높아질지, 22세기가 가까워지면 인간의 수명이 어디까지 늘어날지, 얼마나 많은 사람이 장애를 입게 될지, 이자율은 어떻게 변할지, 얼마나 많은 아기가 태어날지 등을 알아내야만 한다.

하지만 당연히 미래를 확실히 알 수 있는 사람은 없다. 신탁 이사회 전문가들은 최선의 예상치를 제시할 뿐이다. 2019년 이들이 발간한 보고서에 따르면, 앞으로 사회 보장 제도의 주 신탁 기금은 고갈될 가능성이 크다. 2033년이 되면, 잔액이 0으로 떨어질 거라는 게 이들의 예측이다.[14] 근로자들은 계속 사회 보장 제도에 돈을 내겠지만, 근로자의 급여에서 원천 징수되는 급여세로 연금과 수당을 모두 지급하기에는 역부족일 것이다. 연방법에 따르면, 이 경우 정부는 수입에 맞춰 지출을 줄여야만 한다. 그러려면, 지급액의 22%를 깎아야 할 것이다.

루스벨트는 수당으로 지급하기에 충분한 돈이 있다는 사실을 모든 이에게 '보일 수 있는' 한, 자신의 정치 숙적들이 사회 보장 제도를 공격하기 어려울 거라고 믿었다. 그러나 오늘날 우리는 수당으로 지급할 돈이 없음을 '보게' 되었다. 얼마 동안은 원천 징수된 세금이 새로 신탁 기금에 더해지면서 사회 보장 제도가 지속될 것이다. 하지만 (무언가 바뀌지 않는 한) 결국 기금은 동날 것이고 수당은 깎일 것이다. 하지만 이는 정부가 지출을 감당할 수 없어서가 아니라, 의회가 신탁 기금 잔액이 마이너스가 되면 수당을 깎는다는 법을 만들었기 때문이다.

책임 있는 연방 예산을 위한 위원회CRFB라는 단체의 수석 부위원장인 마크 골드웨인Marc Goldwein이 쓴 칼럼은 사회 보장 제도 반대론자들이 흔히 하는 말로 뒤덮여 있다. 먼저 그는 사회 보장 제도가 "위기"에 처해 있으며, 이는 곧 "재앙"으로 발전할 거라고 주장했다. 왜? 그는 이유를 이렇게 설명한다. "현행법에 따르면, 현재 한창 일하고 있는 근로자나 미래 근로자에게 지급할 연금은 둘째치고 새롭게 퇴직한 일반 근로자에게조차 연금을 다 지급할 수 없는 상황이다."[15]

골드웨인이 놓친 사실은 의회가 단 한 번의 투표로 현행 법령을 개정할 수 있으며, 그러면 '위기'는 영원히 사라진다는 점이다. 따지고 보면, 루스벨트의 요청에 따라 현재의 사회 보장 제도를 만든 것도 의회가 아니던가. MMT가 보였듯, 미국처럼 통화를 발행하는 정부에는 금전적 제약이 전혀 없다. 자신이 발행하는 미국 통화로 수당을 지급하는 한, 연방 정부는 언제든 사회 보장 수당을 지급할 수 있다. 연방 정부에 없는 것은 '재정 능력'이 아니라 '법적 권한'이다.

그렇다면, 법을 바꾸지 않는 이유가 뭘까? 어쩌면 법을 바꾸자고 진지하게 제안한 사람이 없기 때문일지도 모른다. 사회 보장 제도를 지지하는 사람 중에 자금 조달 방식 자체를 문제로 지적하는 사람은 거의 없다. 대부분은 루스벨트와 비슷하게 생각한다. 신탁 기금을 늘릴 방법을 찾아내어 신탁 이사회로부터 앞으로 75년 동안 기금이 부족해지지 않을 거라는 확인을 받아내는 것이 이 제도를 지킬 최선의 방법이라고 생각하는 것이다.[16]

하지만 사회 보장기금이 앞으로 75년 동안 충분할 거라는 예측이 나오더라도, 공격의 여지는 남아 있다. 경제학자 로런스 코틀리코프Lawrence Kotlikoff는 의회에 사회 보장 제도의 재정 안정성을 더 장기적 관점에서 평가하라고 요구한 것으로 악명이 높다. 더 장기적 관점이라니, 얼마나 멀리 내다보라는 걸까? 코틀리코프는 무한한 미래까지 기한을 연장해, 사회 보장 제도로 들어오고 나갈 돈의 흐름을 인간의 능력이 허락하는 한 가장 멀리까지 (아니, 심지어 그보다 더 멀리!) 내다보기를 원한다. 헛웃음이 나오는 연구임에도 불구하고 많은 의원이 이 말을 진지하게 받아들였고, 상·하원 예산 위원회 청문회에 그를 초청하기까지 했다. 코틀리코프는 마치 〈토이 스토리〉에 나오는 장난감 버즈*처럼 의원들에게 "시간 지평을 무한대로 확장했을 때" 사회 보장 제도의 비적립 지급 의무(즉, 앞으로 무한한 시간 동안 발생할 부족분)가 총 43조 달러에 달할 것으로 예상된다고 말했다.[17] 이런 식이라면, 사회 보장 제도는 그냥 위기를 겪는 정도가 아니라, '무한, 저 너머로' 파산한 셈이다.

이전에도 사회 보장 제도의 재원 마련 방식 때문에 수당이 줄어든 적이 있다. 1980년대 초, 기금 고갈이 예상되자 의회는 다양한 방법을 동원해 수당을 줄였다. 매년 돌아오는 최저 생계비 인상 기준일을 늦춰 전체 연금 및 수당 지급액을 약간 줄였고 고소득 수령자의 연금 및 수당에 세금을 부과했다. 가장 중요한 건 정년을 기존의 65세에서 67세로 서서히 높였다는 사실이다.

정년이 길어지면 근로 기간만 늘어나는 것이 아니라, 은퇴 후 돈을 더 적게 받기 때문에 총 연금 수령액이 줄어든다. 조기 은퇴자들은 더 일할 수 없어서 퇴직하는 경우가 대부분이지만, 연금 계산식에 포함되는 총 납입 횟수가 모자라기 때문에 연금을 더 적게 받는다. 실제로 의회는 정년을 단 2년 연장한 것만으로도 65세 이전에 퇴직한 사람이 받는 총 연금 수령액을 30%나 줄일 수 있었다.[18] 또한, 정년 연장으로 인해 사람들은 법적 정년이 지날 때까지 더 오랜 시간을 기다렸다가 연금을 받아야 했다.

사회 보장 제도의 자금 마련 방식은 보수 공화당에만 공격할 빌미를 준

---

* 애니메이션 영화 〈토이스토리〉에 등장하는 장난감으로, 버튼을 누르면 '무한, 저 너머로!(To Infinity and Beyond!)'라는 소리가 재생된다.

게 아니다. 많은 민주당 의원도 자기 당이 도입한 대표적인 제도인 이 제도의 혜택을 줄이자고 주장한 바 있다. 일부 언론 보도에 따르면, 1997년에 클린턴 대통령이 하원 의장 뉴트 깅리치Newt Gingrich와 손잡고 사회 보장 제도와 메디케어 수당을 줄이려고 했지만, 탄핵 조사가 시작되면서 일이 무산됐다고 한다.[19]

2000년 대선 주자로 나선 앨 고어는 금고 역할을 하는 신탁 기금을 만들어 미래에 사회 보장 수당이 삭감되는 일을 방지하자고 주장했다. 당시 연방 정부 재정은 흑자였다. 고어의 주장은 이 흑자를 신탁 기금에 보관해 사회 보장 제도의 재정을 개선하자는 것이었다. 2000년에 있었던 조지 W. 부시와의 첫 대선 토론에서 고어는 주문을 외듯 이 말만 반복했다.

좋은 의도에서 한 말이었겠지만, 금고 비유는 경제에 관한 잘못된 사고방식을 보여주는 또 다른 예다. 고어의 제안에는 연방 정부가 쓸 수 있는 달러의 양이 정해져 있고 이 중 일부를 신탁 기금에 보관하면 미래에 정부가 수당 및 연금을 지급하기 쉬워질 거라는 생각이 깔려 있다. 이 제안으로 앨 고어는 정치적 역풍을 맞았다. 부시는 사회 보장 신탁 기금이 금고라면, 아마 "차용 증서로 꽉 찬 금고"일 거라며 조롱했다. 폰지 사기Ponzi Scheme나 다름없다는 뜻이었다. 이후 대통령이 된 부시는 사회 보장 제도를 민영화하려는 계획을 세웠지만, 다행히 성공하지는 못했다.[20]

고어의 의도는 좋았다. 하지만 그냥 이렇게 말했더라면 훨씬 나았을 것이다. "사회 보장 제도는 안전합니다. 제도를 더 바꿀 필요는 없습니다. 연방 정부의 돈은 절대 떨어지지 않습니다. 정부는 자신이 한 약속을 지킬 수 있습니다." 불행히도 (아직) 이렇게 확신을 가지고 말해준 정치인은 없다.

2013년, 오바마 대통령도 연쇄 방식 소비자 물가 지수Chained CPI를 적용하여 수당 삭감을 제안한 바 있다. 어려운 말로 포장했지만, 사실 그냥 사회 보장 연금의 인상률을 물가 상승률보다 느리게 증가하도록 하여 서서히 실질 가치를 깎겠다는 뜻이다. 경제 정책 연구 센터Center for Economic and Policy Research는 다음과 같이 말했다. "이렇게 되면, 65세에 은퇴한 평범한 근로자는 75세가 되면 한 해 650달러를, 85세가 되면 한 해 약 1,130달러를 덜 받게 된다."[21]

연쇄 방식 소비자 물가 지수로 연금 인상률을 정하게 되면, 나이가 많은 은퇴자(대체로 가장 가난한 은퇴자)가 받는 연금이 10% 가까이 줄어든다.[22] 이보다는 CPI-EElderly를 사용하는 편이 더 공정하다. CPI-E는 노인과 장애인의 생활비에서 큰 비중을 차지하는 의료나 교통 등의 비용에 더 큰 가중치를 둔다.[23] CPI-E로 물가 지수를 산정할 경우 연금을 점점 줄이지 않고 늘려서 어려움을 겪는 노인들에게 도움을 줄 수 있을 것이다.

1980년대에 했던 것처럼 70세 또는 그 이상으로 다시 정년을 늘리자고 제안하는 사람도 있다. 하지만 정년을 1년 늘릴 때마다 혜택이 6~7%씩 줄어드는 데다,[24] 불평등도 더 심해진다.[25]

종종 의원들은 사회 보장 제도에 자격 조건을 도입해, 소득이 높은 사람이 받는 연금을 없애거나 줄이자고 주장하기도 한다. 그냥 들으면 이치에 맞는 말 같다. 정부가 빌 게이츠나 오프라 윈프리에게 사회 보장 연금을 지급해야 할 이유가 있을까? 부족한 게 없는 사람들인데! 하지만 그래야 할 이유가 두 가지 있다. 먼저, 루스벨트 대통령은 사회 보장 제도를 보편적 복지 제도로 설계했다. 이 결정 덕분에 사회 보장 제도는 100년이 넘는 시간 동안 모든 계층에게 지지받았다. 자격 조건을 붙이면, 사회 보장 제도가 국가의 도움이 '꼭 필요한' 일부 집단에게만 연금을 지급하는 제도로 인식되면서 지지 기반이 약해질 것이다. 또 다른 이유는 자격 조건 도입이 연쇄 방식 소비자 물가 지수와 정년 연장 같은 다른 제안과 마찬가지로 회계 문제와 재정 문제를 뒤섞는다는 것이다. 회계 장부에 더 많은 달러를 더 오래 남길 방법을 찾는다고 해서 정부의 실제 지급 능력이 향상되지는 않는다. 지난 수십 년 동안 사회 보장 제도(그리고 메디케어 일부 파트)가 정치적 공격에 시달린 이유는 과거 국회가 만든 법 때문이지 정부에 돈이 부족해서가 아니다.

신탁 기금 운영 방식에 관한 법령이 사회 보장 제도의 지속 가능성을 둘러싼 논란과 어떤 관련이 있는지 설명하기 위해 사회 보장 신탁 기금(2종)과 메디케어를 위해 조성된 신탁 기금(역시 2종)을 비교해 보자. 사회 보장 제도와 메디케어 신탁 이사회는 매년 사회 보장 신탁 기금[노인 유족 보험(OASI), 장애 보험(DI)]과 메디케어 신탁 기금[보충 의료 보험(SMI)과 입원 보험(HI)]의 현재 및 미래 재정 전망을 평가해 보고서로 발간한다. 지난 몇 년 동안 이들 보고서가 내린 결론은 다음과 같다. "현시점의 예상 지급액과 적립금을 고려할 때, 사회 보장 제도와 메디케어 모두 장기적으로 재정이 부족해질 상황에 처해 있다."[26] 구체적으로 노인 유족 보험, 장애 보험, 입원 보험 신탁 기금이 "위기" 상태로 평가받았다.

2019년 보고서에 따르면, 노인 유족 보험 신탁 기금은 2034년에, 장애 보험은 2052년에, 입원 보험은 2026년에 고갈될 것이다. 무언가 바꾸지 않는 한 곧 이들 프로그램은 완전한 혜택을 제공하지 못하게 된다. 그런데 문제가 없는 신탁 기금도 있다. 바로 메디케어 파트 B와 D*로 알려진 SMI다. 다른 신탁 기금은 자금 고갈이 예상되는데 왜 이들 신탁 기금만 재정이 건전할까? 답은 간단하다. SMI에는 신탁 기금이 고갈돼도 법적으로 완전한 혜택을 지급할 권한이 있지만, 다른 제도에는 없다. "SMI의 경우 현행 법령이 자금 지원을 보장하기 때문에, 신탁 이사회는 파트 B와 파트 D 모두 앞으로도 무기한 자금이 충분할 것으로 예상한다."[27] 법이 SMI의 재정을 무한 그 너머까지 안정적으로 지켜주는 것이다.

이렇게 간단할 수가! 사회 보장 제도와 메디케어 입원 보험이 재정적으로 지속 가능하지 않다고 여겨지는 이유는 정부에 지급을 보증할 의무가 없기 때문이고, SMI의 재정이 건전하다고 평가받는 이유는 의회가 정부에 어떤 일이 있어도 돈을 지급하도록 법적 권한을 주었기 때문이다.

사실 의회가 법만 바꾸면 다른 제도에도 똑같은 권한을 줄 수 있다. 의회가 그렇게 하지 않은 건, 경제 사정을 고려해서 내린 결정이 아닌 정치적 결정이었다. 하지만 신문을 읽고 전문가의 말을 들어도 이런 사실은 알기 어렵다. 우리 귀에 들리는 건 오로지 사회 보장 기금의 돈이 다 떨어질 거라는 말뿐이다.

끊임없이 들려오는 협박 가운데 하나는 젊은 세대에게 부담이 전가된

---

* 메디케어 파트 B는 의료 보험, D는 처방약 보험이다.

다는 말이다. 나는 매년 강의 시간에 대학생들을 상대로 은퇴 후 사회 보장 연금을 받을 수 있을 거라고 생각하는 사람은 손을 들어보라고 말한다. 손을 드는 학생의 수는 해가 갈수록 줄고 있다. 이 결과는 트랜스아메리카 연구소Transamerica Institute의 설문 조사 결과와도 일치한다. 조사 결과에 따르면, "밀레니얼 세대 근로자(1981~1996년생) 가운데 80%가 사회 보장 연금을 탈 수 없을까 봐 걱정된다고 답했다."[28]

정말 슬픈 일이다. 미래 세대가 사회 보장 연금을 받지 못할 이유는 전혀 없기 때문이다. 더 슬픈 일은 은퇴 인구가 점점 늘어나는 이 시점에 사회 보장 제도가 공격받고 있다는 사실이다. 그러나 은퇴 인구가 증가하는 현재, 사회 보장 제도의 중요성은 그 어느 때보다 크다.

사람들은 은퇴를 다리 세 개 달린 의자에 비유하곤 한다. 여기서 세 개의 다리란, 직장에서 주는 연금, 개인 저축, 사회 보장 연금을 의미한다. 불행히도 미국에는 이 중 두 다리가 이미 잘린 의자를 가진 사람이 수백만 명이다. 미국 근로자의 저축은 임금 정체로 인해 줄어들었고, 고용주들은 직장 연금을 줄이고 있다.

〈워싱턴 포스트〉는 털사Tulsa에 있는 맥도널 더글러스McDonnell Douglas 공장이 문을 닫으면서 직장과 연금을 잃은 근로자들의 이야기를 소개했다.[29] 사측이 털사 공장을 닫은 건 우연이 아니었다. 근로자들은 소송했다. 소송 자료에는 사측이 연금을 다 지급하지 않으려고 정년퇴직을 앞둔 직원이 많은 털사의 공장을 일부러 닫았다는 증거가 고스란히 담겨 있었다.

공장을 닫으면서 회사는 퇴직자들에게 정해진 연금 중 일부만 지급하게 됐다. 직원들은 소송에서 이겼지만, 받은 보상금(평균 3만 달러)은 손해 본 연금 수령액보다 터무니없이 적었다. 그래서 어떻게 됐을까? 일생을 노동으로 보내고 은퇴 후의 삶을 즐겨야 할 직원 대부분이 어쩔 수 없이 다시 일터로 나가야 했다. 한 근로자는 생계를 유지하기 위해 일흔아홉의 나이에 하루 여덟 시간 동안 서서 월마트 안내 직원으로 일했다. 73세인 또 다른 근로자는 야간 교대 근무를 해야 하는 트럭 상하차 일을 했다. 한 74세 직원은 교통 안내원으로 일했고, 76세인 다른 직원은 돈을 더 벌기 위해 폐품을 사고파는 일을 시작했다.

위 사례는 극단적인 경우지만, 수많은 근로자가 정도만 다를 뿐 비슷한 상황에 처해 있다. 많은 미국 기업이 비용 절감을 위해 연금 지급액을 깎는다. 이 때문에 미국 노년층은 큰 곤경을 겪고 있다. 한 연구에 따르면, 미국 중산층 가운데 40%가 은퇴 이후 경제적 계층의 하락을 경험하며, 850만 명은 빈곤층 또는 차상위 계층으로 추락할 위기에 처해 있다.[30] 대다수 은퇴자에게 가난에 빠지지 않기 위해 기댈 곳은 사회 보장 연금밖에 없다.

기업은 은퇴 후 매달 고정된 금액을 지급하는 확정 급여형 퇴직 연금을 계속 줄이고 있다. 현재 미국 기업 대부분은 은퇴를 대비한 특별 저축 계좌인 401(k) 같은 확정 기여형 퇴직 연금을 제공한다. 노동조합이 협상 능력을 잃기 전인 1975년에는 민간 기업 근로자 10명 중 9명이 확정 급여형 퇴직 연금에 가입돼 있었다. 2005년, 이 비율은 3명 중 1명으로 줄었다.[31]

퇴직 연금이 아예 없는 것보다야 낫지만, 은퇴 기간 중에 401(k) 계좌에 돈이 떨어지지 말라는 법은 없다. 확정 기여형 연금이 지급하는 돈이 확정 급여형 연금의 월 지급액에 미치는 경우는 거의 없다. 연금 방식의 변화는 특히 저임금 노동자에게 피해를 주었다. 경제 정책 연구원EPI에서 펴낸 보고서에 따르면, "(돈을 많이 낼 능력이 있는) 고임금 노동자일수록 확정 기여형 연금에 가입하는 경향이 있다."[32]

같은 보고서에는 "확정 급여형 퇴직 연금에서 확정 기여형 퇴직 연금으로의 전환이 인종 및 민족 간 격차를 심화"시켰으며, 독신자와 여성에게 "특히 더 어려움"을 주었고 대졸 근로자와 다른 근로자 사이의 격차를 키웠다는 조사 결과도 실려 있다.

그런가 하면, 아예 직장 퇴직 보험이 없는 노동자도 수백만 명이나 있다. 경제 정책 연구원 보고서의 결론은 다음과 같다. "많은 집단(저소득층, 흑인, 히스패닉, 비 대졸자, 독신자 등)에서 노동 가능 연령대에 속하는 평범한 개인 또는 가계의 퇴직 계좌 **저축액이 아예 없는** 것으로 나타났다. 저축액이 있더라도 퇴직 계좌 잔액의 중앙값은 매우 낮다." (강조 표시는 원문)

은퇴 문제는 교육비와 의료비 등 필수 생계비의 증가와 임금의 정체라는 더 큰 문제와 연관돼 있다. 이쯤 되면, 미국인의 은퇴 생활을 지탱해야 할 세 다리는 그저 쓸모없는 지푸라기로 보일 정도다.

사회 보장 수당이 삭감되면, 미래 은퇴자들에게 지급될 연금만 줄어드는 것이 아니다. 현재, 사회 보장 제도는 1,500만 명의 미국 노인과 100만 명의 아이들을 빈곤으로부터 구하고 있다.[33] 대부분 빈곤선을 겨우 넘는 생활을 하는 이들이다. 2018년, 사회 보장 제도는 월평균 1,409.51달러를 은퇴 연금으로 지급했으며, 여성 수급자는 평균적으로 이보다 20% 적은 금액을 받았다. 그해 연방 빈곤 기준은 1인당 연 12,140달러였다.

이러한 상황을 고려할 때, 우리는 지급 금액을 내릴 방법이 아니라, 올릴 방법을 찾아야 한다. 그렇게 해도 사회 보장 제도의 돈은 떨어지지 않는다. 사회 보장 제도를 가로막는 제한은 근본적으로 경제적인 것이 아니라 정치적인 것이다.

다른 복지 제도도 위험하다

지금까지 많은 시간을 할애해 사회 보장 제도에 대해 살펴본 이유는, 이 제도의 재정 구조가 어떻게 부채 공포증이 잘못된 의사 결정으로 이어져 사회적 목표 추구를 방해하는지 잘 보여주기 때문이다. 그런데 사회 보장 제도의 재정을 둘러싼 논쟁은 다른 복지 제도에 관한 잘못된 사고방식을 강화하기도 한다. 특히 복지 제도의 지속 가능성이 점점 떨어지고 있다는 끈질긴 믿음이 더 강해지고 있다.

복지비 지출이 오늘날 연방 정부 지출에서 큰 부분을 차지하는 건 사실이다. 하지만 복지 지출 비중이 높아진 건 이번이 처음이 아니다. 남북 전쟁이 끝난 뒤 연방 정부는 장애를 입었거나 가난하거나 나이가 많은 북군 참전 제대 군인과 그 가족에게 연금을 지급했다. 1910년까지 65세 이상의 남성 28%와 미망인 30만 명 이상이 연방 정부 연금을 수령했다.[34] 그 결과 1880년부터 1910년까지 20년 동안 연방 정부는 예산의 4분의 1 이상을 복지에 써야 했다. 이 연금 제도는 오랫동안 유지됐다. 남북 전쟁 참전 군인을 아버지로 둔 한 여성은 2017년에도 이 연금을 수령했다![35]

대공황 때도 연방 정부의 복지 지출이 증가했다. 만연한 실업과 빈곤을 해결하기 위해 사회 보장 제도가 도입된 결과였다. 당시에도 경고의 목소리는 있었다. 대니얼 헤이스팅스Daniel Hastings 상원 의원은 사회 보장 제도가 "한 위대한 국가의 발전을 끝내고 그 국민의 수준을 평범한 유럽인 수준으로 끌어내릴지도 모른다"라고 말했다.[36] 서유럽의 강력한 사회 안전망을 아는 요즘 사람들에게 이 비판은 역설적으로 들린다.

전후 경제 호황기인 1964년에 메디케어가 처음 도입됐을 때는 로널드 레이건[37] 등이 사회주의에 대한 공포를 조장했기 때문에 논쟁의 초점이 재정이 아닌 이념에 맞춰졌다. 당시 공화당 상원 의원이자 대통령 후보였던 배리 골드워터Barry Goldwater를 비롯한 반대론자들은 메디케어가 지나치게 후하다며 조롱했다.[38] 골드워터는 이렇게 말했다. "연금 생활자들에게 의료를 현물로 제공할 거라면, 음식 바구니, 공공 주택, 휴양지는 왜 안 줍니까? 흡연자에게는 담배를 배급하고 애주가에게는 술을 배급해야 하지 않겠습니까?"

골드워터의 말은 과장이 심했다. 하지만 더 타당한 우려를 제기한 이들도 있었다. 한 〈뉴욕타임스〉 기자는 이렇게 자문했다. "의사, 간호사 등의 의료 인력과 병실이 모자라서 노인들이 병원 밖까지 줄을 서게 되진 않을까?"[39] 모두 알다시피 노인들이 병원을 둘러싸고 줄을 서는 일은 벌어지지 않았지만, 경제 내에 정부 정책으로 늘어난 수요에 대응할 만큼 의사, 간호사, 병상 등의 실제 생산 역량이 충분한지 생각해보는 일은 언제나 중요하다.

재정 논쟁에서 우파가 승기를 잡기 시작하자, 메디케어 반대론자들은 점점 더 재정적 지속 가능성을 걸고넘어지기 시작했다. 한 투자 은행가가

2012년에 기고한 한 칼럼은 이들의 전형적인 주장을 잘 보여준다. 그는 이렇게 썼다. "의료비 지출 증가율을 낮추지 않으면, 의료비가 연방 정부 예산을 다 잡아먹을 것이다. 2008~2009년 경제 위기와 맞먹는 부채 위기가 올 수도 있다."[40]

아버지 부시 대통령의 자문이었던 게일 윌렌스키Gail Wilensky는 메디케어가 "현 상태로는 지속 가능하지 않다"면서, "베이비 붐 세대의 노화"와 더불어 "역사적으로 낮은 수준에 머물고 있는 현재의 일 인당 의료비 지출이 조금이라도 증가한다면, 혜택을 줄이고 자격 조건을 손보고 본인 부담액을 높이고 세금을 늘리고 의료 제공자에게 지급하는 돈을 줄이는 조치가 필요하다"라고 말했다.[41]

금융 칼럼니스트 필립 묄러Philip Moeller는 이렇게 썼다. "월요일 신탁 이사회가 카드 형태로 발표한 연차 보고서에 따르면, 단기간 내에 큰 변화가 일어나지 않는 한, 메디케어와 사회 보장 제도의 금전적 부담은 계속 커질 것이며, 대대적 개혁이 없다면 정부 지출에서 차지하는 비중이 그 어느 때보다도 커질 것이다."[42]

우파 연구 기관인 맨해튼 연구소Manhattan Institute 소속 다이애나 퍼치고트-로스Diana Furchtgott-Roth는 "메디케어는 확실히 지속 가능하지 않다"라고 잘라 말했다. 그녀는 이렇게 말을 맺었다. "현재대로라면, 메디케어는 장래 노인이 될 사람들에게 약속을 지킬 수 없다. 적자를 줄이겠다고 선언한 선출직 정치인들은 앞으로의 논의와 토론을 위해 대안을 제시해야 한다."[43]

이런 주장은 모두 부채 공포증에 토대를 둔 잘못된 주장이다. 메디케어의 지속 가능성은 오로지 미국이 가진 실물 생산 자원에만 달려 있다. 수요를 감당하기에 충분한 의료 종사자와 시설이 있는 한, 메디케어는 지속 가능하다.

어떤 사람들은 부양비Dependency Ratio를 문제 삼아 복지 프로그램을 공격한다. 부양비란, 혜택을 받는 사람의 수를 현재 일하는 사람의 수로 나눈 수치다. 메디케어와 사회 보장 제도의 경우 노년 부양비가 문제가 된다. 〈월스트리트저널〉에 실린 다음 기사[44]는 이러한 주장의 전형적인 사례를 보여준다.

> 1980년, 미국의 65세 이상 인구 비율은 18세부터 64세까지 인구 100명당 19명에 불과했다. 하지만 이후 상황은 급변했다. 모든 지방의 연령과 인종 구성을 상세히 조사한 목요일 자 새 인구 조사 결과에 따르면, 2017년 미국의 65세 이상 인구 비율은 생산 가능 인구 100명당 25명이다.

노년 부양비의 변화는 보통 두려운 현실 또는 예상치 못한 상황처럼 다뤄진다(하지만 둘 다 아니다). 심지어 이를 근거로 청년층이 노년층에게 배신당하는 구조라고 주장하는 사람들도 있다. 이를테면, 한 보수 작가는 〈월스트리트저널〉에서 다음과 같이 말했다. "눈앞에 닥친 명백한 현실을 외면하는 건 세대 간 절도의 일종이다."[45]

이 논리에 따르면, 노년층은 미래 세대가 쓸 돈을 남기기 위해 양보해야 하는데도 정부가 한정된 기금에서 지급하는 은퇴 수당을 빠짐없이 받아챙기는 이기적인 집단이다. 곧 설명하겠지만, 이것이 바로 정부 지출에 대한 잘못된 사고방식의 예다. 이런 사고방식은 노년층을 포함한 모두에게 해가 되는 결정을 내리게 한다.

부양비에 대한 지적에는 미국인이 전보다 오래 산다는 주장이 따라올 때가 많다. 불행히도 이는 사실이 아니다. 2018년 질병 통제 예방 센터 Centers for Disease Control 보고서에 따르면, '일부' 집단의 기대 수명은 증가했지만, 전체 미국인의 기대 수명은 3년 연속 하락했다.[46] 기대 수명 하락에는 소위 절망사Deaths of Despair로 불리는 마약, 알코올 중독, 자살로 인한 사망자 증가가 큰 영향을 미쳤다. 다른 요인으로는 독감 사망자와 만성 폐쇄성 폐질환, 뇌졸중으로 인한 사망자 증가가 영향을 미쳤다.

진짜 문제는 기대 수명의 공정성이다. 기대 수명은 소득과 깊은 연관이 있다. 통계에 드러난 현실은 충격적이다. 〈미국 의학 협회 저널Journal of the American Medical Association〉에 실린 한 연구에 따르면, 미국에서 부유한 남성은 가난한 남성보다 약 15년, 부유한 여성은 가난한 여성보다 10년 더 오래 산다.[47]

복지 비판론자들은 사실은 잘 모를지언정, 정치적 수사에는 매우 강하다. 인기 많은 정책을 공격하려면, 단어 선택이 중요하다. 당연히 이들은 자신의 목표를 복지 '삭감'이나 복지 정책 '폐지'가 아닌, 복지 '개혁'이라고 부른다.

심지어 '복지Entitlement'라는 단어 자체에도 정치적 의미가 있다. 〈뉴요커〉의 헨드릭 허츠버그Hendrik Hertzberg가 지적한 것처럼, 원래 정치인들은 복지 프로그램을 '당연 복지Earned Entitlement'라고 불렀다. 이 표현은 한동안 자취를 감췄다가 '당연'이라는 단어를 빼고 다시 등장했다. 허츠버그는 이렇게 썼다. "이 표현은 1970년대 중반, 저명한 보수 학자인 로버트 니스벳Robert Nisbet과 로버트 노직Robert Nozick의 저작에 '당연'이라는 단어가 빠진 채 재등장했다."[48]

영리한 한 수였다. 이들은 대다수가 긍정적으로 받아들이는 '당연Earned'
이라는 말을 빼고, 당시 부정적인 이미지를 가지고 있던 단어인 '복지
Entitlement'를 강조했다. 당시 이 단어는 주로 특권 의식이 있는 사람을 가
리킬 때 쓰였다. 작가 리처드 에스코우Richard Eskow에 따르면, 심지어 『정
신 장애 진단 및 통계 편람DSM: Diagnostic and Statistical Manual of Mental Disorders』
에 실린 자기애성 성격 장애 증상 설명에서도 이 단어를 찾을 수 있다.[49]
"특권 의식Sense of Entitlement이 있다. 예: 특별히 호의적인 대접을 받을 거라
는 지나친 기대 또는 당연히 자신의 요구에 따라 줄 거라는 기대."

허츠버그는 레이건이 초기 연설에서는 '사회 안전망' 같은 중립적 표현
을 사용했지만, 곧 니스벳과 노직을 따라 '복지'라는 단어를 쓰기 시작했
다고 지적한다. 그러자 경제 언론도 레이건을 따라 이 단어를 쓰기 시작
했다. 은근히 복지 제도 수급자를 비하하는 표현이었다. 그러나 이들은
대놓고 수급자들을 모욕하는 일도 서슴지 않았다. 일례로, 레이건은 잔인
하고 인종 차별적인 복지 여왕Welfare Queen 스테레오 타입을 들먹인 것으
로 유명하다(중요한 사실은 아니지만, 미국의 복지 수급자는 대부분 백인이다).

오바마는 재정 적자 대책 위원회National Commission on Fiscal Responsibility
and Reform 구성 당시 노스캐롤라이나 출신 투자은행가이자 민주당 정치
참모인 어스킨 보울스Erskine Bowles를 공화당 상원 의원인 심프슨과 함께
공동 위원장으로 선임했다. 앞에 나서서 말한 건 심프슨이었다. 하지만
보울스도 이면에서 클린턴 정부 시절 백악관 비서실 차장으로 일할 때부
터 쌓인 인맥을 활용해 이를 지지했다.

그러나 피터 G. 피터슨Peter G. Peterson보다 더 강력한 복지 반대 캠페인을 펼친 사람은 없다. 피터슨은 2018년 사망했지만, 그가 남긴 책과 그보다 중요한 돈은 아직 살아있다. 일반 대중에게는 잘 알려지지 않았지만, 억만장자 적자 매파인 그는 대중을 선동하기 위해 10억 달러를 쏟아부었다.[50] 이 선동의 목표 중 하나는 인기 있는 복지 프로그램의 지지 기반을 약화시키는 것이었다.

피터슨은 블랙스톤 그룹이라는 투자 펀드 겸 헤지 펀드의 공동 창업자로 억만장자가 되기 전까지 벨 앤드 하웰Bell & Howell CEO, 리처드 닉슨 정부 상무 장관, 리먼 브라더스 사장을 역임했다. 피터슨은 각종 싱크 탱크, 콘퍼런스, 하키 홍보 캠페인 등에 자금을 지원하고 시간과 돈을 들여 양 정치 진영의 주요 인사와 친분을 다졌다. 피터슨 재단에서 매년 여는 재정 회담Fiscal Summit에는 공화당과 민주당 정치인이 주요 인사로 참석하며 (빌 클린턴은 몇 년 동안 연사로 섰다), 유명 텔레비전 뉴스 아나운서들이 나와 호스트, 사회, 진행을 맡는다(짐작건대 돈을 많이 받을 것이다).

피터슨과 그가 후원하는 정치인, 전문가, 정책 자문들은 수십 년 동안 정부 지출, 특히 복지 지출이 경제를 벼랑으로 내몰고 있다는 생각을 전파하기 위해 노력했다. 그중 폴 라이언Paul Ryan 같은 급진적 인사들은 사회 보장 제도의 전면 민영화를 주장하기도 한다. 사회 보장 기금이 고갈될 것이므로 우리의 은퇴 자금을 모두 월스트리트의 바구니에 몰아 담아야 한다는 게 그들의 주장이다. 정부 재정의 생리를 몰라서 하는 말이든, 우리 돈을 투자자 계급에 더 많이 몰아주려는 음모든 간에 이들이 적자 공포증을 이용해 수많은 미국인의 재정 안정을 위협하고 있는 건 사실이다.

버락 오바마는 아마 대중이 금융 위기의 충격에서 아직 벗어나지 못했다는 사실을 잘 모르고 재정 적자 대책 위원회를 발족해 재정 적자 감축에 나서기로 했을 것이다. 어쨌든 그 위원회는 피터슨의 생각을 알리는 무대가 되었다. 실제로 재정 적자 대책 위원회는 독특한 방식으로 피터슨으로부터 자금과 자원을 지원받았다. 2010년 4월 〈워싱턴포스트〉에 실린 기사를 보자.

> 민주 지도자 회의Democratic Leadership Council를 잠시 떠나 (재정 적자 대책 위원회) 이사를 맡고 있는 브루스 리드Bruce Reed는 재정 적자 대책 위원회가 정책 홍보를 위해 피터 G. 피터슨 재단을 비롯한 다른 단체들과 협력할 것이라고 밝혔다. 피터 G. 피터슨 재단은 오는 수요일 빌 클린턴 전 대통령을 연사로 초빙해 재정 회담을 연다. 오는 6월, 재정 적자 위원회는 비영리 재단 아메리카 스픽스America Speaks가 개최하는 재정에 관한 20개 시 연합 온라인 타운 홀 미팅에 참석할 계획이다.[51]

그해 아메리카 스픽스는 피터 G. 피터슨 재단으로부터 400만 달러 이상을 지원받았다.[52] 또한, 피터슨 재단은 재정 적자 대책 위원회 직원 두 명의 임금도 지급했다[53](〈워싱턴 포스트〉에 의하면, 한 자유 단체도 재정 적자 대책 위원회에 직원 한 명을 지원했다. 그러나 자기 단체의 의견이 받아들여지지 않자, "위원회가 정도를 이탈했다"라고 말했다).

위원회가 합의된 계획안을 도출하지 못하자, 두 공동 위원장은 지체 없이 피터슨의 입맛에 맞는 계획안을 직접 작성했다. 계획안을 본 피터슨은 즉시 찬사를 날렸다.[54] 이 계획안은 CRFB의 도움을 받아 출간됐다[55](CRFB 는 피터슨이 지원하는 여러 단체 중 하나다).

피터슨이 후원하는 단체와 오바마 재정 적자 대책 위원회의 긴밀한 관계를 보면 알 수 있듯, 피터슨은 정계에 오랫동안 영향력을 행사했다. 이 사실은 2012년 열린 그의 재정 회담을 봐도 알 수 있다. 이 회담은 오바마 행정부가 하원 의장인 존 베이너John Boehner와 예산안 '그랜드 바겐Grand Bargain'*협상을 진행하던 시점에 열렸다. 그해 회담에는 빌 클린턴, 폴 라이언, 앨런 심프슨과 함께 예산안 협상의 두 주요 인물인 존 베이너와 재무부 장관 티머시 가이트너Timothy Geithner가 참석했다.[56]

심프슨이 공직에 앉아 수백만 미국인을 비방하는 동안, 다른 공화당 정치인들은 사회 보장 장애 수당 부정 수급이 만연하다는 과장된 주장을 펼치느라 바빴다.[57] 수급자들을 악마화하는 전략의 일종이었다. 공화당 의원들은 편의대로 '과소 지급액'에 대해서는 입을 다문 채, 과다 지급액만 조사하라고 외쳤다.

공화당 상원 의원들의 지적과는 다르게 장애 수당은 넉넉하지 않고 부정 수급이 만연해 있지도 않다. 사회 보장 장애 수당의 자격 심사를 통과하는 일은 매우 어렵고 오랜 시간이 걸리는 일이다. 게다가 한 번 거부당할 경우 재심사에 통과하기는 더욱 어렵다. 2018년, 사람들은 자격 심사를 받기 위해 평균 535일을 기다렸다. 사는 곳이 도시라면, 이 기간은 대개 700일이 넘어간다. 2018년 말 현재, 심사를 대기 중인 사람의 수는 801,428명

---

* 2011 오바마 정권은 하원 의장 존 베이너와 협상해 복지 예산을 비롯한 연방 정부 예산을 크게 삭감하는 대신, 연방 정부세를 높이는 절충안을 통과시키려 했으나 실패했다.

이다. 2016년에는 8,699명이 심사를 기다리던 도중 사망했다.[58]

수급자를 악마화하는 이유는 연금이나 수당을 받는 사람들에게 수치심을 주고 다른 사람이 수급자를 싫어하게 만들기 위해서이다. 2000년대 초, 내가 캔자스주 위치토Wichita 노동조합 회원들 앞에서 사회 보장 제도에 대해 강연했을 때 일어난 일은 이런 공격이 얼마나 부당한지 잘 보여준다. 강연이 끝난 뒤, 바이커로 보이는 신사 한 명이 내게 다가와 힘겹게 악수를 청했다. 그는 오랜 육체노동으로 인해 손을 들어 올리거나 물건을 잡는 데 어려움을 겪고 있었다. 그는 내게 강연을 해줘서 고맙다고, 다가올 은퇴 생활이 기대된다고 말했다.

이 남성, 그리고 평생 고된 일을 해 온 다른 근로자들을 은퇴 후 연금을 받길 바란다는 이유로 비난하는 일은 없어야 할 것이다.

복지 수급자들을 모욕한 건 레이건과 공화당 정치인들이었지만, 1996년 복지 '개혁' 법안에 서명한 사람은 민주당 대통령인 빌 클린턴이었다. 이 법안은 사람들이 다시 일할 수 있게 도와주는 법안처럼 포장됐다. 하지만 실제로는 수당을 강제로 포기하게 함으로써, 많은 가정을 빈곤에 빠뜨렸다. 국가 빈곤 센터National Poverty Center의 연구에 따르면, 이 '개혁'은 "1996년부터 2011년까지 극심한 빈곤이 유행처럼 번지는 데" 큰 역할을 했다.[59]

복지 개혁이 전제(예를 들어, 현금 지원이 근로 의지를 꺾는다거나, 미혼모를 늘린다는 등의 주장)부터 틀린 주장이며, 가난한 사람들에 대한 부당한 비난이라는 강력한 증거가 있다. 〈뉴욕타임스〉기자 에두아르도 포터Eduardo Porter[60]가 인용한 연구에 따르면, 1996년에 복지 예산을 삭감하기 전에도 오랫동안 수당을 받은 사람은 많지 않았다. "복지 수당을 받은 미국인 10명 중 4명은 한두 해만 수당을 받았다. 5년 이상 수당을 받은 사람은 전체의 3분의 1에 불과했다." 포터는 1995년의 또 다른 연구 결과도 인용했다. 이에 따르면, 일하지 않는 미혼모에게 지급하던 수당을 없애기 전에도 수당 때문에 미혼모가 늘어나는 현상은 없었다. "복지 수당은 미혼모를 증가시키지 않았다. 또한, 수당 폐지 후 20년 동안의 경험은 수당을 없애도 미혼모가 줄지 않는다는 사실을 보여주었다."

복지 제도를 향한 끈질긴 공격은 대중의 지지를 무너뜨리는 데는 성공하지 못했지만, 복지 제도의 지속 가능성에 대한 대중의 믿음을 무너뜨리는 데는 성공했다. 복지에 반대하는 사람들은 자신의 용기를 자랑스럽게 여긴다. 하지만 노인, 장애인, 가난한 사람을 지원하는 정책을 공격하는 건 전혀 용기 있는 행동이 아니다. 억만장자가 후원하는 싱크탱크와 부유한 정치 자금 기부자가 그들의 '용기'에 대가를 지급할 때는 더더욱 그렇다.

복지에 관해
올바로 말하는 법

이제 여러분은 그동안 복지에 관해 완전히 잘못 생각하고 말해 왔음을 깨달았을 것이다. 미국에 초점을 맞춰 설명하기는 했지만, 다른 나라에서도 이런 잘못된 사고방식으로 인해 많은 사람이 고통받고 있다. 예를 들어, 영국에서는 국민 건강 보험NHS 예산을 삭감했고 일본에서는 (심각한 자금 부족을 겪고 있는) 연금 등의 필수 사회 복지 예산을 줄였다.[61] 이외에도 많은 나라에서 적자 공포증은 정부에 국민을 보살필 돈이 없다는 믿음을 퍼뜨려 사람들로부터 기초 공공 서비스를 앗아가고 있다. 이로 인해 피해를 보는 사람은 수당을 받았더라면 형편이 나아졌을 사람들만이 아니다. 복지가 사라지면, 모두 피해를 본다. 사회 안전망은 사람과 사람 사이의 사회적 결속력을 강화하고 경제 전반을 지탱하는 역할을 한다. 슈퍼마켓 계산원, 트럭 운전사, 가게 점원 등의 일자리는 국내 전역에서 이뤄지는 '복지' 수당의 소비에 적어도 어느 정도는 영향을 받는다.

이런 면에서 복지 정책을 둘러싼 현재의 논의는 너무도 잘못된 방향을 향하고 있다. 연방 정부는 '온 가족이 식탁에 둘러앉아' 예산을 짜듯이 재정을 운영해서는 안 된다. 허리띠를 졸라매기 위해 예산을 제한하고 모두의 희생을 강요할 필요는 없다. (어떤 사람들은 남들만 희생하는 걸 가지고 '모두의 희생'이라는 표현을 쓴다는 사실, 눈치챘는가?)

그렇다면 우리는 복지에 대해 어떻게 말해야 할까? 사회 보장 제도나 메디케어 같은 복지 제도에 관해 말할 때, 반드시 주의해야 할 점은 고려해야 하는 사항이 세 가지라는 사실을 기억하고 이 세 가지 고려 사항을 꼭 분리해서 말해야 한다는 것이다. 세 가지 고려 사항은 다음과 같다. ① 정부의 재정적 지급 능력, ② 수당을 지급할 법적 권한, ③ 약속한 혜택을 실제로 제공하기 위한 우리 경제의 생산 능력.

앞서 본대로, MMT는 정부가 통화 발행자로서 해야 할 역할을 강조한다. 미국, 영국, 일본 같은 국가 정부의 재정적 지급 능력은 절대 부족하지 않다. 좋은 소식이다. 이들 국가의 시민들은 정부에 의료 보험이나 은퇴 수당, 장애 수당을 지급할 여력이 없다는 이유로 고통스러운 긴축 재정을 강요받지 않아도 된다. 하지만 정부가 아무 제한 없이 돈을 쓸 수 있다는 뜻은 아니다. 복지 지출을 지나치게 늘리면, 경제가 실물 자원이 가진 한계(일례로, 완전 고용) 이상으로 과열되면서 인플레이션이 발생해 모두 피해를 볼 수 있다. 이는 복지에 대한 현 논쟁에서 완전히 간과하고 있는 매우 중요한 고려 사항이다.

나는 매우 영향력 있는 한 인물이 이 사실을 국회 의원에게 설명하려고 노력하는 모습에 깊은 인상을 받았다. 이 특별한 사건은 하원 의회에서 벌어졌다. 시작은 현재 은퇴한 하원 의장인 폴 라이언의 질문이었다. 라이언은 자타공인 적자 매파로, 의정 활동의 많은 시간을 사회 보장 제도를 민영화하기 위한 노력에 바쳤다. 라이언은 정부가 운영하는 사회 보장 연금을 민영화된 개인 은퇴 계좌로 바꿔 월스트리트 펀드 매니저들이 노동자의 은퇴 소득을 관리하게 해야 한다면서 동료 의원들에게 여러 차례 동참을 권했다. 오랫동안 라이언은 연설과 방송 출연을 통해 마치 노련한 세일즈맨처럼 자신의 민영화 전략을 홍보했다. 그는 자유와 선택의 이점을 들먹이며, 현 제도가 지킬 수 없는 약속에 짓눌려 붕괴하기 전에 시급히 행동에 나서야 한다고 주장했다.

2005년의 어느 날, 라이언은 국회에 출석한 특별한 증인 앞에서 자신의 전략을 홍보하기로 마음먹었다. 그는 먼저 사회 보장 제도 재정 위기에 대한 본인의 의견을 피력한 뒤, 증인에게 자신의 의견에 동의하는지 물었다. 증인이 답변을 시작하자, 라이언의 얼굴에서 핏기가 가셨다. 그가 바라던 답이 아니었다. 증인은 복지에서 가장 중요한 두 가지 고려 사항, 즉 정부의 지급 능력과 약속한 혜택을 실제로 제공하기 위한 우리 경제의 생산 능력을 구분해서 답변했다.

증인의 이름은 앨런 그린스펀Alan Greenspan이었다. 잘 알려졌다시피, 그린스펀은 1987년부터 2006년까지 연준 의장을 지냈다. 레이건이 임명한 그린스펀은 확실히 진보 인사는 아니다. 그러니 그린스펀에게 '복지 문제를 해결할' 필요성을 묻는 건 안전한 질문처럼 보였다. 분명 라이언은 자신과 같은 자유주의자인 그린스펀이 사회 보장 제도는 지속 가능하지 않으므로, 개인 은퇴 계좌 체제로 전환해야 한다는 데 동의하리라고 생각했을 것이다. 그래서 라이언은 그린스펀이 당연하다는 듯 받아쳐 줄 것을 기대하며 부드럽게 질문을 던졌다.

라이언은 먼저 이렇게 운을 뗐다. "미래 은퇴자들에게 은퇴 연금을 더 안정적으로 지급하기 위한 또 다른 방법은 개인 은퇴 계좌를 만드는 것입니다." 그러고는 다음과 같이 에둘러 질문했다.

> 증인은 지급 능력 향상을 위해 개인 은퇴 계좌를 두면, 실제로 지급 능력을 향상시킬 수 있다고 믿습니까? 개인 은퇴 계좌 정책과 함께 수당 감액Benefit Offset* 요건을 둔다면, 증인은 개인 은퇴 계좌가 연금 제도의 지급 능력을 향상시켜 미래 은퇴 수당의 안정성을 더 키울 거라고 믿습니까?[62]

---

* 다른 소득원이 있을 경우 지급액에서 일정액을 감액하는 것을 말한다.

정리하자면, 라이언은 그린스펀에게 사회 보장 제도가 재정적 문제를 겪고 있다는 데 동의하는지와 제도를 민영화해 월가가 관리하는 은퇴 계좌 체제로 바꾸는 것에 동의하는지를 물은 것이다.

현명하게도 그린스펀은 라이언이 원하는 답을 들려주지 않았다. 대신 마이크로 바짝 다가서더니 진실을 말해 라이언을 충격에 빠뜨렸다. 그린스펀은 라이언의 질문에 숨은 전제를 모두 부정하는 것부터 시작했다. 그는 이렇게 말했다. "연방 정부가 원하는 만큼 돈을 만들어 내 누군가에게 지급하는 걸 막을 방법은 없습니다. 그러니 부과 방식 연금이 불안정하다고 말할 수 없습니다."[63]

첫 문장을 천천히 곱씹어보자. "연방 정부가 원하는 만큼 돈을 만들어 내 누군가에게 지급하는 걸 막을 방법은 없습니다."

정확히 옳은 말이자, 정부의 '재정적' 지급 능력에 대한 라이언의 모든 전제를 무너뜨리는 답변이었다. 연방 정부는 언제나 돈을 지급할 수 있다! 이것이 그린스펀의 요점이었다. 연방 정부가 연금을 지급할 때는 돈이 문제가 아니기 때문이다. 연준 의장인 그린스펀은 MMT에서 말하는 것처럼 의회의 허락만 떨어지면, 지출 금액이 얼마든 연준이 처리할 수 있다는 사실을 알고 있었다. 의회가 지출을 허락하기만 하면, 돈은 언제든 쓸 수 있다.

이상하게도 그린스펀은 1983년 사회 보장 제도 개혁 위원회(그린스펀 위원회) 위원장으로 일할 당시에는 이런 지적을 한 번도 하지 않았다. 그때 그는 사회 보장 제도의 자금 고갈을 피할 수 없다는 주장을 받아들였다. 그린스펀 위원회는 자금 고갈에 대비해 정년을 점진적으로 연장하고 급여세를 올려 미래에 수당으로 지급할 돈을 '미리 조달'함으로써 사회 보장 제도 재정을 '리밸런싱Rebalancing'하라는 해결책을 내놓았다. 약속한 수당을 모두 지급할 수 있을 만큼 세수를 충분히 확보해야만 사회 보장 제도를 유지할 수 있다는 잘못된 믿음을 기반으로 한 해결책이었다.

사실 수당 삭감 등 그린스펀 위원회가 권고한 조치들 가운데 사회 보장 제도를 지키기 위해 꼭 필요한 것은 하나도 없었다. 아마 그린스펀도 이 사실을 알고 있었을 것이다. 아무튼 라이언의 질문에 대답했던 그날, 그린스펀은 제대로 알고 있었고 아는 데서 멈추지 않았다. 그린스펀이 한 대답의 후반부는 더욱 훌륭했다. 그는 우리가 논의해야 할 또 다른 핵심 사안으로 초점을 옮겼다. 그 상황에서 던져야 할 질문은 라이언이 말한 것이 아니었다. 그린스펀은 사회 보장 제도의 재정에 관해 말하는 대신, 라이언에게 다음과 같은 문제를 생각해봐야 한다고 말했다. "수당을 받는 사람들이 구매할 실물 자산을 충분히 생산하려면, 어떤 시스템을 갖춰야 할까?"[64]

풀어서 말하자면, 우리 사회는 고령화되고 있다. 현재 우리가 사용하는 제품과 서비스를 생산하는 노동자들은 곧 일자리를 떠나 은퇴할 것이다. 결과적으로, 미래에 사회 보장 제도와 메디케어 같은 복지 정책의 혜택을 받는 미국인의 수는 점점 늘어날 수밖에 없다. 복지를 생각할 때, 우리는 어떻게 경제 생산성을 유지해 미래에 수당을 받게 될 이들에게 의료 서비스나 소비재 등을 충분히 공급할 수 있을지 고민해야 한다.

라이언이 그날 그린스펀의 말을 정확히 이해했는지는 모르겠다. 복지의 '지속 가능성'을 판단하려면, 경제의 '실물' 생산 능력을 따져야 한다. 달러를 어디서 구할지가 아니라, 경제에 그 달러를 수용할 여유가 있는지 걱정해야 한다. 수당을 지급할 돈을 마련하는 건 쉬운 일이다. 진짜 어려운 일은 지급된 돈이 경제에 지출됐을 때 생길 수 있는 인플레이션 압력을 관리하는 것이다.

라이언이 놀란 것도 이해는 간다. 다른 자리에서 자주 그린스펀은 재정 고갈이 사회 보장 제도의 가장 큰 문제인 것처럼 말했다. 하지만 그날, 국회의사당에서 진실만 말할 것을 선서한 앨런 그린스펀은 진실을, 있는 그대로의 진실을, 오직 진실만을 말했다. 정부가 약속한 수당 지급을 보장하는 한, 사회 보장 제도는 안전하다.

사회 보장 제도가 앞두고 있다는 소위 그 위기가 금전적인 것이 아니라, 인간이 만든 정치적 문제라는 사실을 정직하게 말하는 전문가는 찾아보기 힘들다.

나도 1998년에 한 논문을 읽고 나서야 진실을 깨달았다. 「수호자들로부터 사회 보장 제도를 수호하라」[65]라는 제목의 논문으로, 저자는 노스웨스턴 대학교 경제학과 교수 로버트 아이스너Robert Eisner였다. 아이스너는 혁신적이고 용감한 존경받는 경제학자였다. 그는 두려움을 모르는 사람이자, 사회 보장 제도의 적자 공포증을 처음으로 간파한 인물이었다. 아이스너는 좌우를 따지지 않고 문제를 잘못 진단한 사람들의 이름을 거침없이 언급했다.

그린스펀과 마찬가지로 아이스너도 사회 보장 제도가 재정적으로 지속 불가능하다는 주장을 부정했다. 그는 이렇게 썼다.

지금도 그렇고 앞으로도 사회 보장 제도의 위기는 없다. 사회 보장 제도는 파산하지 않을 것이다. 이 제도는 곧 퇴직할 세대가 연금을 받을 때뿐 아니라, 그 이후 베이비 부머와 X 세대가 연금을 받을 때도 계속 '거기 있을' 것이다. 사회 보장 제도를 조금씩 무너뜨리려는 사람이나, '민영화'라는 이름 아래 사회 보장 제도를 파괴하려는 사람이 정치적인 방법을 찾지 못하는 한 이 말은 사실이다. 하지만 이들은 방법을 찾지 못할 가능성이 크다. 노인들과 그들의 자식이 투표하기 때문이고, 진상이 명백히 밝혀지면, 신중한 투표가 이뤄질 것이기 때문이다.

아이스너는 사회 보장 제도나 다른 복지 제도에 대해 말할 때 기억해야 할 또 다른 중요한 사항에 논문의 초점을 맞췄다. 그는 정부가 수당을 지급할 권한을 법적으로 제한하는 의회의 자체 제약에 대해 말했다. 그린스펀과 마찬가지로, 아이스너도 정부에 언제나 약속한 수당을 지급할 '재정 능력'이 있다는 사실을 알고 있었다. 사회 보장 제도 같은 복지 프로그램이 곧 파산할 것처럼 보이는 이유는 재정 때문이 아니라 의회가 정부에 '법적 권한'을 주지 않았기 때문이다. 아이스너의 논문은 진지하게 고려해야 할 사항과 그렇지 않은 사항을 더 뚜렷이 구분하려는 훌륭한 시도였다.

대다수 정치인이 사회 보장 신탁 기금이 언젠가 고갈될 거라는 장기 전망에 함몰돼 있을 때, 아이스너는 신탁 기금은 "단순한 회계적 실체"일 뿐이며, 노인 유족 보험OASI 신탁 기금이나 장애 보험DI 신탁 기금의 잔액이 다 떨어져도 수당을 지급하는 정부의 재정 능력은 전혀 변하지 않는다는 사실에 주목했다. 신탁 기금 잔액을 떨어지지 않게 유지해야 하는 까닭은 오로지 수당을 지급할 '법적 권한'을 잃지 않기 위해서다. 의회가 수당을 다 지급하라는 결정을 내리기만 하면, 신탁 기금에 잔액이 얼마든 수당을 전부 지급할 수 있다. 아이스너는 다음과 같이 표현했다. "회계사가 보고한 기금 계좌의 결산 결과가 음이든 양이든 재무부는 그냥 법에 명시된 대로 지출할 수 있다. 회계사가 점점 더 큰 적자를 보고해도 재무부는 사회 보장 수당을 다 지급할 수 있다는 말이다."

잠깐, 그러니까 널리 존경받는 경제학 교수가 국회에서 신탁 기금 잔액과 상관없이 수당을 전액 지급하겠다고 결정하기만 하면 사회 보장 제도의 '위기'를 해결할 수 있다고 말했다는 건가? 그렇다. 심지어 SMI(메디케어 파트 B와 파트 D)는 이미 그렇게 운영되고 있다.

나나 여러분 같은 보통 사람은 절대 그런 식으로 돈을 쓸 수 없다. 하지만 그건 우리가 화폐 사용자이기 때문이다. 연방 정부는 화폐 발행자다. 아이스너는 이 의미를 이해하고 있었다. 아이스너는 이렇게 말했다. "미국 정부와 재무부는 파산하지 않는다. 아니, 사실 파산할 수 없다." 아이스너가 하고자 했던 말은 회계 장부상 잔액을 들여다보며 걱정하는 일은 관두고 그냥 약속을 지키라는 것이었다. 어쨌든, 사람들에게는 수당을 받을 법적 자격이 있으니까.

사회 보장 제도의 재정 문제를 해결하는 것이 그렇게 쉬운 일이라면, 민주당과 공화당은 왜 매일같이 이 문제로 싸우는 걸까? 왜 다들 재정 안정성을 확보해야 한다면서 수당을 줄이거나 세금을 올리려고만 드는 걸까? 왜 (1998년 세상을 떠난) 아이스너와 비슷한 논리로 과열된 논쟁을 가라앉히려는 전문가 집단이 없는 걸까? 백악관 관리 예산실OMB: Office of Management and Budget 소속 고위 공무원 배리 앤더슨Barry Anderson은 이렇게 말했다.

"사회 보장 제도에 관해 이야기하는 학자나 분석가 가운데 이 기본적인 사실을 인정할 용기(또는 지식)가 있는 사람은 아예 없거나, 있더라도 극소수에 불과하다."[66]

아이스너는 자신이 제시한 (SMI가 이미 가진 법적 권한을 OSAI와 DI에도 부여하는) 단순한 해결책을 옹호할 용기나 지식이 없는 사람들을 위해 또 다른 해결책도 제시했다. 이 해결책은 단순한 회계적 조치에 불과하지만, 신탁 기금 잔액이 다 떨어져서 사회 보장 수당이 삭감되는 일을 영원히 막아줄 것이다. 돈은 충분해질 것이고, 신탁 이사회는 장기 전망이 건전하다고 보고할 것이며, 수당을 지급할 법적 권한은 남아 있을 것이고, '위기'는 사라질 것이다. 아이스너가 선호한 해결책은 아니지만, 모두의 잠자리를 편안토록 하려고 장부상 숫자를 늘릴 필요가 있다면, 아이스너의 말대로 "고통 없이 간단하게 회계 문제를 해결할" 방법은 많다.

민주당은 급여세 원천 징수 대상에 비근로 소득을 포함하거나, 급여세 상한을 높여 임금 소득 전체에 급여세를 매김으로써 세수를 늘려 신탁 기금을 확충하자는 주장을 펼 때가 많다. 그러나 아이스너는 더 부담 없는 해결책을 제시했다.[67] 신탁 기금이 대부분 이자를 지급하는 비시장성 국채로 구성되어 있으니, 이자를 많이 지급하면 되지 않을까? 만일 이 국채에 25%, 50%, 또는 100%의 이자를 지급한다면 신탁 기금의 잔액이 크게 늘면서 모든 '문제'가 영원히 사라질 것이다. 이 방법은 확실히 꼼수일 뿐이지만, 아이스너는 개의치 않았다. 그는 단지 신탁 기금이 고갈돼서 수당을 삭감해야 하는 상황을 손쉽게 피할 수 있음을 정치인들에게 보여주고자 했을 뿐이었다. 그는 이렇게 말했다. "기금을 이루는 비시장성 국채 이자율을 정하는 건 신이 아니라 국회와 재무부다." 중요한 건 신탁 기금을 확충하는 일이 엄청나게 간단하고 완전히 불필요한 일이라는 사실이다.

아이스너 이후 비슷한 논리로 기존의 통념에 맞선 이들은 MMT 경제학자를 제외하면 거의 없었다. 아이스너가 논문을 발표했을 당시에 MMT는 존재하지 않지만, 아이스너의 논지는 MMT의 시각과 완전히 맞아떨어진다. 그는 통화 발행자가 언제든 장부상의 금액을 늘려 사회 보장 제도의 (회계) 건전성을 유지할 수 있다는 사실을 알고 있었다.

우리는 복지에 관해 이야기할 때 MMT 지식을 활용할 필요가 있다. 논의의 중심은 언제나 국민을 위해 우선 해결해야 할 과제와 추구해야 할 가치와 경제의 실물 생산 능력이 돼야 한다. MMT는 우리에게 현명한 토론을 위해 필요한 시각을 제공한다.

그린스펀은 인구 구조 변화로 생산을 담당할 근로자의 수가 줄어드는 상황을 우려했다. 이런 면에서 부양비에 대한 우려는 타당하다. 수당을 지급할 돈이 충분치 않을까 봐서가 아니라, 미래 미국 국민이 원하고 필요로 할 실제 물건과 서비스를 충분히 생산하기 어려워질 수 있기 때문이다. 그린스펀은 미래 은퇴자들에게 금전적 수당을 지급하는 것만으로는 충분하지 않다는 사실을 알고 있었다. 돈의 가치도 중요하기 때문이다. '돈은 너무 많은데 물건은 너무 적은' 전형적 인플레이션 상황을 겪지 않으려면, 필요한 물건과 서비스를 충분히 공급할 수 있을 만큼 경제 생산성을 높게 유지해야 한다. 그러려면 어떻게 해야 할까?

먼저, 우선순위를 정해야만 한다. 설문 조사에 따르면, 복지는 우리 사회가 달성해야 할 여러 목표 가운데 높은 우선순위를 차지하고 있다. 우선순위를 정했다면, 이제 그 우선순위를 어떻게 달성할지 생각해야 한다. 그리고 동시에 인플레이션이 일어나는 일을 방지하기 위해 경제의 생산 여력이 충분한지 확인해야 한다.

은퇴를 예로 들어보자. 대부분은 은퇴자의 재정적 안정을 위해 복지를 제공해야 한다는 데 동의할 것이다. 우리는 사회가 은퇴자들을 외면하지 않기를 바란다. 사회 보장 제도와 메디케어는 근로 중심의 삶을 벗어나 삶의 다른 단계로 들어선 이들에게 기초적 보호를 제공한다. 이런 제도가 존재하는 이유는 우리가 은퇴자들이 정기적인 소득과 필요한 치료를 받으며 안정적이고 품위 있는 삶을 누리길 바라기 때문이다.

2017년, 연방 정부는 의료 지원 사업에 1조 달러를 썼다. 이 중 3분의 1은 미국의 연방 건강 보험 프로그램 가운데 가장 규모가 큰 메디케어에 사용됐다. 나머지 지출 내역은 메디케이드, 어린이 의료 지원, 오바마 케어(Affordable Care Act, 건강 보험 개혁법) 특별 보조금 등이다. 또한, 연방 정부는 9,450억 달러를 장애인, 노인 그리고 그들의 부양가족에게 사회 보장 수당으로 지급했다. 다 합하면, 소위 복지 정책이라 불리는 이들 정책에 연방 정부 예산의 거의 절반에 해당하는 약 2조 달러가 들어간 것이다.[68] 큰 숫자다. 하지만 앞서 배운 것처럼, 그저 숫자일 뿐이다. 정부는 이 돈을 감당할 수 있다. 하지만 실물 자원도 충분할까?

1946년부터 1964년까지 태어난, 엄청난 수의 베이비 붐 세대가 직장을 떠나고 있다. 다음 18년 동안 매일 평균 약 만 명의 미국인이 65세 생일을 맞을 것이다. 이 중에는 계속 일하는 사람도 많겠지만, 어쨌든 65세가 되는 순간부터 이들은 모두 메디케어 가입 대상이다. 2030년이 되면, 미국 역사상 최초로 65세 이상 인구가 18세 미만 아동 인구를 추월할 것이다.[69] 그때가 되면 베이비 붐 세대는 미국 인구의 5분의 1을 차지하게 된다.

우리는 준비해야 한다. 70세가 되면, 35세일 때보다 육아에 돈을 덜 쓰고 의료에 돈을 더 많이 쓴다. 이 말은 앞으로 우리 경제가 무언가는 더 생산하고 다른 무언가는 덜 생산해야 한다는 뜻이다. 예상치 못하게 다시 한번 베이비 붐이 불거나 이민자가 증가해서 미래 노동 인구가 늘지 않는 한, 우리는 줄어든 인구로 모든 일을 해내야 한다.

준비는 지금부터 시작해야 한다. 의사와 간호사 수를 늘리고 노인 생활 보조 주거 시설을 확충하고 인프라, 교육, (자동화를 포함한) 연구 개발에 투자해야 한다. 제대로 투자한다면, 우리는 경제의 장기 생산 능력을 높여 실제 상품의 공급이 줄어들면서 경쟁이 치열해져 인플레이션이 벌어지는 상황을 피할 수 있을 것이다.

MMT는 화폐 발행 능력이 있는 정부가 뭐든 원하는 대로 할 수 있다고 말하는 것은 아니다. 그저 화폐보다는 실물적 한계에 주의를 집중해야 최선의 해결책을 찾을 수 있다고 말할 뿐이다. 우리는 실물 세상의 자원을 바탕으로 실물 세상의 결정을 내리기 위해 토론해야 한다.

나는 복지를 축소하자는 제안을 비인간적이라고 느낀다. 여러분도 비슷하게 느낄지도 모르겠다. 노인, 장애인, 가난한 사람에게도 품위 있는 삶과 재정적 안정을 누릴 권리가 있다. 신탁 기금 따위에 이들을 보살필 돈이 들어 있어서가 아니라, 이들이 인간이기 때문이다. 복지 정책과 그것이 대변하는 가치는 우리 사회의 일부여야만 한다. 여러분의 생각이 나와 다르더라도, 토론하려면 먼저 정부 재정에 대해 제대로 알아야만 할 것이다.

미래 우리 사회의 수요를 충족할 최선의 방법을 찾으려면, '어떻게 돈을 마련할까?'라는 질문은 그만두고 '어떻게 자원을 마련할까?'라고 질문해야 한다.

우리가 사는 세상은 완벽하지 않다. 우리의 실물 자원은 유한하다. 더 나은 삶을 위해 모두에게 의료 보험을, 돈 걱정 없는 노후 생활을, 빈곤으로부터의 보호를 제공하고자 할 때조차, 결국 일의 경중을 따져 선택해야만 하는 시간이 온다.

지금 준비해야 한다. 인플레이션을 일으키지 않고 목표를 달성할 수 있을 만큼 생산성을 높이기 위해 투자해야 한다. 자동화 기술, 인프라 개선, 교육 기회 확대, 연구 개발, 공공 건강 증진 등 목표 달성에 도움이 되는 것이라면 모두 미래를 위한 현명한 투자다.

미국은 남북 전쟁 직후와 20세기에 복지 제도를 운용할 여력이 있었다. 그리고 현재도 마찬가지다. 복지를 둘러싼 정쟁은 돈의 속성과 조세의 목적에 관한 낡은 사고방식에서 비롯됐다. 이 낡은 사고방식이 우리의 우선순위에 관한, 살고 싶은 사회에 관한, 그 사회를 만들기 위해 필요한 자원에 관한 깊은 논의를 가로막고 있다.

우리에게 중요한 문제는 돈이 아니라, 앞으로 수십 년 동안 우리 경제가 수요를 감당할 만큼 상품을 충분히 생산할 수 있느냐다. 전자 장부에 기록할 숫자는 없어도 되지만, 비전이 없는 건 큰 문제다. 미래를 그릴 지혜와 시도할 용기가 있다면, 제한된 자원을 활용해 모두의 삶을 개선할 방법은 많다.

제7장 중요한 적자들

중요한 적자들

> ❝
>
> 그 수가 많다면, 가난은 악이다. 어디든 악의 적수가 필요한 곳에는 정부와 상처 입은 사람들이 있다.
>
> ❞
>
> – J.F. 케네디

2015년, 나는 미 상원 예산 위원회 민주당 자문으로 일하기 위해 워싱턴으로 갔다.

당시 미국은 대침체 이후 긴 회복기를 지나고 있었다.

지난 수십 년 동안, 미국은 국제 금융 엘리트와 정치 엘리트들에게 신뢰와 권력을 주었다. 하지만 이들은 전 세계에 영향을 미친 경제 위기를 해결하는 데 완전히 실패했다. 경제 위기는 미국인들에게 우선순위를 다시 설정할 짧은 기회를 주었다. 경제 위기의 여파 속에서 상·하원 모두 민주당이 과반을 확보했고 변화의 사명을 부여받은 오바마 대통령이 당선됐다. 하지만 내가 도착했을 때는 이미 상·하원 모두 공화당이 장악하고 있었고 적자 지출에 관한 경고와 무의미한 신중함이 다시 맹위를 떨치고 있었다.

민주당은 소수당이었으므로, 공화당이 지휘권을 행사하고 주제를 정했다. 그래서 우리는 방어하는 쪽이었다. 회의에 참석하고 발언 요지 작성을 도울 때마다 나는 다수당에 소속되어 일하는 상상을 했다. 상상 속에서 나는 미국 국민 앞에 놓인 수많은 문제를 해결하는 데 논의의 초점을 맞추고, 수백만 명이 더 안전하고 생산적이고 행복한 삶을 영위하도록 돕는 예산을 짰다. 하지만 민주당은 소수당이었고, 나에겐 거의 아무것도 할 권한이 없었다.

그러나 사실, 소수당이든 다수당이든 중요치 않았는지도 모른다. 양 당은 서로 앙숙이지만, 연방 정부가 어떻게 돈을 '얻어서' 경제 내로 지출하는가에 대해서는 모두의 생각이 일치했으니까. 화폐 발행자의 시각이 아니라, 화폐 사용자의 시각을 가지고 연방 재정을 자기 집 재정처럼 본다는 면에 있어서 민주당과 공화당은 똑같았다. 양쪽 모두 미국이 재정 위기를 맞을 것이라는 데는 동의하면서 문제의 원인을 두고 신랄한 말을 주고받을 뿐이었다. 다른 점이 있다면, 민주당은 감세와 전쟁을 치르는 데 들어간 막대한 돈을, 공화당은 사회 보장 제도, 메디케어, 메이케이드 등의 복지 프로그램에 들어간 돈을 원인으로 지목한다는 것뿐이었다.

민주당이 권력을 잡고 있었더라도, 아마 민주당 의원들은 계속 적자에 관한 편견을 믿었을 것이다. 샌더스 상원 의원의 지휘하에, 부자에게 세금을 물려서(또는 방위비를 낮춰서) 다른 지출을 늘리는 로빈 후드식 방법으로 초점이 옮겨지긴 했을 것이다. 하지만 정치적 현실을 고려할 때, 재정 적자가 늘어나지 않도록 막는 일은 계속 높은 우선순위를 차지했을 가능성이 높다.

나는 권력의 전당에 있었다. 나는 민주당 수석 경제학자였고, 그 자리에서 MMT의 시각을 전달할 수 있어야만 했다. 하지만 나는 내 생각이 영향을 미칠 수 있을지 의심스러웠다. 교수직을 휴직하고 가족과 친구를 떠나 워싱턴으로 이사한 것이 고작 재정 적자를 걱정하는 데 시간을 거의 다 써버리는 사람들에게 둘러싸이기 위해서였다고 생각하니 견디기 어려웠다. 나는 좌절감에 빠져 오랜 시간을 보냈다.

그러다 이런 생각이 들었다. 적자는 그저 가진 것과 필요한 것의 차이일 뿐이다. 실제로, 영어로 적자를 뜻하는 'Deficit'의 『웹스터 사전』상 정의는 다음과 같다. "양이나 질의 부족" 또는 "능력이나 기능적 용량의 미달 또는 결핍". 정부의 재정 적자는 걱정거리가 아니지만, 현재 우리는 매우 중요한 다른 적자들에 직면해 있다. 좋은 직업 적자, 의료 접근권 적자, 양

질의 인프라 적자, 깨끗한 환경 적자, 지속 가능한 기후 적자 등등. 예산 위원회 소속 상원 의원들이 그렇게까지 적자에 대해 말하길 원한다면, 이런 적자에 대해 말해보면 어떨까?

마침, 당시 의회 예산처장인 더글러스 엘먼도프Douglas Elmendorf가 상원 예산 위원회에 출석하기로 되어 있었다. 정기 보고였는데, 어떻게 진행될지는 뻔했다. 먼저 양복을 갖춰 입고 안경을 쓴 엘먼도프가 의회 예산처의 최신 장기 재정 전망 보고서 한 부를 손에든 채 나타날 것이다. 그는 위원회에 보고서의 주요 내용을 설명한 뒤, 재정 적자에 대한 경각심을 촉구하고 정부가 재정 정상화에 실패할 경우 재정 위기가 닥칠 수 있다고 경고할 것이다. 그런 다음 여러 상원 의원이 돌아가며 적자 문제를 해결하기 위해 지출을 삭감하자거나 세금을 올리자고 주장할 것이다. 그런 의미 없는 자리에 가만히 앉아 있을 생각을 하니 견디기 힘들었다. 그래서 계획을 하나 세웠다.

나의 상관인 샌더스 상원 의원은 위원회 고위직이었고, 위원장이 개회사를 마치면 바로 그가 연설을 시작하는 것이 관례였다. 연설문 초안 작성은 보좌 직원이 담당했다. 나는 이 연설문 초안을 기회 삼아 대화의 물꼬를 완전히 새로운 방향으로 터보고자 했다. 나는 연설문 작성을 맡은 보좌 직원에게 재정 적자는 무시하고 진짜 중요한 적자에 대해 말하자고 제안했다.

다행히 샌더스 상원 의원은 평범한 사람들을 마음속 깊이 염려하고 그들의 말에 귀 기울이는 사람이었다. 그는 연방 예산에 대해 나와 같은 시각을 가지고 있었다. 그에게 예산은 도덕적 기록문이자, 국가 우선순위의 표현이었다. 우리는 둘 다 미국이 뿔뿔이 흩어진 냉혹한 개인주의자들로 이루어진 국가가 아니라, 한 나라 국민으로서 한 배를 탄 운명 공동체라고 믿었다. 이러한 공통된 믿음을 바탕으로, 샌더스와 보좌 직원과 나는 연설문을 다시 작성하기로 했다. 지금껏 반복해온 재정 적자 감축 방안을 또 한 번 언급하는 대신, 인프라, 일자리, 교육, 의료 등의 다른 적자에 대해 말할 생각이었다.

초점의 변화를 알리는 것은 샌더스 상원 의원의 몫이었다. 그리고 그는 해냈다. 청문회가 끝난 뒤, 의회 전문지 〈더 힐The Hill〉은 「버니 샌더스, '적자' 계획으로 판을 뒤집다」[1]라는 제목의 기사를 실었다.

우리가 지적한 적자는 평범한 사람들에게 가장 큰 영향을 미치는 적자로, 너무 오랫동안 무시되어 왔다. 이들 적자는 제대로 된 사회라면, 모두 가장 중요하게 생각해야 할 문제들이다. 우리의 사회 기반 시설은 흔들리고 있다. 대학 등록금 마련은 점점 더 어려워지고 있다. 4,500만 명의 미국인이 1.6조 달러 이상의 학자금 대출 부채를 짊어지고 있다. 소득과 자산 불평등은 역사상 최고 수준에 근접했다. 1970년대 이후 평범한 근로자의 실질 임금은 겨우 3%밖에 오르지 않았다. 미국인 네 명 가운데 한 명은 자신이 절대 일을 놓을 수 없을 거라고 말한다. 우리의 의료 보험 체계는 미흡하다. 실제로 8,700만 명이 보험이 없거나 부분 보험에만 가입돼 있다. 예전에도 그랬지만, 지금 우리에게는 '판을 뒤집는' 행동이 필요하다.

기본적으로, 미국의 연방 예산 절차는 이런 복잡한 문제에 전혀 맞서 싸울 수 없을 만큼 완전히 엉망이다. 미국의 예산 절차는 정부를 통화 발행자가 아닌, 금전적 제약을 받는 통화 사용자로 본다. 예산 절차 자체가 참여자들의 눈을 가리고 궁극적 목표가 아닌 장기적 재정 '균형'만을 추구하게 만들어져 있다. 기술 관료들이 설계한 이 절차는 정책의 자유를 제한해 정부가 피와 살로 이루어진 사람들의 말이 아닌, 회계 장부에 기록된 추상적인 숫자의 말을 따르게 한다.

현재 우리는 그 어느 때보다 더 정말 중요한 적자에 관해 이야기해야만 한다. 이제 그 이야기를 시작해 보자.

좋은 직업 적자

2019년 초, 오하이오주 로즈타운의 제너럴 모터스General Motors 공장이 문을 닫았을 때, 릭 마시Rick Marsh는 그 공장의 25년 차 직원이었다. 마시의 아버지도 노조 위원으로 일하며 그 공장을 다녔다. 〈뉴욕타임스〉가 쓴 것처럼, 제너럴 모터스에서의 일은 "그가 가졌던 유일한 진짜 직업"이었다.

마시에게는 집 한 채와 뇌성 마비에 걸린 딸이 있었다. 그는 펜실베이니아 서부의 천연가스 지대에서 제너럴 모터스에서 받던 임금의 절반 정도를 받을 수 있는 일자리를 구했다. 경력을 활용해 다른 곳에 있는 제너럴 모터스 공장으로 전근을 신청해볼 수도 있었지만, 그들 부부는 이사하는 것이 내키지 않았다. 학교와 지역 복지 기관을 통해 힘들여 구축해 둔 딸을 위한 지원망을 포기하고 싶지 않았기 때문이었다.[2]

이 같은 사례는 흔히 볼 수 있다. 미국의 제조업 고용률은 NAFTA와 WTO 같은 기업 위주의 무역 협정이 체결된 이후 크게 낮아졌다. 무역 협정은 마시가 종사하던 업계 외에도 수많은 산업의 노동자들을 밀어냈다. 금융 위기도 한몫했다. 미국은 2008년 이후 8년 동안 212,000개의 통신 분야 일자리와 122,000개의 제조업 일자리를 잃었다. 공공 분야 일자리 (대개 생활 임금과 좋은 복지 혜택을 제공해 일자리 적자를 해결하는 데 도움을 준다)도 줄었다. 주 정부와 지방 정부는 361,000개의 일자리를 줄였고, 미국 우체국은 112,000명을 감원했다.

물론, 2008년 위기 이후 경제가 조금씩 회복되어 이 글을 쓰는 지금은 계속 일자리가 생기고 있다. 2020년 초, 대침체 때 최고 10%까지 올랐던 실업률은 3.7%로 크게 떨어졌다. 하지만 증가한 일자리 대부분은 저숙련, 저임금 직업이다. 그래서 수많은 사람이 먹고살기 위해 투잡, 스리잡을 뛴다. 2014년 〈시카고 트리뷴〉이 인터뷰한 로시오 카라반테스Rocio Caravantes라는 시민은 이렇게 말했다. "시급 8.25달러로 사는 건 불가능해요."[3] 당시 그녀는 시카고 시내의 고급 호텔을 돌며, 바닥 청소 일과 화장실 청소 일로 투잡을 뛰었다. 하지만 이렇게 번 돈은 모두 합해 2주에 495달러밖에 되지 않았다. 한 달 월세는 500달러였고 매일 직장에 가기 위해 한 시간 동안 대중교통으로 이동해야 했으며, 하루도 휴가를 낼 수 없었다. 그녀는 인터뷰에서 일을 잘하면 임금이 오를 거라고 생각했다면서 이렇게 말했다. "잘못된 생각이었죠." 한편, 아직도 일리노이주 최저 임금은 8.25달러에 머물러 있으며, 연방 최저 임금은 고작 7.25달러에 불과하다.

미국인의 40%가 비상 상황에서 400달러를 융통할 수 없을 거라고 답했다.[4] 오해하지는 말자. 이유는 직장에서 돈을 적게 주기 때문이다. 좋은 직업이 많았더라면, 상황은 달랐을 것이다. 노동 시장이 정말로 건강하고 견고하다면, 고용주들은 근로자를 채용하기 위해 임금을 높여야 했을 것이다.

일자리의 양은 회복됐는지 몰라도, 새로 생긴 일자리의 질은 이전보다 훨씬 낮아졌다. 예를 들어, 조리 및 음식 서비스 부문의 일자리가 200만 개 늘어났고 소매업 일자리가 120만 개 늘어났다. 미국 노동부가 작성한 「경제 보도자료Economic News Release」에 따르면, 평균적인 소매업 종사자의 연 소득 중앙값이 28,310달러인데, 조리 및 음식 서비스 업종 종사자의 연 소득은 그보다 더 적은 약 22,000달러에 불과하다. 사실, 2008년 위기 이후 생긴 일자리의 4분의 3 정도는 연봉 50,000달러 이하의 직장으로, 대부분 50,000달러보다 훨씬 낮은 임금을 준다. 1970년대부터 2018년까지 물가 상승률을 반영한 평균적인 근로자의 임금은 고작 3% 증가했을 뿐이다. 같은 기간, 소득 하위 5분위 근로자의 임금은 오히려 줄어들었다.[5]

사실 소매업과 음식 서비스 산업 종사자들이 경제 위기 이전에 직장을 다닐 때보다 반드시 더 낮은 임금을 받아야 할 이유는 없다. 다만, 이들 산업 분야에는 20세기 중반의 제조업 노동조합 같은 탄탄한 노동조합이 자리 잡지 못했다. 이들 분야에서는 고용인이 전권을 쥐고 프랜차이징부터 아웃소싱까지 책에 등장하는 기법을 총동원해 최소한의 임금과 복지만을 제공하고 있다.

지리적 요인도 영향을 미쳤다. 오늘날 일자리를 찾을 수 있는 지역은 과거와는 달라졌다. 수십 년 전, 1990~1991년 불황의 회복기 때는 중서부 지역 소도시와 농촌의 시장에서 일자리가 빠르게 생겨났다. 하지만 이후 이들 지방의 일자리 회복력은 줄어들었다. 대침체의 회복기에 일자리가 가장 빨리 늘어난 곳은 LA, 뉴욕, 휴스턴 등 대도시와 도심 지역이었다. 인구 밀도가 낮은 지역과 농촌 지역의 일자리 증가 속도는 과거의 3분의 1에도 못 미치는 실정이다.[6] 어떤 곳은 사실상 2008년부터 회복되지 않았다. 구직 시장은 그저 좌판을 걷어 버리고 다른 지역으로 떠났다.

미시시피강과 오하이오강이 만나는 곳에 있는 일리노이주 카이로는 원래 여러 상점과 드라이브 인, 클럽들로 북적이는 마을이었다. 하지만 마을은 탈산업화와 인종 차별주의(카이로의 주민 대부분은 흑인이다)의 거센 공격을 받았다. 이제 카이로에는 달러 제너럴Dollar General* 두 곳과 동네 이름을 단 가게 몇 곳이 남아 있을 뿐이다. 작가 겸 사진가인 크리스 아네이드Chris Arnade가 47세의 지역 교사인 마르바Marva에게 왜 카이로에 남았냐고 묻자, 그녀는 당연하다는 듯 말했다. "[카이로가] 우리 집이니까요. 동네가 작아서 모두 제 가족이에요. 함께 자란 사람들을 저버릴 순 없어요."[7] 잔인하게도 현대 미국 경제는 사람들을 자신의 뿌리와 생계 중 하나를 택해야 하는 상황으로 자주 몰아간다. 고향을 떠나는 쪽을 선택한 사람에게도 새로운 도시로 이사하는 일은 위험하고 어렵고 돈이 많이 드는 일이다.

---

* 저가 상품을 판매하는 할인점을 말한다.

한편, 운 좋게 일자리가 증가하는 지역에 거주하는 사람이라도 전보다 안 좋은 일자리에 만족해야 하는 경우가 많다. 좋은 일자리에서 해고당한 사람들이 능력에 비해 보수를 덜 주는 저임금 일자리밖에 구할 수 없는 이 현상을 경제학자들은 불완전 고용이라고 부른다. 두 아이의 엄마인 리사 카지노-슈츠Lisa Casino-Schuetz는 석사 학위가 있고 한때 억대 연봉을 받으며 일했다. 그러나 경제 위기가 닥치면서 직업을 잃었다. 그녀는 한 스포츠 의료 시설에서 시급 15달러를 받으며 일할 수밖에 없었다. 그러다 또 한 번 해고를 당해 아마존에서 고객 상담 전화받는 일을 하게 됐다. 하지만 이제 그 비정규직 일자리마저 사라졌다. 그녀가 말했다. "'왜 나야? 내가 뭘 잘못했다고 이러는 거야?'라고 묻게 돼요."[8]

불완전 고용은 매우 다양한 사람에게 영향을 미친다. 블로거 안드레아 톰프슨Andrea Thompson은 이들의 이야기를 전문적으로 다루는 블로그를 운영한다. 심지어 톰프슨의 64세 할머니조차 불완전 고용을 겪고 있다. 톰프슨의 할머니는 평생 요리사로 일했지만, 여러 차례 수술을 받은 뒤 이제는 지역 고등학교에서 얼마 안 되는 돈을 받으며 급식 조리사로 일하고 있다. 최근 당뇨병 진단을 받았는데, 조리사 임금으로는 치료비를 감당할 수 없다.

미국 사회에 만연한 누구나 버림받을 수 있다는 느낌은 고용과 급여 외에도 많은 곳에 영향을 미친다. 미국 정신 의학회American Psychiatric Association의 2018년 설문 조사에 따르면, 응답자의 3분의 2가 생활비를 감당하지 못할까 봐 걱정된다고 답했다. 이에 비견할 만한 걱정거리는 개인 건강과 가족의 안전뿐이었는데, 이 둘도 재정 상태의 영향을 받는다.

미국 정신 의학회가 홈페이지에 올린 글에 따르면, "여성 네 명 중 약 세 명, 청소년(8~24세) 네 명 중 약 세 명, 히스패닉 성인 다섯 명 중 약 네 명은 생활비를 내는 데 다소 불안을 느끼거나 극심한 불안을 느낀다." 〈공중 보건 저널Journal of Community Health〉에 실린 2017년 설문 조사에 따르면, 미국 직장인 세 명 중 한 명은 자신의 직업이 안정적이지 않다고 답했다.[9] 이러한 불안은 비만, 불면, 흡연 확률을 높이고 근로 손실 일수를 늘리며, 건강에 전반적으로 악영향을 미친다. 경제학자 수전 케이스Susan Case와 앵거스 디튼Angus Deaton의 연구에 따르면, 1999년 이후 미국 중장년층 사망률이 급증한 주원인은 소위 절망사로 불리는 자살, 약물, 알코올 중독으로 인한 사망이 증가했기 때문이다. 절망사는 주로 경제적 불안으로 인해 초래된다.

이러한 문제는 미국 근로자들만의 일이 아니다. 벨David N. F. Bell과 블랜치플라워David G. Blanchflower는 그들이 조사한 유럽 25개국 가운데 대부분이 2008년 금융 위기의 여파로, 불완전 고용으로 인한 임금 하락을 경험했다고 밝혔다.[10] 하지만 유럽 노동자들보다 미국 노동자들이 넘어야 할 산이 더 험했다. 미국의 고용 지표는 여러 유럽 국가와 비교해 더 나빴다. 게다가 미국은 선진국 가운데 유급 출산 휴가가 법적으로 보장돼 있지 않은 유일한 나라다. 사실, 선진국 가운데 어떠한 형태의 유급 휴가도 법적으로 보장하지 않는 나라는 미국밖에 없다. 물론 일부 고용주는 자발적으로 유급 휴가를 제공한다. 하지만 미국 노동자의 평균 휴가 일수는 영국, 프랑스, 스페인 노동자가 누리는 휴가 일수의 4분의 1을 간신히 넘길 뿐이다.

고소득 제조업 일자리가 해외로 빠져나가는 현상과 이 현상이 아메리칸드림에 미치는 영향에 관해 이미 많은 논의가 있었다. 2016년 트럼프는 제조업 일자리를 유치해 안정적이고 보람 있는 삶을 누릴 수 있었던 시절의 위대한 미국으로 돌아가겠다고 약속해 중서부 산업 지대에서 승리를 거머쥐었다. 내 생각에 사람들이 진짜 그리워하는 것은 가장의 외벌이로 가족을 부양하고, 집을 사고, 차 두 대를 굴리고, 아이들을 대학에 보내고, 일 년에 한 번 휴가를 즐기고, 먹고살 만한 연금을 받으며 노후를 보낼 수 있었던 시절인 것 같다. 이런 삶에 대한 갈망이 '제조업 일자리 재유치'와 '미국을 다시 위대한 나라로'라는 말로 분출되었을 뿐이다. 하지만 진짜 되돌려져야 할 것은 사라진 직업 안정성과 중산층 임금으로 누릴 수 있었던 생활이다.

좋은 일자리 적자는, 궁극적으로 경제 내 돈이 흐르는 방식에 영향을 미친다. 현재, 돈은 소수의 행운아에게만 흘러 들어가 높은 소득과 좋은 사내 복지 혜택을 제공하고 다수에게는 불충분한 임금과 거의 없다시피 한 복지 혜택을 준다. 하지만 MMT의 지적대로 돈은 연방 정부가 계속 만들어낼 수 있는 유일한 자산이다. 가게 직원이나 패스트푸드점 종업원이나 시카고 고급 호텔 잡역부를 포함한 모든 직업이 적당한 임금과 노동 시간, 안정성, 복지 혜택을 제공하는 좋은 직업이 되지 말란 법은 없다.

MMT가 제안하는 연방 일자리 보장 제도가 어떻게 고용주들이 지켜야 할 최소한의 기준을 정립해 원하는 사람 모두에게 생활 임금과 복지 혜택을 누리게 해 주는지는 다음 장에서 설명할 것이다. 이와 함께 더 건강하고 행복하고 질 높은 삶을 누릴 수 있도록 휴가와 유급 휴직을 보장할 방안도 소개할 것이다. 이러한 해결책을 통해 진정한 완전 고용을 달성하고 저소득층의 소득을 늘리고 복지 혜택을 전체 소득 계층에 골고루 퍼뜨린다면, 미국의 좋은 직장 적자는 사라질 것이다.

우리는 사람들에게 그들이 마땅히 누려야 할 좋은 일자리를 제공하면서, 경제를 더 안전하고 환경친화적이고 안정적으로 만들어 나갈 수 있다.

저축 적자

좋은 일자리 적자는 미국 사회 전반에 온갖 파급 효과를 미친다. 좋은 일자리가 부족하다는 것은 소득이 부족하다는 뜻이며, 이는 저축할 수 없다는 의미다. 한때는 대학만 나오면 (대단하지는 않아도) 적당한 의료 보험을 제공하는 안정적이고 좋은 일자리를 얻을 수 있었다. 하지만 그런 시절은 갔다. 이제 노동자들은 노후 대비 저축을 하기는커녕 40대를 지나 50대가 되어서까지 학자금 대출을 갚는다. 이들은 은퇴라는 걸 할 수나 있을지 걱정한다. 아이가 있는 사람들은 교육비에 부담을 느낀다.

바야흐로, 저축 적자 시대에 들어섰다.

사실 평범한 미국 근로자에게는 은퇴를 위해 모아둔 돈이 아예 없다고 봐도 무방하다. 한 연구에 따르면, 미국 생산 가능 인구의 은퇴 계좌 잔액 중앙값은 '0'이다.[11] 다른 설문 조사들을 봐도 은퇴 자금을 한 푼도 모아두지 않았다고 답한 미국인이 적게는 21%,[12] 많게는 45%[13]나 된다. 여기에 5,000달러에서 10,000달러 정도의 적은 금액을 저축한 사람까지 포함하면, 은퇴 준비가 안 된 사람의 비율은 더 높아진다. 저축액이 부족한 가장 큰 원인은 소득이 생활하기에 불충분하기 때문이다. 미국인의 66%가 죽기 전에 모아둔 돈이 다 떨어질 것 같다고 답했다.[14] 2억이 조금 넘는 미국의 생산 가능 인구 가운데 1억 명 이상이 은퇴 자산[직장에서 제공하는 401(k), 개인 저축, 연금 등]을 전혀 가지고 있지 않다.[15] 저소득층 근로자는 예상보다 더 가난하다. 그들의 51%는 은퇴 계좌조차 없다.[16] 은퇴 계좌가 있는 사람이라도 평균 잔액은 40,000달러에 불과하다. 또한, 미국인 가운데 77%는 소득 수준과 연령에 비해 은퇴 저축을 적게 하고 있다. 2019년 6월 현재, 미국의 65세 이상 인구 중 5분의 1은 여전히 일하고 있거나 적극적으로 일자리를 찾고 있다.[17] 연합통신AP NORC 여론 조사 센터에서 진행한 2019년 설문 조사에 의하면, 미국인 중 약 4분의 1은 평생 은퇴를 못 할 것 같다고 답했다.

상황이 언제나 이렇지는 않았다. 베이비 붐 세대는 비교적 안정적인 경제 성장기에 성인이 되었다. 소위 위대한 세대Greatest Generation로 불리는 이들의 부모 세대는 대공황기에 태어났지만, 진보를 경험했다. 사회 보장 제도가 만들어졌고 제대 군인 원호법GI Bill이 제정되었으며, 실업 보험의 적용 범위가 넓어졌다. 경제는 2차 대전 이후 수십 년 동안 활황을 누렸다. 비록 불평등한 성장이었고 대다수 흑인이 분리 정책으로 인해 배제당한 데다 정치적으로도 격변의 시기가 몇 차례 있었지만, 이들 세대는 대부분 부모보다 더 나은 삶을 기대할 수 있었다. 적어도 주류 집단 내에서 아메리칸드림은 생생히 살아 있었다. 기대 수명을 비롯한 전반적으로 국민 건강이 향상되었고 노동자와 기업은 생산의 과실을 나눠 가졌다. 최근에 파산 신청한 시어스도 1960년대와 1970년대에는 근로자들에게 이윤을 분배했다. 잡역부부터 최고 경영자까지 전 직원이 스톡옵션과 이윤을 나눴고 연금 혜택을 누렸다.

앞서 다룬 내용처럼, 사회 보장 제도의 전망이 어둡다는 이야기는 단지 적자에 관한 공포심을 확장한 것에 불과하다. 하지만 한 가지 큰 변화가 미국인의 안정된 노후를 위협하고 있다. 그건 바로 확정 급여형 연금이 사라지고 있다는 사실이다.

전후 세대는 은퇴 후 일정한 소득을 계속 지급받을 수 있는 확정 급여형 연금을 당연하게 받아들였다(당연히 이들은 종합 건강 보험에도 가입돼 있었으며, 노동조합원도 많았다). 하지만 1980년 즈음부터 기업은 확정 급여형 연금을 노동자들이 근로 기간 동안 모은 돈에서 연금을 지급하는 확정 기여형 연금[401(k) 등]으로 바꾸기 시작했다. 당시만 해도 노동자들은 대부분 노후를 위해 돈을 모을 수 있다고 생각했다. 하지만 생활비를 충당하기도 힘든 요즘, 저축은 생각하기도 어렵다.

현재 많은 가정은 상원 의원 엘리자베스 워런이 딸 아멜리아 워런 티아기Amelia Warren Tyagi와 함께 쓴 책, 『맞벌이의 함정The Two-Income Trap: Why Middle-Class Parents Are Going Broke』에서 말하는 상황에 빠져 있다. 임금이 정체되고 의료비와 대학 등록금이 오르면서 많은 부모가 중산층에서 밀려나지 않기 위해 맞벌이를 하며, 생활비를 벌어야 하는 상황에 몰리고 있다. 그러나 맞벌이를 하는데도 이들의 미래는 매우 불안하다. 『맞벌이의 함정』은 2004년 출간됐지만, 책의 대전제인 중산층 공동화 현상은 오늘날 더욱 심각해졌으며 시급성도 더 커졌다. 교육비가 오르면서 가정은 자녀의 대학 등록금으로 더 많은 돈을 지출하게 됐다. 여기에 직장 의료 보험 혜택이 줄고 의료비가 오르면서 가정의 저축 여력은 더욱 줄어들었다. 그런데 확정 급여형 연금이 점차 사라지면서 저축을 따로 하지 않으면, 안정적인 노후 소득을 기대할 수 없는 상황이 됐다. 저축할 여유는 없는데 저축의 필요성은 더 커진 것이다.

저축 적자는 대침체의 '회복기'에도 나아지지 않았다. 최근 〈월스트리트저널〉은 미래를 위해 저축하는 대신, 신용 대출 등을 받아 위태롭게 자금을 융통해 중산층에 머무는 세태를 보여주는 기사를 실었다. 2013년에서 2019년 사이, 미국의 주택 융자금을 제외한 가계 부채는 1조 달러나 증가했다. 증가한 부채는 대부분 학자금 대출과 자동차 할부금, 신용 카드 미납액이다. 기사에 소개된 코네티컷주 웨스트 하트퍼드에 사는 스물여덟 동갑내기 커플은 기술 업계 종사자로, 둘이 합쳐 연 130,000달러를 번다. 이들 부부에게는 학자금 대출 51,000달러, 자동차 담보 대출 18,000달러, 신용 카드빚 50,000달러가 있다. 여기에 270,000달러의 주택 융자금이 있으며, 아직 어린 딸의 어린이집 비용이 정기적으로 들어간다. 이들은 이제 외식조차 하지 않는다. 하지만 한 번 교통사고가 난 후 빚은 더 늘었다. 시애틀에 사는 또 다른 35세 동갑내기 커플의 경우, 연 소득은 둘이 합쳐 155,000달러이고 학자금 대출이 88,000달러 남았으며, 어린 아들의 어린이집 비용으로 월 1,200달러를 지출한다. 이들은 시애틀의 방 두 개짜리 아파트 가격을 감당할 수 없어서 한 달에 1,750달러를 내고 월셋집에 산다. 시애틀의 주택 가격 중앙값은 약 750,000달러다. 두 커플 모두 비교적 소득이 높은데도 저축은 커녕 집을 살 여유조차 없다.[18]

예상했겠지만, 저축 적자는 인종과 민족 집단별로 차이를 보인다. 경제 정책 연구소는 가장의 나이가 32~65세 사이인 미국 가정의 은퇴 저축액을 추적 조사해 백인, 흑인, 히스패닉 집단 사이에 심각한 차이가 있음을 발견했다. 2013년 조사에 따르면, 은퇴를 위해 따로 모아둔 돈이 있는 백인 가구는 전체의 65%다. 그러나 흑인 가구는 41%, 히스패닉 가구는 단 26%에 불과했다. 이는 대침체 전과 비교해 히스패닉 가구는 12%, 흑인 가구는 6% 줄어든 수치다. 저축이 있더라도 흑인과 히스패닉 가구의 저축액은 백인 가구에 비해 훨씬 적다. 은퇴 계좌가 있는 백인 가구의 저축액 중앙값이 73,000달러인 데 반해, 흑인과 히스패닉 가구의 저축액은 22,000달러에 불과하다. 게다가 백인 가구와 달리, 흑인과 히스패닉 가구의 은퇴 계좌 잔액은 대침체가 지난 뒤에 다시 증가하지 않았다. 2007년부터 2013년까지 백인의 저축액 중앙값은 3,387달러 증가했지만, 히스패닉 가정은 5,508달러, 흑인 가정은 10,561달러 감소했다.

남성과 여성 사이의 경제적 불평등도 여전하다. 경제 정책 연구소는 이렇게 지적했다. "교육 수준이 동등할 때, 여성은 남성 동료보다 일관되게 낮은 보수를 받는다. 학사 학위가 있는 남성의 평균 임금이 석사나 박사 학위가 있는 여성의 평균 임금보다 더 높다." 여성이 가장인 가구가 그 어느 때보다 늘어난 요즘이지만, 이들 가정은 임금 격차 때문에 다른 가구보다 돈을 모으기가 더 힘들다. 저렴한 보육 시설이 없는 것 또한 여성 가

장 가구에 더 불리하다.[19]

저축 적자는 답을 찾을 수 없는 문제처럼 보일 수도 있다. 하지만 우리는 이미 5장에서 사회 보장 제도의 지급 능력을 의심할 이유가 없음을 배웠다. 사회 보장 제도의 혜택을 늘리고 더 든든한 은퇴 제도를 만들라고 주장할 이유는 충분하다. 또한, MMT의 제안을 따른다면, 다시 한번 모든 미국인이 좋은 급여를 받으며 일할 수 있을 것이다. 물론 학자금 대출을 모두 탕감하고 무료 또는 적은 돈으로 아이를 맡길 수 있는 보육 시설을 마련할 방안도 나와 있다. 학자금 대출과 보육비 문제가 해결되면, 가구당 월 수천 달러의 여유 자금이 생길 것이다. 이 여유 자금은 은퇴를 대비해 저축하거나 집을 사서 자산을 늘리는 데 쓸 수 있다. 근로자 가구에 있어서 저축은 중요하다. 하지만 먼저 저축할 수 있는 환경을 만들어야 한다.

이를 위해 가장 시급히 해결해야 할 문제는 미국의 의료 적자다.

의료 적자

우리는 미국의 의료 적자를 우리 목숨으로 메꾸고 있다. 1970년, 미국의 평균 수명은 선진국 중에서도 가장 긴 편에 속했다. 그러나 2016년 현재, 미국의 평균 수명은 OECD 소속 선진국의 평균 수명에도 미치지 못한다. 한편, 미국은 OECD에 소속된 오랜 선진국들 가운데 가장 기대 수명이 짧은 나라다. 미국의 영아 사망률은 전체 선진국 평균 대비 두 배가 넘는다. 미국보다 영아 사망률이 높은 OECD 회원국은 칠레, 터키, 멕시코뿐이다.

미국의 의료 적자는 다른 나라와 미국 사이의 격차만 벌려놓은 것이 아니다. 미국인의 수명은 사회 경제적 지위나 인종에 따라 크게 차이 난다. 1980년부터 2010년까지 부유한 미국인 남성의 기대 수명은 88.8세로 많이 늘어났다. 같은 기간, 미국 빈곤층 남성의 기대 수명은 76.1세로, 오히려 약간 줄어들었다. 여성의 경우에도 마찬가지다. 미국 여성의 기대 수명은 부유층 91.9세, 빈곤층 78.3세로, '수명 격차'가 뚜렷하다.

같은 지역 내에서도 마찬가지다. 볼티모어를 예로 들어보자. 볼티모어 저소득층 거주 지역의 기대 수명은 부유층 거주 지역의 기대 수명보다 거의 20년이나 더 짧다. 주민의 90%가 흑인인 매디슨-이스트엔드 지역의 기대 수명은 69세가 채 못 된다. 반면, 주민의 78%가 백인인 주변의 메드필드, 햄턴, 우드베리, 레밍턴 지역은 기대 수명이 76.5세다.[20]

미국이 의료에 돈을 쓰지 않아서가 아니다. 사실 OECD 자료에 의하면, 미국은 다른 선진국보다 훨씬 많은 10,586달러를 일 인당 의료비로 지출한다. 캐나다의 일 인당 의료비 4,974달러의 두 배가 넘는 수치다. 스페인의 일 인당 의료비 지출액은 고작 3,323달러에 불과하지만, 스페인은 곧 세계에서 기대 수명이 가장 긴 나라가 될 전망이다. 반면, 미국인의 미래 기대 수명은 평균 79.8세로, 세계 64위에 머무를 것으로 예상된다. 무엇이 문제일까? 왜 미국인들은 돈을 더 많이 쓰는데도 더 길고 건강한 삶을 누리지 못할까?

미국의 의료 보험 미가입 인구는 약 2,850만 명이다. 경제 수준이 비슷한 다른 나라와 비교하면, 훨씬 많은 숫자다. 게다가 공화당이 오바마 케어를 공격하고 나서면서 최근 들어 미국의 건강 보험 가입자 수는 더 줄어들고 있다. 또한, 의료 보험이 있어도 보장 범위가 넓지 않아서 필요한 치료를 다 받지 못하는 사람이 많다. 이를 일부 보험Underinsurance 문제라고 부른다. 건강 보험이 아예 없는 사람과 일부 보험에만 가입된 사람을 합하면, 의료비를 충분히 지원받지 못하는 미국인의 수는 2019년 현재, 8,700만 명에 달한다.[21]

심지어 '좋은' 직장 의료 보험이 있어도 치료를 받으려면, 수천 달러를 가입자 부담금Deductible과 기본 분담금Copayment 명목으로 따로 지출해야 하는 경우가 많다. 오바마 케어를 예로 들어보자. 2017년, 오바마 케어 브론즈 플랜 가입자가 낸 가입자 부담금은 일 인당 6,000달러 이상이다. 가족 단위로는 거의 12,400달러에 달한다.[22] 예상치 못한 응급 상황이 닥쳤을 때, 개인은 6,000달러, 가족은 12,400달러를 따로 마련해야 하는 것이다. 앞서 미국인 가운데 40%가 갑작스러운 위기 상황에서 400달러를 융통하기 어렵다고 답했다는 설문 조사 결과를 기억하는가?[23] 미국 인구 조사국에 따르면, 2018년 한 해 동안 의료비는 약 800만 명을 가난으로 밀어 넣었다.[24] 병원비로 진 빚 때문에 경제적 어려움을 겪은 사람의 수가 작년에만 1억 3,700만 명에 달한다는 연구 결과도 있다.[25] 은퇴 계좌에 모아둔 돈을 미리 꺼내 쓰는 원인으로 가장 많이 지목된 것도 병원비다. 의료 적자가 저축 적자로 이어지는 것이다.

미국인 약 네 명 중 한 명이 병원비가 걱정돼서 병원에 가지 않는다고 답했고 약 다섯 명 중 한 명은 약값이 비싸서 처방받은 약을 사지 않았다고 답했다. 결국, 보험이 있는 사람이라도 돈이 걱정돼서 필요한 치료를 다 받지 못하는 경우가 많다. 게다가 시력, 청력, 정신 건강과 관련한 필수적인 치료는 일반적인 보험에서 보장하지 않는 경우가 많다. 이렇다 보니 보험의 보장 범위를 벗어난다는 이유로 아파도 치료를 받지 않는 사람이 많다.

정책 분석가인 매트 브루닉Matt Bruenig은 일부 보험 문제를 생생히 보여주는 분석 결과를 발표했다. 2017년, 그는 만일 공화당이 오바마 케어를 폐지하는 데 성공한다면, 이후 10년 동안 의료 보험이 없어서 사망한 사람의 수가 540,000명에 달할 것으로 예측했다. 하지만 오바마 케어가 폐지되지 않더라도 320,000명이 불충분한 의료 보험으로 인해 사망할 것으로 예측했다. 중요한 지적이었다. 오바마 케어가 있어도 수백만 명의 미국인은 여전히 보험의 사각지대에 있다.[26]

이러한 상황을 고려할 때, 2010년 오바마 케어가 통과됐음에도 불구하고 미국의 의료 접근권이 여전히 여타 선진국보다 훨씬 뒤떨어진다는 건 그리 놀랄 만한 일이 아니다. 미국의 의료 적자는 근로와 여가의 손실을 초래한다. 그러나 가장 가슴 아픈 손실은 너무 많은 사람이 너무 빨리 생을 마감해 사랑하는 사람들과 함께 보낼 시간을 잃는다는 것이다.

MMT를 배운 우리는 미국인이 질 좋은 보험과 의료 서비스를 누리지 못하는 이유가 적어도 정부가 돈을 '구할' 수 없기 때문은 아니라는 사실을 안다. 민간 보험 회사, 직장 의료 보험, 짜깁기식 정부 보험으로 나뉘어 의료 보험을 제공하는 현재의 비효율적인 의료 시스템은 병원, 의료 서비스 공급자, 제약 회사, 민간 보험 회사가 환자들에게서 마지막 한 푼까지 쥐어짜 내도록 용인한다. 현 시스템에서는 사람들의 의료 접근권을 제한할수록 병원과 보험 회사 등이 얻는 이익이 더 커진다. 모두가 마음 놓고 치료받을 수 있는 시스템을 만들려면, 먼저 실물 자원이 충분한지부터 확인해야 한다. 돈에는 제한이 없지만, 실물 자원에는 제한이 있다. 의료 적자를 줄이려면 일반의, 간호사, 치과의사, 외과 의사, 의료 장비, 병상 등이 더 필요하다. 모든 시민에게 제대로 된 의료를 제공하려면, 병원과 보건소를 더 짓고 의학 연구 투자를 늘리고, 빚더미에 오르지 않고도 의사와 간호사가 될 수 있는 환경을 조성해야 한다. 이 중 마지막 항목은 미국이 해결해야 할 또 다른 적자와 관련이 있다.

교육 적자

미국의 교육 격차는 일찍이 유치원부터 시작해 고등학교와 그 이후까지 이어진다. 미국의 자격 인정 시스템은 사람들에게 끊임없이 학위를 따게 한다. 이는 좋은 직업 적자와 관련이 있는데, 같은 직무에 이전보다 더 높은 학위를 요구하는 직장이 점점 더 늘고 있기 때문이다.[27] 또한, 저축 적자도 교육 적자와 관련이 있다. 치솟는 등록금 때문에 수많은 학생이 대출을 받고 있으며, 그 결과 엄청난 학자금 대출 부채가 쌓이면서 미국 경제의 큰 걸림돌이 되고 있다.

미국의 교육 적자는 일찍이 유치원Preschool* 시절부터 시작된다. 일부 지역에서는 유치원 교육을 무상으로 제공하려고 시도하고 있다. 예를 들어, 뉴욕시는 일부 아동에게 유치원 무상 교육을 제공하기 위해 노력 중이다.[28] 하지만 일반적으로 한 달에 760달러, 1년이면 9,120달러에 달하는 유치원비는 일반 근로자 가정에 큰 부담을 지운다. 오바마 정부는 저소득과 중간 소득 가구의 4세 아동이 질 좋은 유치원 교육을 받을 수 있도록 연방 정부가 유치원 자금을 지원하는 '모두를 위한 유치원Preschool for All' 정책을 제안하는 등 이 문제에 대해 진일보한 모습을 보였다. 0~5세 유치원 발전 보조금 제도Preschool Development Grant Birth through Five를 통해 18개 주 28,000명의 유치원생이 더 나은 환경에서 공부할 수 있도록 교실 환경을 개선하기도 했다.[29] 또한, 오바마는 2015년 12월, 모든 학생 성공법ESSA: Every Student Succeeds Act에 서명했다. 양 당의 지지를 받으며 통과된 이 법의 목적은 유치원에 대한 정부의 투자를 공고히 하는 동시에 경제적으로 어려운 학생과 가정에 도움을 주는 데 있었다.[30] 안타깝게도 트럼프는 모든 학생 성공법을 포함해 오바마 시절 도입된 교육 제도들을 폐지하자고 여러 차례 주장했다.

미국에서 의무 교육 과정(K-12)**에 속하는 학교의 예산은 대부분 지방 정부가 걷은 재산세Property Tax로 충당된다. 가난한 미시시피 농촌 지역의 재산세 수입은 코네티컷주 그리니치 같은 부유한 지역의 재산세 수입과는 많은 차이가 난다. 이 차이는 두 지역 학교의 질에 그대로 반영

---

* 5세 미만 어린이들이 선택적으로 다닐 수 있는 유치원을 말한다.
** 만 6세 유치원 과정 1년을 포함한 초중고 교육 과정을 말한다.

된다. 학교 재정의 차이는 많은 학생의 자원과 기회를 박탈하고 의욕을 꺾어 독해나 수학 같은 전통적인 학문의 성취도를 낮춘다. 심지어 운동 분야 성취도도 학교 재정의 영향을 받는다. 흔히 사람들은 운동이 모두에게 평등한 기회를 준다고 믿지만, 실상은 그렇지 않다. 최근 〈뉴욕타임스〉는 아이오와주 대도시에 있는 가난한 학교들이 교외 지역에 있는 부유한 학교들과의 경기에서 번번이 패하는 현상을 분석한 기사를 실었다. 부유한 학교에는 학생들에게 더 좋은 훈련을 받게 하고 기술을 활용할 돈이 있었다. 지난 10년 동안 디모인Des Moines의 공립 고등학교 미식축구팀들이 부유한 교외 지역 학교를 상대로 겨룬 전적은 0:104이다. 만 17세의 고3 학생인 더스틴 해글러Dustin Hagler는 이렇게 말했다. "지는 건 원래 힘들지만, 그냥 지는 게 아니에요. 일방적으로 두들겨 맞았다는 기분을 떨치기 어려워요. 마치 확률이 저희 쪽에 불리하게 조작된 것처럼 말이죠." 아이오와주의 미식축구 경기 결과는 미국 교육의 전반적인 실상을 대변하는 것만 같다. 또한, 해글러의 말은 가난한 아이들이 부유한 학교에 다니는 동급생과 같은 자원을 누리지 못할 때 느끼는 패배감을 대변하고 있다.[31]

미국 교육 시스템의 적자는 고등 교육까지 계속된다. 1987~1988학년도 미국의 4년제 사립 대학 등록금은 15,160달러였다. 2017~2018학년도 등록금은 그 두 배가 넘는다. 공립 대학 등록금도 경향은 비슷하다. 공립 대학의 1987~1988학년도 등록금은 3,190달러였지만, 2017~2018학년도에는 9,970달러까지 올랐다.[32]

등록금 인상은 전국적인 학자금 대출 위기로 이어졌다. 현재 2017학번 대출자의 평균 학자금 대출액은 28,650달러다. 사립 비영리 대학에 다니는 경우는 32,300달러이며, 영리 대학에 다니는 경우는 39,950달러에 달한다. 학자금 대출 금액에도 인종별 격차가 존재한다. 2012년, 흑인 학생은 백인 학생보다 평균 3,500달러를 더 빌렸다. 이러한 격차 때문에 모든 형태의 고등 교육 기관에서 백인 학생보다 흑인 학생의 중도 학업 포기율이 더 높다. 4년제 영리 대학에 다니며 학자금 대출을 받은 백인 학생의 자퇴율이 44%인 반면, 흑인 학생의 자퇴율은 65%에 달한다. 2009년, 전체 흑인 학자금 대출자 가운데 39%가 대학을 중도에 자퇴했다. 이들 중 3분의 2가 비싼 학비를 자퇴 이유로 꼽았다.[33]

미국의 교육 적자는 총 4,500만 명의 미국인을 학자금 대출 빚에 허덕이게 하고 이들의 자유를 제한해 사회와 경제에 온전히 기여할 수 없는 상태로 몰아넣었다. 공식적으로 발표된 2018년 사사분기 학자금 대출 체납액은 1,660억 달러다. 그러나 뉴욕 연방 준비은행은 같은 기간 동안 약 1/3조 달러, 즉 3,330억 달러가량이 체납됐을 것으로 추정한다. 〈블룸버그〉의 알렉상드르 탄지Alexandre Tanzi가 지적한 대로, 2008년 금융 위기 이후 부실 자산 구제 제도TARP: Troubled Assets Relief Program에 따라 정부가 지원한 학자금 대출 체납액은 거의 4,410억 달러에 달한다.[34]

마지막으로, 2017학번의 평균 학자금 대출 채무는 30,000달러 전후이지만, 많은 사람이 이보다 훨씬 많은 빚을 지고 있으며, 일부 대출자의 채무액은 100,000달러가 훌쩍 넘는다. 대출자들은 대개 한 달에 350달러에서 1,000달러가량을 원금과 이자로 지급하며, 이 돈 때문에 부모님 집을 떠나 독립하거나 자기 차를 마련하는 데 어려움을 겪는 경우가 많다. 심지어 외식조차 부담스러워하는 사람도 있다. 집을 구하고 차를 사고 외식을 하는 이 모든 행동이 우리 경제의 일자리를 지탱하는 소비라는 사실을 기억하자.

우리는 젊은 세대에게 소득 사다리를 오르려면, 대학에 가야 한다고 말해 왔다. 대학에 가는 것이 평생 소득을 높이고 금전적 안정을 얻는 길이라고 말이다. 하지만 이제 이 말은 사실이 아니다. 이제는 현상 유지를 위해 대학 학위가 필요해졌다. 학위가 없으면 소득 사다리의 아래 칸으로 떨어질 위험을 감수해야 한다. 문제는 대학 학위 소지자의 임금이 정체돼 있다는 것이다. 사실 오늘날 학사 학위 소지자의 60%는 2000년보다 더 낮은 임금을 받는다.[35] 그러니까 대졸자의 (실질) 소득은 2, 30년 전 수준에서 정체돼 있는데, 대학의 (실질) 등록금만 엄청나게 오른 것이다. 우리는 교육이 앞으로 나아가는 길이라 믿으며 허리가 휘도록 빚을 진다. 하지만 사실은 그저 제자리 뛰기를 했을 뿐이다.

MMT는 교육 적자를 없애는 데 어떤 도움을 줄 수 있을까? 미국의 대다수 초중고(K-12)는 지역의 재산세 수입으로 운영되어 연방 정부의 통제를 받지 않는다. 하지만 주립 대학교의 경우, 연방 정부가 보조금 형식으로 돈을 지원하면 무상 또는 훨씬 싼 등록금으로 운영할 수 있음을 다음 장에서 보일 것이다. 또한, MMT는 연방 정부가 나서면 모든 학자금 대출을 손쉽게 탕감할 수 있음을 보여준다. 만일 그렇게 한다면, 사람들이 여유 자금을 경제 내에 소비하면서 수백만 개의 민간 분야 일자리가 새로 생겨날 것이다.[36] 마지막으로, 쌍둥이처럼 함께 등장한 임금 정체와 학력 인플레는 둘 다 고용인이 협상의 카드를 모두 쥐고 있기 때문에 나타난 현상이다. MMT가 제안하는 정책들을 도입해 완전 고용을 달성하고 견고한 노동 시장을 만들면, 노동자들은 예전처럼 동등한 위치에서 고용인과 협상할 수 있을 것이다.

앞서 살펴본 다른 적자들과 마찬가지로, '돈은 어떻게 마련하지?'라는 질문을 멈추고 MMT의 관점을 통해 교육 적자를 바라보면, 실현 가능하고 명확한 해결책(과 희망)을 볼 수 있다.

인프라 적자

혹시 도로가 밀려서 차 안에 갇히거나, 붐비는 공항에서 비행기 이륙 순서를 기다리느라 지친 경험이 있는가? 더 깨끗하고 효율적으로 이동할 방법이 있으면 좋지 않을까? 2019년 〈뉴욕타임스〉는 「라과디아 공항 지옥에 관한 당신의 이야기」라는 포토 에세이를 실었다. 라과디아 공항은 뉴욕의 3대 공항 중 하나다.[37] 현재 80억 달러를 들여 증축하고 있기는 하지만, 이번에도 뉴욕 도심으로 가는 공항 철도는 놓이지 않을 전망이다. 매일 얼마나 많은 사람이 좁은 도로를 지나느라 교통 체증을 경험할까? 도로가 넓어도 차선 한두 개는 꼭 파인 부분 때문에 막혀 있지 않은가? 대중교통이 늦게 오거나 아예 운행을 멈추는 바람에 직장, 학교, 약속 자리에 늦은 경험이 있는 사람은 몇이나 될까? '인터넷 또 끊겼어요!'라는 아이의 외침을 몇 번이나 들어봤는가? 병원 응급실에서 의사를 만나기 위해 몇 시간 동안 기다려본 사람은 또 얼마나 많을까? 당장 치료를 받아야 할 상황인데도 검사실이 빌 때까지 복도에 놓인 침대에 누워 있어야 했던 사람은?

우리는 모두 인프라(도로, 교량, 댐, 제방, 학교, 병원, 철도, 전력망, 광대역 통신망, 쓰레기 및 하수 처리 설비 등)가 교육만큼이나 한 나라의 사회와 경제를 원활히 기능하도록 하는 데 중요하다는 사실을 안다. 하지만 알려졌다시피, 현재 미국의 인프라는 제 역할을 하지 못하고 있다. 이것이 인프라 적자다.

우리는 모두 인프라 적자에 불만을 느낀다. 가끔은 인프라 적자가 비극으로 이어지기도 한다. 다리가 무너지거나 기차가 충돌하거나 제방이 허물어지거나 도시의 상수도가 오염되면, 우리는 금전적 손해를 입거나 다치거나 목숨을 잃는다.

최근 중서부 지역에서 발생한 홍수는 미국의 인프라 적자를 너무나도 뚜렷이 보여줬다. 2019년 여름, 네브래스카가 침수되면서 340개 사업체와 2,000명 이상의 주민이 피해를 보았다. 가장 큰 피해를 본 건 농부와 목축업자들로, 가축과 곡물의 추정 피해액만 8억 달러가 넘었다. 당시 1927년에 완공된 스펜서 댐이 무너지면서 지역 주민인 케니 엔젤의 집을 덮쳐 그의 목숨을 앗아갔다. 스펜서 댐은 2018년 안전 검사에서 '보통'이라는 평가를 받았지만, 네브래스카 천연자원 관리청Nebraska Department of Natural Resources은 평가 보고서에 이렇게 덧붙였다. "매우 드물기는 하지만 초강력 태풍이 발생한다면, 댐이 무너질 수도 있는 결함이 존재한다." 스펜서 댐 외에도 많은 댐과 제방이 언제라도 무너질 수 있는 상태다.[38] 2017 인프라 리포트 카드Infrastructure Report Card에 따르면, 15,498개의 댐이 "잠재적 고위험군"으로 분류됐다. 이는 "무너지거나 오작동하면 인명

손실과 함께 강 하류에 있는 건물이나 주요 기반 시설의 손상, 환경 오염, 필수 생활 시설 파괴 등으로 상당한 경제적 손실을 초래할 가능성이 있는 댐"을 말한다. 잠재적 고위험군에 속한 댐 가운데 결함이 있는 댐의 숫자는 계속 늘어나, 이제 2,170개 이상에 달한다.[39]

미국은 너무 뒤처져 있다. 미국 토목 학회ASCE, American Society of Civil Engineers는 미국의 인프라를 D+로 평가했다. 이들은 미국의 인프라를 적절한 수준으로 개선하려면, 10년 동안 4.59조 달러를 투입해야 할 것으로 예상했다. 이런 개선 사업을 거치면, 미국의 인프라는 B등급이 될 것이다. 미국 토목 학회가 정의하는 B등급은 다음과 같은 상태다. "전반적으로 좋거나 훌륭한 수준의 시스템. 일부 항목에 주의를 요하는 일반적 결함이 있음. 수용 능력 문제나 위험 요인이 거의 없어 안전하고 안정적." 미국 토목 학회는 미국의 인프라가 취약한 분야로 항공, 식수, 에너지, 폐기물 관리, 제방, 도로, 학교 등을 꼽았다. 모두 우리의 건강, 삶의 질, 경제 발전에 필수적인 인프라들이다. 2014년 플린트Flint에서 벌어진 식수 오염 사태는 빙산의 일각이었다.[40]

예를 들어, 2019년 8월에는 뉴저지주 뉴어크시의 수돗물에서 안전 기준을 넘는 납이 발견됐다.[41] 확실치는 않지만, 2018년 배포된 필터가 제대로 작동하지 않았던 것으로 보인다. 미국 토목 학회는 뉴저지주의 인프라를 미국 전체와 똑같은 D+로 평가했다. 그리고 상수도 시스템의 안전을 위협하는 주요인으로, 노후화된 시설과 부족한 재투자를 꼽았다.

미국 토목 학회 보고서에는 빠져 있지만, 저렴하고 살기 좋은 집은 우리에게 가장 필요한 기본 인프라 중 하나다. 주택 적자 또한 인프라 적자의 일종이다.

세입자들의 주거 문제를 연구한 피터 고원Peter Gowan과 언론인 라이언 쿠퍼Ryan Cooper는 2008년 이후 상황이 더 나빠졌음을 발견했다.

> 소득에 비해 지나치게 많은 월세를 내는 세입자의 수가 경제 위기 전보다 상당히 증가했다. 2007년, 소득의 30~50%를 주거비로 지출한 가구는 800만이었다. 2017년, 이 숫자는 980만으로 늘었다. 2007년, 소득의 50% 이상을 월세로 지출한 가구는 900만이었다. 2017년, 이 숫자는 1,100만으로 증가했다. 현재 월세로 과도한 비용(소득의 30% 이상)을 지출하는 세입자는 전체 세입자의 47%에 달한다.[42]

기초 인프라의 부족은 가난한 가족이 안전하고 건강하게 거주할 집을 빼앗고 있다. 월세 주택에 사는 가정 대다수가 권장 수준인 소득의 30% 이상을 월세로 낸다. 용도 구역과 건설 관련 법은 신규 주택 공급을 줄여 주거 비용을 상승시킨다. 무엇보다 큰 문제는 저렴한 비용으로 주거를 보장받을 수 없는 현실이 교육 적자에도 영향을 미친다는 점이다. 집이 있는 지역이 더 잘사는 곳일수록 자녀를 더 좋은 학교에 보낼 수 있기 때문이다.

오랫동안 지속된 문제인 흑인의 주택 적자도 여전히 줄어들지 않고 있다. 오늘날, 미국 흑인의 주택 소유 비중은 주거 차별이 합법이었던 시절과 거의 비슷하다. 흑인 주거 차별은 1930년대에 미국 정부가 주로 백인 중산층과 저소득층을 위해 주택 보급 계획을 세우면서 시작됐다. 특히 연방 주택국FHA: Federal Housing Administration이 생긴 이후부터 인종 분리 정책은 더 심해졌다. 연방 주택국은 흑인 거주지와 그 주변 지역의 정부 보증 모기지 대출을 거절하는 동시에, 대규모 주택 지구를 개발하는 건설업자에게 보조금을 주어 흑인에게 집을 팔지 않게 했다. 연방 주택국은 교외 주택 지구에 흑인이 집을 사서 집값이 내려가면, 자신이 보증하는 백인들의 집값도 내려간다는 논리를 들이대며 차별을 정당화했다. 미국의 인종 차별주의와 집값 하락을 막으려는 욕망이 결합해 자기 합리적 순환 논리를 만들어 낸 것이다. 1968년에 공평 주거 권리법Fair Housing Act이 통과되면서 흑인도 '백인' 지역의 집을 살 수 있게 됐다. 하지만 2015년 통계에 따르면, 만 35세에서 44세 사이 흑인의 자가 주택 보유율은 33%로, 주거 차별이 합법이었고 연방 주택국이 인종 분리 정책을 폈던 1960년대보다 오히려 더 낮아졌다. 인종 차별의 잔재는 지금껏 흑인이 저렴한 주택을 구하는 것을 막고 더 많은 지원을 받는 학교에 다닐 기회를 제한했다. 주택 적자를 해결하기 위한 정책을 펼 때는 언제나 인종 차별이 남긴 추한 잔재를 적극 청산하기 위해 노력해야 할 것이다.

우리는 현재보다 훨씬 많은 일을 할 수 있다. 위대함을 추구하는 나라에 D+는 너무 부끄러운 성적이다. 우리는 집과 직장에 지속 가능한 에너지 설비를 설치하고 모든 사람에게 저렴한 주택을 지어 공급하고 구조 결함이 있는 다리를 수리하고 고속 철로를 깔고 공항을 개선하고 제방과 댐, 상하수도 설비 등을 보강해야 한다. 인프라 투자는 우리의 편의를 증진하고 인명을 구하고 장기 생산성을 높이고 기회를 더 평등하게 만드는 동시에, 높은 보수를 지급하는 일자리를 늘려 일자리 적자를 없애는 데 도움이 될 것이다.

정치인들은 MMT라는 새로운 시각을 받아들임으로써 더 적극적으로 자금을 투자할 수 있을 것이다. 예를 들어, 엘리자베스 워런 상원 의원이 민주당 대통령 후보 경선 과정에서 제안한 저렴한 주택 공급 계획을 실현하는 것도 가능할 것이다. 저소득층 주거지를 짓고 보수하고 보존하는 데 다음 10년 동안 5,000억 달러를 투자한다는 계획이다. 다시 한번 말하지만, 연방 정부가 인프라와 주택 등을 확충하는 데 쓸 돈은 절대 부족하지 않다. 실제로 양이 제한돼 있는 건 실물 자원이다. 현재 미국의 콘크리트, 철강, 목재, 금속 등은 어느 모로 보나 전혀 부족하지 않다. 사실 주거 문제의 경우, 미국에는 노숙자보다 빈집이 훨씬 많다.[43] 자원은 있다. 단지 그동안 필요한 곳에 돈을 보내지 않고 적자 공포증에 사로잡혀 쓸데없는 곳으로 돈이 흘러가도록 방치했을 뿐이다.

기후 적자

앞에서 다룬 적자들은 모두 미국 내의 문제였다. 하지만 인간이 외딴 섬이 아니듯, 국가와 사회, 나아가 인류 전체도 마찬가지다. 맑은 공기와 깨끗한 물, 비옥한 토양, 온화한 날씨, 적당한 기온, 건강한 생태계를 갖춘 살기 좋은 행성이 없다면, 미국뿐만 아니라 전 세계 모든 나라가 유지될 수 없다. 이제부터 다룰 내용은 기후 적자다.

과학자들은 최악의 시나리오를 피하려면, 금세기 동안 지구 기온이 산업화 이전과 비교해 1.5도 이상 오르는 것을 막아야 한다고 말한다. 하지만 현재 대책으로는 기온 상승분을 3~4도 정도로 제한할 수 있을 뿐이다.

이 차이를 좁히는 데 실패하면 어떤 일이 벌어질까? IPCC(기후 변화에 관한 정부 간 패널)가 최근 발간한 보고서가 예견한 미래는 끔찍하다. 해수면 상승, 대규모 홍수, 더 심각한 가뭄, 더 강력한 태풍과 허리케인, 폭염 등으로 인해 많은 사람이 사망할 것이다. 전 세계 여러 해안 도시와 마을은 사람이 살 수 없는 곳이 될 것이고 기후 패턴이 변하면서 곡물과 담수 공급에 차질이 생겨 수억 명의 기후 난민이 발생할 것이다. 세계는 더 심각한 질병, 기아, 인프라 문제, 경제 위기를 겪을 것이다.[44]

겨우 0.5도 차이지만, 기온이 1.5도 상승할 때와 2도 상승할 때 예상되는 결과는 크게 다르다. 기온이 2도 상승하면 인류의 37%가 5년에 한 번 극심한 폭염을 겪을 것이다(1.5도 상승 시에는 14%).[45] 해수면 상승으로 위험해지는 사람이 천만 명 더 늘어날 것이다.[46] 합하면 2050년까지 기후 변화로 인해 수억 명이 더 위험에 처하게 될 것이다. 기온 상승을 1.5도 이내로 막는 데 성공하더라도, 바닷물이 대기 중 이산화탄소를 흡수해 산성화되면서 세계 산호초의 70~90%가 사라질 것이다. 그러나 지구 기온이 2도 이상 오르면, 전 세계 모든 산호초가 죽어 없어질 것이다.[47]

기온이 3도 이상 오를 경우, 2045년이 되면 미국 해안가에 있는 집 300,000채 이상과 거주민 550,000명이 '주기적 침수'를 경험하게 될 것이다. 이는 거의 2주에 한 번씩 물이 넘친다는 뜻이다. 금세기 말이 되면 이 숫자는 240만 채, 470만 명으로 치솟을 것이다. 로스앤젤레스와 휴스턴의 주택을 모두 합한 것과 비슷한 수치다.[48] 구체적인 사례를 들자면,

2014년에 사우스캐롤라이나주 찰스턴은 밀물로 인한 침수 피해를 11번 입었다. 2045년이 되면 이보다 열 배 이상 잦은, 연 180번의 침수 피해를 보게 될 것이다.

2019년 7월, 알래스카의 여름 기온은 90℉(약 32℃)로 사상 최고를 기록했다. 지구 온난화가 현재대로 진행된다면, 기록을 경신하는 일이 더 잦아질 것이다. 2050년이 되면, 미국 일부 지방과 도시에서는 폭염이 한 달 넘게 지속되고 외출하기 위험할 정도로 더운 날이 늘어날 것이다. 강우량이 연간 고르게 분포하지 않고 짧은 기간 동안 비가 퍼부은 다음 오랫동안 비가 오지 않는 날이 이어질 것이다. 일례로, 2019년 캘리포니아는 홍수[49]와 가뭄으로 인한 산불[50]을 둘 다 겪었다. 이처럼 폭우와 너무 긴 가뭄을 오가는 현상은 점점 더 심해질 전망이다.[51] 이는 이미 부족한 물 공급량에 더 큰 부담을 줄 것이다. 연구에 따르면, 2071년이 되면 미국에 담수를 공급하는 204개 강 유역 가운데 96개가 물 수요를 맞추지 못하게 될 것이다.[52] 한편, WHO는 2025년이 되면 세계 인구 가운데 절반이 물 부족 지역에 살게 될 거라는 전망을 발표했다.[53] 수십 년 만에 날씨 패턴이 완전히 바뀌었을 때, 농사나 스키 리조트 같은 지역 산업에 어떤 일이 벌어질지 상상이 가는가? 물 공급량이 더욱 줄어들면, 이미 물 부족을 겪고 있는 미국 도시와 주들은 어떻게 될까?

이미 세계적으로 폭염과 먼지바람이 심해지고 추운 지방이 줄어들고 있으며, 사막이 넓어지고 있다. 또한, 1961년부터 2013년까지 가뭄 피해를 겪는 지역이 매년 1%씩 늘었다. 이미 유럽의 농경지는 폭염 피해를 보고 있으며, 미국의 농경지는 봄과 여름에 대형 홍수를 겪고 있다. 나사

NASA의 수석 과학자이자 IPCC 보고서의 공동 저자인 신시아 로젠츠바이크Cynthia Rosenzweig는 지구 온난화가 계속된다면, 전 세계 주요 농경지에서 '동시다발적 식량 부족'이 나타날 수 있다고 경고했다.[54]

브루킹스 연구소의 네이선 헐트먼Nathan Hultman은 비유를 통해 온난화의 영향을 설명했다. 오늘날보다 지구 기온이 4~7도 낮았던 과거에 시카고는 0.8km 깊이의 얼음 속에 묻혀 있었다. 이처럼 지구 기온은 몇 도만 변해도 기후, 날씨, 생태계에 엄청난 변화를 일으킨다. 현재 추세가 계속된다면, 세계 인구는 반대로 지금보다 3~4도 더 높은 기온을 경험하게 될 것이다. 즉, 미국 대도시들이 얼음산으로 뒤덮여 있는 세상의 정반대에 해당하는 온난화 현상이 무엇이든, 우리는 현재 그런 현상이 실제로 일어날 수 있는 기온을 향해 다가가고 있다.[55]

지구 온난화 외에도 인간의 경솔한 행동은 생태계에 다양한 방식으로 피해를 준다. 그리고 기후 변화는 그 피해를 더욱 악화시킬 것이다. 2015년 세계 자연 기금WWF: World Wide Fund for Nature과 런던 동물 학회가 발간한 보고서에 따르면, 이미 남획으로 인해 야생 해양 생물의 전체 개체 수가 1970년 대비 절반으로 줄었다. 기후 변화가 계속된다면, 해수 온도가 높아지고 바다가 산성화되면서 더 많은 개체가 죽을 것이다.[56] 또한, 전 세계에서 곤충이 떼죽음을 당할 가능성도 있다. 2019년 분석에 따르면, 세계 곤충 개체 수는 매년 2.5%씩 줄고 있다. 생물 종 가운데 3분의 1이 멸종 위기에 처해 있으며, 40%는 개체 수가 줄고 있다.[57] 가장 큰 원인은 농경을 위한 산림의 완전 벌채와 살충제 사용이지만(참고로 땅을 농토로 이용하는 것 자체도 기후 변화에 영향을 미친다), 온난화 또한 여러 지역에서 기온 변화에 빠르게 적응하지 못한 곤충 종의 죽음을 앞당기고 있다. 해양 생물과 곤충이 계속해서 사라진다면, 지구의 생물 다양성과 농업, 산업, 식량 공급에 악영향을 미치리라는 것은 쉽게 알 수 있다.

화석 연료를 태우면, 이산화탄소와 함께 미세먼지(그을음)와 오존을 비롯한 다른 오염 물질도 배출된다. 이러한 오염 물질은 심혈관 질환을 악화시키는 등 건강에 악영향을 미쳐 많은 사람을 죽음으로 몰고 간다. 2014년 추정치에 따르면, 일 년에 최대 30,000명이 미세먼지로 인해 조기 사망한다.[58] 세계 기온 상승분을 2도가 아닌 1.5도 이내로 막기 위해 탄소 배출을 제한하면, 2100년까지 전 세계에서 1억 5천만 명이 공해로 인해 이른 나이에 사망하는 것을 막을 수 있다. 특히 아시아와 아프리카의 주요 대도시에 미치는 영향이 클 것이다.[59]

마지막으로, 국내와 세계의 소득 불평등은 특정 계층을 기후 변화에 더취약하게 만든다. 지난 20년 동안, 이미 42억 명이 날씨와 연관된 재난으로 고통받았다. 특히 개발도상국과 저소득 국가가 가장 큰 피해를 보았다. 전임 UN 사무총장인 반기문은 이렇게 말했다. "슬프게도 기후 변화로 가장 큰 위험을 감수해야 하는 사람들은 대개 사회 경제적 진보에서 제외당한 가난하고 연약하고 소외된 사람들입니다." 2005년에 허리케인 카트리나가 뉴올리언스를 강타했을 때, 가장 큰 피해를 보고 곤란함을 겪어야 했던 사람들은 저소득층 흑인이었다. 이들은 복구 과정에서도 더 힘든 시간을 보냈다.[60]

물론 지구 온난화가 인류 문명을 완전히 파괴하지는 않을지도 모른다. 하지만 온실가스 감축 노력을 하지 않았을 때 실현될 가능성이 가장 큰 시나리오는 세계 빈곤 퇴치가 수십 년 늦춰지는 것으로, 이는 곧 수억 명이 더 사망한다는 의미다.[61] 하지만 이는 IPCC 보고서의 결론이 위험을 과소평가하지 않았을 때의 이야기다.[62] 앞서 말한 것은 그저 가장 '가능성 큰' 시나리오일 뿐으로, 어쩌면 우리는 피드백과 캐스케이드 효과Cascade Effect를 과소평가하고 있는지도 모른다. 즉, 온실가스를 인위적으로 감축하지 않으면, 훨씬 큰 재앙이 닥칠 가능성도 적지만 존재한다.

헐트먼은 IPCC 보고서의 결론을 다음과 같이 요약했다. "이미 지구의 기온은 1도 상승했으며, 우리는 이로 인해 생긴 몇 가지 심각한 결과를 목격했다. 1.5도가 오르면 더 심각한 결과가, 2도가 오르면 더욱더 심각한 결과가 발생할 것이다. 2도를 넘긴 세상이 어떨지 직접 보고 싶은 마음은 없지만, 현재 추세로는 기온이 3도·이상 오른 세계를 경험하게 될 것 같다."

1.5도 목표를 달성하려면, 2030년까지 세계 화석 연료 사용량을 절반으로 줄이고 2050년까지 모든 화석 연료 소비를 중단해야만 한다.[63] 솔직히 말해, 이렇게 하려면 미국을 포함한 전 세계가 사회를 재점검해야 한다. 농사법과 땅을 사용하는 방식, 에너지 생산 방식, 도시와 교통 계획 등을 전면적으로 바꿔야 할 것이다. 주택, 빌딩, 공장, 교통 등 에너지를 사용하는 전 세계 모든 설비의 효율을 크게 높여야 하며, 이를 위해 최신 기술을 전면 도입해야 할 것이다. 무엇보다도 미국은 인프라를 재정비해 기후 변화 대응력을 갖추고 자동차, 주택 난방, 중공업 등 모든 설비의 에너지원을 전기로 바꿔야 한다. 또한, 최대한 이른 시일 내에 모든 전기를 신재생 에너지로 생산할 수 있도록 대규모 태양광 및 풍력 발전 설비와 저

장 시스템 등을 짓는 데 투자해야 할 것이다.[64]

미국은 기후 변화에 특별히 더 책임이 있다. 미국은 세계에서 두 번째로 온실가스를 많이 배출하는 나라로, 세계 배출량의 15%를 차지한다. 25%를 배출하는 중국이 선두에 있기는 하지만, 미국의 '일 인당' 온실가스 배출량은 중국의 두 배가 넘는다.

우리는 미국 사회를 전면적으로 개선할 수 있다. IPCC를 비롯한 과학자들은 현재의 기술 수준만으로도 미국과 세계를 필요한 만큼 변화시킬 수 있다고 대략적으로 결론을 내렸다. 이번에도 마찬가지로, 진짜 한계는 실물 자원이지 돈이나 국가 부채가 주는 '부담'이 아니라는 사실을 깨닫고 서둘러 행동에 나서면 기후 적자를 줄일 수 있다. 나아가, 기후 적자를 줄이는 데 반드시 수행해야 할 모든 작업은 좋은 일자리 적자를 줄이는 데에도 도움이 될 것이다. 또한, 마을과 도시에 기후 변화 재난 대비책을 갖추다 보면, 인프라 적자도 크게 줄일 수 있을 것이다.

독일의 메르카토르 기후 변화 연구소MCC: Mercator Research Institute on Global Commons and Climate Change는 인류가 지금 추세로 온실가스를 배출한다면, 기온이 2도 오를 때까지 얼마나 시간이 걸리는지 보여주는 탄소 시계를 만들었다.[65] 이 시계는 미국의 적자 지출 역사를 기록하는 뉴욕의 국가 부채 시계와 닮았다.[66] 하지만 국가 부채 시계와 달리, MCC의 탄소 시계는 정말로 중요한 적자를 기록한다.

현재 추세대로라면, 기후 변화를 해결하는 데 우리에게 주어진 시간은 이 글을 쓰는 지금으로부터 채 26년도 남지 않았다.

민주주의 적자

어쩌면 여러분은 인류 문명의 기반인 세계 기후의 운명보다 더 중대한 적자는 없다고 생각할지도 모른다. 하지만 미국인의 삶에는 규모는 더 작지만, 훨씬 깊은 상처를 남기는 또 한 가지 적자가 존재한다. 이 적자가 중요한 까닭은 다른 모든 적자의 원인이기 때문이다. 우리가 좋은 일자리를 충분히 만들어 내는 데 계속해서 실패하고, 많은 사람에게 적절한 의료와 교육 서비스를 제공하지 못하고, 지구 생태계를 붕괴 위기로 내모는 경솔해 보이는 행동을 하는 이유는 모두 이 적자 때문이다. 이것은 다수와 소수 사이, 권력자와 비권력자 사이, 목소리가 큰 자와 작은 자 사이의 차이이다. 이는 우리 민주주의 적자다.

민주주의는 권리, 가치, 헌법에 기초를 두고 있지만, 민주주의의 적자는 이번에도 실물 자원에서 시작된다. 즉, 이 적자는 돈, 부, 영향력, 힘을 가진 사람과 그렇지 않은 사람 사이의 격차에서 비롯된다.

정부 적자는 언제나 다른 부문의 흑자라는 말을 기억하자. 지난 수십 년 동안 미국 정부가 적자를 늘리면서 풀린 달러는 부자의 주머니로 더 많이 흘러 들어가, 부자와 나머지 미국인 사이의 격차를 크게 벌려놓았다. 미국의 경제적 불평등이 하루 이틀 일은 아니지만, 최근 몇 년 사이 불평등은 강도 귀족Robber Barons이 판치던 도금 시대에나 볼 수 있었을 수준으로 심해졌다.

지니 계수를 살펴보자. 지니 계수는 경제학자들이 소득 불평등을 판단할 때 자주 참고하는 지수다. 지니 계수 0은 완벽히 평등한 사회를 뜻하고,

1은 발생한 소득을 모두 한 사람이 가져가는 사회를 뜻한다. 이 양극단에 해당하는 국가는 존재하지 않는다. 세계 경제 포럼 보고서에 따르면, 기존 선진국 가운데 미국만큼 높은 지니 계수를 지닌 나라는 없다. 게다가 미국의 경제적 격차는 감소할 기미 없이 여전히 빠르게 증가하고 있다.[67]

뭐가 문제냐고 묻는 사람도 있을 것이다. 다른 지표를 보면, 미국 경제는 잘 굴러가는 것 같다. 불평등은 그냥 세상의 순리 아닐까? 미국이라는 기회의 땅이 가진 창의력과 활력의 자연스러운 결과물 아닌가? 높은 보수가 사람들의 창의력과 성취 욕구를 끌어 올리고, 그 과정에서 모두에게 도움을 주지 않나? 간단히 말해, 불평등이 정말 중요한 문제일까?

그렇다. 중요하다. 경제, 사회, 정치는 서로 불가분의 관계다. 소득과 부는 개인의 정치 사회적 영향력의 척도이기도 하다. 소득과 부의 분배가 불평등해지면, 정치 사회적 영향력의 분배도 불평등해진다.

소득은 사람들에게 물리적 필수품을 제공한다. 하지만 적절한 급여와 적당한 근로 시간은 가족 및 사회와 함께하기 위해 필요한 시간과 안정을 주는 역할도 한다. 소득과 재산이 많은 사람일수록 사회 자본(모임에 속하거나 교회에 가거나 결혼을 하거나 이웃과 친하게 지내는 등의 사회적 유대를 나타내는 전문 용어)도 풍부하다는 것은 사회 과학에서 잘 알려진 사실이다. 연구에 따르면, 장시간 일하는 사람일수록 고립감과 소외감을 느낄 가능성이 크다.[68]

1980년 이후 상위 1%에게 분배되는 소득은 두 배로 뛴 반면, 하위 50%에게 분배되는 소득은 이전의 20%에서 13%로 떨어졌다. 트럼프 대통령은 경기가 좋다고 자부하지만, 사실 미국 사람 중 절반은 한 달 벌어 한 달

사는 신세이고 4천만 명이 가난에 시달린다. 아동 다섯 명 가운데 한 명이 가난하게 산다.[69] 끊임없는 정신적 스트레스, 먹을 것에 대한 불안, 공해, 납, 질병에의 노출 등을 초래하는 가난은 모든 연령대에 영향을 미친다. 그러나 특히 정신과 신체의 발달에 영원한 흔적을 남기는 아동기의 가난은 인간을 지극히 벗어나기 힘든 고통의 굴레에 가둔다.[70] 가난은 아메리칸드림에 도전해 잘살 기회를 빼앗는다.

권력과 자본주의에 관해 말할 때, 소득만큼이나 중요한 것이 재산이다. 예를 들어, 당신이 한 기업의 대주주라면, 당신은 그 기업의 투자 방식, 아웃소싱, 임금 수준, 사내 복지 정책 등을 결정할 것이다. 당신이 부동산을 가지고 있다면, 그 부동산이 있는 지역 주민들이 월세와 공과금을 감당할 수 있느냐는 많은 부분 당신의 손에 달려 있다. 게다가 당신은 그 지역의 경제적 발전 방향에도 영향력을 행사할 수 있다(사실 젠트리피케이션 문제의 핵심은 부동산의 소유권이 누구에게 있고, 그 부동산에 일어날 일을 결정하는 사람이 누구인지다). 이처럼 재산이 많은 사람은 동료 시민의 생계가 달린 문제에 관해 결정권을 가진다. 2016년 현재, 미국에서는 10%의 부유한 가구가 전체 국부의 70% 이상을 소유하고 있다. 그중에서도 상위 1%가 전체 국부의 약 40%를 가지고 있다.[71] 이는 대공황이 닥치기 직전인 1929년 이래 가장 높은 수치다.

소득과 부의 불평등이 심해지면, 정치적 불평등도 심해진다. 부유하고 힘 있는 사람들은 거액 기부자를 대상으로 한 선거 모금 행사에 참여할 수 있고 정치 기부금을 최대한 활용해 정치적 절차에 참여하면서 영향력을 행사하기도 한다. 반면, 평범한 사람 중에는 자신의 의견(그리고 자신의 표)

에 영향력이 없다고 생각해 정치에 참여하지 않는 사람이 많다. 2012년 선거 때도 연 소득 150,000달러 이상 집단의 투표율은 80% 이상이었지만, 연 소득 10,000달러 미만 집단의 투표율은 단 47%에 불과했다. 2008년과 2010년 선거에서도 비슷한 경향이 나타났다.[72] 2016년 선거 때는 유권자 가운데 약 절반이 투표에 참여하지 않았다. 일례로, 위스콘신주의 투표율은 16년 만에 최저를 기록했는데, 특히 도심 빈곤 지역의 투표율이 2012년 대비 가장 많이 감소했다. 〈뉴욕타임스〉와 인터뷰한 이발사 세드릭 플레밍(그는 비싼 의료 보험료를 내느라 허덕이며 근근이 살고 있었다)은 2016년에 투표를 포기한 사람이 왜 많아졌다고 생각하느냐는 질문에 다음과 같이 답했다. "밀워키 사람들은 피곤합니다. 두 후보 다 별로였어요. 어차피 우리를 위해선 아무것도 안 하는데요, 뭐."[73]

차를 타고 여러 미국 대도시를 돌다 보면, 가난한 지역들이 눈에 띈다. 가난한 사람들이 사는 지역의 건물들은 낡았으며, 식료품점조차 찾아보기 힘들다. 거기서 약간만 더 가면 수백만 달러짜리 집과 유니폼을 입은 도어맨이 있는 호화 아파트 지구가 나온다. 그곳 주민들은 완전히 다른 삶을 산다. 뉴욕, 샌프란시스코, LA의 화려한 레스토랑과 바가 있는 바로 그 블록의 골목 안쪽에는 노숙자로 가득하다. 프로 운동선수들은 수백만 달러의 연봉을 받는다. 수백만 명의 미국인에게는 기본적인 건강 보험조차 없는데, 이들은 몸에 조금이라도 이상이 생기면 바로 그 분야 최고 전문가에게 진찰을 받는다. 형편없는 실적을 낸 실패한 CEO가 수백만 달러의 퇴직금을 챙기는 동안, 평범한 사람들은 이들이 망쳐 놓은 경제의 부스러기를 줍는 신세에 내몰린다.

경제적 불평등은 미국 시골에도 큰 영향을 미쳤다. 석유 회사, 월마트, 아마존, 대학 미식축구팀 코치, 목사들이 돈을 끌어모으는 동안, 작은 마을들은 철저히 무너져 내렸다. 문 닫은 상가, 실업, 가난한 학교, 마약은 오늘날 작은 마을과 도심지가 겪고 있는 비극의 일면이다. 최근 〈더 네이션The Nation〉은 미국 시골의 '숨은 노숙자' 문제를 취재한 기사를 실었다. 두 딸의 엄마이자 전과자로, 일리노이주 매리언에 사는 홀리 펠프스Holly Phelps는 이들 중 한 명이다. 펠프스는 빨래방에서 일했지만, 집을 구할 돈이 없었다. 한 시간 넘는 거리에 사는 어머니는 알코올 중독자였다. 펠프스는 이렇게 말했다. "건강하게 지낼 곳이 없었어요. 정신이 없어서 뭘 하는지도 몰랐어요. 짐은 창고에 보관했고… 아무도 제가 겪은 일을 이해하지 못했어요." 매일 밤 안전하게 잘 거처가 없었음에도 불구하고, 펠프스는 길이나 노숙인 보호소에서 잠을 자지 않는다는 이유로 노숙자로 분류되지 않았다.[74]

2016년 선거가 끝난 뒤, 오하이오주 영스타운에 사는 흑인 남성 앤서니 라이스Anthony Rice는 기자 겸 사진가인 크리스 아네이드Chris Arnade에게 이렇게 말했다. "동네 사람들은 대부분 선거에 참여하지 않아요. 우리에겐 싸움에 내보낸 개가 없거든요." 라이스는 자신이 클린턴에게 투표했지만, "트럼프가 돼도 상관없다"라고 말했다. 그는 트럼프의 당선 사실에도 놀라지 않았다. "오바마가 약속은 많이 했는데 지켜진 건 별로 없어요. 어쩌면 뉴욕에선 공약을 지켰을지도 모르겠네요. 하지만 여기, 이 거리의 집들은 여전히 쓰러져가고 있어요."[75]

캘리포니아 베이커스필드에 사는 한 노신사는 이렇게 말했다. "아무도 이곳에 있는 우리를 돕지 않아요. 감옥에 던져진 거예요. 이곳 경찰들은 범죄자예요. 다른 범죄자인 거물 친구들을 지키죠. 우리 같은 노숙자나 투표하는 사람들만 고생이죠."[76]

저소득 계층은 자신이 경험하는 고통이 워싱턴에 있는 정치인이나 정책 결정자들과 관련 있다고 생각하지도 않고, 민주주의에 참여하는 일이 귀찮음을 무릅쓸 가치가 있다고 느끼지도 않는다. 어쩌면 이들이 현명한 건지도 모르겠다. 2014년에 발표된 한 충격적인 정치학 논문에 의하면, 평범한 미국인의 정치적 요구와 부유한 엘리트의 정치적 요구가 일치할 때가 비교적 많기는 하지만, 두 집단 사이의 이해가 갈릴 때는 정치 시스템에 의해 거의 언제나 부유한 쪽의 요구가 받아들여진다.[77] 결과만 놓고 보면, 대다수 미국인의 민주주의 참여가 수포로 돌아갈 때가 자주 있다. 이런 현실을 보면, 이토록 경제적으로 불평등한 나라에서 과연 제대로 된 민주주의가 가능한 것인지 묻게 된다.

민주당은 부유층이 '정당한 몫의 세금을 안 내서' 문제라고 불만을 터뜨릴 때가 많다. 물론 세금은 분명 그 원인 중 하나다. 하지만 절대 세금이 모든 문제의 원인은 아니다. MMT는 부유한 사람들로부터 돈을 걷어서 가난한 사람들에게 나누어 주자는 로빈 후드식 방법을 지지하지 않는다. 지금껏 보았듯, 우리의 연방세는 누군가의 생활 수준을 높이는 일을 포함해 아무 곳에도 사용되지 않는다. 세금을 더 걷어야 문제를 해결할 수 있다는 잘못된 믿음은 민주주의 적자를 초래하는 원인이 될 수도 있다. 선출직 공무원들이 부자들에게 돈을 구걸하거나 부자들과 싸워서 돈을 빼앗아야만 공동선을 위해 돈을 쓸 수 있다고 믿는다면, 당연히 정부는 가장 부유한 시민의 기벽과 변덕과 돈키호테식 정치적 욕망에 부응하는 데 집착할 수밖에 없다.

하지만 세금은 다른 면에서 중요하다. 「세계 불평등 보고서World Inequality Report」에 따르면, "점점 누진적 성격이 약해지는 과세 시스템"은 "미국의 소득 불평등이 커지는" 원인 중 하나이다.[78] 과세는 천문학적 부의 축적을 막는 도구다. 지나친 부의 축적을 막는 일이 중요한 이유는 부자가 돈을 써서 정치 절차에 미치는 힘과 영향력을 늘리기 때문이다. 이미 부자들은 자신에게 유리한 쪽으로 세법을 고쳤고 노동법, 무역 협정, 특허 보호 규정 등 많은 법을 개정했다. 이들은 자신의 경제적 이득에 부합하도록 공공 정책을 손봤다. 이것이 미국의 여러 기업이 주주와 경영진에게 막대한 돈을 건네고 학력이 높은 상류층에 그보다 적은 몫을 떼어준 뒤 다른 사람들에게는 푼돈만 던져주는 '이유'다. 이것이 실리콘 밸리가 샌프란시스코 도심의 번쩍이는 고층 빌딩을 자랑하는 동안, 미시간의 노동자 마을에서는 깨끗한 식수조차 구할 수 없는 이유다. 우리의 복지 제도와 의료 체계와 은퇴 제도가 모두 흔들리고 있는 이유도 이것이며, 우리가 기후 위기를 해결하지 못한 채 처분만 기다리고 있는 이유도 이것이다. 부유한 엘리트들은 이 문제들을 해결하기보다는 해결하지 '않음'으로써 훨씬 더 큰 이익과 권력을 누린다.

미국이 경제적으로 가장 평등했던 2차 세계 대전 이후의 고른 경제 성장기에 과세 구간은 무려 '24'개로 세분돼 있었다. 연 소득 약 $1,900,000 달러(2013년 가치로 환산) 이상인 가구에 적용되는 최고 소득세율은 91%였다.[79] 이렇게 높은 세율을 매긴 이유는 물론 정부가 쓸 돈을 마련하기 위해서는 아니었다. 그보다는 모든 미국인이 상호의존적 경제 활동으로 생긴 공동 재산에서 한 개인이나 가정이 챙길 수 있는 몫을 제한하기 위해서였다. 세법의 누진성을 강화하는 조치는 지난 수십 년 동안 악화된 소득과 부의 불평등 추세를 되돌릴 수 있는 중요한 수단이다.

하지만 부자들에게 세금을 더 걷는 것만으로는 충분치 않다. 부와 소득의 극단적인 집중은 사회를 분열시키는 위험 요인이다. 부와 소득을 더 균형 있게 분배하려면, 애초에 최상류층이 정당한 몫보다 훨씬 많은 돈을 가져가는 것을 막아야 한다. 전임 노동부 장관인 로버트 라이시Robert Reich의 말처럼, 사전 분배 정책은 전통적인 조세와 재분배 정책만큼이나 중요하다.[80] 우리는 노동법을 전면 개정해 노동조합에 힘을 실어 주고 전권을 손에 쥔 고용인이 근로자에게 강제 중재Mandatory Arbitration*나 비경쟁 고용 계약Noncompete Agreements** 등을 마음대로 강요하지 못하게 해야 한다. 우리는 독과점을 줄이기 위해 상표권과 지적재산권법을 개정하여, 기업이 법을 악용해 경쟁을 억누르고 다른 사람들의 돈을 쓸어가는 일을 막아야 한다. 우리는 일자리 보장 제도, 공공 투자, 거시 경제 정책 개선 등을 통해 노동자가 더 쉽게 단체 협상을 할 수 있도록 하고 2차 세계 대전 시기처럼 노동 시장을 견고하게 유지함으로써,*** 노동자의 임금, 복지, 협상력을 되찾아야 한다.

이렇게 하기 전까지 민주주의 적자는 우리를 "입학 허가를 돈 주고 살

---

* 당사자가 아닌 제삼자의 결정에 강제로 따르도록 하는 중재 방식을 의미한다.
** 이직을 제한하는 고용 계약을 말한다.
*** 견고한 노동 시장(Tight Labor Market)이란, 완전 고용에 가까워서 노동자가 상대적으로 부족한 시장이다. 노동 시장이 견고하면 노동자의 협상력이 높아진다.

수 있는 교육 시스템, 의회를 돈 주고 살 수 있는 정치 시스템, 돈을 내면 감옥에 가지 않을 수 있는 사법 시스템, 돈으로 남들이 받을 수 없는 치료를 받을 수 있는 의료 시스템"에 머무르게 할 것이다.[81]

　미국의 심각한 불평등은 민주주의 외에 경제에도 큰 영향을 미친다. 불평등이 계속 심화되어 정말 몇 안 되는 사람만 돈을 가지고 있다고 생각해보자. 소득이 있는 사람이 충분하지 않으면, 기업을 운영할 수 없게 되고 경제는 무너질 것이다. 기업이 파산하면, 결국 부자들을 위해 요트를 건조하는 일이나 정원 관리인 또는 개인 항공기 조종사 같은 소수의 일자리밖에 남지 않을 것이다. IMF는 2015년에 다음과 같은 연구 결과를 발표했다. "하위 20%(가난한 사람)의 소득 점유율이 늘면 GDP 성장률이 더 높아지는 경향이 있고, 상위 20%(부자)의 소득 점유율이 늘면 GDP 성장률이 줄어드는 경향이 있다."[82] 가난한 사람은 소득이 늘면, 보통 소비를 늘려 돈을 바로 경제에 돌려보내 성장을 촉진한다. 반대로, 부자들에게 분배되는 소득이 늘면, 돈이 경제로 흘러 들어가기보다는 주식 매입과 저축에 쓰인다. 낙수 효과 운운은 이제 그만하자!

　2차 세계 대전 이후 약 25년 동안은 노동 생산성이 향상되면, 시간당 임금도 함께 증가했다.[83] 그 결과, 부는 고르게 분배되었고, 고된 노동과 성실성에는 보상이 따르며, 성공할 수 있다는 기본적인 믿음이 자리 잡았다. 그러나 1980년에 소위 레이건 혁명Reagan Revolution과 함께 고삐 풀린 탐욕의 시대가 열렸다. 부자에게 물리던 세금이 줄어들었고 기업 규제가 폐지되었으며, 노동조합을 결성하고 적절한 임금을 받을 권리가 공격받았다. 무엇보다도, 1980년 이후 미국의 생산성과 임금 증가율 사이에는 심한 격차가 생겼다. 생산성이 꾸준히 증가했음에도 임금은 늘지 않았다. 임금이 늘었다 해도 얼마 안 되는 수준에 그쳤다. 만일 1973년부터 2014년까지 시간당 임금이 생산성과 같은 속도로 증가했다면, 이 기간 소득 불평등은 심화되지 않았을 것이다.[84]

생산성 증가분은 모두 어디로 갔을까? 상류층에서 챙겼다. 과거 1950년대에 S&P 500 기업 CEO는 평범한 근로자보다 20배를 더 벌었다. 2017년이 되자 S&P 500 기업 CEO는 평범한 근로자보다 361배를 더 벌게 됐다.[85] 1980년 이후 전 세계 경제 성장분 가운데, 하위 50%에게 돌아간 몫의 두 배가 상위 1%에게 돌아갔다.[86] 최상류층 25명의 재산이 미국 국민의 56%의 재산보다 더 많다.[87] 단 세 사람(빌 게이츠, 제프 베조스, 워런 버핏)의 재산만 합쳐도 1,600만 명에 달하는 하위 50% 미국인의 재산보다 더 많다.

지난 40년 동안 노동자들은 새로운 부를 창출했지만, 이를 분배받지는 못했다. 이는 기업 내에도 민주주의 적자가 존재하기 때문이다. 현재 미국 기업 대부분은 소수의 부유한 소유주가 수많은 평범한 미국인 노동자에게 명령을 내리고 가치를 뽑아먹는 경제적 봉건 영지나 다름없다.

MMT는 정부 지출에 관한 새로운 시각을 제안해, 경제적 불평등과 민주주의 적자를 해결하기 위한 선택지의 폭을 넓혀 준다. MMT는 단순히 부자들에게 물리는 세금을 올리라고 조언하지 않고 저소득층과 중산층의 실제 생활 수준을 높이는 정책에 투자하라고 조언한다. 민주주의 사회에서 모든 사람은 중요하고 목소리를 높여 말할 권리가 있다. 우리에게는 1인 1표라는 민주주의 사회의 기본 등식을 소중히 여기고 이를 바로 세울 정치가 필요하다. 정치와 경제는 본질적으로 분리할 수 없기에, 그러려면 정치만큼이나 경제를 바로잡아야만 한다.

헌법은 투표를 통해 뽑힌 국민의 대표인 국회의 손에 지갑을 열 권리를 주었다. 그러나 현실에서 국회는 재정 적자 공포증에 사로잡혀, 우리의 발목을 잡는 진짜 적자를 해결하는 데 그 권리를 행사하지 못하고 있다. 현재 부채와 적자에 맞추어진 예산 논의의 초점을 정말 중요한 적자로 돌려놓음으로써, MMT는 결핍의 서사를 기회의 서사로 바꾸고 우리에게 새로운 정치와 새로운 경제를 상상할 힘을 준다.

THE DEFICIT
MYTH

MODERN MONETARY THEORY

제8장

사람을 위한
경제 만들기

제8장

사람을 위한 경제 만들기

2010년 여름, 나는 캔자스시티를 방문한 워런 모슬러(우리가 1장에서 만난 그 인물)와 함께 하원 의원 이매뉴얼 클리버Emanuel Cleaver를 만났다. 클리버는 연합 감리 교회 목사이자, 캔자스시티 최초의 흑인 시장이다. 2004년, 그는 내가 교수로 있는 캔자스시티 미주리 대학교UMKC가 속한 캔자스 중서부의 미주리 제5 하원 의원 선거구의 대표로 선출되었다. 우리는 당시 우리 학교에서 박사 과정을 밟고 있던 지역 정치인의 소개로 만났다.[1] 이 만남은 내게 절대 잊지 못할 기억을 남겼다.

엄밀히 말해 대침체(2007~2009년)는 끝난 시점이었지만, 경제는 여전히 혼란스러웠다. 일자리가 없는 사람이 노동 인구 중 거의 10%에 달했고 흑인 청소년(16~19세)의 실업률은 거의 50%였다. 나와 모슬러가 보기에 2009년 2월 국회를 통과한 7,870억 달러 규모의 경기 부양책은 모기지 사태를 종식시키고 수백만 명을 일터로 되돌려 보내기에는 턱없이 부족했다. 모슬러는 의회가 세 단계의 간단한 조치를 통해 문제를 근본적으로 해결할 수 있다고 믿었다.[2] 첫째, 모슬러는 모든 실업자가 즉시 임금을 받으며 일할 수 있도록 연방 정부 자금으로 일자리 보장 프로그램을 도입하길 원했다. 둘째, 그는 현재 6.2%인 사회 보장 급여세 원천징수 세율을 0%로 낮춰 한시적으로 사회 보장 급여세를 면제하길 바랐다. 이렇게 하면 약 1억 5천만 명의 급여를 6.2% 인상한 것과 같은 효과가 난다. 근로자 부담금과 사용자 부담금을 모두 부담하는 자영업자라면, 집에 가져가는 돈이 12.4% 늘어날 것이다. 이러한 조치는 소비자의 지출을 늘려 기업에도 도움이 된다. 마지막으로, 모슬러는 대침체가 주 정부와 지방 정부 예산에 상당한 부담을 준다는 사실을 알고 있었다. 모슬러는 이들 '통화 사용자' 정부가 급격한 세수 감소 상황을 헤쳐나갈 수 있도록, 연방 정부가 5,000억 달러를 투입해 미국 50개 주, 워싱턴 D.C., 미국령 군소 제도에 인구수 비례로 돈을 나누어줄 것을 제안했다. 이렇게 하면, 지방 정부 수입이 줄어들면서 직업을 잃을 위기에 처한 교사, 소방관, 경찰 등 지방 공무원 수만 명의 일자리를 지킬 수 있을 터였다.

우리가 웨스트 31번가에 있는 하원 의원 사무실을 방문했을 때, 재정 적자는 1.4조 달러였다. 의원들은 완전히 공포에 빠져 있었다. 당시 의회 예산처가 발간한 「장기 재정 전망Long-Term Budget Outlook」 보고서는 다음과 같은 문장으로 시작한다. "최근 연방 정부는 2차 세계 대전 이후 경제 규모 대비 가장 큰 재정 적자를 기록하고 있다."[3] 계속해서 보고서는 이렇게 말한다. "이 붉은 잉크의 물결을 막을 조처를 하지 않는다면, 과도한 부채가 재정 위기 발생 가능성을 키울 것이다. 재정 위기가 오면 투자자들이 정부의 재정 운용 능력에 대한 신뢰를 잃을 것이고 정부는 돈을 빌리기 위해 어쩔 수 없이 높은 이자를 지급해야 할 것이다."[4] 오바마 대통령은 '올 것으로 예상되는' 재정 위기를 해결하기 위해 양당 통합 위원회를 설치해 적자를 큰 폭으로 줄일 방법을 찾으라는 임무를 내렸다. 모슬러와 내가 클리버를 만난 건, 적어도 단기적으로는 적자를 '늘릴' 정책을 펴야 한다고 설득하기 위해서였다.

클리버 하원 의원은 우리를 반갑게 맞으며 자리를 권했다. 그는 멋진 나무 책상 뒤에 놓인 푹신한 의자에 몸을 묻었다. 먼저, 모슬러는 재정 적자가 얼마든, 의회 예산처 보고서를 보고 걱정하거나 연방 정부가 재정 적자를 감당할 수 있을지 의심하지 않는다고 말했다. "오바마 대통령이 한 말과 달리, 통화 발행자는 돈이 떨어질 일이 없다. 지금은 적절한 대상을 상대로 한 감세 정책과 지출 확대 정책을 과감히 조합해, 성장률을 높여 경제가 새로운 활황기로 진입하도록 도와야 할 때다." 클리버는 이 말을 받아들이지 않았다. "미국은 빈털터리다. 모슬러의 제안을 실행할 돈을 의회가 어디서 구하겠느냐? 재정 적자는 이미 하늘 높은 줄 모르게 뛰었고 국회 사람들은 모두 수입을 늘리고 지출을 줄일 방법을 찾고 있다." 그는 우리가 자신을 놀리고 있다고 생각하는 것 같았다.

그는 당혹감을 느끼며 커다란 의자에서 불편하게 몸을 뒤척였다. 모슬러의 말은 이 책의 목차와 거의 비슷한 순서로 진행되었다. 모슬러는 클리버에게 정부가 세금을 걷는 이유는 돈이 아닌 인력을 조달하기 위해서라는 말로 시작해, 왜 널리 퍼진 생각과 달리 사회 보장 제도의 "돈이 떨어지지" 않는가로 끝나는 긴 이야기를 차근차근 들려주었다. 나는 그 이야기를 듣는 것이 클리버에게 무척 고통스러운 일임을 알 수 있었다. 그의 몸짓이 모든 걸 말해주었다. 거의 45분 동안 그는 커다란 의자에서 불안하게 몸을 뒤척였다. 겨우 한두 번 모슬러의 말을 끊고 끼어들긴 했지만, 그때마다 중요한 부분을 놓치고 있다는 대답을 들었을 뿐이었다. 세금을 걷는 목적은 물가 상승률을 조절하기 위해서이고, 국가 부채는 절대 청산할 필요가 없으며, 수출을 진정한 비용으로, 수입을 진정한 편익으로 생각해야 한다는 말을 들을 때마다, 그는 마치 신체적 고통을 느끼는 듯이 움찔했다. 나는 그때 클리버가 어떤 기분인지 알 것 같았다. 1990년대에 모슬러를 처음 만났을 때 나도 같은 감정을 느꼈기 때문이다. 그리고 결국 그도 나와 마찬가지로 코페르니쿠스적 순간을 맞았다.

한 시간으로 예정된 미팅 시간이 거의 끝나가는 시점이었다. 나는 그의 관점이 달라졌다는 사실을 바로 알 수 있었다. 모슬러의 말이 받아들여지기 시작했다. 우리가 바라던 중요한 순간이었다. 클리버 하원 의원은 처음으로 MMT의 렌즈를 통해 세상을 보았고 관심을 가지기 시작했다. 그때부터 그의 태도는 완전히 변했다. 눈이 커졌고 자세에도 자신감이 생겼다. 그는 몸을 우리 쪽으로 기울이더니, 두 손을 맞잡고 모슬러를 똑바로 응시하며 부드럽게 말했다. "제가 그런 말을 할 순 없어요."

나는 그날의 대화를 백 번도 넘게 되새겼다. 그는 뭐가 두려웠던 걸까? 돈, 세금, 부채에 관한 더 진실한 이야기가 왜 말해서는 안 될 주제일까? 성경에 따르면, 예수는 예배당에 모인 청중을 향해 이렇게 말했다. "진리가 너희를 자유롭게 하리라(요한복음 8:32)." 목사인 클리버는 아마 세인트 제임스 연합 감리 교회에 모인 그의 신도들에게 이 구절을 설교했을 것이다. 하지만 수백만 명의 미국인이 일자리를 구하지 못하고 집이 압류당하는 고통을 겪고 있던 그해 여름, 클리버는 진실을 입 밖에 낼 수 없다고 말했다. 적어도 자신은 말할 수 없다고.

클리버 하원 의원은 독실한 기독교 신자다. 하지만 그는 적자 공포증으로 뒤덮인 정치판에서 일하는 신중한 정치인이기도 했다. 그는 아마 모슬러의 말을 믿었을 것이다. 하지만 그 말을 퍼뜨리는 전령이 되고 싶어 하지는 않았다.[5] 그 일은 너무 위험했다. 특히 워싱턴 일대에서 돈, 세금, 국가 부채에 관해 말할 때 용인되는 방식은 단 하나다. '세금을 걷으면 연방 정부의 수입이 늘어난다.' '정부는 납세자들이 낸 돈으로 지출한다.' '차입은 국가가 빚을 지는 것이며, 이 빚은 우리의 자식과 손자에게 부담이 된다.' 이런 말은 얼마든지 해도 안전하다. 사람들의 눈에 당신은 진지한 지식인으로 비칠 것이다. 하지만 통념에서 벗어난 말을 하면 고의로든 아니든 적자 공포증을 퍼뜨리는 자칭 재정 전문가와 국회 의원, 의회 보좌진으로 이뤄진 내부자들이 당신을 밀어낼 것이다. 그러므로 항상 예산을 아껴 쓰는 미덕을 설파하는 편이 더 안전하다. 이 믿음에 도전하는 자는 이단이다. 클리버는 이 사실을 알고 있었다.

MMT는 설교를 듣고 따를 신도를 찾는 종교가 아니다. MMT는 현대 명목 화폐의 현실적인 작동 원리를 알리고, 이 지식을 더 나은 공공 정책으로 바꾸기 위해 따라야 할 몇 가지 처방을 제안할 뿐이다. MMT는 무엇이 진짜 장애물이고(예: 인플레이션) 무엇이 아닌지(예: 돈이 다 떨어지는 것)를 명확히 밝혀, 경제 운영에 관한 우리의 사고방식을 새롭게 바꾼다. MMT는 우리가 돈, 국가 부채, 세금에 대한 오해와 공포증에 사로잡혀 여러 분야에서 앞으로 나아가지 못하고 있음을 알려준다. 그리고 이 공포증을 해체해 우리와 미래 세대와 전 세계를 위한 더 건강하고 안전한 미래가 있음을 보여준다. 그 미래를 현실로 만들려면 어떻게 해야 할까?

나는 클리버 하원 의원이 좋은 사람이라고 믿는다. 그는 자신의 지역구와 조국이 잘 되길 바란다. 우리와 만난 뒤, 그는 의회 예산처나 워싱턴 전문가의 암울한 예측과 달리, 의회가 할 수 있는 일이 훨씬 많다는 사실을 깨달았다. 하지만 그는 그저 한 명의 사람일 뿐이다. 선거에서 뽑힌 하원 의원이라는 지위 때문에 평범한 사람보다 더 큰 힘을 가진 것처럼 보이지만, 그때 그는 무력감을 느끼고 있었다. 여론을 장악한 적자 공포증이 그의 손발을 묶고 있었기 때문이다. 이런 상황을 바꾸려면, 경제에 관한 대중의 시각을 바꿔야 한다. 변화를 만드는 건 국회 의원이 아니라 우리다. 나의 전 상사이기도 한 버니 샌더스는 이렇게 말했다. "변화는 절대 위에서부터 시작되어 아래로 내려가지 않습니다. 변화는 언제나 아래서부터 시작되어 위로 올라갑니다." 언젠가 우리가 MMT가 보여준 정책적 자유를 누릴 수 있게 된다면, 그것은 이 책의 독자인 당신을 비롯한 여러 평범한 사람들 사이의 여론이 바뀌었기 때문일 것이다. MMT라는 관점은 우리에게 더 희망적인 가능성과 대안을 보여준다. 미래도 경제도 통화 제도도 모두 우리 손에 달렸다. 우리는 우리에게 더 좋은 방향으로 이들을 바꿀 수 있다.

MMT의 기술적 측면

지금까지 MMT의 통찰을 행동으로 옮기는 방법에 관해 주로 이야기했지만, 나는 여러분이 MMT를 모든 정부가 받아들이거나 도입해야 할 일종의 정책적 도구로 생각하지는 않기를 바란다. MMT는 전 세계 정부가 따라야 할 정책 모음집이 아니다. MMT의 핵심은 무엇보다 현대의 명목 화폐가 어떻게 작동하는지 '기술'하는 데 있다. 통화 제도를 이해하면, 인위적 제한과 진정한 제한을 구분할 수 있다. MMT의 기술적 측면은 우리의 발목을 잡는 공포증과 오해를 떨쳐 버리도록 도와준다. 이런 면에서 기술적인 이론을 통해 통화 제도의 작동 방식을 정확히 이해하는 것은 모두를 위한 경제를 향해 나아가는 첫걸음이라 할 수 있다. 물론 이상을 현실화하려면, 기술적 측면의 이해를 넘어 실제 정책 결정과 관련한 '규범적' 측면도 이해해야 한다. 그 과정에서 우리는 공익적 정책을 수행하는 (국회나 연준 같은) 국가 기관이 해야 할 역할에 관해 다시 생각하게 될 것이다.

MMT의 기술적 측면은 마치 의사들이 진단을 내릴 때 쓰는 도구 상자 같은 역할을 한다. 환자를 진단해 처방을 내리려면, 먼저 인체에 대한 실무 지식을 쌓아야 한다. 의사들은 수련 과정 동안 순환계, 소화계, 신경계 등 인체 각 부분에 대한 지식을 쌓는다. 이들은 인체의 작동 방식에 관해 능숙하게 안다는 사실을 보인 뒤에야 의사가 되어 환자에게 처방을 내릴 수 있다. 현재 우리 사회가 가진 문제는 경제학 석박사 학위는 있지만, 실제 통화 시스템이 어떻게 돌아가는지 모르는 사람들이 경제 정책을 처방한다는 것이다. MMT는 더 나은 설명 틀을 활용해 경제를 튼튼하고 안정적으로 만들어 줄 다양한 정책적 처방을 선보인다.

MMT의 시각으로 통화 시스템을 보면, 통화를 발행하는 나라가 '분수에 맞게 돈을 쓴다'는 말의 의미가 달라진다. MMT는 가상의 재정적 제한 (균형 재정)을 지키려 하지 말고 실물 자원상의 제한(인플레이션)을 지키라고 말한다. '돈은 어떻게 구하지?'라고 묻는 대신, '자원은 어떻게 구하지?'라고 질문하라고 가르친다. 돈은 항상 구할 수 있으므로, 기술적 노하우와 자원(사람, 공장, 설비, 천연자원)만 있으면 사람을 달에 보낼 수도 있고 그린 뉴딜을 시작할 수도 있다. 돈을 구하는 건 쉬운 일이다. 그보다는 인플레이션을 방지하는 일이 훨씬 더 중요하고 어렵다. 다른 경제학파들과 달리 MMT는 인플레이션을 중점적으로 고려해 정부 지출을 제한해야 한다고 주장한다. 또한, 현재보다 더 정교하게 인플레이션 압력을 관리할 방법이 있음을 보여준다.

MMT는 포스트 브레턴우즈 통화 시스템의 현실을 설명하는 이론이다. 이제 금본위제는 사라졌지만, 여전히 많은 정치 담론이 금본위제 시절의 낡은 사고방식에 뿌리를 두고 있다. 정치인에게 '돈은 어디서 구할 생각입니까?'라고 묻는 기자를 볼 때마다 이 사실은 명확해진다. 우리는 주권 명목 화폐의 발행자라는 지위가 가지는 의미를 이미 한참 전에 깨달았어야 했다. 통화 발행자에게 화폐는 실체를 가진 물건이 아니다. 비유적 표현이 아니라 실제로 그렇다. 돈은 정부가 쓰기 전에 '찾아 나서야만' 하는 금처럼 희귀한 물질이 아니다. 돈은 연준이 재무부의 지출을 처리할 때마다 키보드만 누르면 생겨나는 것이다.

공짜 점심이 있다는 소리처럼 들릴 수도 있지만, 그렇지 않다. MMT는 돈이 백지 수표라고 주장하지 않는다. MMT를 따른다고 해서 모든 정책에 자금을 무한정 쏟아부을 권한이 생기는 건 아니다. MMT는 정부의 규모를 키우려는 책략이 아니다. 재정 여력Fiscal Space이라 불리는, 경제에 아직 쓰이지 않은 채 남아 있는 잠재력을 발견하게 해 주는 분석 틀일 뿐이다. 일자리를 찾는 사람이 수백만 명 있고 가격을 올리지 않고도 제품과 서비스를 더 생산할 준비가 돼 있다면, 충분한 재정 여력이 있는 것이다. 이때 재정 여력을 활용하면 유휴 자원을 생산적인 고용으로 바꿀 수 있다. 이 재정 여력을 어떤 식으로 활용할지는 정치적으로 결정할 문제다. 여기서 MMT는 보통 진보적이라고 평가받는 정책(전 국민 의료 보험, 무상 대학 교육, 중산층 감세 등)을 추진하기 위한 논리로 쓰일 수도 있지만, 더 보수적인 정책(군사비 지출, 법인세 감세 등)을 추진하기 위한 논리로 쓰일 수도 있다.

비유하자면, 현재 우리가 경제를 운영하는 방식은 키 180cm 남성이 층고 2.5m짜리 집에 살면서 허리를 똑바로 펴고 다니면 머리를 부딪칠 거라는 누군가의 말만 듣고 몸을 수그리고 다니는 것이나 마찬가지다. 너무 오랫동안 우리는 똑바로 설 수 있을 때도 몸을 웅크렸다. 미국, 일본, 영국 등지의 정책 결정자들은 정부 부채와 재정 적자를 비이성적으로 두려워한 나머지 금융 위기 이후 수년 동안 경기 부양이 아닌 긴축을 택했다. 이 선택은 전 세계에서 수천만, 아니 수억 명을 헤아릴 수 없는 고통에 빠뜨렸다. 이를 계기로 좌우 가리지 않고 포퓰리스트 정치인이 득세했다. 연방 예산을 더 많이 쓴다고 모든 문제가 해결되지는 않는다. 긴축으로 인해 여러 사회 경제적 문제가 악화된 건 맞지만, 긴축이 불황과 불평등의 유일한 원인은 아니다. 노동 계층이 경제적 안정을 되찾기 위해서는 독점 권력을 깨뜨리고 세법, 노동법, 무역 정책, 주택 정책 등 수많은 정책을 개혁해야 한다.[6]

경제 모형도 새롭게 바꿔야 할 것이다. 민주 절차를 통해 선출되지 않은 중앙은행 행원들이 임의로 정한 '적정' 실업률과 물가 상승률을 목표 삼아 경제를 운영하는 잔인하고 비효율적인 관행을 끝내야 한다. 국민을 위한 경제를 만들기 위해서는 투표로 선출된 국민의 대표가 책임지고 나서서 고용과 소득을 안정적으로 관리해야 한다. 의회는 연방 예산을 결정하는 큰 권력을 활용해 능동적이고 상시적으로, 고용과 경제 생산을 안정적으로 유지하는 일을 맡아야 한다.

MMT의 규범적 측면

"큰 힘에는 큰 책임이 따른다"라는 피터 파커(스파이더맨)의 원칙을 다시 떠올려 보자. MMT의 규범적 측면은 현실을 기술하는 데서 나아가 MMT가 널리 퍼진 세상의 재정과 화폐 정책이 어떤 모습일지를 이야기한다. MMT는 화폐 정책의 지위를 (적어도 지금보다는) 낮추고 재정 정책을 거시 경제 안정화의 주요 수단으로 사용하라고 강력히 권고한다. 지갑을 여닫을 힘은 의회에 있다. 우리는 그 힘을 옳은 방향으로 움직여 모두를 위한 경제를 만들어야 한다. 하지만 그렇게 큰 힘을 가진 정부*를 믿을 수 있을까? 이런 생각이 든다면, 내가 해줄 수 있는 답은 그렇기도 하고 아니기도 하다는 것이다.

　정부를 믿을 수 있다고 답한 이유는 이미 우리가 그런 권력을 가진 정부를 믿고 있기 때문이다. MMT를 따른다고 해서 통화 시스템에 관한 의회의 권한이 더 강해지는 건 아니다. 금본위제라는 제한은 이미 약 50년 전 민주적으로 선출된 정부에 의해 풀렸다. 이때부터 의회에는 공공의 지갑

---

* 입법부와 행정부를 포괄하는 넓은 의미의 정부를 말한다.

을 무제한으로 여닫을 수 있는 권한이 생겼다. 이 권한이 생기면서 '돈은 어떻게 구하지?'라는 질문은 절대 할 필요가 없게 됐다. 의회가 동의만 하면, 세금을 감면할 수도 있고 수조 달러를 전쟁에 쏟아부을 수도 있다. 의회의 표만 있으면 돈은 '짜잔!' 하고 생겨난다.

오늘날 연방 정부는 GDP의 약 20%에 해당하는 4.5조 달러가량을 예산으로 사용한다. 원한다면 의회는 5조 달러의 예산을 편성할 수도 있고 6조 달러 이상의 예산을 편성할 수도 있다. 교육, 인프라, 의료, 주거 정책에 수조 달러를 투입할 수도 있다. 의회가 승인만 하면 얼마가 됐든 지출은 이뤄진다. 연준은 이를 보장하기 위해 정교한 국채 전문 딜러 네트워크까지 갖춰 놓았다. 현실은 이처럼 S(TAB) 모형에 부합한다. 정부는 실제로 세금이나 국채를 통해 모은 돈과 상관없이 지출한다. 이제 우리는 정부가 가진 큰 힘을 어떻게 '쓸'지에 관해 질문해야 한다. 정부는 돈을 얼마나 써야 할까? 어디에 써야 할까? 인플레이션은 어떻게 방지해야 할까? 세금은 어떻게 걷어야 할까? 자원이 충분할 때 생산적 지출을 늘리고 자원이 부족해지면 지출을 줄이는 결정을 의회가 적시에 제대로 내릴 수 있을까? 일단 마지막 질문에 대한 내 답은 부정적이다. 냉소적으로 들릴 수도 있지만, 나는 의회가 잘못된 결정을 내릴 때를 대비해 보험을 마련해야 한다고 생각한다.

정부 지출은 재량 지출과 의무 지출의 두 종류로 나뉜다. '재량' 지출 항목의 경우, 매년 예산을 책정할 때마다 의회가 재량껏 사업비를 늘리거나 줄일 수 있다. 국방, 교육, 환경 보호, 교통 분야의 지출은 대개 재량 지출에 속하기 때문에 매년 의회의 판단에 따라 예산이 달라진다. 반면,

'의무' 지출은 비재량 지출이다. 의무 지출은 법에 명시된 기준에 따라 지출액이 결정된다. 사회 보장 제도, 메디케어, 메디케이드 같은 사업에 들어가는 돈이 이에 해당한다. 실업 보험, 영양 보충 지원 프로그램(SNAP, 이전의 푸드 스탬프 제도), 국채 이자 지급, 학자금 대출 제도에 들어가는 돈도 매년 의회의 판단과 관계없이 지출액이 결정된다. 누군가 장애를 입거나, 퇴직하거나, 직장을 잃거나, 65세가 넘거나, 국채에 투자하거나, 연방 정부 학자금 대출 프로그램을 통해 돈을 빌리면, '자동으로' 돈이 지출되도록 정해져 있다.

의무 지출을 다 합하면, 연방 정부 전체 지출의 60%가 조금 넘는다. 여기에 국채 이자 비용으로 10%가 나간다.[7] 즉, 연방 예산의 70%는 사실상 자동으로 정해지고 단 30%만 국회가 재량껏 바꿀 수 있다.[8] 물론 의회는 투표를 통해 의무 지출을 변경할 수 있다. 재무부가 국채를 발행하는 대신, 연준이 이자 지급 증권을 공급하라고 지시할 수도 있다.[9] 이 경우, 시간이 가면 연방 예산에서 이자 지출 항목이 사라질 것이다.[10] 단일 보험자 방식의 전 국민 건강 보험을 도입하는 법을 통과시킬 수도 있다. 이렇게 하면 의무 지출이 상당히 늘어나겠지만, 장기적으로는 수조 달러가 절약될 것이다.[11] 재량 지출에 해당하는 교통이나 교육 분야에 쓰는 돈은 당연히 늘릴 수 있다. 1장에서 본 대로 의회는 스스로 걸어 놓은 제한[페이고, 버드 룰, 부채 상한, 302(a) 예산 할당제, 당좌대월 금지 등]을 수정 또는 폐지할 수도 있다. 이들 제한을 폐지하지 않으면, 의회가 예산을 적절히 분배하고 연준이 재무부를 위해 돈을 만들어 내는 데 걸림돌이 될 것이다. 또한, 의회는 1974년 의회 예산법이 시행되면서 설치된 의회 예산처와 상·하원 예산 위원회를 없애거나, 개혁할 수 있다.[12] 물론 연준과 조정이 필요한 연준의 책무도 의회가 만들었으므로 의회가 바꿀 수 있다.

MMT가 정책 결정 절차를 어떻게 개선할지에 대해 이야기하기 전에, 먼저 지금의 정책 결정 절차가 기능 부전을 겪고 있음을 보여주는 몇 가지 일화를 살펴보자. 상원 예산 위원회에서 민주당 수석 경제학자로 일했던 시절을 떠올리면, 가장 먼저 떠오르는 기억 중 하나는 수조 달러짜리 인프라 관련 법안을 논의하는 회의에 참석했던 일이다. 상원 의원 회관 3층의 커다란 탁자에 여남은 명의 고위급 보좌진이 둘러앉아 의견을 나눴다. 인프라 투자의 중요성에 의문을 제기하는 사람은 없었다. 수조 달러는 많은 돈이지만, 필요한 돈에 비하면 새 발의 피였다. 액수에 의문을 제기하는 사람은 없었지만, 이 돈을 '지급'해야 할지, 지급해야 한다면 어떻게 자금을 마련할지에 대해서는 설전이 이어졌다.

그날의 설전에 대해 말하기 전에, 연방 의회 의원과 보좌진들 사이에서 돈을 지급한다는 말이 어떤 의미로 쓰이는지 짚고 넘어가는 편이 좋겠다. 사실 무엇을 사든 연방 정부가 돈을 지급하는 방법은 단 한 가지다. 모든 연방 정부 지출은 연준이 상대방의 은행 계좌 잔액을 올려주는 것으로 계산이 마무리된다. 하지만 워싱턴 사람들은 자신이 제안하는 사업에 쓸 돈을 '마련할' 방법을 제시하는 것이 곧 돈을 '지급'하는 것이라고 생각한다. 사실 돈을 마련할 방법을 제시하는 것은 의미 없는 게임에 불과하다. 잘못된 경제 모형 (TAB)S에 기초한 이 게임은 우리의 가능성을 크게 제한한다. 국회 의원들은 적자를 키우지 않기 위해 '빚지지 않고' 돈을 마련할 방법을 찾는다. 대개 해결책은 세금을 더 걷을 방법

을 찾는 것이다.[13]

이제 수조 달러짜리 인프라 법안에 관한 회의 장면으로 다시 돌아가 보자. 논의는 이 법안에 '자금 조달안Pay-for'을 첨부해야 한다고 생각하느냐는 질문과 함께 시작됐다. 일을 시작한 첫 주였기 때문에 나는 다른 보좌관의 대답을 듣고 안심했다. 그는 이렇게 말했다. "아뇨. 이 법안은 그냥 '클린 빌Clean Bill'로 진행해야 한다고 생각합니다." 여기서 클린 빌이란, 돈을 구할 방법을 명시하지 않은 지출안을 말한다. 다른 보좌관도 이에 동의했고, 나도 동의를 표했다. 미국에는 인프라 투자가 절실히 필요했다. 재정 여력은 확실히 충분했다. 게다가 예전부터 인프라는 양당 모두의 지지를 받는 분야다. 상원에서 공화당이 다수당이었기 때문에, 법안을 통과시키려면 적어도 일부 공화당 의원의 지지를 받아야만 했다. 우리가 보기엔 세금을 늘리자고 제안하면 부결될 게 뻔했다. 그리고 모두가 우리에게 동의하지는 않았다. 한 보좌관은 자금을 어떻게 구할지 자세히 쓰지 않으면, 언론이 이 법을 진지하게 받아들이지 않을 거라고 말하며 반대했다. 결국, 그 법안에는 부자들에게 엄청난 혜택을 주는 조세 제도의 빈틈을 메꿔 세수를 늘리겠다는 제안이 포함됐다. 당연히 법안은 통과되지 못했다. 최근 미국 토목 학회가 발간한 카드 리포트에 따르면, 그동안 인프라 정비를 미룬 결과 인프라 개선에 필요한 비용이 점점 증가해 이제 무려 4.59조 달러가 필요하다고 한다.[14]

종종 국회 의원들은 돈을 어떻게 마련할지 걱정하지 않고 예산 제한을 무시한 채 지출을 승인하곤 한다. 이를테면, 국방 예산이 그렇다. 매년 의회는 국방 정책과 관련된 법안을 이의 없이 승인한다. 2017년에도 국방

수권법National Defense Authorization Act이라는 1,215쪽짜리 법안이 찬성 89표에 반대 9표로 상원을 가볍게 통과했다. 원래 백악관은 7천억 달러를 요청했지만, 상원이 승인한 액수는 7,370억 달러였다. 돈을 어떻게 '구할지' 전혀 걱정하지 않고 370억 달러나 추가로 배정한 것이다.[15] 돈을 추가로 배정하기 위해 의원들이 한 일은 국방부의 재량 예산을 늘리는 법안에 초당파적 찬성표를 던진 것뿐이었다.

이는 이중 잣대처럼 보인다. 알렉산드리아 오카시오코르테스 하원 의원은 이렇게 말했다. "의회는 전쟁 자금으로 쓰라고 백지 수표를 내준다. 조금 전에는 공화당이 제안한 감세안에 2조 달러짜리 수표를 써줬다. 하지만 공화당을 향해 '돈은 어떻게 마련할 겁니까?'라고 묻는 사람은 없었다."[16] 맞는 말이다. 어찌 된 일인지 전쟁과 감세를 지원할 돈은 항상 있다. 하지만 그 외 다른 모든 지출안을 발의한 의원에게는 문서상으로라도 지출 비용을 '마련'할 수 있음을 증명하라는 요청이 따른다.

이런 이유로 535명의 미국 국회 의원(상원 100명, 하원 435명)에게는 항상 새로운 자금 조달 방안이 필요하다. 상원에서 일할 때, 나는 국회 의원들이 필요로 할 만한 여러 가지 자금 조달 방안을 미리 만들어두고 바로 활용할 수 있는 형태로 제공하는 사람이 있다는 걸 알게 됐다. 100억 달러든 500억 달러든 5,000억 달러든 자금 조달 방안이 필요한 의원에게는 캘빈 존슨Calvin Johnson이 있다. 텍사스 법학 대학원의 회사법 교수인 존슨은 오랫동안 선반 프로젝트The Shelf Project라는 프로젝트를 운영해왔다. 존슨은 다른 세금 전문가들과 함께 "국회가 수입을 늘리고자 할 때마다 바로 뽑아 쓸 수 있는 자금 조달 방안"을 여러 개 만들어냈다.[17] 2010년 그는 상

원 금융 위원회에서 '1조를 조달하는 50가지 방법'이라는 제목의 진술을 하기도 했다.[18]

의원들이 자기 지역구에 있는 집에 머무는 여름철 동안, 선반 프로젝트는 인기가 없다. 하지만 국회가 개회하고 의원들이 법안에 붙일 그럴싸한 자금 조달 방안을 찾기 시작하면, 존슨의 전화통에 불이 난다. 존슨과 그의 동료들은 열정을 가지고 이 일에 임하고 있다. 그들이 이 일을 하는 이유는 단순히 의원들이 자금 조달 방안이라는 장애물을 뛰어넘는 걸 도와주기 위해서가 아니다. 이들의 목적은 세금 체계를 더 공정하고 효율적으로 만들 방법을 찾는 데 있다. 하지만 많은 보좌진의 눈에 이들의 프로젝트는 마치 대학 동아리 캐비닛에 들어 있는 중간고사 족보 모음집처럼 보인다. 다르게 말하자면, 페이고 같은 장애물을 피할 수 있는 꼼수를 얻는 곳이랄까.

자금 조달안을 쇼핑하는 방법은 다음과 같다. "안녕하세요. X 상원 의원 사무실에서 일하는 보좌관인데요. 상원 의원께서 10년 동안 3,500억 달러를 조달할 방법이 필요하다고 하시네요. 어떤 방법을 쓸 수 있을까요?" 존슨은 세법의 한 조항을 바꿔 3,500억 달러를 모두 마련할 방법을 말해 줄 수도 있고, 몇 가지 방법을 조합해 모든 예산을 조성하도록 할 수도 있다. 사실 그게 그거다. 어차피 상사가 게임에 낄 수 있도록 금액을 맞추는 게 목적이니까.

내가 느끼기로는 정도의 차이는 있지만, 의회에서 일하는 사람들 거의 모두가 이 자금 조달안 게임이 다소 미친 짓이라고 생각하는 것 같았다. 처음 이런 느낌을 받은 건 2015년 '보트 어 라마Vote-a-rama' 주간 때였다.[19] 보트 어 라마는 상원 의원 100명 전원이 모여, 그간 쌓인 구속력 없는 예산 수정안을 빠르게 처리하는 정신없는 기간이다. 상원 의원들은 한 명씩 일어나 동료 의원들에게 자신이 제안한 '적자 중립적인' 사회 보장 제도 수정안, 감세안, 최저 임금 인상안 등에 동의해달라고 말했다. 의사당 뒷자리에 앉아 이 과정을 지켜보던 나는 캘리포니아주 상원 의원 바버라 복서Barbara Boxer가 다른 상원 의원에게 하는 말을 듣고 웃음을 터뜨렸다. "그쪽이 낸 자금 조달안, 완전 헛소리던데요. 그래도 법안에는 찬성했어요."

상황을 이보다 잘 보여주는 말이 있을까! 복서 상원 의원이 저 말을 한 이유는 간단하다. 미국의 법안 작성, 심사, 통과 절차는 정말로 이상하다. 우리는 연방 정부가 평범한 가정처럼 예산을 운용해야 한다는 듯이 행동한다. 정부가 세금을 걷는 이유는 민간의 지출 능력을 낮춰 늘어난 정부 지출이 경제를 완전 고용의 한계 너머로 밀어붙이는 것을 막기 위해서가 아니라, 정부에 수입이 필요해서라고 생각한다. 우리는 경제에 늘어날 지출을 흡수할 여력이 충분히 있어서 세금을 더 걷지 '않아도' 괜찮을 때조차, '자금 조달안'을 제시하라고 압박해 지출을 늘리지 못하게 막는다. 우리가 이렇게 하는 까닭은 평범한 가정처럼 예산을 운용하는 것이 공공의 이익에 부합한다고 믿기 때문이다. 하지만 아니다.

정부가 적자 공포증을 극복하고 다른 사람들처럼 돈을 구해서 쓰는 척하는 대신 통화 발행자라는 위치에 맞게 예산을 운용하면 어떨까? 적자 공포증이 정치인들의 돈 낭비를 막고, 세금을 적게 걷는 걸 방지해 우리를 지켜주는 것처럼 느껴지기는 한다. 이 생각에도 어느 정도 일리는 있다. 하지만 적자 공포증 때문에 정부가 지출을 충분히 늘리지 않는 게 더 문제다. 모두를 위한 더 나은 경제는 과도한 지출과 부당한 재정적 제약 사이 그 어딘가에 있다. 그런 경제를 만들려면 새로운 계획이 필요하다. MMT가 제안하는 계획은 어떤 것일까? 경제를 과열시키지 않으면서 국민의 생활을 개선할 방법이 있을까? 재정 정책이 정말로 경제 운전대를 넘겨받을 수 있을까? 그럼 화폐 정책은 어떻게 되는 걸까?

경제 운전대를 재정 정책에 넘긴다는 말은, 적자 운용이 경제에 도움이 될 때는 돈줄을 풀고 경제가 완전 고용이라는 제한 속도에 도달했을 때는 돈줄을 죄는 일을 민주적 절차를 통해 선출된 국회에 맡긴다는 뜻이다. 이는 1940년대에 아바 러너가 선구적으로 제안한 기능적 재정의 핵심 사안이기도 하다. 러너는 국회 의원들이 재정 적자에 집착하고 무리해서 예산 균형을 맞추려 하기보다, 완전 고용이라는 경제 균형을 달성하기 위해 예산을 책정하기를 바랐다.

MMT는 러너의 연구에서 영감을 받았지만, 경제 운전대를 연준에서 의회로 넘기는 것 이상의 조치가 필요하다고 본다. 국회 의원들이 더 많은 사람에게 도움이 되는 방향으로 책임감 있게 힘을 행사할 수 있도록 지침을 마련해야 할 필요가 있다. 운전에 비유하면, 도로에 가드레일을 설치하고 제한 속도를 명시하는 것과 마찬가지다. 또, 차에도 계기판과 함께 운전자의 일을 덜어 줄 자율 주행 장치를 설치해야 할 것이다. 운전의 많은 부분을 대신하는 자율 주행 장치는 정치가 제대로 기능하지 않을 때 강력한 안전장치 역할을 해 줄 것이다.

운전자가 필요 없는 의무 지출

현재 우리는 연준의 '통화 정책'에 경제를 안정적으로 유지할 임무를 맡기고 있다. 통화 정책이란, 눈에 보이지 않는 NAIRU를 발견하기 위해 이자율을 올리고 내리는 정책을 말한다. MMT는 '재정 정책'이 경제의 안정을 유지하고 전반적인 삶의 질을 높이기에 더 적합한 방식이라고 생각한다. 러너도 재정 정책이 운전석에 앉아야 한다고 생각한 건 마찬가지지만, 차 키를 넘긴 뒤 경제를 어떻게 조종할지는 의회에 맡기면 된다고 믿었다. 하지만 우리는 차와 운전자 모두 책임감 있는 방향으로 재정 정책을 운전할 준비를 하길 바란다. 의회는 언제나 재량권을 가질 것이다. 하지만 심하게 분열된 정치 환경을 고려할 때, 자율 운행 장치는 필수다. 자율 운행 장치는 의회가 움직이지 않을 때도 경제 상황의 변화에 맞게 재정 정책을 움직여 준다. 일종의 보험인 셈이다.

도로 환경에 맞게 자동으로 움직이는 예산을 두는 것은 아주 중요하다. 대침체가 제2의 대공황으로 발전하지 않을 수 있었던 것도 이런 예산 덕분이었다. 물론 의회가 2009년 2월에 통과시킨 7,870억 달러 규모의 경기 부양법 덕분에 재량 지출도 늘어나긴 했지만, 우리를 진짜로 구한 것은 입법 절차 없이 자동으로 조절되는 재정 지출 항목들이었다. 이처럼 정부 예산 가운데 경제 환경에 맞춰 자동으로 조절되는 항목을 자동 안정화 장치Automatic Stabilizer라고 부른다. 자동 안정화 장치는 마치 자동차의 충격 흡수 장치처럼 기능한다. 도로 사정이 좋을 때는 잘 모르겠지만, 울퉁불퉁한 길에 들어서면, 충격 흡수 장치의 유무에 따라 엄청난 차이가 난다.

2008년, 경제가 험난한 길에 들어서자 자동 안정화 장치들은 '운전자의 개입 없이' 충격을 완충하기 위한 재정적 조치를 수행했다. 수백만 명의 미국인이 일자리를 잃고 기업이 고군분투하면서 세수가 급감했다. 그러나 정부 지출은 크게 늘었다. 실업 급여, 푸드 스탬프, 메디케이드 같은 사회 안전망의 도움을 받는 사람이 자연스럽게 늘어났기 때문이었다. 그 결과 2009년의 재정 적자는 급증했고 1.4조 달러가 넘는 돈이 비정부 부문 양동이를 채웠다. 연방 정부 양동이의 적자는 어려움을 겪고 있던 가정과 기업으로 흘러 들어가 흑자로 바뀌었다. 폴 크루그먼은 당시 벌어진 현상에 관한 글을 인용하며 다음과 같이 썼다.

> 이는 당시 벌어진 일에 관한 흥미로운 사고방식이다. 게다가 이런 방식으로 생각하면, 제2의 대공황으로부터 우리를 구한 단 한 가지는 다름 아닌 재정 적자, 그것도 재량 정책보다는 주로 자동 안정화 장치가 작동한 결과로 발생한 재정 적자라는 아주 놀라운 결론에 도달하게 된다.[20]

자동 안정화 장치는 더 암울한 운명으로부터 우리를 구해주기는 했지만, 경기 침체를 완전히 막아줄 만큼 강력하지는 않았다. 미국이 금융 위기 이후 사라진 일자리를 모두 회복하기까지는 7년이라는 시간이 걸렸다. 그동안 수백만 명이 집을 잃었으며, 일부는 장기 실업이 직접적 원인이 되어 사망했다. 언론인 제프 스프로스Jeff Spross는 이렇게 말했다. "장기 실업은 정신과 신체 건강에 배우자의 사망과 맞먹는 충격을 미친다."[21]

MMT는 경제, 그리고 더 중요한 가족과 공동체를 지키기 위해 연방 일자리 보장 제도라는 강력한 자동 안정화 장치를 도입할 것을 제안한다. 이 제도에 대해서는 이미 2장에서 진정한 완전 고용(일자리를 원하는 사람이 모두 고용된 상태)을 달성하기 위한 방안으로 소개한 바 있다. 현재 연준은 적절한 '실업'이 존재하는 상태를 완전 고용으로 정의한다. 이로 인해 의자 빼앗기 게임이 생겨나고 수백만 명은 존재하지 않는 일자리를 찾아 헤매게 된다. MMT가 이 문제를 해결하는 방식은 실업자들에게 일자리 자체를 제공하는 것이다. 실업자가 많아질수록 정부 지출이 늘어난다는 면에서 이 제도는 운전자의 개입이 필요 없는 자동 안정화 장치다. 핸들은 언제나 적시에 옳은 방향으로 돌아갈 것이다.

일자리 보장 제도를 뒷받침하는 논리를 이해하기 위해 1장에서 제시한 워런 모슬러의 명함 이야기로 돌아가 보자. 모슬러는 깔끔한 집, 깨끗한 차, 멋지게 정돈된 정원을 원했다. 이를 얻기 위해 그는 아이들에게 자신의 명함으로만 낼 수 있는 세금을 물렸다. 그 세금의 목적은 아이들에게 일을 시키는 데 있었다. 마찬가지로 정부가 세금을 비롯한 각종 지급 의무를 자신이 발행한 화폐(미국 달러 등)로 내라고 요구하는 이유는 사람들이 자신의 시간 중 일부를 그 화폐를 버는 데 할애하길 바라기 때문이다. 정부는 상비군을 만들고 싶어 할 수도 있고, 사법 체계, 공원, 병원, 교량 등을 만들고 싶어 할 수도 있다. 실업은 정부가 발행하는 화폐를 벌기 위해 일을 찾고 있는 상태로 정의할 수 있다. 미국 달러는 본래 세금을 내기 위한 수단이다. MMT는 이 사실을 깨달은 유일한 거시 경제 학파다. 일자리 보장 제도는 이 깨달음의 직접적 산물이다.

이런 사실을 이해하고 나면, 화폐를 발행하는 모든 정부는 실업자를 고용하는 것으로 간단히 실업을 해결할 수 있음을 알게 된다. 정부가 이 능력을 활용하지 않는 것은 '실업률을 고르는' 행동이다. 이 글을 쓰는 현재, 미국의 공식 실업률은 역사적으로 낮은 3.5%다. 그러나 상황을 더 현실적으로 보여주는 광의의 실업률은 거의 두 배(6.5%)에 달한다. 노동 통계국이 U-6라고 이름 붙인 이 실업률 지표에 따르면, 1,200만 명이 돈을 더 벌고 싶어도 일자리를 구하지 못하는 상태에 처해 있다. 정부는 이들을 모두 고용할 수 있다.

현재의 연방 정부는 그렇게 하지 않는 쪽을 선택했다. 대신 정부는 실업자들이 받을 경제적 충격을 완화하기 위해 실업 보험을 제공한다. 실업 보험은 실업 급여 수령 조건을 만족하는 실업자에게 평소 소득의 일부를 급여로 지급하는 제도이다. 평균적으로 한 주에 347달러가 수당으로 지급된다. 실업 보험은 총수요가 줄어들기 시작할 때 경제에 완충 작용을 해주기는 하지만, 실업 위기에 몰린 근로자가 직장을 잃지 않게 해주지는 않는다. 비교적 빨리 새 직장을 찾는 사람도 있지만, 수개월에서 수년 동안 실직 상태로 지내는 사람도 있다. 경제 사정이 심각하게 안 좋을 때는 장기 실업에 빠지는 사람이 많다. 그렇게 지내다 보면, 결국 실업 급여가 끊기고 업무 능력이 감퇴한다.

실업 보험은 현존하는 자동 안정화 장치 가운데 가장 중요한 장치로 평가받는다. 하지만 우리가 만들 수 있는 가장 강력한 자동 안정화 장치는 아니다. 한 가지 문제는 모든 실업자에게 실업 급여를 지급하지 않는다는 것이다. 실업 보험이 보호하는 근로자는 제한적이다. 위법 행위를 저질러서 해고당했거나 스스로 직장을 퇴사해서 신청 자격이 안 되는 사람도 있지만, 근속 연수를 채우지 못했다거나 전에 실업 급여를 받은 적이 있다는 이유로 신청할 수 없는 사람도 있다. 심지어 자격이 되는데도 신청을 안 해서 못 받는 사람도 많다. 노동 통계국에 의하면, "2018년, 12개월 이상 일한 뒤 해고당한 실업자 가운데 77%가 실업 급여를 신청하지 않았다. 실업 급여를 신청하지 않은 실업자 5명 중 3명은 자격이 안된다고 생각해서 신청하지 않았다고 답했다."[22] 연방 일자리 보장 제도를 통해 일자리를 가질 권리를 보편적 권리로 보장한다면, 이러한 불확실성은 사라질 것이다.[23]

일자리 보장 제도의 작동 방식은 이렇다.[24] 수백만 명을 직장이 없는 상태로 내버려 두지 않고, 정부는 모든 구직자에게 급여를 지급하는 공공 서비스직 일자리를 제한 없이 제공하겠다고 약속한다. 참여할지 말지는 완전히 자유다. 아무도 강제로 일할 필요는 없다. 자발적 참여를 끌어내려면, 그저 일자리를 만들기 위한 일자리가 아니라 '좋은 일자리'를 만들어야 한다. MMT 경제학자들이 제안하는 일자리는 생활 임금을 벌 수 있고 공익에 부합하는 일자리다.[25] 정부가 의무적으로 급여를 지급해야 하므로 일자리 보장 제도는 (재량 지출이 아닌) 의무 지출 항목에 해당한다. 다른 의무 지출 항목(실업 보험, 푸드 스탬프 등)과 마찬가지로 지출 규모는 프로그램에 참여하는 사람의 수에 따라 오르내릴 것이다. 경기가 침체되면 일자리 보장 프로그램에 참여하는 사람이 더 많아질 것이고, 이들에게 급여를 지급하다 보면 자동으로 지출이 늘어날 것이다. 경기가 좋아지고 민간 부문이 다시 고용을 늘릴 수 있게 되면, 근로자들이 민간 일자리로 이직하면서 자동으로 지출이 줄어들 것이다. 일자리 보장 제도는 현존하는 자동 안정화 장치들을 보완하는 강력한 자동 안정화 장치가 될 것이다.[26]

경제학적으로 보면, 일자리 보장 제도의 주 장점은 경기 변동과 관계없이 고용률을 안정적으로 유지해준다는 것이다. 일자리 보장 제도는 이 제도의 직접적인 수혜자뿐만 아니라, 모든 사람에게 도움이 된다. 2020년 현재, 미국은 역사상 최장기간 일자리가 꾸준히 증가하는 경기 확장을 경험하고 있다. 그러나 언젠가는 확장기가 끝나고 침체기에 들어설 것이다. 이는 자본주의의 자연스러운 속성이다. 소비자가 넘쳐날 때, 기업은 인력을 고용하고 투자를 늘린다. 시간이 지나면, 결국 수요는 정체되고(대개 사람들이 빚을 너무 많이 냈기 때문이다.) 사람들은 지갑을 닫기 시작한다.[27] 소비자가 사라지면, 기업은 생산량을 줄이고 인력 감축에 나설 것이다. 일자리 보장 제도가 있다면, 현재 필요한 만큼 일하지 못하는 1,200만 명 중 많은 사람에게 일자리를 줄 수 있고 다음 침체기가 왔을 때 많은 사람을 실업에서 구해낼 수 있을 것이다. 일자리 보장 제도는 해고된 사람들에게 새로운 일자리를 구할 기회를 제공해 현재의 사회 안전망을 더 튼튼한 실로 엮어 줄 것이다. 사업자든 근로자든 당신의 경제적 안정은 다른 이들의 경제적 안정과 밀접하게 연관돼 있다.

실업 보험만으로는 불충분하다. 실업 급여는 모두에게 신청 자격을 주지도 않는 데다, 대개 13주에서 26주까지만 지급된다. 경제가 대침체를 향해 들어서던 2007년 12월, 미국에는 이미 130만 명의 장기(27주 이상) 실업자가 있었다. 침체가 '공식적으로 끝난' 2009년 8월, 장기 실업자 수는 500만 명으로 증가해 있었고, 1년 뒤에는 680만 명으로 늘었다. 의회가 실업 급여 수령 기간을 연장하기는 했지만, 이 연장 기간도 결국 끝났다. 수백만 명이 일자리와 급여 없이 남겨졌다. 파장은 전국의 기업과 주민 공동체에 미쳤다. 실업자들이 주택 융자금을 갚지 못해 주택을 압류당하면서 자산 가격은 폭락했고 주 정부와 지방 정부의 재산세 수입이 많이 감소했다. 주 정부와 지방 정부는 교육부터 교통까지 모든 분야의 지출을 삭감했다. 학급당 학생 수가 늘고 그렇지 않아도 별로였던 인프라는 더 나빠졌다. 이외에도 많은 부분에서 길고 깊은 경기 침체는 모든 사람에게 고통을 주었다.

의회는 새로운 경기 부양책을 통과시켜 재량 지출을 늘리는 것으로 총수요를 유지할 수도 있었다. 하지만 그러지 않았다. 당시 의원들의 눈길은 적자를 늘려 병든 경제를 회복시키는 쪽보다는 재정 적자와의 싸움 쪽에 쏠려 있었다. 의회는 경기 회복의 책임을 연준에 미뤘다. 의회가 나서지 않은 대가는 우리가 치렀다.

연방 일자리 보장 제도가 있었다면, 상황은 매우 달랐을 것이다. 경제를 조종하는 핸들이 자동으로 재정 적자가 늘어나는 방향으로 향했을 테니까. 클리버 하원 의원을 비롯한 국회 의원들에게 재정 적자를 키우는 쪽으로 핸들을 돌리는 일은 옳지 않게 느껴졌겠지만, 당시 해야 했을 일은 바로 그것이었다. 다음과 같은 상황을 생각해보자. 눈보라 속을 운전하다가 빙판을 만나 차가 미끄러지고 있다. 당신은 어떻게 하겠는가? 만일 차가 오른쪽으로 미끄러지고 있다면, 핸들을 왼쪽으로 꺾는 것이 옳게 '느껴'질 것이다. 하지만 아니다. 운전 교육 시간에 배운 대로, '미끄러지는 방향으로' 핸들을 꺾어야 다시 차를 원하는 대로 움직일 수 있다. 틀린 것처럼 느껴지지만, 사고를 내지 않으려면 이 방법밖에 없다. 일자리 보장 제도는 경제가 경로를 이탈해 미끄러질 때, 재정 적자를 줄이는 방향으로 핸들을 꺾고자 하는 의원들의 본능과 상관없이 핸들을 반대 방향으로 움직인다. 경제가 다시 원래 진로를 되찾으면, 기업이 일자리 보장 프로그램에서 일하던 노동자들을 고용하기 시작할 것이다. 이렇게 되면 정부가 고용한 노동자의 수가 줄면서 핸들이 자동으로 적자를 줄이는 쪽으로 향할 것이다.

이처럼 일자리 보장 제도는 강력한 경제 안정화 장치다. 일자리 보장 제도를 도입해 경기 변동을 겪는 동안 소득과 고용률을 안정적으로 유지할 수 있다면, 미래의 경기 침체는 덜 심각하고 더 짧을 것이다. 사람들이 경기가 나빠지면 바로 일자리 보장 프로그램에 들어왔다가, 고용 환경이 개선되면 빠르게 일자리 보장 프로그램을 떠날 수 있기 때문이다. 기업은 오랫동안 실업 상태에 있던 사람을 고용하는 일을 꺼린다. 일자리 보장 프로그램에 고용된 상태로 새로운 업무를 익힌다면, 경기가 좋아졌을 때 민간 기업에 취직할 가능성이 더 커질 것이다.

일자리 보장 프로그램에 속한 근로자들은 어떤 일을 맡게 될까? 어떻게 해야 항상 일하고자 하는 사람 모두를 고용하기에 충분한 일자리를 확보할 수 있을까? 근로자들은 얼마를 받고 일하게 될까? 이런 대규모 연방 정부 프로그램은 누가 운영해야 할까? 전에도 비슷한 제도가 있었을까? 이런 질문에 답해줄 자료는 아주 많다. MMT 경제학자들이 연구한 자료만 해도 30년 치가 넘는다.[28] 이를 다 다루는 것은 이 책의 범위를 벗어나는 일이다. 하지만 몇 가지 중요한 질문에 답하고 일자리 보장 제도의 대략적인 윤곽을 그려볼 수는 있다. 다양한 연구 가운데 다섯 명의 MMT 경제학자가 공동 집필한 2018년 보고서를 중심으로 설명하겠다.[29]

MMT 경제학자들이 그리는 일자리 보장 제도는 고도로 분권화된 공공 서비스 고용PSE: Public Service Employment 프로그램이다. 근로자에게는 생활 임금(시간당 15달러)과 함께 의료 보험과 유급 휴가 등의 기본적 복지가 제공된다. 파트타임과 풀타임 일자리가 모두 존재해야 하며, 누군가를 돌봐야 하는 사람이나 학생, 노인, 장애인 등도 일할 수 있을 만큼 근로 조건이 유연해야 한다. 자금은 연방 정부가 대지만, 일자리 자체는 대체로 근로자가 일하게 될 지역 공동체 사람들이 정한다. 다음은 보고서의 설명을 그대로 옮긴 것이다. "목표는 모든 지역에 일자리를 만들고, 모든 지역에 도움이 되는 프로젝트를 만드는 것이다. [그러므로] 제안 단계부터 실행, 운영, 평가 단계까지 지역 주민을 프로젝트에 참여시키는 것이 옳다."

예산은 노동부DOL가 집행할 수 있다. 또한, 노동부는 '일반 지침'을 만들어 자금을 지원받을 프로젝트의 종류를 대략적으로 규정할 수 있을 것이다. 목표는 지역 공동체가 필요로 하는 노동력을 공급하는 것이다. 보고서에서 제안한 대로라면, 모든 일자리의 최종 목표는 돌봄 경제 구축이 되어야 한다. 미국은 기후 위기의 한복판에서 고령화되어 가는 사회다. 해야 할 일은 차고 넘친다. 사람, 지역 공동체, 지구를 돌보는 좋은 일자리 수백만 개를 만들면 좋은 일자리 적자를 해결할 수 있다.

일자리를 만들 때 고려해야 할 중요한 사실은, 지역 공동체에 가장 시급한 수요를 파악하는 일은 연방 정부가 하기에 그리 적합하지 않다는 것이다. 그러한 일은 그 지역에 살며 일하는 사람이 가장 잘할 수 있다. 이 때문에 보고서에서는 맞춤형 일자리를 만들기 위해 지역의 충족되지 않은 욕구를 조사하고 기록할 때, 정부 기관과 지역 협력자가 함께하라고 제안한다. 주 정부와 지방 정부는 지역 협력자들과 함께 업무 목록을 작성할 것이다. 이 작업은 전에 소개한 선반 프로젝트와 비슷하다. 다만, 자금 조달안으로 꽉 찬 파일로 선반을 채우는 대신, 현재 공석인 각종 직업의 목록으로 선반을 채우는 것이다. 이 작업을 하는 이유는 그 지역에 필요한 일을 충분히 조사해 보관해 뒀다가 다양한 기술과 흥미가 있는 사람들이 일자리를 찾아 프로그램에 들어올 때마다 각자에게 맞는 일을 찾아주기 위해서다.[30]

제도 자체가 그렇게 설계돼 있으므로 당연한 이야기이기는 하지만, 공공 서비스 일자리를 얻으려는 수요는 시간에 따라 변할 것이다. 보고서의 추정에 따르면, 평균적으로 이 프로그램은 1,500만여 명의 인력을 활용할 수 있을 것이다. 파트타임으로 일하고자 하는 사람도 있겠지만, 대부분은 풀타임으로 일하기를 바랄 것이다.[31] 이제 풀타임 참여자가 1,200만 명이라고 생각해보자. 유급 휴가를 2주로 가정하면, 이들은 연간 '240억 시간'을 공공 서비스 업무를 하는 데 쓸 것이다.[32] 지역 공동체의 중요한 적자를 해결하는 데 연 240억 시간을 들일 수 있다면, 어떤 일이 벌어질지 상상해 보자. 다음 문단에서 소개할 예들은 극히 '일부'에 불과하다.

먼저, 21세기에 다시 시민 국토 보전단(CCC: Civilian Conservation Corps, 뉴딜

시대 정책으로, 인종 차별과 배제에서 비교적 자유로웠다)을 조직해 수백만 명을 환경 보전 사업에 투입할 수 있다.[33] 이들은 화재 예방부터 홍수 조절과 지속 가능한 농업까지 매우 다양한 일을 할 것이다. 다음으로 수십 년 동안 지원을 받지 못하고 방치된 망가진 공동체를 바로 세울 수도 있다. 빈 땅을 정리하고 놀이터와 공원을 짓고 청소년을 위한 방과 후 활동을 조직하고 성인이 참석할 수 있는 강좌와 견습 프로그램을 운영하는 것이다. 또한, 우리는 서로를 보살필 수도 있다. 노인을 보살피고 아이들이 충분한 자원을 누리며 영유아기를 건강하게 보내도록 돕는 것이다.

정리하자면, 일자리 보장 제도는 미국의 만성적 일자리 적자를 해결하기 위해 MMT가 제안하는 방법이다. 일자리 보장 제도는 실업자 수백만 명의 희생을 담보로 '자연 실업률'을 추구하는 대신, 일하고자 하는 사람 모두에게 일자리를 제공한다. 2장에서 배운 내용처럼, 이렇게 하면 물가도 더 안정적으로 관리할 수 있다. 일자리 보장 제도는 정부 지출을 일할 준비가 된 사람을 모두 고용하는 데 필요한 수준까지 정확히 늘려 준다. 또한, 민간 부문이 정부에서 지급하는 임금에 약간의 프리미엄을 보태기만 하면, 바로 사람을 구할 수 있도록 인력 풀을 유지해 준다. 나아가 모두에게 생활 임금을 받으며 일할 권리를 보장함으로써 노동자의 협상력을 키우고, 인종 간 불평등을 완화하고, 가난을 줄이고, 저임금 일자리의 최저 기준을 높이고, 더 단단하고 활기차고 밀접한 공동체를 만들어 줄 것이다.[34]

이전에 비슷한 제도를 시도한 적은 없을까? 완전한 형태의 일자리 보장 제도를 도입한 나라는 아직 없다. 하지만 여러 나라에서 비슷한 아이디어를 시도한 바 있다. 1930년대에 미국은 대공황과 맞서 싸우기 위해 루스 벨트 대통령의 주도로 뉴딜 정책을 통해 수백만 명을 직접 고용했다. 예를 들어, 공공사업청PWA: Public Works Administration은 남성 수십만 명을 고용해 학교, 병원, 도서관, 우체국, 다리, 댐 등을 지었다. 공공사업청은 사업 시작 후 첫 6년 동안 약 800만 개의 건설 및 환경 분야 일자리를 창출했고, 작가, 배우, 음악가를 위해서도 수천 개의 일자리를 만들었다. 국가 청년청National Youth Administration은 고등학생을 위한 파트타임 일자리 150만 개와 대학생을 위한 파트타임 일자리 600,000개를 만들었다. MMT가 제안한 일자리 보장 제도와 마찬가지로, 이들 프로그램의 자금은 연방 정부가 지원했다. 하지만 이들은 상시 프로그램이 아니었으며, 모든 사람에게 일자리를 보장해 주지도 않았다.

아르헨티나의 실업 가장을 위한 계획Plan Jefes y Jefas de Hogar Desocupados 은 완전한 일자리 보장 제도는 아니다. 하지만 2001년 당시 이 제도는 MMT 경제학자들의 제안을 "구체적으로 반영해 만든 세계 유일의 직접 직업 창출 프로그램"이었다.[35] 금융 위기로 인해 경제가 불황에 빠지고 실업률이 20%를 넘어서자 아르헨티나 정부는 긴급 조치로 이 프로그램을 시작했다. 이 프로그램은 워런 모슬러의 연구에서 영감을 받았고 몇몇 MMT 경제학자(파블리나 체르네바, 매슈 포스테이터, L. 랜덜 레이)가 자문으로 참여해 만들어졌다. 목표는 사람들을 빠르게 일자리로 되돌려 보내는 것이었다. 이 프로그램은 중앙 정부가 자금을 지원하고 지방 정부가 관리하는 최초의 일자리 보장 프로그램으로, 참가자들은 하루 네 시간 동안 일하고 월 150페소를 받을 수 있었다. 다만, 체르네바가 밝힌 대로 일자리를 얻을 수 있는 사람은 "18세 미만 자녀나 장애인 또는 임신부"가 있는 가정의 가장으로 한정됐다.[36] 참여자 수가 가장 많았을 때, 이 프로그램은 아르헨티나 노동 인구의 약 13%에 해당하는 200만 명가량을 고용했다. 지역 사회를 위한 프로젝트가 일자리의 약 90%를 차지했고, 참여자의 75%가 여성이었다. 이 프로그램을 시작한 지 단 6개월 만에 아르헨티나의 극빈층 인구는 무려 25% 감소했다. 3년 뒤에는 참여자의 절반이 이 프로그램을 떠났으며, 떠난 사람들은 대부분 민간 부문 일자리를 얻었다.[37]

2003년 남아프리카 공화국 정부는 연례 성장 및 개발 회담Growth and Development Summit에서 "모두에게 더 많은 일자리, 더 좋은 일자리, 정당한 일자리"를 제공하겠다고 공식 선언했다.[38] 이 선언으로부터 공공 일자리 확장 프로그램EPWP: Expanded Public Works Program이 생겨났다. 이 프로그램은 "사회에 유용한 일을 할 수 있는 실업자를 위한 임시직 일자리"를 만들었다.[39] 2년 뒤에는 인도 정부가 도농 간 격차를 좁히기 위해 마하트마 간디 국가 농촌 고용 보장 제도MGNREGS: Mahatma Gandhi National Rural Employment Guarantee Scheme를 시작했다. 인도 정부는 실업률이 높은 지방에 사는 사람들에게 직업을 가질 기회를 주고자 모든 시골 가정에 100일 동안 최저 임금을 받으며 일할 수 있는 권리를 부여했다(남녀 임금은 동일했다). 특정 집단을 대상으로 한 (보편적이지 않은) 일자리 보장 제도이기는 하지만, 현재 이 프로그램은 세계 최대의 중앙 정부 지원 일자리 보장 프로그램이다. 연구자들은 이 프로그램이 인도의 성평등과 여성의 역량 증진에 기여하는 동시에 정치 절차의 투명성을 높이고 있다고 평

가했다.[40)]

이처럼 정부가 특정 집단을 상대로 고용을 보장하는 사례는 옛날에도 있었고 최근에도 있다. 그러나 대부분 이런저런 위기에 대응할 목적으로 임시로 도입된 제도들이다. MMT가 생각하는 일자리 보장 제도는 규모와 목적 면에서 이들 제도와 차이가 있다. 일자리 보장 제도는 위기 시에만 반짝 운영하다가 민간 부문 일자리가 늘기 시작하면 폐지하는 임시 대책이 아니다. 일자리 보장 제도의 궁극적 목적은 우리 경제에 더 강력한 자동 안정화 장치를 설치하는 데 있다. 이렇게 생각해보자. 시에서 도로의 파인 부분을 메우거나 포장을 새로 했다는 이유로 차에 달린 충격 흡수 장치를 제거하는 사람은 없을 것이다. 충격 흡수 장치가 없는 것보다 있는 게 낫다는 걸 알기 때문이다. 일자리 보장 제도도 마찬가지다. 일자리 보장 제도가 없으면, 수백만 명의 실업자를 완충 재고로 보유하면서 한시적 급여를 나눠주는 더 약한 안정화 장치에 의지해야 한다. 그러나 일자리 보장 제도가 있으면, 완전 고용을 활용해 운전 중 피할 수 없는 충격을 흡수할 수 있다.

실업자에게 일자리를 주는 제도의 효과는 이미 경험을 통해 입증됐다. 일자리 보장 제도는 실업으로 고통받는 사람에게 소득만 지원해주는 제도보다 많은 장점을 지닌다. 실업자에게 일자리를 제공하자는 것은 MMT의 독창적인 생각이 아니다. 어떤 사람들은 고용 보장을 뉴딜의 잊힌 한쪽 다리로 부르기도 한다.[41)] 루스벨트 대통령은 국회가 경제 권리 장전 Economic Bill of Rights의 형태로 일자리를 보장받을 권리를 법에 명시하기를 바랐다. 하지만 그가 몸담았던 민주당은 루스벨트 사후 한 번도 이를 공식적으로 추진하지 않았다.[42] 여전히 고용 보장을 위한 싸움은 계속되고 있다. 고용 보장은 시민권 운동의 중요한 목표이자, 국제 인권법의 주춧돌로 남아 있다.[43] 오늘날 많은 사람은 경제적 평등과 기후 정의를 달성하기 위해서도 고용 보장이 꼭 필요하다고 생각한다. 일자리 보장은 기회다. 이 기회를 활용하면 수백억 시간의 실업을 다양한 업무로 바꿔 더 친환경적이고 생태계 친화적인 경제를 만들 수 있다.

재량 지출 관리를 위한 가이드라인

MMT는 만병통치약이 아니다. MMT로 잘못된 정치를 바로 세우거나 국회 의원을 움직여 나랏돈을 공익에 부합하는 곳에 쓰게 만들 수는 없다. 미국, 일본, 영국 할 것 없이 여러 국가의 국회는 국민을 위해 돈을 써야 하는 임무를 부여받고도 그렇게 하지 않는 공직자로 가득하다. 부분적으로는 일자리 보장 제도가 해결책이 될 수 있다.[44] 일자리 보장 제도는 경제 환경에 맞춰 자동으로 예산을 움직이고, 한 번도 절실한 사람에게 가닿은 적 없는 감세 정책과 달리 실업으로 가장 큰 타격을 입은 지역 사회에 도움을 준다. 가장 필요한 사람에게 직접 소득을 쥐여주는 것이다.

하지만 자동 운행 장치를 켜고 의자를 뒤로 젖힌 채, 의무 지출만으로 경제를 앞으로 나아가게 할 수는 없다. 재량 지출도 중요하다. 우리는 국방, 기후 변화, 교육, 인프라, 암 연구 등의 재량 지출 프로그램에 얼마를 쓸지 숙고를 통해 결정해야 한다. 오늘날의 재량 지출은 MMT의 주장과 상반되는 재정 운영 철학에 따라 결정된다. 이 철학에 따르면, (늦어도 자의적으로 정한 10년 내에는) 예산 균형을 이뤄야 하며, 적자를 늘리지 않고 새로운 사업에 필요한 돈을 구할 방법을 제시해야 한다. 법안을 다음 절차로 진행해도 된다는 소중한 허락을 내리는 의회 예산처 자체가 적자 공포증에 사로잡혀 있다. 예산 절차를 구속하는 한 무더기의 규정과 관례를 회피하기 위해 의원들은 준비된 술책을 쓰거나 종종 당파적인 임시방편을 동원해 규정을 무력화한다. 현재의 예산 절차에 문제가 없는 척 가장할 수는 있겠지만, 나는 복서 상원 의원이 한 말에 진실이 담겨 있다고 생각한다.

균형 예산을 추구하려 하지 말고 더 원대한 계획을 세워 우리 경제의 균형을 되찾으면 어떨까? MMT의 제안대로 재정을 운영하려면, 예산 실적에 집착해선 안 된다. 재정 적자가 크더라도 적자가 적을 때나 흑자가 났을 때와 마찬가지로 받아들여야 한다. 회계 연도 말에 지출이 예산을 얼마나 초과했는지 보여주는 숫자는 중요하지 않다. 중요한 건 모두가 잘살 수 있는 건강한 경제를 만드는 것이다. 일하고자 하는 사람이 모두 적절한 보수를 지급하는 직장에서 일할 수 있는지, 사람들이 필요한 만큼 의료 서비스와 교육을 받고 있는지, 노인이 존엄한 은퇴 생활을 즐기고 있는지, 모든 아이가 충분한 음식을 먹고 깨끗한 물을 마시며 안전한 곳에서 살고 있는지, 지구를 생명이 살만한 곳으로 지키기 위해 최선을 다하고 있는지가 중요하다. 한마디로 말해 중요한 건, 우리가 진짜 중요한 적자를 잘 돌보고 있는지다.

MMT는 필요한 만큼의 '실물 자원'만 있다면, 즉 인프라를 수리할 자재가 있고, 의사, 간호사, 교사가 되고자 하는 사람들이 있고, 식량을 충분히 생산할 수 있다면, 목표를 달성하기 위해 쓸 '돈'은 언제나 충분하다는 사실을 가르쳐준다. 이것이 주권 통화의 장점이다. 마거릿 대처의 금언과 달리 '나랏돈은 있다.' 우리는 주저 없이 이 사실을 받아들여야 한다. 전연준 의장, 앨런 그린스펀은 이렇게 증언했다. "연방 정부가 원하는 만큼 돈을 만들어 내 누군가에게 지급하는 걸 막을 방법은 없습니다." 그린스펀의 후임자, 벤 버냉키는 다음과 같은 말로 현실에서 정부 지출이 어떻게 이뤄지는지 설명했다. "그건 납세자들의 돈이 아닙니다. 우리는 그저 은행이 가진 계좌의 잔액을 컴퓨터로 올려 줬을 뿐입니다." 사실 연방 정부는 뉴욕 연방 은행에 있는 키보드만으로 모든 지출을 처리한다. 세금은 민간의 소비 능력을 줄일 뿐, 연방 정부가 세금으로 걷은 돈을 쓰는 것은 아니다. 이제라도 우리는 정부가 화폐를 독점 공급하는 나라에 산다는 것이 어떤 의미인지 깨달아야 한다. 이제부터는 정부에 '돈이 떨어졌다'고 말하는 대통령도, 이 말을 곧이곧대로 받아 적는 기자도 없어야 한다. 우리는 모두 진실을 알 권리가 있다. 화폐를 발행하는 정부는 자신이 발행하는 화폐로 살 수 있는 것이라면 뭐든 살 수 있다. 엉클 샘의 주머니는 절대 비지 않는다.

정부의 지출 능력은 무한하지만, 경제의 생산 능력은 유한하다. 우리가 할 수 있는 일에는 한계가 있고 이 한계는 지켜야 한다. MMT는 자원과 환경의 제한을 지키라고 권고한다. 그리고 이렇게 물으라고 말한다. 자원은 어떻게 마련하지? MMT의 렌즈를 통해 재정을 볼 때, 우리는 '돈'을 기준으로 하는 인위적인 예산 제약을 '생명과 자원'을 기준으로 하는 인플레이션 제한으로 대체할 수 있을 것이다.

앞서 말한 대로, 모든 경제에는 자신만의 내재적 제한 속도가 있다. 우리가 가진 물질적 자원(노동력, 공장, 기계, 원자재)으로 감당할 수 있는 수요에는 한계가 있다. 경제가 완전 고용 한계를 넘으면, 정부 지출이든 민간(미국 가정과 기업) 지출이든 해외 부문 지출(미국 수출품에 대한 외국의 수요)이든 '모든' 추가 지출이 인플레이션 위험을 높인다. 한 가지 좋은 소식은 지금껏 미국 정부가 거의 항상 경제를 제한 속도보다 '느리게' 운용했기 때문에 언제든 지출을 늘려도 인플레이션을 걱정할 필요가 거의 없다는 것이다. 그러나 사실 이것이 문제다.

한때는 미국의 정치 지도자들도 이 사실을 알고 있었다. 예를 들어, 케네디 대통령은 노벨 경제학상 수상자인 제임스 토빈James Tobin에게 재정 적자의 한계에 관한 자문을 구하기도 했다. 토빈은 1960년 대통령 선거 운동 기간에 케네디 측 고문으로 일했고 당선 이후에는 대통령 경제 자문 위원단에서 활동했다. 당시 케네디는 토빈에게 이렇게 물었다고 한다. "재정 적자에 정해진 한계가 있기는 한 겁니까? 물론 정치적 제약이 있다는 건, 저도 압니다. … 하지만 경제적으로도 한계가 정해져 있나요?" 토빈이 "사실 인플레이션이 유일한 제약이기는 합니다"라고 말하자, 대통령은 답했다. "역시 그게 맞는군요? 인플레이션을 일으키지만 않는다면, 적자나 부채가 얼마든 상관없다는 게. 다른 건 그저 하는 말일 뿐이고요."[45]

케네디의 직관은 옳았다. 부채와 적자의 규모는 중요치 않다. 중요한 건, 우리가 생산 자원과 지구에 얼마나 큰 부담을 주느냐다.

1961년 5월 25일, 케네디 대통령은 상·하원 합동 회의에서 달 탐사 계획에 관해 연설했다. 자신의 야심 찬 우주 탐사 프로그램에 돈을 지원해 달라고 요청하기에 앞서, 그는 다음과 같은 말로 의회를 설득했다.

> 저는 우리가 필요한 자원과 재능을 모두 갖추었다고 믿습니다. 하지만 우리는 사실상 한 번도 이 정도 일을 추진하기 위해 국가적 자원을 결집하거나 국가적 결정을 내려 본 적이 없습니다. 장기 목표를 이루기 위한 계획을 시급히 추진해본 적도 없고 그런 목표를 달성하기 위해 우리의 자원과 시간을 관리해본 적도 없습니다.[46]

케네디는 정확히 알고 있었다. 우리가 가진 자원은 유한하므로 꼭 관리해야 한다. 그리고 시간이야말로 유한한 자원이다. 아무도 하루 24시간을 넘겨 살 수 없으니까. 인간의 독창성은 당대의 지식수준과 기술적 역량의 제한을 받는다. 우리의 가능성을 제한하는 건, 기술적 역량과 물적 자원뿐이다. 케네디 대통령은 자신의 야심 찬 우주 탐사 프로그램을 진행하기 위해 새로운 기술을 개발해야 한다는 사실을 알고 있었다. 인간을 달에 보낸 뒤 안전하게 지구로 복귀시키려면, 상당한 자금을 투자해 과학 연구를 늘리고 새로운 기술을 개발해야 했다. 케네디 대통령은 의회를 상대로 자신의 우주 탐사 프로그램에 "그렇게까지 어렵거나 돈이 많이 드는" 부분은 없을 거라고 말했다. 그런 다음 국회(그리고 미국 국민)에 그 계획을 지지하는지 물었다.

이 점은 명확히 하고 싶습니다. 제가 명확히 하고 싶은 건 지금 제가 새로운 계획에 헌신하기 위해 의회와 국가의 허락을 구하고 있으며, 이 계획의 추진 여부가 국회의 결정에 달려 있다는 사실입니다. 이 계획에는 오랜 시간과 막대한 비용이 들어갈 것입니다. 추정컨대, 62년 회계 연도에 5억 3,100만 달러를, 다음 5년 동안 70~90억 달러를 추가로 투입해야 할 겁니다.

케네디는 달 탐사 연설에서 세금이나 납세자를 언급하지 않았다. 그가 자금을 구하기 위해 한 일은 '의회의 우주 관련 위원회와 세출 관련 위원회에 달 탐사에 관해 진지하게 고려해 달라'라고 당부한 것뿐이었다. 그는 의회가 재량 지출을 늘려 자신이 요청한 수십억 달러를 내줄 수 있음을 알고 있었다. MMT와 마찬가지로 케네디도 돈을 구하는 건 쉬운 일임을 지적했다. 진짜 어려운 일은 따로 있다. 케네디는 다음과 같이 말했다.

이 계획을 추진하려면, 국내 과학 기술 인력과 자재와 설비를 대규모로 투입해야 합니다. 어쩌면 이미 희소하게 분포된 이들 자원을 지금 진행 중인 다른 중요한 활동에서 빼내어 재배치해야 할지도 모릅니다. 이 계획은 통상적인 연구 개발 활동보다 훨씬 더 높은 수준의 헌신, 조직력, 규율을 필요로 할 것입니다. 무기한 파업, 재료나 인재를 구하는 데 드는 비용의 증가, 소모적인 부처 간 대립, 핵심 인물의 잦은 이직을 용납할 수 없다는 뜻입니다.

케네디의 야심 찬 계획을 완수하기 위해 정부는 경제의 실물 자원 중 더 많은 부분을 관리해야만 했다. 더 많은 과학자와 공학자, 더 많은 계약자와 공무원, 더 많은 인공위성과 우주선과 연료 부스터 등등. JFK는 이 유명한 연설을 할 당시 공식 실업률이 7.1%에 달했으나, 달 탐사선을 띄우기 위해서는 고숙련 노동자나 기타 실물 자원 투입을 두고 경합해야 할수도 있다고 생각했다. 케네디 행정부는 인플레이션 위험을 관리하기 위해 노조와 민간 기업을 압박해 임금과 가격 인상을 최소화했다. 이 전략은 성공했다. 경제는 성장했고 실업률은 빠르게 떨어졌으며, 10년의 기간 중 첫 5년 동안 물가 상승률은 1.5% 선을 유지했다.[47]

케네디의 이 유명한 연설이 있고 나서 8년 뒤, 나사의 아폴로 11호 계획은 역사상 최초로 달에 인간을 안전히 착륙시키는 데 성공했다. 오늘날, 우리는 모두 이 역사적 도전의 혜택을 누리고 있다. 경제학자 마리아나 마추카토Mariana Mazzucato는 이렇게 말했다. "1957년 소비에트가 스푸트니크를 띄우는 데 성공하자, 미국 정치인들의 공포심은 극에 달했다."[48] 오늘날 우리가 당연한 듯 쓰고 있는 많은 기술은 대개 이 공포가 촉발한 우주 경쟁 과정에서 개발된 것들이다. 컴퓨터는 물론이고 "현재 스마트폰에 쓰이는 기술 대부분은 아폴로 계획과 그 관련 연구에서 처음으로 발명됐다."[49]

사람을 위한 경제를 상상하다

오늘날 우리 앞에는 60년 전 케네디에게 주어진 과제와는 완전히 다른 과제가 놓여 있다. 성공 확률이 낮다는 면에서는 비슷하지만, 중요도로 따지면 훨씬 중요한 과제다. 전 지구적 재앙을 막기 위해 우리는 이미 올라 버린 지구 온도에 적응하는 동시에, 기후 변화 폭을 최소한도로 제한해야 한다. 이를 위해 세계 모든 나라의 정부는 범위와 기간 면에서 우주 계획에 동원된 실물 자원의 규모를 가볍게 넘어서는 대규모 투자에 나서야 할 것이다.

가까운 미래에 우리가 생존을 위해 싸우게 되리라는 건 절대 감상적인 의견이 아니다. 이런 면에서 현 상황은 2차 세계 대전과 닮았다. 『어떻게 전쟁 대금을 구할 것인가How to Pay for the War』라는 중요한 저작에서 케인스는 돈을 구하는 건 쉬운 일이며, 진짜 어려운 일은 인플레이션을 가속화하지 않도록 가용 자원(노동력, 장비, 기술, 천연자원 등)을 관리하는 거라고 말했다. 만일 케네디가 잘못된 시각을 갖고 있었다면, 미국은 절대 달에 가지 못했을 것이다. 만일 케인스가 잘못된 시각을 갖고 있었다면, 영국은 십중팔구 2차 대전에 너무 적은 자원을 너무 늦게 투입했을 것이다. 만일 우리 세대가 잘못된 시각을 버리지 않는다면, 다가오는 거대한 환경적·사회적 위기를 막아내기 위해 제때 충분한 돈을 투자할 수 없을 것이다. 좋은 소식이 있다면, 이제 우리에게는 시각을 바로잡아 줄 MMT라는 렌즈가 있다는 것이다.

우리는 지속 가능한 환경, 완전 고용, 높은 삶의 질, 낮은 불평등, 모두를 만족시키는 훌륭한 공공 서비스가 조화된 공정하고 더 풍요로운 세상을 만들 수 있다. 모두가 공적 자금에 관한 이해를 넓히고 온 나라가 재정 적자에 집착하는 버릇을 버린다면, 모두를 위한 더 나은 경제를 만들어 나갈 수 있을 것이다.

사람의 상상력은 믿을 수 없을 정도로 강력하다. 어떤 사람 또는 집단이 다른 사람들이 보지 못하는 세상을 상상하기 시작할 때, 인류 역사는 전환점을 맞았다. 많은 경우 변화는 코페르니쿠스가 그랬던 것처럼 단순히 보는 시점을 바꾸는 데서 시작된다. 일단 시점을 바꾸고 나면 새로운 발견과 진보가 폭발하듯 이어진다. 어떻게 보면 MMT는 단순히 현대 경제라는 큰 그림을 다른 시점에서 보는 방법에 불과하다. 하지만 이 간단한 시점 이동이 가져올 엄청난 변화를 과소평가해선 안 된다. 지금껏 우리는 상상력을 과도하게 제한해 왔고, 그 제한은 우리를 앞으로 나아가지 못하게 했다. 우리는 그동안 정부의 재무제표 한 칸을 차지한 숫자를 향한 이유 없는 공포에 사로잡혀 너무 소극적으로 정책을 폈다. 우리는 과학 발전을 늦추고 불필요한 전쟁을 치르고 낮은 생활 수준을 견딘 채 아름다움을 마음껏 즐기지 못하며 살았다.

긴축은 상상력 부족이다. 생활 수준을 높이고, 국가의 미래에 투자하고, 경제 성장을 지속하고, 물가 상승률을 조절하는 일을 동시에 해낼 방법을 상상하지 못한 결과다. 무역 전쟁은 상상력 부족이다. 국내 완전 고용을 유지하고, 더 가난한 나라의 지속 가능한 발전을 돕고, 무역이 주는 편익을 누리고, 국가 탄소 배출량을 낮추는 일을 동시에 해낼 방법을 상상하지 못한 결과다. 환경 파괴는 상상력 부족이다. 생활 수준을 개선하고, 경제 번영을 유지하고, 사람과 지구를 지키는 활동을 동시에 해낼 방법을 상상하지 못한 결과다. 자국민을 보살피고, 소중한 문화 정체성을 지키고, 생산력을 높이고, 혁신을 촉진하기 위해 새로운 상상을 시작하려는 모든 나라에 MMT는 좋은 도구 상자를 제공한다.

MMT가 어떻게 기존과 다른 해법을 제시해 우리가 정말 중요한 목표를 달성하도록 도와주는지 사례를 통해 알아보자. 현재 미국을 비롯한 전 세계 정치인의 당면 과제는 탄소를 배출하지 않는 지속 가능한 에너지 생산 전략을 마련하는 것이다. 미국은 전기 인프라로의 전환을 시작했지만, 전기를 생산하는 데 쓰이는 주 에너지원을 화석 연료에서 신재생 에너지와 에너지 저장 장치 같은 여러 기술로 대체하려면 아직 갈 길이 멀다. 낡은 패러다임 아래에서 정치 논쟁은 대개 정부가 명령할 것이냐 시장 유인책을 쓸 것이냐로 나뉜다. 정부가 명령을 내려 전력 회사들에 에너지 생산 방식을 친환경으로 바꾸도록 강제하면, 최종 소비자(가계와 기업)에게 추가 비용이 전가될 우려가 있다. 반대로, 시장 유인책은 친환경적으로 에너지를 생산하는 기업에 세금 공제 등의 혜택을 주는 방법으로, 대체 에너지원 개발을 어느 정도 촉진할 수는 있지만, 기업이 투자 적기를 찾기 위해 시간을 끌면 에너지 전환 속도가 느려질 수 있다. 즉, 시장 유인책을 쓰면 석탄 발전소를 다 닫기까지 시간이 오래 걸리는 문제가 있다.

MMT의 시점에서 생각하면, 어떤 해법이 나올 수 있을까? 써 볼 만한 해결책 중 하나는 정부가 전력 공급자들로부터 탄소 배출량이 많은 발전기를 연식에 상관없이 장부가에 사들이는 것이다. 이렇게 하면, 소비자에게 전가될 비용에서 발전기 비용만큼을 제할 수 있다. 이 방식은 '고물차를 돈으로 바꾸세요'라고 홍보하는 중고차 보상 제도Car Allowance Rebate System와 비슷하다. 중고차 보상 제도의 목적이 연료 효율이 낮은 낡은 자동차를 연료 효율이 높은 자동차로 바꾸도록 장려하는 데 있다면, 발전기 보상 제도의 목적은 저탄소 전력망을 구축하는 데 있다. 이렇게 하면, 민간의 부담이 줄어들어 신재생 에너지를 **빠르게** 도입할 수 있고, 정책 변화로 인해 가계와 기업이 내는 전기료가 오르는 일도 방지할 수 있을 것이다.

여기서 더 나아가 정부는 연구 개발 투자를 늘리고 에너지 저장 기술 보급에 나설 수도 있다. 이렇게 하면, 미국은 100% 신재생 에너지로의 전환을 신속히 완료하는 동시에, 세계에서 가장 전기료가 싼 나라가 될지도 모른다. 기업, 환경, 가계에 도움이 되는 일이자, 정부에는 금전적으로 부담이 되지 않는 일이다. 이러한 예에서 정부가 강제로 권력을 행사하지 않고 민간 에너지 시장을 활용해 정책 목표를 달성하리라는 점은 주목할 만하다. 물론 이 방법 외에도 여러 가지 해결책을 생각해볼 수 있다.

여기서 중요한 건, 위에서 제안한 해결책이 정말 좋은 아이디어인지 아닌지가 아니라, 우리가 명확한 공익적 정책 목표를 달성하기 위해 정부의 재정 여력을 활용해 실물 자원을 효율적으로 배치하는 방안을 상상하기 시작했다는 것이다. 미래의 의료, 교육, 도시 계획, 사법 체제, 농업, 주거 등을 생각할 때, MMT 지식을 활용하면 필요한 실물 자원에 초점을 맞추고 도움이 되는 방향으로 재정 정책을 바꿀 수 있지 않을까?

민간 기업과 공공 투자가 힘을 합쳐 모두의 생활 수준을 끌어올리는 사회를 상상해보자. 도시와 농촌의 모든 지역이 좋은 의료, 교육, 대중교통을 누리는 사회를 상상해보자. GDP라는 단편적인 지표에 의존하지 않고 삶의 질을 기준 삼아 지속적으로 발전하는 사회를 상상해보자. 인간의 활동이 전체 생태계의 다양성과 활기를 끌어 올리는 사회를 상상해보자. 국제 무역이 참여국의 환경을 개선하고 생활 수준을 높이는 세상을 상상해 보자. 서비스직과 육체노동 종사자가 좋은 보수와 복지를 누리는, 중산층이 탄탄한 사회를 상상해 보자. 모든 은퇴자가 양질의 주거, 음식, 의료 서비스를 누리며 걱정 없이 은퇴할 수 있는 사회를 상상해 보자. 모든 연구에 넉넉한 자금이 지원되어, 공익을 위해 쓰거나 상업화할 수 있는 좋은 아이디어가 끊임없이 생산되는 사회를 상상해보자.

미국에는 풍부한 자원과 노동력이 있다. 모든 국민이 좋은 의료 서비스를 누리게 하고, 모든 근로자가 적절하고 충분한 고등 교육과 직업 교육을 받게 하고, 저탄소 사회를 준비하기 위해 인프라를 개선하고, 모든 이에게 적당한 주거 공간을 보장하고, 도시를 더 깨끗하고 아름답고 공동체 의식을 기를 수 있는 공간으로 다시 설계하지 않을 이유가 없다. 미국은 선을 추구하는 국제 권력이 되어 세계의 저탄소화를 이끌고 가난한 나라에 진정한 도움의 손길을 내미는 동시에, 국내 경제를 활성화하고 작은 마을부터 도시까지 어떤 지역도 소외되지 않게 할 수 있다.

우리는 돈을 어떻게 구하는지 알고 있다. 이 지식을 바탕으로 사람을 위한 경제를 상상하고, 그 상상을 이루는 것은 이제 당신의 손에 달렸다.

감사의 글

남편 폴 켈튼의 지지와 격려가 없었다면, 이 책은 나오지 못했을 것이다. 폴은 여러 차례 수정을 거친 각 장의 원고를 검토해 의견을 주었고, 일상적인 일을 나보다 많이 맡아서 처리해 주었으며, 내가 저녁과 주말을 컴퓨터 앞에 앉아서 보낼 수 있도록 도와주었다. 덕분에 빨래 개는 일이나 식사 준비를 덜 할 수 있었지만, 내 아이들인 브래들리, 캐서린과 보내는 시간도 희생해야만 했다. 나에게 일할 여건을 만들어주고 내 삶을 너무나도 커다란 기쁨으로 채워 준 가족 모두에게 감사한다.

친구 재커리 카터에게도 큰 빚을 졌다. 뛰어난 작가인 재커리는 이 책에 꼭 맞는 에이전트 하워드 윤을 소개해 줬다. 하워드는 처음부터 이 프로젝트를 신뢰해 주었다. 내가 어떤 출판사와 출판 계약을 맺는 것이 가장 좋을지 고민하던 순간에, 하워드는 작가로서 나의 최고치를 끌어내 줄 편집자가 누구일지 잘 생각해보라고 조언했다. 나는 존 마하니와 일하기로 했고 그 후로 매일 행운의 별에게 감사했다. 존은 내가 원래 쓰려고 했던 대로 쓰게 두지 않았다. 그는 지나친 전문 용어의 사용을 지적하고 원고에 실린 그래프와 복잡한 수식을 덜어냄으로써 나 자신으로부터 나를 구해주었다. 그는 계속 내게 "일반 독자를 위한 책"이라는 사실을 상기시켰다. 그의 멘토링 덕분에 책이 이런 모습으로 나올 수 있었다.

표지 그림을 그려 준 피트 가르소와 나의 서투른 스케치를 아름다운 일러스트로 바꿔 준 패티 이삭스에게도 감사 인사를 전한다. 또한, 나는 원고를 꼼꼼히 교열해준 케이트 뮬러에게도 큰 빚을 졌다.

그리고 가족과 친구, 동료들도 예외가 아니다. 내 부모님 제럴드 벨과 마를린 벨의 사랑과 격려가 아니었더라면, 지금의 나는 없었을 것이다. 대학교 시절 은사인 존 F. 헨리에게도 빚을 졌다. 그는 내게 이미 세상을 떠난 여러 위대한 경제학자와 철학자 외에도 선구적인 MMT 경제학자이자 거시 경제학계의 거물인 L. 랜덜 레이를 소개해 주었다. 나는 매슈 포스테이터, 파블리나 체르네바, 랜덜 레이와 함께 오랜 시간을 캔자스시티 미주리 대학교에서 일하며 워런 모슬러의 아이디어를 발전시켰다. 이 책은 그 공동 연구의 산물이다. 2년 동안 나와 지속적으로 연락하며 여러 문제에 관해 의견과 전문성을 나누어준 스콧 풀와일러, 로한 그레이, 네이선 탱커스, 라울 카리요에게도 커다란 감사를 보낸다. 또한, 이 책의 최종 원고를 고치는 데 도움을 준 스티븐 헤일, 마셜 아우어백, 대니얼 호세 카마초, 제스 메이어슨, 케네스 와프너, 제프 스프로스, 리처드 에스코에게도 깊은 감사의 말을 전한다.

MMT가 유명세를 얻기 전부터 MMT에 헌신해온 잭 엑슬리, 제프 코벤트리, 제임스 스튜어트, 맥스 스키드모어, 벤 스트루벨, 사무엘 코너, 빌 고긴에게도 감사 인사를 전하고 싶다.

또한, 다른 사람들에게 MMT를 알리기 위해 독서 모임을 조직하고 팟캐스트를 런칭하고 웹사이트를 구축해준 놀라운 지지자들에게도 감사 인사를 전한다. 오랫동안 내 생각을 정교하게 다듬는 데 도움을 준 캔자스시티 미주리 대학교, 스토니브룩 대학교, 사회 연구 뉴 스쿨 대학의 여러 학부 및 대학원 학생들에게도 감사의 말을 전한다. 내게 항상 용기 북돋는 말을 해 주는 돈 세인트 클레어, 캐롤린 맥클라나한, 패티 브루소, 스테이시 필카드에게: 너희가 얼마나 사려 깊은지 너희는 절대 모를 거야.

지난 수년 동안 자신의 폭넓은 지지 기반을 활용해 이 책의 독자층을 확보하는 데 도움을 준 해리 시어러, 크리스 헤이즈, 조 바이젠탈, 샘 시더, 파리드 자카리아, 에즈라 클라인, 존 파브로, 닐 카부토, 닉 하나우어 등 많은 사람에게도 감사를 표한다. MMT가 "더 많이 회자될 수 있도록" 언론을 격려해준 하원 의원 알렉산드리아 오카시오코르테스에게도 감사 인사를 하고 싶다. 마지막으로, 더 나은 미래를 위한 희망을 품고 NPR 〈플래닛 머니〉에 전화를 걸어 중요한 질문을 던져, 적자에 관한 잘못된 통념을 꿰뚫어 보는 데 도움을 준 에이미에게 감사 인사를 전한다.

THE DEFICIT MYTH

주석

$

서문
범퍼 스티커 쇼크

1) 화폐 주권은 아주 강한 독립성을 가진 국가부터 독립성이 덜한 국가, 더 덜한 국가, 그리고 아예 없는 국가까지 이어지는 연속적인 선으로 생각하는 편이 가장 좋다. 가장 강한 화폐 주권을 지닌 나라는 자국의 불환(변동 환율) 화폐로 소비하고 세금을 걷고 돈을 빌리는 국가다. 여기서 불환이란, 화폐를 발행하는 국가가 자국 화폐를 고정 환율에 따라 금 또는 외국 화폐로 바꿔주겠다고 보증하지 않는다는 뜻이다. 이 정의에 따르면, 미국, 영국, 일본, 호주, 캐나다는 물론이고 중국 또한 화폐 주권을 지닌 나라다. 반면, 에콰도르나 파나마 같은 국가는 자국이 발행할 수 없는 미국 달러만 사용하는 통화 체계를 가지고 있으므로 화폐 주권이 결여돼 있다. 베네수엘라와 아르헨티나는 자국 통화를 발행하지만, 미국 달러로 막대한 돈을 빌렸기 때문에 화폐 주권이 약하다. 유로를 사용하는 19개 국가 또한 화폐 주권이 결여돼 있는데, 화폐 발행 권한을 유럽 중앙은행에 넘겼기 때문이다.

2) 노스웨스턴 대학교 정치 연구소(Northwestern Institute for Policy Research)에 따르면, "미국인 800만 명 이상이 직장을 잃었고, 매해 거의 400만 가구가 집을 압류당

THE DEFICIT MYTH

했으며, 250만 개 사업체가 문을 닫았다." Institute for Policy Research, "The Great Recession: 10 Years Later," September 27, 2018, www.ipr.northwestern.edu/about/news/2014/IPR-research-Great-Recession-unemployment-forec.

3) Ryan Lizza, "Inside the Crisis," The New Yorker, October 12, 2009, www.newyorker.com/magazine/2009/10/12/inside-the-crisis.

4) 위 자료.

5) Joe Weisenthal, "Obama: The US Government Is Broke!," Business Insider, May 24, 2009, www.businessinsider.com/obama-the-us-government-is-broke-2009-5.

6) CBPP, "Chart Book: The Legacy of the Great Recession," Center on Budget and Policy Priorities, June 6, 2019, www.cbpp.org/research/economy/chart-book-the-legacy-of-the-great-recession.

7) Dean Baker, The Housing Bubble and the Great Recession: Ten Years Later (Washington, DC: Center for Economic and Policy Research, September 2018), cepr.net/images/stories/reports/housing-bubble-2018-09.pdf.

8) Eric Levitt, "Bernie Sanders Is the Howard Schultz of the Left," Intelligencer (Doylestown, PA), April 16, 2019, nymag.com/intelligencer/2019/04/bernie-sanders-fox-news-town-hall-medicare-for-all-video-centrism.html.

제1장
가정 경제는 생각하지 마

1) 미국 헌법 제1조 제8항 제5호, www.usconstitution.net/xconst_A1Sec8.html.

2) 다른 금융 상품은 다른 주체도 만들 수 있다. 예를 들어, 은행의 대출은 은행 예금을 창조하며, 이는 몇몇 경우에 정부가 발행한 통화처럼 기능할 수 있다. 하지만 통화 자체를 발행할 수 있는 주체는 미국 재무부와 연방 준비 제도뿐이다. Brett W.

THE DEFICIT MYTH

Fawley and Luciana Juvenal, "Why Health Care Matters and the Current Debt Does Not," Federal Reserve Bank of St. Louis, October 1, 2011, www.stlouisfed.org/publications/regional-economist/october-2011/why-health-care-matters-and-the-current-debt-does-not.

3) 적정 수준의 외채는 국가의 화폐 주권을 훼손하지 않는다.

4) MMT에서 말하는 화폐 주권이 이분법적 개념이 아니라는 사실을 알 필요가 있다. 스펙트럼이 있어서 몇몇 나라는 상대적으로 강한 화폐 주권을 가지고 다른 나라들은 상대적으로 약한 화폐 주권을 가진다고 생각하면 좋다. 미국 달러가 세계 금융 시스템의 중심에 있는 준비 통화이기 때문에, 미국은 다른 나라와 비교가 안 될 만큼 화폐 주권이 강하다. 그러나 일본, 영국, 호주 또한 강한 화폐 주권을 가지고 있다. 심지어 위안화의 가치를 관리하는 중국도 상당한 화폐 주권을 가지고 있다.

5) Margaret Thatcher, Speech to Conservative Party Conference, Winter Gardens, Blackpool, UK, October 14, 1983, Margaret Thatcher Foundation, www.margaretthatcher.org/document/105454.

6) Lizzie Dearden, "Theresa May Prompts Anger after Telling Nurse Who Hasn't Had Pay Rise for Eight Years: 'There's No Magic Money Tree,'" Independent (London), June 3, 2017, www.independent.co.uk/news/uk/politics/theresa-may-nurse-magic-money-tree-bbcqt-question-time-pay-rise-eight-years-election-latest-a7770576.html.

7) 차입을 할 수 없기 때문에 국회 의원들은 다른 부문의 연방 정부 예산을 깎거나 세금을 올려 새로운 재원을 마련하는 두 가지 방식 가운데 하나를 선택해야 한다. 여기서 알아둬야 할 점은 국회 의원들이 꼭 통과시키고 싶은 법안인데 재정 균형을 위해 다른 부문의 예산을 깎거나 세금을 올리고 싶지 않은 경우 규칙을 적용하지 않을 수 있다는 것이다.

8) Warren Mosler, Soft Currency Economics II: What Everyone Thinks They Know About Monetary Policy Is Wrong, 2nd ed. (Christiansted, USVI: Valance, 2012).

9) 정부가 돈을 발행할 수 있음을 언급하는 교과서가 있기는 하지만, 정규 예산 모델에서는 이렇게 재원을 조달하면 인플레이션을 유발할 수 있다는 이유로 바로 이

THE DEFICIT MYTH

방법을 선택지에서 빼 버린다. 그래서 학생들은 정부가 지출하려면, 세금을 걷거나 누군가가 저축한 돈을 빌려서 재원을 마련해야 한다고 배운다.

10) David Graeber, Debt: The First 5,000 Years (New York: Melville House, 2011); L. Randall Wray, Understanding Modern Money: The Key to Full Employment and Price Stability (Cheltenham, UK: Edward Elgar, 2006); and Stephanie A. Bell, John F. Henry, and Randall L. Wray, "A Chartalist Critique of John Locke's Theory of Property, Accumulation, and Money: Or, Is It Moral to Trade Your Nuts for Gold?," Review of Social Economy 62, no. 1 (2004): 51–65.

11) 국가 발행 화폐의 역사에 관해서는 많은 연구가 있다. 관심이 있다면 크리스틴 디샌(Christine Desan), 매슈 포스테이터(Mathew Forstater), 데이비드 그래버(David Graeber), 존 헨리(John Henry), 마이클 허드슨(Michael Hudson), L. 랜덜 레이(L. Randall Wray)의 연구를 참고하라.

12) Buttonwood, "Monopoly Money," Buttonwood's notebook, The Economist, October 19, 2009, www.economist.com/buttonwoods-notebook/2009/10/19/monopoly-money.

13) 또 다른 장소는 '모든 연방 준비은행권의 발행권자'인 연방 준비 제도(연준)다. 연준은 정부의 재무 대행 기관으로, 은행 지급 준비 계정에 돈을 입금함으로써 대부분 전자로 돈을 발행한다. 미국 조폐국 홈페이지의 'About the United States Mint' 항목 참고. www.usmint.gov/about.

14) Board of Governors of the Federal Reserve System, "About the Fed: Currency: The Federal Reserve Board's Role" (webpage), www.federalreserve.gov/aboutthefed/currency.htm.

15) Ale Emmons, "Senate Committee Votes to Raise Defense Spending for Second Year in a Row to $750 Billion," The Intercept, May 23, 2019, theintercept.com/2019/05/23/defense-spending-bill-senate/.

16) 이 과정을 세세하게 파고 들어갈 수도 있다. 그게 바로 현대 화폐 이론의 업적이다. 매일 벌어지는 미국 재무부와 연준, 브로커-딜러 등의 협력을 비롯해 지급 준비금 회계를 세부적으로 엄밀히 들여다보고 싶다면, 스테파니 켈튼, 스콧 풀와일러(Scott Fullwiler), 에릭 티무안(Eric Tymoigne)의 연구를 참고하자.

17) Izabella Kaminska, "Why MMT Is Like an Autostereogram," FT Alphaville, Financial Times (London), February 22, 2012, ftalphaville.ft.com/2012/02/22/892201/why-mmt-is-like-an-autostereogram/.

18) Sally Helm and Alex Goldmark, hosts, interview Stephanie Kelton, "Modern Monetary Theory," Planet Money, NPR, September 26, 2018, 22:00, www.npr.org/templates/transcript/transcript.php?storyId=652001941.

19) 주 정부와 지방 정부에 세금이 필요하다는 사실은 중요하다. 여러분이 주 정부와 지방 정부에 세금으로 낸 달러는 실제로 교사, 소방관, 경찰, 지역 기반 시설 프로젝트, 도서관 등의 비용을 대는 데 쓰인다.

20) 재정적 조치(정부 지출을 삭감하거나 세금을 올리는 것) 외에 다른 방법으로도 인플레이션 압력에 대항할 수 있다. 정부는 수요를 감소시키기 위해 규제를 도입하는 등의 비재정적 권력을 행사해 정부 지출을 늘릴 여지를 줄 수도 있다. 물론 임금과 물가를 통제하는 정책도 중요한 역할을 한다. 다음을 참고하라. Yair Listokin, Macroeconomics and Law: Legal Remediesto Recessions (Cambridge, MA: Harvard University Press, 2019).

21) Stephanie Kelton (née Bell), "Do Taxes and Bonds Finance Government Spending?," Journal of Economic Issues 34, no. 3 (2000): 603–620, DOI: 10.1080/00213624.2000.11506296.

22) 매년 4월 15일에 납세액이 큰 폭으로 증가하긴 하지만, 여러 개인 납세자와 기업이 분기마다 세금을 낸다. 그래서 일 년 내내, 말 그대로 수조 달러의 세금이 처리된다.

23) 미국 국고채의 판매 방식과 연준의 국고채 잔액 관리 방식에 대한 회계 실무를 규정하는 원칙도 있다. 이 모든 제한은 의회에 의해 도입되었으며, 의회가 마음대로 바꿀 수 있다. 더 자세히 알고 싶다면, 다음을 참고하라. Eric Tymoigne, "Modern Money Theory and Interrelations Between the Treasury and Central Bank: The Case of the United States," Journal of Economic Issues 48, no. 3 (September 2014): 641–662.

24) 경제학자들은 이를 낙수 효과 또는 공급 중시 경제학이라고 부른다. 세금 감면으로 억눌려 있던 활기가 되살아나면, 투자와 혁신이 증가하고 경기가 되살아남으

로써 정부가 걷는 세금이 오히려 감세 전보다 더 많아진다는 주장이다. 2019년 트럼프 대통령은 이러한 철학을 퍼뜨린 경제학자인 아서 래퍼(Arthur Laffer)에게 미국 대통령 자유 훈장을 수여했다.

제2장
인플레이션을 생각하라

1) 물가 상승이 인플레이션의 필요조건이지 충분조건은 아니라는 사실을 기억하자. 인플레이션은 물가가 지속적으로 오르는 현상이므로, 장기간에 걸쳐 물가가 오를 때만 인플레이션이라고 부를 수 있다.

2) John T. Harvey, "What Actually Causes Inflation (and Who Gains from It)," Forbes, May 30, 2011, www.forbes.com/sites/johntharvey/2011/05/30/what-actually-causes-inflation/#3ea806e9f9a9.

3) Aimee Picchi, "Drug Prices in 2019 Are Surging, with Hikes at 5 Times Inflation," CBS News, July 1, 2019, www.cbsnews.com/news/drug-prices-in-2019-are-surging-with-hikes-at-5-times-inflation/.

4) 통화주의는 19세기에 발전한 화폐 수량설에 기초하고 있다. 화폐 수량설은 단순하고 자명한 이치인 '교환 방정식(MV=PY)'을 인플레이션을 유발하는 원인에 관한 이야기로 바꿔놓는다. 여기서 M은 현재 유통 중인 통화량(통화 공급량), V는 화폐의 소득 유통 속도(또는 일정 기간 돈 한 단위가 쓰인 횟수의 평균값), P는 물가 수준, Y는 실질 산출량(실제로 만들어져서 팔린 상품 및 서비스)이다. 교환 방정식이 자명한 이유는 총지출(MV)이 만들어져서 팔린 모든 것의 명목 가치(PY)와 동일하다는 것을 의미하는 단순한 회계 항등식이기 때문이다. 이건 마치 'GDP 대비 정부 지출은 GDP 대비 정부 지출과 같다'라고 말하는 것이나 다름없다. 이 자명한 사실을 좀 더 특별하게 바꾸기 위해 경제학자들은 V와 Y에 몇 가지 행동주의적 가정

(Behavioral Assumption)을 도입했다. 구체적으로 설명하자면, V가 상수로 취급할 수 있을 정도로 안정적이라고 가정했고, Y는 완전 고용 시의 산출량에 머무는 경향이 있다고 가정했다. 그런 다음 방정식 전체를 미분해 변화량에 관한 방정식으로 바꾸면, V와 Y의 변화량은 0이 되고(상수는 변하지 않으니까) 움직일 수 있는 두 개의 변수 M과 P의 변화량만 남게 된다. 교환 방정식을 간단히 미분하면 다음과 같다. $\dot{M} + \dot{V} = \dot{P} + \dot{Y}$ [문자 위에 찍힌 점은 각 변수의 변화율(또는 증가율)을 뜻한다.] 화폐 유통 속도 V와 산출량 Y를 상수로 가정했으므로, $\dot{V}$와 $\dot{Y}$는 0이다. 그러면 우리는 물가 상승률($\dot{P}$)이 통화 공급량의 증가가율($\dot{M}$)과 같다는 식을 얻게 된다. 여기서 밀턴 프리드먼은 "인플레이션은 언제 어디서나 화폐적 현상이다"라는 유명한 주장을 하기 위해 간단히 통화량 증가가 인플레이션의 원인이라는 인과 관계를 설정해 버렸다. 즉, 중앙은행이 화폐 공급 속도를 이전보다 두 배 늘리면, 물가 상승률도 두 배가 된다는 말이다.

5) 유명한 영국 경제학자인 존 메이너드 케인스(John Maynard Keynes)를 말한다. 케인스의 가장 잘 알려진 저작, 『고용·이자 및 화폐의 일반 이론』은 1940년대 중반부터 1960년대까지 경제학의 이론과 실제 모두를 바꿔놓았다.

6) 필립스(A. W. Phillips)라는 경제학자가 실업률과 명목 임금 인상률 사이에 통계적 상관관계를 보여주는 연구를 했다. 그의 자료에 따르면, 두 변수 사이에는 음의 상관관계가 있었다. 즉, 하나가 오르면 다른 하나는 떨어졌다. 시간이 흐르면서 경제학자들은 명목 임금 인상률을 물가 인상률로 바꿔 말하기 시작했고 필립스 곡선이라는 그래프로 인플레이션과 실업의 상관관계를 시각적으로 나타내게 됐다.

7) 밀턴 프리드먼은 중앙은행이 물가 상승률을 안정시키기 위해 엄격한 규칙을 지키길 바랐다. 그의 규칙에 따르면, 통화 공급량(M)은 실물 경제(Y)와 동일한 속도로 증가해야 한다. 그렇게 해야 주어진 화폐의 소득 유통 속도(V, 가정에 의해 상수)에 대해 물가(P)가 일정하게 유지될 수 있기 때문이다.

8) 중앙은행의 독립성에 대한 논쟁을 더 자세히 살펴보려면, 다음을 참고하라. L. Randall Wray, "Central Bank Independence: Myth and Misunderstanding," Working Paper No. 791, Levy Institute of Bard College, March 2014, www.levyinstitute.org/

pubs/wp_791.pdf.

9) 연준은 개인 소비 지출(PCE)을 기준으로 물가 목표를 설정한다. 연준이 목표를 달성할 경우, PCE 산출의 기준이 된 상품 묶음의 평균 가격은 연 2% 오를 것이다. 더 알고 싶다면 다음을 참고하라. Kristie Engemann, "The Fed's Inflation Target: Why 2 Percent?," Open Vault Blog, Federal Reserve Bank of St. Louis, January 16, 2019, www.stlouisfed.org/open-vwult/2019/january/fed-inflation-target-2-percent.

10) 다음을 참고하라. Dimitri B. Papadimitriou and L. Randall Wray, "Flying Blind: The Federal Reserve's Experiment with Unobservables," Working Paper No. 124, Levy Economics Institute of Bard College, September 1994, www.levyinstitute.org/pubs/wp124.pdf; and G. R. Krippner, Capitalizing on Crisis: The Political Origins of the Rise of Finance (Cambridge, MA: Harvard University Press, 2011).

11) 중앙은행은 물가 조절을 위해 저축 정책, 신용 규제, 은행 규제, 환율 관리, 시장 구조 정책 등 여러 가지 다른 방법도 사용한다. 하지만 그날그날의 인플레이션 관리를 위해 가장 주요하게 사용하는 수단은 이자율 조정이다.

12) 경제학자들이 과학과 데이터를 엄청나게 중시한다는 걸 고려할 때, 이런 접근 방식에 어느 정도 형이상학적인 면이 없다고 보기는 힘들다.

13) William C. Dudley, "Important Choices for the Federal Reserve in the Future," speech delivered at Lehman College, Bronx, New York, April 18, 2018, www.newyorkfed.org/newsevents/speeches/2018/dud180418a.

14) Stephanie A. Kelton, "Behind Closed Doors: The Political Economy of Central Banking in the United States," Working Paper No. 47, University of Missouri—Kansas City, August 2005, www.cfeps.org/pubs/wp-pdf/WP47-Kelton.pdf.

15) 사실, 일본 은행과 유럽 중앙은행을 포함해 전 세계 대다수 중앙은행에는 실업률을 관리할 의무가 없다. 이들은 오로지 물가를 안정적으로 관리할 의무를 진다.

16) 이유는 단순하다. 기업은 원해서가 아니라 꼭 필요하기 때문에 사람을 고용한다. 임금을 줘야 할 노동자를 고용하는 이유는 인류에게 자비를 베풀기 위해서가 아니라 필요해서 하는 일이다. 현재 거의 모든 나라가 채택하고 있는 자본주의 경

THE DEFICIT MYTH

제를 케인스(그리고 이전에는 마르크스)는 화폐 생산 경제라고 지칭했다. 자본주의 경제는 수익을 내기 위해 존재한다.

17) William Vickrey, "Fifteen Fatal Fallacies," chapter 15 in Commitment to Full Employment: Macroeconomics and Social Policy in Memory of William S. Vickrey, ed. Aaron W. Warner, Mathew Forstater, and Sumner M. Rosen (London: Routledge, 2015), first published by M.E. Sharpe, 2000.

18) 2008년부터 2013년까지 연준은 세 차례 양적 완화를 시행했다. 연준은 수조 달러 규모의 모기지 담보부 증권과 미국 재무부 채권을 민간으로부터 사들이고, 그 대가로 민간의 전자 달러 잔액(은행 지급 준비금)을 늘려주었다. 이러한 조치는 장기 이자율을 내리는 데 도움을 주었다. 연준은 이 조치로, 주택 소유주들이 모기지를 차환해 다른 곳에 쓸 소득을 마련하고, 기업이 공장 건설이나 설비 투자 같은 장기 자본 투자를 늘리기를 바랐다.

19) Ben Bernanke, "Monetary Policy Is Not a Panacea," congressional testimony, House Financial Services Committee, July 18, 2012, posted by Stephanie Kelton, MMT, YouTube, September 23, 2012, 0:10, www.youtube.com/watch?v=eS7OYMIprSw.

20) Abba Ptachya Lerner, The Economic Steering Wheel: The Story of the People's New Clothes (New York: New York University Press, 1983).

21) 또한, 러너는 정부가 재정 활동을 조정하는 과정에서 일상적으로 차입(미국 국채를 파는 일)하는 것에 부정적이었다. 정부는 통화 발행자이므로, 돈을 지출한 뒤 그냥 돈을 경제 내에 계속 둘 수 있다. 이전에 소개한 S(TAB) 모델을 떠올려 보자. 러너는 정부가 그냥 지출하기를 원했다. 정부는 과세와 차입 액수에 맞춰 지출할 필요가 없었다. 세금은 인플레이션 압력을 덜기 위해서만 인상해야 하고 국채는 금리를 일정 수준 이상으로 유지하기 위해서만 발행해야 한다.

22) MMT 경제학자인 매슈 포스테이터(Mathew Forstater), L. 랜덜 레이(L. Randall Wray), 파블리나 체르네바(Pavlina R. Tcherneva)는 연방 정부가 돌봄 경제를 구축하는 데 도움이 되는 방향으로 일자리를 제공해야 한다고 제안했다. 일자리 보장 제도에 관해서는 이 책 마지막 장에 자세히 나와 있다. 일자리 보장 제도의 운용

THE DEFICIT MYTH

방식과 임금 수준, 일자리의 종류, 경제 전체에 미치는 영향 등에 관해 알고 싶다면 다음을 참고하라. L. Randall Wray, Flavia Dantas, Scott Fullwiler, Pavlina R. Tcherneva, and Stephanie A. Kelton, Public Service Employment: A Pathto Full Employment, Levy Economics Institute of Bard College, April 2018, www.levyinstitute. org/pubs/rpr_4_18.pdf.

23) 이는 일자리 보장 제도가 사회 보장 제도나 메디케어 같은 의무 지출 항목이라는 뜻이다. 일자리 보장 제도에 대한 지출은 인프라, 국방, 교육 등의 재량 지출 예산과 달리 의회가 지출액을 특정하지 않는다는 면에서 비재량적 지출이다.

24) Pavlina R. Tcherneva, The Case for a Job Guarantee (Cambridge, UK: Polity Press, 2020).

25) Vickrey, "Fifteen Fatal Fallacies."

26) 대침체가 한창 심했을 때는 매월 80만 명의 미국인이 직장을 잃었다.

27) 따지고 들자면, 일자리 보장 프로그램이 주는 임금보다 더 낮은 임금으로 근로자를 고용하는 민간 고용인들 있을 것이다. 예를 들어, 다른 직업보다 유급 휴가가 많거나, 근무 시간이 유동적이거나, 대중교통으로 다니기 편하거나, 경력 개발에 도움이 될 경우, 더 낮은 급여를 받아도 일하고 싶어 하는 사람이 있을 것이기 때문이다. 하지만 이런 경우는 예외로 보아야 한다.

28) Arjun Jayadev and J. W. Mason, "Loose Money, High Rates: Interest Rate Spreads in Historical Perspective," Journal of Post Keynesian Economics 38, no. 1 (Fall 2015): 93–130.

29) 차별 금지법에도 불구하고 고용인들은 인종, 성별, 성적 지향, 신체장애에 따라 사람을 차별하기도 하고, 노숙자나 전과자에 대해서도 편견이 있다. 일자리 보장 제도는 모든 사람의 고용될 권리를 보장해줄 것이다.

30) 2019년에 고위급 민주당 의원들은 트럼프 대통령을 만나 2조 달러 규모의 인프라 개선 법안을 통과시킬 방안을 논의했다.

31) MMT는 초과 수요 압력과 거의 또는 아무런 관련 없이 물가 상승률이 높아질 수 있다는 사실을 인지하고 있다. 인플레이션에 맞서 싸우려면, 인플레이션 압력의

THE DEFICIT MYTH

근본 원인을 정확히 짚어내고 그 원인을 바로잡을 수 있는 정책을 골라야 한다. 이 주제에 대해 더 알고 싶다면, 다음 자료를 참고하라. FT Alphaville, Financial Times (London), ftalphaville.ft.com/2019/03/01/1551434402000/An-MMT-response-on-what-causes-inflation/.

32) 다음 자료에서 훨씬 자세한 설명을 볼 수 있다. Scott Fullwiler, "Replacing the Budget Constraint with an Inflation Constraint," New Economic Perspectives, January 12, 2015, www.researchgate.net/publication/281853403_Replacing_the_Budget_Constraint_with_an_Inflation_Constraint/citation/download.

제3장
(부채 아닌) 국가 부채

1) 지난 수십 년 동안 사회 보장 제도 민영화를 적극 지지해 온 억만장자 피터 G. 피터슨(Peter G. Peterson)이 이 단체에 자금을 지원한다. 위원회 소속 의원 가운데 상을 받은 세 사람은 무소속인 메인주 상원 의원 앵거스 킹(Angus King)과 버지니아주 민주당 상원 의원 마크 워너(Mark Warner)와 팀 케인(Tim Kaine)이었다.

2) Christina Hawley Anthony, Barry Blom, Daniel Fried, Charles Whalen, Megan Carroll, Avie Lerner, Amber Marcellino, Mark Booth, Pamela Greene, Joshua Shakin et al., The Budget and Economic Outlook: 2015 to 2025, Congressional Budget Office, 2015, www.cbo.gov/sites/default/files/114th-congress-2015- 2016/reports/49892-Outlook2015.pdf.

3) 6장의 주제다.

4) 2018년 6월 현재, 외국 정부와 해외 투자자는 미국 국채 발행량의 약 3분의 1에 해당하는 6.2조 달러어치를 보유하고 있다.

5) Edward Harrison, "Beijing Is Not Washington's Banker," Credit Writedowns, February 22,

THE DEFICIT MYTH

2010, creditwritedowns.com/2010/02/beijing-is-not-washingtons-banker.html.

6) Edward Harrison, "China Can not Use Its Treasury Holdings as Leverage: Here's Why," Credit Writedowns, April 7, 2018, creditwritedowns.com/2018/04/china-cannot-use-its-treasury-holdings-as-leverage-heres-why.html.

7) 장기 금리는 미래 단기 금리의 기대 추세와 기간 프리미엄을 반영해 정해진다. 여기서 기간 프리미엄은 안전 자산에 대한 전체 수요·공급에 따라 정해진다. 기간 프리미엄은 독립적으로 움직일 수 있지만, 미래 단기 금리의 기대 추세는 매우 안정적이다. 이는 미래 단기 금리에 대한 시장 참가자들의 집단적 기대를 반영하는 연방 기금 금리 선물 시장을 통해 금리가 어떻게 변할지를 확률적으로 계산할 수 있기 때문이다(연방 기금 금리 선물 시장에서 거래자들은 연방 정부가 연방 기금 금리를 어떻게 조정할지를 두고 돈을 건다. 이들은 전적으로 추측이 맞았는지 틀렸는지에 따라 돈을 따거나 잃는다. 통계적으로 연방 기금 금리 선물 시장은 연방 기금 금리에 관한 가장 정확한 예측이 이뤄지는 곳이다). 이는 중앙은행이 장기 금리에 상당히 강한 영향력을 행사할 수 있게 해 준다. 더 강한 개입이 필요하다면, 중앙은행은 일본이 한 것처럼 수익률 곡선 관리 제도를 도입해 사실상 금리를 지정할 수도 있다.

8) 채권 자경단이라는 용어는 금리가 예기치 않게 변동하도록 국채와 같은 금융 자산의 가격을 급격히 상승시키는 금융 시장(또는, 더 정확하게는 금융 시장의 투자자)의 힘을 말한다. 궁극적으로, 유럽 중앙은행은 자경단을 막았지만, 그리스 국민에게 고통스러운 긴축을 부과하지는 않았다. 다음을 참고하라. Yanis Varoufakis, Adults in the Room: My Battle with Europe's Deep Establishment (New York: Farrar, Straus and Giroux, 2017).

9) 제프 세션스(Jeff Sessions) 상원 의원은 오바마 대통령이 제안한 예산안을 비판하면서 "내년에는 미국이 그리스처럼 될지도 모른다"라고 말했다. 폴 라이언(Paul Ryan) 하원 의원도 "대통령의 예산안은 적자 증가 요인을 무시하고 있으며, 미국을 유럽과 비슷한 위기에 바짝 다가서게 만든다"라고 경고하며 비슷한 주장을 했다. 다음을 참고하라. Jennifer Bendery, "Paul Ryan, Jeff Sessions Warn Obama's Budget

Could Spur Greek-Style Debt Crisis," Huffpost, February 13, 2012, www.huffpost.com/entry/paul-ryan-jeff-sessions-obama-budget-greece_n_1273809.

10) Alex Crippen, "Warren Buffett: Failure to Raise Debt Limit Would be 'Most Asinine Act' Ever by Congress," CNBC, April 30, 2011, www.cnbc.com/id/42836791.

11) Warren Buffett, "We've Got the Right to Print Our Own Money So Our Credit Is Good," excerpt of In the Loop interview with Betty Liu, Bloomberg Television, July 8, 2011, posted by wonkmonk, YouTube, January 5, 2014, 0:31, www.youtube.com/watch?v=Q2om5yvXgLE.

12) 미국 국채의 만기는 다양하다. 미국 정부는 10년에서 30년 만기의 장기 채권, 1년에서 10년 사이에 만기가 도래하는 재무부 중기 채권(Treasury Note), 흔히 TIPS(Treasury Inflation-protected Securities)라고 불리는 10년 만기 물가 연동 채권, 13주, 26주, 52주 만기의 재무부 단기 채권(T-bill)을 발행한다. 대부분은 그리 액면가가 크지 않다. 30년 만기 장기 채권의 경우 액면가는 1,000달러에서 1,000,000 달러 사이이다. 다음을 참고하라. Investor Guide, "The 4 Types of U.S. Treasury Securities and How They Work" (webpage), investorguide.com, www.investorguide.com/article/11679/4-types-of-u-s-treasury-securities-and-how-they-work-igu/.

13) 국가 부채를 일종의 "재정적 아동 학대"라고 즐겨 부르는 선동적 경제학자 로런스 코틀리코프(Laurence Kotlikoff)는 미국 정부의 재정 불균형을 폰지 사기로 규정했다. 나는 그의 견해에 강력히 반대한다. 다음을 참고하라. Joseph Lawler, "Economist Laurence Kotlikoff: U.S. $222 Trillion in Debt," RealClear Policy, November 20, 2012, www.realclearpolicy.com/blog/2012/12/01/economist_laurence_kotlikoff_us_222_trillion_in_debt_363.html.

14) Patrick Allen, "No Chance of Default, US Can Print Money: Greenspan," CNBC, August 7, 2011, updated August 9, 2011, www.cnbc.com/id/44051683.

15) Niv Elis, "CBO Projects 'Unprecedented' Debt of 144 Percent of GDP by 2049," The Hill, June 25, 2019, thehill.com/policy/finance/450180-cbo-projects-unprecedented-debt-of-144-of-gdp-by-2049.

16) Jared Bernstein, "Mick Mulvaney Says 'Nobody Cares' About Deficits. I Do. Sometimes," Washington Post, February 6, 2019, www.washingtonpost.com/outlook/2019/02/06/mick-mulvaney-says-nobody-cares-about-deficits-i-do-sometimes/.

17) "Dear Reader: You Owe $42,998.12," Times magazine cover, April 14, 2016, time.com/4293549/the-united-states-of-insolvency/.

18) James K. Galbraith, "Is the Federal Debt Unsustainable?," Policy Note, Levy Economic Institute of Bard College, February 2011, www.levyinstitute.org/pubs/pn_11_02.pdf.

19) Olivier Blanchard, "Public Debt and Low Interest Rates," Working Paper 19-4, PIIE, February 2019, www.piie.com/publications/working-papers/public-debt-and-low-interest-rates.

20) Greg Robb, "Leading Economist Says High Public Debt 'Might Not Be So Bad,'" MarketWatch, January 7, 2019, www.marketwatch.com/story/leading-economist-says-high-public-debt-might-not-be-so-bad-2019-01-07.

21) David Harrison and Kate Davidson, "Worry About Debt? Not So Fast, Some Economists Say," Wall Street Journal, February 17, 2019, www.wsj.com/articles/worry-about-debt-not-so-fast-some-economists-say-11550414860.

22) Scott T. Fullwiler, "Interest Rates and Fiscal Sustainability," Working Paper No. 53, Wartburg College and the Center for Full Employment and Price Stability, July 2006, www.cfeps.org/pubs/wp-pdf/WP53-Fullwiler.pdf.

23) Scott T. Fullwiler, "The Debt Ratio and Sustainable Macroeconomic Policy," World Economic Review (July 2016): 12–42, www.researchgate.net/publication/304999047_The_Debt_Ratio_and_Sustainable_Macroeconomic_Policy.

24) 위의 책.

25) 위의 책. 이는 정부가 내는 이자율과 관련이 있다.

26) Galbraith, "Is the Federal Debt Unsustainable?"

27) Japan Macro Advisors, "General Government Debt and Asset," December 20, 2019,

www.japanmacroadvisors.com/page/category/economic-indicators/balancesheets/general-government/.

28) Fullwiler, "Interest Rates and Fiscal Sustainability."

29) 재무부·연준 합의 이전에 연준은 장기 금리가 2.5% 이상으로 오르는 것을 막기 위해 장기 금리를 철저히 관리했다. 고정 환율 체제에서는 수익률 곡선 관리가 불가능하다. 지역 화폐를 정부가 정한 환율에 따라 다른 자산으로 바꿀 수 있는 선택지와 정부 부채가 경쟁하면서 이자율이 내생적으로 결정되기 때문이다. 이 주제에 관해 더 알고 싶다면 다음을 참고하라. Warren Mosler and Mathew Forstater, "A General Framework for the Analysis of Currencies and Commodities," in ed. Paul Davidson and Jan Kregel, Full Employment and Price Stability in a Global Economy (Cheltenham, UK: Edward Elgar, 1999), cas2.umkc.edu/econ/economics/faculty/Forstater/papers/BookChaptersEnclopediaEntries/GeneralFrameworkAnalysisOfCurrenciesCommidities.pdf.

30) 연준은 1942년에 이런 목표를 잡았다. 다음을 참고하라. Jessie Romero, "Treasury-Fed Accord, March 1951" (webpage), Federal Reserve History, November 22, 2013, www.federalreservehistory.org/essays/treasury_fed_accord.

31) 연준의 독립성이 뜻하는 바에 대한 MMT의 설명을 보고 싶다면 다음을 참고하라. L. Randall Wray, "Central Bank Independence: Myth and Misunderstanding," Working Paper No. 791, Levy Economics Institute of Bard College, March 2014, www.levyinstitute.org/pubs/wp_791.pdf.

32) 심지어 일부 연준 관계자도 수익률 곡선의 장기 목표를 명확히 관리하는 것을 고려하기 시작했다고 전해진다. 다음을 참고하라. Leika Kihara, Howard Schneider, and Balazs Koranyi, "Groping for New Tools, Central Banks Look at Japan's Yield Controls," Reuters, July 15, 2019, www.reuters.com/article/us-usa-fed-ycc/groping-for-new-tools-central-banks-look-at-japans-yield-controls-idUSKCN1UA0E0.

33) Japan Macro Advisors, "Japan JGBs Held by BoJ" (webpage), Economic Indicators, www.japanmacroadvisors.com/page/category/economic-indicators/financial-

markets/jgbs-held-by-boj/.

34) Eric Longergan, Drobny Global Monitor (blog), Andres Drobny, Drobny Global LP, December 17, 2012, www.drobny.com/assets/_control/content/files/Drobny_121712_10_24_13.pdf.

35) 일부 채권 시장 투기자들은 일본이 GDP의 200%가 훌쩍 넘는 과도한 국가 부채와 함께 파국으로 치닫고 있다고 믿는다. 몇몇 채권 거래인은 일본 정부가 이렇게 과도한 부채를 감당할 수 있을 리 없다고 믿고 일본 국채를 공매도했다. 이 거래로 엄청난 돈을 잃은 카일 배스(Kyle Bass)는 매우 위험한 과부 만들기 (Widowmaker) 투자로 악명이 높다. 다음을 참고하라. Wayne Arnold, "Japan's Widow-Maker Bond Trade Still Looks Lethal" (blog), Reuters, June 6, 2011, blogs.reuters.com/breakingviews/2011/06/06/japans-widow-maker-bond-trade-still-looks-lethal/.

36) 화폐 수량설에 대해서는 2장 4번째 미주에 더 자세히 설명해 두었다.

37) Milton Friedman, "The Counter-Revolution in Monetary Theory," IEA Occasional Paper, no. 33, Institute of Economic Affairs, 1970, miltonfriedman.hoover.org/friedman_images/Collections/2016c21/IEA_1970.pdf.

38) 2019년 7월 현재, 연준은 시장성 있는 미국 국채 가운데 13%를 보유하고 있다. 연준은 현재 보유한 국채를 매수했을 때와 마찬가지로 은행 지급 준비금을 늘려주는 방식으로 나머지 87%의 국채도 매입할 수 있다. 다음을 참고하라. Kihara, Schneider, and Koranyi, "Groping for New Tools."

39) 관심 있는 사람들에게는 다음 자료가 도움이 될 것이다. Carl Lane, A Nation Wholly Free: The Elimination of the National Debt in the Age of Jackson (Yardley, PA: Westholme, 2014).

40) 연준은 1913년 연방 준비법이 시행되면서 만들어졌다.

41) 국채는 원금과 이자를 지급한다. 5%짜리 이표(이자율)가 붙은 10년 만기 국채를 샀다고 가정해보자. 정부는 당신의 1,000달러를 가져간 뒤, 10년 동안 매년 50달러씩 이자를 지급할 것이다. 10년이 지나 만기일이 되면, 정부는 당신에게 원금

1,000달러를 돌려준다.

42) David A. Levy, Martin P. Farnham, and Samira Rajan, Where Profits Come From (Kisco, NY: Jerome Levy Forecasting Center, 2008), www.levyforecast.com/assets/Profits.pdf.

43) 다음 장에서 다룰 내용처럼, 무역 흑자를 기록하는 나라는 재정 적자 의존성이 훨씬 낮다. 하지만 만성적 무역 적자 상태에 있는 미국 같은 나라에는 재정 적자가 더 나은 경우가 많다. 재정 적자가 없으면 지속 가능한 경제 성장을 할 수 없다. 다음을 참고하라. Wynne Godley, "What If They Start Saving Again? Wynne Godley on the US Economy," London Review of Books 22, no. 13 (July 6, 2000), www.lrb.co.uk/v22/n13/wynne-godley-what-if-they-start-saving-again.

44) Frederick C. Thayer, "Balanced Budgets and Depressions," American Journal of Economics and Sociology 55, no. 2 (1996): 211–212, JSTOR, www.jstor.org/stable/3487081.

45) 위의 책.

46) 이 내용은 4장에서 자세히 다룰 것이다. 다음을 참고하라. Scott Fullwiler, "The Sector Financial Balances Model of Aggregate Demand (Revised)," New Economic Perspectives, July 26, 2009, neweconomicperspectives.org/2009/07/sector-financial-balances-model-of_26.html.

47) 미안해요, 프린스(프린스의 곡 〈1999〉에 본문과 같은 가사가 나온다.-옮긴이).

48) NPR은 2011년 정보 공개법(FOIA)에 따라 이 보고서에 대한 접근권을 얻었다. 현재 보고서는 공개 상태다. 더 자세한 이야기는 다음을 참고하라. David Kestenbaum, "What If We Paid Off the Debt? The Secret Government Report," Planet Money, NPR, October 20, 2011, www.npr.org/sections/money/2011/10/21/141510617/what-if-we-paid-off-the-debt-the-secret-government-report.

49) 여기서 말하는 금리는 연방 기금 금리로, 익일물 시장(Overnight Market)에서 은행이 다른 은행에 지급 준비금을 대출할 때 적용된다. 시장 내 총지급 준비금의 양이 많으면, 지급 준비금이 더 필요한 은행이 지급 준비금이 남는 은행으로부터 대출받을 때 이자율을 높게 쳐 줄 필요가 없다. 지급 준비금을 쉽게 구할 수 있으

![THE DEFICIT MYTH]

므로, 비용이 싸지는 것이다. 연준이 이자율을 낮추기 위해 해야 할 일은 대출 비용이 목표 이자율까지 내려갈 때까지 은행 시스템에 충분한 지급 준비금을 공급하는 것뿐이다. 연준은 매입을 통해 지급 준비금을 공급한다.

50) Kestenbaum, "What If We Paid Off the Debt?" 문제는 연준이 다른 금융 자산을 사야 한다는 것이었다. 그렇게 되면 연준의 선택에 따라 승자와 패자가 갈리는 것처럼 보일 수도 있었다.

51) 경기 침체가 오기 전에 미국 경제는 빠르게 성장했고 정부 수입은 빠르게 늘었다. 이 활황은 주식 시장 거품에 힘입은 바가 컸다. 주식 시장 거품은 경제 성장을 촉진해 재정을 흑자로 만들었다. 2001년 1월 거품이 붕괴되면서 경제는 침체기로 들어갔다. 재정 흑자는 당장 경기 침체를 불러일으키지는 않았지만, 2007년부터 시작된 더 심각한 경기 침체의 기반이 되었다. 더 알고 싶다면 다음을 참고하라. Wynne Godley, Seven Unsustainable Processes (Annandale-on-Hudson, NY: Jerome Levy Economics Institute, 1999), www.levyinstitute.org/pubs/sevenproc.pdf.

52) 연준은 미국 국채뿐 아니라 모기지 담보부 증권(MBS)과 정부 지원을 받는 모기지 회사 패니매(Fannie Mae)와 프레디맥(Freddie Mac)에서 발행한 채권도 사들였다.

53) 연준은 2014년에 양적 완화 정책을 끝내겠다고 공식 선언했다. 당시 연준의 대차 대조표에는 미국 국채 2.8조 달러가 올라 있었다. 대중이 소유한 연방의 총부채 12.75조 달러의 22%에 해당하는 양이다.

54) 다음 자료에 아주 자세한 설명이 나와 있다. Scott T. Fullwiler, "Paying Interest on Reserve Balances: It's More Significant than You Think," Social Science Research Network, December 1, 2004, papers.ssrn.com/sol3/papers.cfm?abstract_id=1723589.

55) 연준 의장인 재닛 옐런(Janet Yellen)은 과거 양적 완화 정책을 펴기는 했지만, 다시 양적 완화 정책을 사용할 일은 없었으면 좋겠다고 말했다. 또한, 옐런은 만일 연준이 다시 양적 완화 정책을 펴야만 하는 상황에 처한다면, 더 다양한 자산을 매입하는 것을 고려할 필요가 있다고 말했다.

56) 이렇게 하려면 당좌대월을 허용하거나 백금 동전 또는 새로운 전자 화폐 도입이 필요할 것이다.

57) 일부에서는 이렇게 하면 인플레이션이 발생할까 봐 우려한다. 이들은 적자를 채권으로 메우는 편이 돈으로 메꾸는 것보다 물가 상승률에 적은 영향을 미친다고 생각한다. MMT는 이런 생각이 틀렸음을 보여준다. 중요한 건 지출이다. 정부가 지출 충당을 위해 채권을 발행하는지는 중요하지 않다. 다음을 참고하라. Stephanie Kelton and Scott Fullwiler, "The Helicopter Can Drop Money, Gather Bonds or Just Fly Away," Financial Times, December 12, 2013, ftalphaville.ft.com/2013/12/12/1721592/guest-post-the-helicopter-can-drop-money-gather-bonds-or-just-fly-away-3/.

58) 물론 이를 재정 예산 절차와 묶어 생각할 이유도 없다. 예를 들어, 자격 조건이 되는 이들을 위해 이자를 받을 수 있는 채무 증권을 발행하는 독립된 저축 계좌를 두는 것도 간단한 일이다. 실제로 연준은 기간부 예금(Term Deposit Facility)이라는 이름으로 2008년에 이런 프로그램을 운영하고 있다. 다음을 참고하라. Federal Reserve, "Term Deposit Facility" (webpage), www.frbservices.org/central-bank/reserves-central/term-deposit-facility/index.html.

59) 1789년, 미국 헌법이 비준되면서 미국 연방 정부가 만들어졌다.

제4장
그들의 적자는 우리의 흑자다

1) Congressional Budget Office, The 2019 Long-Term Budget Outlook (Washington, DC: CBO, June 2019), www.cbo.gov/system/files/2019-06/55331-LTBO-2.pdf.

2) Paul Krugman, "Deficits Matter Again," New York Times, January 9, 2017, www.nytimes.com/2017/01/09/opinion/deficits-matter-again.html.

3) George F. Will, "Fixing the Deficit Is a Limited-Time Offer," Sun (Lowell, Massachusetts), www.lowellsun.com/2019/03/12/george-f-will-fixing-the-deficit-is-a-limited-time-offer/.

4) 〈C-SPAN 3〉에서는 위원회 청문회를 자주 생방송으로 내보낸다. 다음을 참고하라.

Jason Furman, "Options to Close the Long-Run Fiscal Gap," testimony before the US Senate Committee on Budget, January 31, 2007, www.brookings.edu/wp-content/uploads/2016/06/furman20070131S-1.pdf.

5) 케인스 학파 경제학자들은 특수한 상황에서는 밀어내기 효과가 발생하지 않는다고 말한다. 여기서 특수한 상황이란, 주로 유동성 함정이라고 부르는, 이자율이 0에 계속 머무르면서 부채가 증가해도 이자율이 오르지 않는 구간을 말한다. 이 상황에서 정부는 (이자율이 계속 0에 머무르므로) 이자율이 올라 민간 투자가 감소할 거라는 걱정 없이 안전하게 적자를 늘릴 수 있다. 유동성 함정은 정부에 아무런 부작용 없이 지출을 늘릴 기회다. 그러나 일단 이자율이 움직이기 시작하면, 곧바로 밀어내기 효과가 다시 나타난다. 앞으로 보게 될 것처럼, MMT는 매우 제한적인 상황에서만 밀어내기 효과를 피할 수 있다는 이런 생각에 반대한다.

6) Jonathan Schlefer, "Embracing Wynne Godley, an Economist Who Modeled the Crisis," New York Times, September 10, 2013, www.nytimes.com/2013/09/11/business/economy/economists-embracing-ideas-of-wynne-godley-late-colleague-who-predicted-recession.html.

7) 위의 글.

8) Post Editorial Board, "Locking in a Future of Trillion-Dollar Deficits," New York Post, July 23, 2019, nypost.com/2019/07/23/locking-in-a-future-of-trillion-dollar-deficits/.

9) Wynne Godley, Seven Unsustainable Processes (Annandale-on-Hudson, NY: Jerome Levy Economics Institute, 1999), www.levyinstitute.org/pubs/sevenproc.pdf.

10) "Life After Debt," second interagency draft, November 2, 2000, media.npr.org/assets/img/2011/10/20/LifeAfterDebt.pdf.

11) 고들리는 레비 연구소의 동료 경제학자인 L. 랜덜 레이(L. Randall Wray)와 함께 몇 건의 연구 결과를 발표했다. 두 사람 모두 미국 내 민간 부문이 계속 소득보다 더 많이 소비(즉, 적자 지출)할 때만 클린턴 정부의 재정 흑자가 이어질 거라는 사실을 알고 있었다. 그들이 지적한 문제는 민간 부문이 통화 발행자가 아닌 통화 사

THE DEFICIT MYTH

용자이기 때문에 계속 적자 상태를 유지할 수 없다는 것이었다. 또 다른 경제학자인 제임스 갤브레이스(James K. Galbraith) 또한 이 상황을 이해하고 있었다. 갤브레이스는 동료 경제학자들에게 클린턴 정부의 흑자가 샴페인을 터뜨릴 만한 성과가 아니라고 용기 있게 주장했다가 비웃음을 샀다는 인상적인 일화를 들려주었다.

12) Katie Warren, "One Brutal Sentence Captures What a Disaster Money in America Has Become," Business Insider, May 23, 2019, www.businessinsider.com/bottom-half-of-americans-negative-net-worth-2019-5.

13) 어쩌면 재정 흑자를 국가 저축으로 분류하고 싶을 수도 있겠지만, 그런 생각은 접자! 연방 정부가 우리와 다르다는 사실을 기억하자. 연방 정부는 달러를 발행하고 나머지 사람들은 그저 그 돈을 쓸 뿐이다. 연방 정부는 없는 달러를 쓸 수 있다. 우리로부터 달러를 더 걷는다고 해서 연방 정부가 더 부유해지지는 않는다. 1998년부터 2001년까지 그랬던 것처럼, 정부가 재정 흑자를 기록할 수는 있다. 하지만 그 플러스(+) 부호가 정부가 실제로 무엇을 '얻었다는' 뜻일까? 사실 정부는 아무것도 얻지 않는다. 심판이 미식축구 득점 장면을 다시 판정해 이미 주었던 6점을 다시 거둬들인다고 해서 심판에게 점수가 돌아가는 건 아닌 것처럼, 재정 점수의 기록자인 정부가 우리로부터 화폐를 거둬간다고 해서 정부가 그 돈을 얻는 건 아니다. 화폐 발행자의 시각에서 보면, 달러 한 바구니는 미식축구 게임의 점수 한 바구니와 동일하다. 정치적 상황을 고려하지 않는다면, 오늘 재정 흑자를 낸다고 해서 내일 정부가 돈을 더 쉽게 쓸 수 있는 건 아니다.

14) 이자율에 관한 대부 자금 이론은 여전히 많은 표준 거시 경제학 이론에서 언급된다. 케인스는 잘 알려진 저서 『고용·이자 및 화폐의 일반 이론』에서 이 사고방식을 깨기 위해 노력했다. 불행히도, 그로부터 거의 한 세기가 지난 오늘날까지도 낡은(잘못된) 이론이 매우 많다.

15) Scott Fullwiler, "CBO—Still Out of Paradigm After All These Years," New Economic Perspectives, July 20, 2014, neweconomicperspectives.org/2014/07/cbo-still-paradigm-years.html.

16) 순 금융 자산에는 유통 중인 현금, 은행 지급 준비금, 국채 잔액이 포함된다.

THE DEFICIT MYTH

17) 여기서 말하는 나라는 미국, 일본, 영국, 호주 등 주권 화폐로 운영되는 정부를 의미한다. 다음을 참고하라. L. Randall Wray, "Keynes after 75 Years: Rethinking Money as a Public Monopoly," Working Paper No. 658, Levy Economics Institute of Bard College, March 2011, www.levyinstitute.org/pubs/wp_658.pdf.

18) 화폐 주권에 대해서는 서론에서 정의했다.

19) 복습이 필요하다면, 1장으로 돌아가 MMT가 보는 채권의 역할에 관해 이야기한 부분을 참고하라. 의욕이 있다면, MMT 경제학자인 에릭 티무안(Eric Tymoigne)이 쓴 미국 정부의 재정 및 통화 활동에 관한 자세한 분석을 참고하라. Tymoigne, "Government Monetary and Fiscal Operations: Generalising the Endogenous Money Approach," Cambridge Journal of Economics 40, no. 5 (2018): 1317-1332, sci-hub.se/https://academic.oup.com/cje/article-abstract/40/5/1317/1987653.

20) 예를 들어, 연준에 증권 발행 권한을 줄 수도 있다. 중앙은행의 증권 발행에 관해 더 알고 싶다면, 다음을 참고하라. Simon Gray and Runchana Pongsaparn, "Issuance of Central Bank Securities: International Experiences and Guidelines," IMF Working Paper, 2015, www.imf.org/external/pubs/ft/wp/2015/wp15106.pdf; and Garreth Rule, Centre for Central Banking Studies: Issuing Central Bank Securities (London: Bank of England, 2011), www.bankofengland.co.uk/-/media/boe/files/ccbs/resources/issuing-central-bank-securities.

21) 국고채 전문 딜러라는 특수 지위에 있는 자들은 '모든 국채 경매에서 합리적인 가격을 제시해 비례 배분 방식의 입찰에 응해야만 한다.' 이 말은 각 국고채 전문 딜러가 경매가 열릴 때마다 일정 물량 이상 국채 입찰에 참여해야 한다는 뜻이다. 국고채 전문 딜러는 더 공격적으로 입찰에 참여할 수도 있고 덜 공격적으로 참여할 수도 있지만, 경매에 참여하지 않을 수는 없다. 이들은 경매가 열릴 때마다 일정량 이상의 국채를 사겠다는 의사를 표해야 한다. 다음을 참고하라. "Primary Dealers" (webpage), Federal Reserve Bank of New York, www.newyorkfed.org/markets/primarydealers.

22) 2019년 8월의 실제 적자 수치다. 다음을 참고하라. Jeffry Bartash, "U.S. Budget

THE DEFICIT MYTH

Deficit in August Totals $200 Billion, on Track to Post Nearly $1 Trillion Gap in 2019," MarketWatch, September 12, 2019, www.marketwatch.com/story/budget-deficit-in-august-totals-200-billion-us-on-track-to-post-nearly-1-trillion-gap-in-2019-2019-09-12.

23) 보통 단기채와 장기채를 섞어서 발행한다. 일반적으로 1년 이내에 만기가 도래하는 재무부 단기 채권(T-bill)과 2년에서 10년 만기의 재무부 중기 채권(Treasury Note), 30년 만기의 재무부 장기 채권(Treasury Bond)을 함께 경매에 부친다. 국채 경매와 그 시기에 대해 더 알고 싶다면 다음을 참고하라. "General Auction Timing" (webpage), TreasuryDirect, www.treasurydirect.gov/instit/auctfund/work/auctime/auctime.htm.

24) 국고채 전문 딜러(또는 그들을 대리하는 은행)는 뉴욕 연방 준비은행의 '입출금 계좌'에 해당하는 계좌에 들어있는 지급 준비금 잔액으로 국채를 구매한다.

25) 고정 금리부 국채를 보유하면 인플레이션 위험을 감수해야 한다. 연간 물가 상승률이 2.5%인데 매년 2%의 이자를 받는 데 그친다면, (물가 상승률을 반영한) 실질 투자 수익률은 -0.5%다. 미국 재무부는 인플레이션으로부터 보호받고자 하는 투자자들을 위해 물가 연동형 채권(TIPS)도 발행한다. 다음을 참고하라. "Treasury Inflation-Protected Securities (TIPS)" (webpage), TreasuryDirect, www.treasurydirect.gov/instit/marketables/tips/tips.htm.

26) Stephanie Kelton, "Former Dept. Secretary of the U.S. Treasury Says Critics of MMT are 'Reaching,'" New Economic Perspectives, October 30, 2013, neweconomicperspectives.org/2013/10/former-dept-secretary-u-s-treasury-says-critics-mmt-reaching.html.

27) 1951년 재무부·연준 합의에 따라 연준은 단기 이후의 수익률 곡선 관리를 그만둘 수 있게 됐다. 연준은 그전부터 오랫동안 (단기 국채를 제외한) 국채의 이자율을 시장에 맡기기를 원했고, 이제는 실제로 그렇게 하고 있다. 하지만 효율적인 민간 국채 거래 시장을 만들기 위해서는 국채를 거래하는 민간 금융 기관들이 필요했다. 연준은 이를 위해 국고채 전문 딜러 체제를 만들었다. 예나 지금이나 국고채 전문 딜러는 대부분 대형 은행의 자회사다. 국고채 전문 딜러들은 연준이 단

THE DEFICIT MYTH

기 금리 목표 달성을 위해 국채를 사고팔 때 거래 상대방 역할을 한다. 이 과정에서 연준은 딜러들로부터 국채(노란색 달러)를 사들여 은행 시스템에 녹색 달러를 공급하기도 한다. 연준이 통화 정책을 펴기 위해서는 당연히 효율적이고 안정적인 국고채 전문 딜러 체제가 필요했다. 사실 국채 금리를 시장에 맡기는 동시에 통화 정책을 펴기 위해 연준은 딜러들이 연준이 정한 목표 금리와 똑같거나 비슷한 금리로 국채를 사들일 수 있도록 암묵적으로라도 지원을 해 줄 수밖에 없었다. 이것이 바로 연준이 국고채 전문 딜러를 '지원'하고, 국고채 전문 딜러는 미국 재무부를 위해 '시장을 조성'한다는 말의 의미다.

28) 연방 기금 금리는 은행이 익일물 시장에서 다른 은행으로부터 지급 준비금을 빌릴 때 서로에게 적용하는 금리다. 남는 지급 준비금이 있는 은행은 다른 은행에 이 지급 준비금을 빌려줄 수 있다. 하루짜리 대출이기 때문에 대출해준 은행은 다음 날 이자와 함께 지급 준비금을 돌려받는다. 자세한 내용은 다음을 참고하라. Scott Fullwiler, "Modern Central Bank Operations—The General Principles," chapter 2 in ed. Louis-Philippe Rochon and Sergio Rossi, Advances in Endogenous Money Analysis (Cheltenham, UK: Edward Elgar, 2017), 50–87.

29) 양의 금리를 유지하는 방법은 근본적으로 두 가지다. ① 국채를 팔아서 과도한 지급 준비금 잔액을 빼낸다. ② 지급 준비금에 대해 연준이 정한 목표 금리와 같은 이자를 지급한다. 더 자세한 설명을 보고 싶다면 다음을 참고하라. Scott T. Fullwiler, "Setting Interest Rates in the Modern Money Era," Working Paper No. 34, Wartburg College and the Center for Full Employment and Price Stability, July 1, 2004, papers.ssrn.com/sol3/papers.cfm?abstract_id=1723591.

30) L. Randall Wray, "Deficits, Inflation, and Monetary Policy," Journal of Post Keynesian Economics 19, no. 4 (Summer 1997), 543.

31) 수익률 곡선(그래프)은 채권의 만기별 이자율을 보여주는 선이다.

32) 서문에서 그 나라 정부나 정부 대행 기관만 발행할 수 있는 불환 화폐, 즉 변동 환율 화폐로 과세, 차입, 지출하는 나라를 화폐 주권국으로 정의한 것을 떠올려 보자.

33) 현재는 적자 지출액만큼 채권을 발행하는 것이 표준 절차지만, 꼭 그래야 할 필요

는 없다. 의회는 언제든 절차를 다시 정해 이 관행을 바꿀 수 있다. 연준이 단기 금리 목표를 달성하기 위해 국채를 이용할 필요가 없어진 현재는 특히 더 그렇다. 단순하지만 정말 획기적인 대안은 연준이 장단기 국채나 기간부 예금의 이자를 원하는 대로 정하고 민간 부문이 이를 원하는 만큼 구매하도록 하는 것이다. 이 경우 남는 부채는 이자율이 0인 지급 준비금 계정에 그냥 남게 된다.

34) Dan McCrum, "Mario Draghi's 'Whatever It Takes' Outcome in 3 Charts," Financial Times (London), July 25, 2017, www.ft.com/content/82c95514-707d-11e7-93ff-99f383b09ff9.

35) Warren Mosler and Mathew Forstater, "The Natural Rate of Interest Is Zero," Center for Full Employment and Price Stability, University of Missouri–Kansas City, December 2004, www.cfeps.org/pubs/wp-pdf/WP37-MoslerForstater.pdf.

36) 위의 글.

37) Timothy P. Sharpe, "A Modern Money Perspective on Financial Crowding-out," Review of Political Economy 25, no. 4 (2013): 586–606.

38) William Vickrey, "Fifteen Fatal Fallacies," chapter 15 in Commitment to Full Employment: Macroeconomics and Social Policy in Memory of William S. Vickrey, ed. Aaron W. Warner, Mathew Forstater, and Sumner M. Rosen (London: Routledge, 2015), first published by M. E. Sharpe, 2000.

제5장
무역에서 '승리'하기

1) Fox News, "Transcript of the 2015 GOP Debate," Cleveland, Ohio, August 7, 2015, CBS News website, www.cbsnews.com/news/transcript-of-the-2015-gop-debate-9-pm/.

2) Aimee Picchi, "Fact Check: Is Trump Right That the U.S. Loses $500 Billion in Trade

to China?," CBS News, May 6, 2019, www.cbsnews.com/news/trump-china-trade-deal-causes-us-to-lose-500-billion-claim-review/.

3) Action News, "President Trump Visits Shell Cracker Plant in Beaver County," Pittsburgh's Action News, August 13, 2019, www.wtae.com/article/president-trump-shell-cracker-plant-beaver-county-pennsylvania/28689728#.

4) Ginger Adams Otis, "Clinton-Backing AFL-CIO Boss Trumka Visits President-elect Trump on Friday," New York Daily News, January 13, 2017, www.nydailynews.com/news/national/clinton-backing-afl-cio-boss-trumka-talks-trade-trump-article-1.2945620.

5) Robert E. Scott and Zane Mokhiber, "The China Toll Deepens," Economic Policy Institute, October 23, 2018, www.epi.org/publication/the-china-toll-deepens-growth-in-the-bilateral-trade-deficit-between-2001-and-2017-cost-3-4-million-u-s-jobs-with-losses-in-every-state-and-congressional-district/.

6) Mark Hensch, "Dems Selling 'America Is Already Great' Hat," The Hill, October 9, 2015, thehill.com/blogs/blog-briefing-room/news/256571-dems-selling-america-is-already-great-hat.

7) Jim Geraghty, "Chuck Schumer: Democrats Will Lose Blue-Collar Whites but Gain in the Suburbs," National Review, July 28, 2016, www.nationalreview.com/corner/chuck-schumer-democrats-will-lose-blue-collar-whites-gain-suburbs/.

8) Wynne Godley, "What If They Start Saving Again? Wynne Godley on the US Economy," London Review of Books 22, no. 13 (July 6, 2000), www.lrb.co.uk/v22/n13/wynne-godley/what-if-they-start-saving-again.

9) 엄밀히 말하면, 엉클 샘의 적자는 미국 민간 부분을 흑자로 유지하기 위해 경상 수지 적자(단순히 무역 적자가 아님)를 초과해야 한다. 경상 수지는 무역 수지와 기타 국제 지급액을 더한 것이다. 이 둘은 종종 같은 의미로 사용되지만, 일부 국가에서는 차이가 클 수도 있다. 더 자세한 것은 다음을 참고하라. William Mitchell, L. Randall Wray, and Martin Watts, Macroeconomics (London: Red Globe Press, 2019).

10) 미국 정부가 외국 부문 양동이에 달러를 직접 넣어줄 수도 있다. 예를 들어, 미국 정부가 미국 기업 보잉이 아닌 유럽 기업 에어버스로부터 비행기를 구입하면, 이 지출은 미국 민간 부문 양동이가 아닌 외국 부문 양동이에 달러를 더할 것이다.

11) Donald J. Trump, Tweet, December 2, 2019, twitter.com/realDonaldTrump/status/1 201455858636472320?s=20.

12) Mamta Badkar, "Watch How Germany Ate Everyone Else's Lunch After the Euro Was Created," Business Insider, July 18, 2012, Https://www.businessinsider.com/presentation-german-current-account-balance-2012-7.

13) Pavlina R. Tcherneva, "Unemployment: The Silent Epidemic," Working Paper No. 895, Levy Economics Institute of Bard College, August 2017, www.levyinstitute.org/pubs/wp_895.pdf.

14) US Department of Labor, "Trade Adjustment Assistance for Workers" (webpage), www.doleta.gov/tradeact/.

15) Candy Woodall, "Harley-Davidson Workers Say Plant Closure after Tax Cut Is Like a BadDream," USA Today, May 27, 2018, updated May 28, 2018, www.usatoday.com/story/money/nation-now/2018/05/27/harley-davidson-layoffs/647199002/.

16) Committee on Decent Work in Global Supply Chains, "Resolution and Conclusions Submitted for Adoption by the Conference,"International Labour Conference, ILO, 105th Session, Geneva, May–June 2016, www.ilo.org/wcmsp5/groups/public/---ed_norm/---relconf/documents/meetingdocument/wcms_489115.pdf.

17) Office of the Historian, "Nixon and the End of the Bretton Woods System, 1971–1973," Milestones: 1969–1976, history.state.gov/milestones/1969-1976/nixon-shock.

18) Kimberley Amadeo, "Why the US Dollar Is the Global Currency," The Balance, December 13, 2019, www.thebalance.com/world-currency-3305931.

19) Brian Reinbold and Yi Wen, "Understanding the Roots of the U.S. Trade Deficit," St. Louis Fed, August 16, 2019, medium.com/st-louis-fed/understanding-the-roots-of-the-u-s-trade-deficit-534b5cb0e0dd.

THE DEFICIT MYTH

20) L. Randall Wray, "Does America Need Global Savings to Finance Its Fiscal and Trade Deficits?," American Affairs 3, no. 1 (Spring 2019), americanaffairsjournal.org/2019/02/does-america-need-global-savings-to-finance-its-fiscal-and-trade-deficits/.

21) L. Randall Wray, "Twin Deficits and Sustainability," Policy Note, Levy Economics Institute of Bard College, March 2006, www.levyinstitute.org/pubs/pn_3_06.pdf.

22) 특히 1997년 아시아 금융 위기는 국가가 지급 준비 통화를 충분히 보유할 수 없는 경우, 고정 환율 제도를 유지하는 것은 현명하지 못한 처사라는 사실을 전 세계에 알려 주었다. 자본 통제를 하지 않는 경우에는 특히 더 그렇다. 다음을 참고하라. Wray, "Twin Deficits and Sustainability."

23) Scott Ferguson, Maxximilian Seijo, and William Saas, "The New Postcolonial Economics with Fadhel Kaboub," MR Online, July 7, 2018, mronline.org/2018/07/07/the-new-postcolonial-economics-with-fadhel-kaboub/.

24) Noureddine Taboubi, "Strikes Overturn Wage Cuts, but IMF Blindness Risks Ruining Tunisia," Bretton Woods Project, April 4, 2019, www.brettonwoodsproject.org/2019/04/strikes-overturn-wage-bill-but-imf-blindness-risks-ruining-tunisia/.

25) John T. Harvey, Currencies, Capital Flows and Crises: A Post Keynesian Analysis of Exchange Rate Determination (Abingdon, UK: Routledge, 2009).

26) Bill Mitchell, "Modern Monetary Theory in an Open Economy," Modern Monetary Theory, October 13, 2009, bilbo.economicoutlook.net/blog/?p=5402.

27) 당연히 볼커 쇼크는 미국 노동자들에게도 타격을 주었다. 중서부 공장들은 문을 닫았고 일본 등을 상대로 한 미국의 제조업 경쟁력은 막을 내렸다. 만일 당시 미국에 MMT 경제학자, 많은 선지자, 여러 시민운동가가 주장한 일자리 보장 제도가 있어서 자동적으로 경제를 완전 고용 상태로 되돌려 놓았더라면, 전 세계가 이런 참사를 겪지 않았을지도 모른다.

28) Jamee K. Moudud, "Free Trade Free for All: Market Romanticism versus Reality," Law and Political Economy (blog), March 26, 2018, lpeblog.org/2018/03/26/free-trade-for-all-market-romanticism-versus-reality/#more-620.

29) 2018년 터키에서 바로 이런 일이 벌어졌다. 재정 적자를 메꾸기 위해 외채에 의 존하던 터키는 북대서양 국가들이 이자율을 높이자 문제에 부딪혔다. Julius Probst, "Explainer: Why Some Current Account Imbalances Are Fine but Others Are Catastrophic," The Conversation, August 21, 2018, theconversation.com/ explainer-why-some-current-account-imbalances-are-fine-but-others-are-catastrophic-101851.

30) 대개는 거의 다 완성된 제품을 수입해 단순히 마무리 작업만 해서 수출하라는 권 고를 하곤 한다. 카붑을 비롯한 경제학자들은 이를 저부가가치 상품이라고 부른 다. 다음을 참고하라. Scott Ferguson and Maxximilian Seijo, "The New Postcolonial Economics with Fadhel Kaboub," Money on the Left (podcast), Buzzsprout, July 7, 2018, 1:14:25, transcript of interview, www.buzzsprout.com/172776/745220.

31) James K. Galbraith, The Predator State: How Conservatives Abandoned the Free Market and Why Liberals Should Too (New York: Free Press, 2008).

32) 딘 베이커(Dean Baker)는 트럼프의 호통과 달리, "대 중국 무역 적자는 제너럴 일 렉트릭, 보잉, 월마트 등이 중국에 져서 나온 결과가 아니라, 이들이 이윤을 극대 화하기 위해 노력한 결과"라고 지적했다. 다음을 참고하라. Dean Baker, "Media Go Trumpian on Trade," Beat the Press, CEPR, August 24, 2019, cepr.net/blogs/ beat-the-press/media-go-trumpian-on-trade.

33) Mitchell, "Modern Monetary Theory."

34) Pavlina R. Tcherneva and L. Randall Wray, "Employer of Last Resort Program: A Case Study of Argentina's Jefes de Hogar Program," Working Paper No. 41, CFEPS, April 2005, www.cfeps.org/pubs/wp-pdf/WP41-Tcherneva-Wray-all.pdf.

35) Pavlina R. Tcherneva, "A Global Marshall Plan for Joblessness?" (blog), Institute for New Economic Thinking, May 11, 2016, www.ineteconomics.org/perspectives/ blog/a-global-marshall-plan-for-joblessness.

36) "World Employment and Social Outlook 2017: Sustainable Enterprises and Jobs-Formal Enterprises and Decent Work," International Labour Organization report,

October 9, 2017.

37) "Mexico Trade Surplus with the US Reach Record High US$81.5 Billion in 2018," MexicoNow, March 8, 2019, mexico-now.com/index.php/article/5232-mexico-trade-surplus-with-the-us-reach-record-high-us-81-5-billion-in-2018.

38) Jeff Faux, "NAFTA's Impact on U.S. Workers," Working Economics Blog, Economic Policy Institute, December 9, 2013, www.epi.org/blog/naftas-impact-workers/.

39) Bill Mitchell, "Bad Luck if You Are Poor!," Modern Monetary Theory, June 25, 2009, bilbo.economicoutlook.net/blog/?p=3064.

제6장
우리에겐 자격이 있다!

1) US Senate, "Glossary Term: Entitlement" (webpage), www.senate.gov/reference/glossary_term/entitlement.htm.

2) US Social Security Office of Retirement and Disability Policy, "Beneficiaries in Current-Payment Status," Annual Statistical Report on the Social Security Disability Insurance Program, 2018, Social Security Administration, released October 2019, www.ssa.gov/policy/docs/statcomps/di_asr/2018/sect01.html.

3) Richard R. J. Eskow, host, The Zero Hour with RJ Eskow, "Shaun Castle on Social Security and Paralyzed Veterans of America," YouTube, April 22, 2019, 18:46, www.youtube.com/watch?v=avPbNku5Qoc&feature=youtu.be.

4) PVA, "Paralyzed Veterans of America Urges Preserving and Strengthening Social Security During Hearing on Capitol Hill," Paralyzed Veterans of America, April 10, 2019, pva.org/about-us/news-and-media-center/recent-news/paralyzed-veterans-of-america-urges-preserving-and/.

5) Confronting Poverty, "About the Project" (webpage), confrontingpoverty.org/about/.

6) Matt DeLong, "Groups Call for Alan Simpson's Resignation over 'Sexist' Letter," Washington Post, August 25, 2010, voices.washingtonpost.com/44/2010/08/group-calls-for-debt-commissio.html.

7) "The Insatiable Glutton" in Puck magazine, December 20, 1882, mentioned in James Marten, "Those Who Have Borne the Battle: Civil War Veterans, Pension Advocacy, and Politics," Marquette Law Review 93, no. 4 (Summer 2010): 1410,scholarship.law.marquette.edu/cgi/viewcontent.cgi?article=5026&context=mulr.

8) EconoEdLink, Resource 6, Social Security: Visualizing the Debate, U.S. History: Lesson 3.1 in "The History of Social Security" in Understanding Fiscal Responsibility, Economics & Personal Finance Resources for K–12, www.econedlink.org/wp-content/uploads/legacy/1311_Social%20Security%206.pdf.

9) Nancy J. Altman, The Truth About Social Security: The Founders' Words Refute Revisionist History, Zombie Lies, and Common Misunderstandings (Washington, DC: Strong Arm Press, 2018).

10) 일례로 다음을 참고하라. "Polling Memo: Americans' Views on Social Security," Social Security Works, March 2019, socialsecurityworks.org/2019/03/26/social-security-polling/.

11) Franklin D. Roosevelt, "President Franklin Roosevelt's 1943 State of the Union Address," January 7, 1943, History, Art & Archives, US House of Representatives, history.house.gov/Collection/Listing/PA2011/PA2011-07-0020/.

12) Altman, The Truth About Social Security, 7.

13) 위의 글.

14) Board of Trustees of the Federal Old-Age and Survivors Insurance and Federal Disability Insurance Trust Funds, "Letter of Transmittal," Washington, DC, April 22, 2019, www.ssa.gov/OACT/TR/2019/tr2019.pdf.

15) Marc Goldwein, "Social Security Is Approaching Crisis Territory," The Hill, April 29, 2019, thehill.com/opinion/finance/441125-social-security-is-approaching-crisis-territory#.XMdbf0dTNXs.

16) Social Security Administration, Summary of Provision That Would Change the Social Security Program, Office of the Chief Actuary, SSA, December 30, 2019, www.ssa.gov/OACT/solvency/provisions/summary.pdf.

17) Laurence Kotlikoff, "Social Security Just Ran a $9 Trillion Deficit, and Nobody Noticed," The Hill, May 14, 2019, thehill.com/opinion/finance/443465-social-security-just-ran-a-9-trillion-deficit-and-nobody-noticed.

18) NCPSSM, "Raising the Social Security Retirement Age: A Cut in Benefits for Future Retirees," National Committee to Preserve Social Security & Medicare, October 30, 2018, www.ncpssm.org/documents/social-security-policy-papers/raising-the-social-security-retirement-age-a-cut-in-benefits-for-future-retirees/.

19) Steven M. Gillon, The Pact: Bill Clinton, Newt Gingrich, and the Rivalry That Defined a Generation (New York: Oxford University Press, 2008).

20) Stephanie A. Kelton, "Entitled to Nothing: Why Americans Should Just Say 'No' to Personal Accounts," Working Paper No. 40, Center for Full Employment and Price Stability, University of Missouri–Kansas City, April 2005,www.cfeps.org/pubs/wp-pdf/WP40-Bell.pdf.

21) Nicole Woo and Alan Barber, "The Chained CPI: A Painful Cut in Social Security Benefits," Center for Economic and Policy Research, 2012, cepr.net/documents/publications/cpi-2012-12.pdf.

22) Dean Baker, "Statement on Using the Chained CPI for Social Security Cost of Living Adjustments," Center for Economic and Policy Research, July 8, 2011,cepr.net/press-center/press-releases//statement-on-using-the-chained-cpi-for-social-security-cost-of-living-adjustments.

23) "Consumer Price Index for the elderly," Bureau of Labor Statistics, US Department

of Labor, March 2012.

24) 2011 OASID Trustees Report, Table V.C3: Legislated Changes in Normal Retirement Age and Delayed Retirement Credits, for Persons Reaching Age 62 in Each Year 1986 and Later, www.socialsecurity.gov/OACT/TR/2011/V_C_prog.html#180548. See also US Bureau of Labor Statistics, "TED: The Economics Daily," Consumer Price Index for the Elderly, March 2, 2012, www.bls.gov/opub/ted/2012/ted_20120302.htm.

25) D. Rosnick and D. Baker, "The Impact on Inequality of Raising the Social Security Retirement Age," Center for Economic and Policy Research, April 2012, cepr.net/publications/reports/the-impact-on-inequality-of-raising-the-social-security-retirement-age.

26) Social Security and Medicare Boards of Trustees, "A Summary of the 2019 Annual Reports: A Message to the Public," US Social Security Administration, www.ssa.gov/oact/trsum/.

27) 위의 자료.

28) Transamerica Center for Retirement Studies, 18th Annual Transamerica Retirement Survey: A Compendium of Findings About American Workers, Transamerica Institute, June 2018, www.transamericacenter.org/docs/default-source/retirement-survey-of-workers/tcrs2018_sr_18th_annual_worker_compendium.pdf.

29) Peter Whoriskey, "'I Hope I Can Quit Working in a Few Years': A Preview of the U.S. Without Pensions," Washington Post, December 23, 2017, www.washingtonpost.com/business/economy/i-hope-i-can-quit-working-in-a-few-years-a-preview-of-the-us-without-pensions/2017/12/22/5cc9fdf6-cf09-11e7-81bc-c55a220c8cbe_story.html.

30) Teresa Ghilarducci, Michael Papadopoulos, and Anthony Webb, "40% of Older Workers and Their Spouses Will Experience Downward Mobility," Schwartz Center for Economic Policy Analysis Policy Note, The New School, 2018, www.economicpolicyresearch.org/resource-library/research/downward-mobility-in-retirement.

THE DEFICIT MYTH

31) Alica H. Munnell, Kelly Haverstick, and Mauricio Soto, "Why Have Defined Benefit Plans Survived in the Public Sector?," Briefs, Center for Retirement Research, Boston College, December 2007, crr.bc.edu/briefs/why-have-defined-benefit-plans-survived-in-the-public-sector/.

32) Monique Morrissey, "The State of American Retirement: How 401(k)s Have Failed Most American Workers," Economic Policy Institute, March 3, 2016, www.epi.org/publication/retirement-in-america/.

33) Kathleen Romig, "Social Security Lifts More Americans Above Poverty Than Any Other Program," Center on Budget and Policy Priorities, www.cbpp.org/research/social-security/social-security-lifts-more-americans-above-poverty-than-any-other-program.

34) T. Skocpol, "America's First Social Security System: The Expansion of Benefits for Civil War Veterans," Political Science Quarterly 108, no. 1 (1993): 85–116.

35) "Oldest Civil War Pensioner Gets $73 a Month from VA," Florida Today, August 2017, www.floridatoday.com/story/news/2017/08/24/one-n-c-woman-still-receiving-civil-war-pension/594982001/.

36) Juan Williams, Muzzled: The Assault on Honest Debate (New York: Broadway, 2011).

37) John Light, "Déjà Vu: A Look Back at Some of the Tirades Against Social Security and Medicare," Moyers, October 1, 2013, updated August 14, 2014, billmoyers.com/content/deja-vu-all-over-a-look-back-at-some-of-the-tirades-against-social-security-and-medicare/4/.

38) John Nichols, The "S" Word: A Short History of an American Tradition… Socialism (London: Verso, 2012).

39) Sarah Kliff, "When Medicare Was Launched, Nobody Had Any Clue Whether It Would Work,"Washington Post, May 17, 2013, www.washingtonpost.com/news/wonk/wp/2013/05/17/when-medicare-launched-nobody-had-any-clue-whether-it-would-work/.

THE DEFICIT MYTH

40) Bryan R. Lawrence, "The Illusion of Health-Care 'Trust Funds,'" Washington Post, October 18, 2012, www.washingtonpost.com/opinions/the-illusion-of-health-care-trust-funds/2012/10/18/844047d8-1897-11e2-9855-71f2b202721b_story.html.

41) Gail Wilensky, "Medicare and Medicaid Are Unsustainable Without Quick Action," New York Times, January 11, 2016, www.nytimes.com/roomfordebate/2015/07/30/the-next-50-years-for-medicare-and-medicaid/medicare-and-medicaid-are-unsustainable-without-quick-action.

42) Philip Moeller, "Medicare and Social Security Stay on Unsustainable Financial Paths, Reports Show," PBS News Hour, April 22, 2019, www.pbs.org/newshour/health/medicare-and-social-security-stay-on-unsustainable-financial-paths-reports-show.

43) Diana Furchtgott-Roth, "Medicare Is Unsustainable in Current Form," MarketWatch, December 2012, www.marketwatch.com/story/medicare-is-unsustainable-in-current-form-2012-12-06.

44) J. Adamy and P. Overberg, "Growth in Retiring Baby Boomers Strains US Entitlement Programs," Wall Street Journal, June 2018, www.wsj.com/articles/retiring-baby-boomers-leave-the-u-s-with-fewer-workers-to-support-the-elderly-1529553660.

45) 위 자료.

46) Lenny Bernstein, "US Life Expectancy Declines Again, a Dismal Trend Not Seen Since World War I," Washington Post, WP Company, November 29, 2018, www.washingtonpost.com/national/health-science/us-life-expectancy-declines-again-a-dismal-trend-not-seen-since-world-war-i/2018/11/28/ae58bc8c-f28c-11e8-bc79-68604ed88993_story.html.

47) Raj Chetty, Michael Stepner, Sarah Abraham, Shelby Lin, Benjamin Scuderi, Nicholas Turner, Agustin Bergeron, and David Cutler, "The Association Between Income and Life Expectancy in the United States, 2001–2014," Journal of the American Medical Association 315, no. 16 (April 2016): 1750–1766, jamanetwork.com/journals/jama/article-abstract/2513561.

THE DEFICIT MYTH

48) Hendrik Hertzberg, "Senses of Entitlement," The New Yorker, April 1, 2013, www.newyorker.com/magazine/2013/04/08/senses-of-entitlement.

49) Richard R. J. Eskow, "'Entitlement Reform' Is a Euphemism for Letting Old People Get Sick and Die," Huffpost, February 25, 2011, www.huffpost.com/entry/entitlement-reform-is-a-e_b_828544.

50) John Harwood, "Spending $1 Billion to Restore Fiscal Sanity," New York Times, July 14, 2008, www.nytimes.com/2008/07/14/us/politics/14caucus.html.

51) Lori Montgomery, "Presidential Commission to Address Rising National Debt," Washington Post, April 27, 2010www.washingtonpost.com/wp-dyn/content/article/2010/04/26/AR2010042604189_pf.html.

52) 2009년부터 2011년까지 아메리카 스픽스라는 단체는 피터슨 재단으로부터 $4,048,073를 받았다. 다음을 참고하라. Center for Media Democracy, "America Speaks," SourceWatch, www.sourcewatch.org/index.php/America_Speaks.

53) Dan Eggen, "Many Deficit Commission Staffers Paid by Outside Groups," Washington Post, November 10, 2010, www.washingtonpost.com/wp-dyn/content/article/2010/11/10/AR2010111006850.html.

54) Peter G. Peterson, "Statement by Foundation Chairman Pete Peterson on Simpson-Bowles 'Bipartisan Path Forward to Securing America's Future,'" Peter G. Peterson Foundation, April 19, 2013, www.pgpf.org/press-release/statement-by-foundation-chairman-pete-peterson-on-simpson-bowles-bipartisan-path-forward-to-securing-america%E2%80%99s-future.

55) 다음을 참고하라. Alan Simpson and Erskine Bowles, "A Moment of Truth for Our Country's Financial Future," Washington Post, November 29, 2017, www.washingtonpost.com/opinions/a-moment-of-truth-for-our-countrys-financial-future/2017/11/29/22963ce6-d475-11e7-a986-d0a9770d9a3e_story.html; and Committee for a Responsible Federal Budget, "Bowles and Simpson Announce Campaign to Fix the Debt on CNBC's Squawkbox," The Bottom Line (blog), July

THE DEFICIT MYTH

12, 2012, www.crfb.org/blogs/bowles-and-simpson-announce-campaign-fix-debt-cnbcs-squawkbox.

56) Peter G. Peterson Foundation, "Peterson Foundation to Convene 3rd Annual Fiscal Summit in Washington on May 15th" (press release), May 8, 2012, www.pgpf.org/event/peterson-foundation-to-convene-3rd-annual-fiscal-summit-in-washington-on-may-15th.

57) Michael Hiltzik, "'60 Minutes' Shameful Attack on the Disabled," Los Angeles Times, October 7, 2013, www.latimes.com/business/hiltzik/la-xpm-2013-oct-07-la-fi-mh-disabled-20131007-story.html.

58) Congresswoman Susan Wild, "Rep. Wild Secures Funding for Social Security Administration to Address Wait Times in House-Passed Government Funding" (press release), June 19, 2019, wild.house.gov/media/press-releases/rep-wild-secures-funding-social-security-administration-address-wait-times.

59) H. Luke Shaefer and Kathryn Edin, "Extreme Poverty in the United States, 1996 to 2011," Policy Brief no. 28, National Poverty Center, February 2012, npc.umich.edu/publications/policy_briefs/brief28/policybrief28.pdf.

60) Eduardo Porter, "The Myth of Welfare's Corrupting Influence on the Poor," New York Times, October 20, 2015, www.nytimes.com/2015/10/21/business/the-myth-of-welfares-corrupting-influence-on-the-poor.html.

61) Kyodo, Bloomberg, staff report, "Japan's Pension System Inadequate in Aging Society, Council Warns," Japan Times, June 4, 2019, www.japantimes.co.jp/news/2019/06/04/business/financial-markets/japans-pension-system-inadequate-aging-society-council-warns/#.XjQe1pNKjBI.

62) Alan Greenspan, "There is nothing to prevent government from creating as much money as it wants," Committee on the Budget, House of Representatives, March 2, 2005, posted by wonkmonk, YouTube, March 24, 2014, 1:35, www.youtube.com/watch?v=DNCZHAQnfGU.

63) C-Span, 2005 greenspan ryan, 02:42, March 2, 2005, www.c-span.org/video/?c3886511/

user-clip-2005-greenspan-ryan-024200.

64) 위 자료

65) Robert Eisner, "Save Social Security from Its Saviors," Journal of Post Keynesian Economics 21, no. 1 (1998): 77–92.

66) 위 자료, 80.

67) 아이스너는 이러한 변화들을 반대하지는 않았지만, 공정성 면에서 지지했을 뿐, 이러한 변화가 제도의 지급 능력을 보장하는 데 필요하다고 보지는 않았다.

68) "Policy Basics: Where Do Our Federal Tax Dollars Go?" Center on Budget and Policy Priorities, January 29, 2019, https://www.cbpp.org/research/federal-budget/policy-basics-where-do-our-federal-tax-dollars-go.

69) William E. Gibson, "Age 65+ Adults Are Projected to Outnumber Children by 2030," AARP, March 14, 2018, www.aarp.org/home-family/friends-family/info-2018/census-baby-boomers-fd.html.

제7장
중요한 적자들

1) Rebecca Schabad, "Bernie Sanders Flips the Scripts with the Deficit Plan," The Hill, January 2015, the hill.com/policy/finance/230692-budget-ranking-member-lays-out-plan-to-eliminate-economic-deficits.

2) Sabrina Tavernise, "With His Job Gone, an Autoworker Wonders, What Am I as a Man?," New York Times, May 27, 2019, www.nytimes.com/2019/05/27/us/auto-worker-jobs-lost.html.

3) Robert McCoppin and Lolly Bowean, "Getting by with the Minimum," Chicago

Tribune, February 2, 2014, www.chicagotribune.com/news/ct-xpm-2014-02-02-ct-minimum-wage-illinois-met-20140202-story.html.

4) Matthew Boesler, "Almost 40% of Americans Would Struggle to Cover a $400 Emergency," Bloomberg, May 23, 2019, www.bloomberg.com/news/articles/2019-05-23/almost-40-of-americans-would-struggle-to-cover-a-400-emergency.

5) Suresh Naidu, Eric Posner, and Glen Weyl, "More and More Companies Have Monopoly Power over Workers Wages. That's Killing the Economy," Vox, April 6, 2018, www.vox.com/the-big-idea/2018/4/6/17204808/wages-employers-workers-monopsony-growth-stagnation-inequality.

6) Economic Innovation Group, The New Map of Economic Growth and Recovery, May 2016, eig.org/wp-content/uploads/2016/05/recoverygrowthreport.pdf.

7) Chris Arnade, Dignity: Seeking Respect in Back Row America (New York: Sentinel, 2019).

8) Nicky Woolf, "Over 50 and Once Successful, Jobless Americans Seek Support Groups to Help Where Congress Has Failed", Guardian (Manchester, UK), November 7, 2014, www.theguardian.com/money/2014/nov/07/long-term-unemployed-support-groups-congress.

9) Jagdish Khubchandani and James H. Price, "Association of Job Insecurity with Health Risk Factors and Poorer Health in American Workers," Journal of Community Health 42, no. 2 (April 2017): 242–251.

10) David N. F. Bell and David G. Blanchflower, "Unemployment in the US and Europe," Department of Economics, Dartmouth College, August 7, 2018, www.dartmouth.edu/~blnchflr/papers/revised%20%20europe%20Underemployment%20paper%20august%207th%202018.pdf.

11) National Institute on Retirement Security, "New Report Finds Nation's Retirement Crisis Persists Despite Economic Recovery" (press release), September 17, 2018, www.nirsonline.org/2018/09/new-report-finds-nations-retirement-crisis-persists-

despite-economic-recovery/.

12) Emmie Martin, "67% of Americans Say They'll Outlive Their Retirement Savings—Here's How Many Have Nothing Saved at All," Make It, CNBC, May 14, 2018, www.cnbc.com/2018/05/11/how-many-americans-have-no-retirement-savings.html.

13) Sean Dennison, "64% of Americans Aren't Prepared for Retirement—and 48% Don't Care," Yahoo Finance, September 23, 2019, finance.yahoo.com/news/survey-finds-42-americans-retire-100701878.html.

14) Emmie Martin, "Here's How Much More Expensive It Is for You to Go to College Than It Was for Your Parents," Make It, CNBC, November 2017, www.cnbc.com/2018/05/11/how-many-americans-have-no-retirement-savings.html.

15) FRED, "Working Age Population: Aged 15–64; All Persons for the United States" (chart), Federal Reserve Bank of Saint Louis, updated October 9, 2019, fred.stlouisfed.org/series/LFWA64TTUSM647S.

16) Alessandro Malito, "The Retirement Crisis Is Bad for Everyone—Especially These People," MarketWatch, August 2019, www.marketwatch.com/story/the-retirement-crisis-is-bad-for-everyone-especially-these-people-2019-04-12.

17) Associated Press, "Nearly One-Quarter of Americans Say They'll Never Retire, According to a New Poll," CBS News, July 2019, www.cbsnews.com/news/nearly-one-quarter-of-americans-say-theyll-never-retire-according-to-new-poll/.

18) Anna Maria Andriotis, Ken Brown, and Shane Shifflett, "Families Go Deep into Debt to Stay in the Middle Class," Wall Street Journal, August 1, 2019.

19) Sarah Jane Glynn, "Breadwinning Mothers are Increasingly the US Norm," Center for American Progress, December 19, 2016, www.americanprogress.org/issues/women/reports/2016/12/19/295203/breadwinning-mothers-are-increasingly-the-u-s-norm/.

20) Steve Dubb, "Baltimore Confronts Enduring Racial Health Disparities," NonProfit Quarterly, November 22, 2017, nonprofitquarterly.org/baltimore-confronts-enduring-racial-health-disparities/.

21) Gaby Galvin, "87M Adults Were Uninsured or Underinsured in 2018, Survey Says," U.S. News & World Report, February 7, 2019, www.usnews.com/news/healthiest-communities/articles/2019-02-07/lack-of-health-insurance-coverage-leads-people-to-avoid-seeking-care.

22) Tami Luhby, "Is Obamacare Really Affordable? Not for the Middle Class," CNN, November 2016, money.cnn.com/2016/11/04/news/economy/obamacare-affordable/index.html.

23) Boesler, "Almost 40% of Americans Would Struggle to Cover a $400 Emergency."

24) Bob Herman, "Medical Costs Are Driving Millions of People into Poverty," Axios, September 2019, www.axios.com/medical-expenses-poverty-deductibles-540e2c09-417a-4936-97aa-c241fd5396d2.html.

25) Lori Konish, "137 Million Americans Are Struggling with Medical Debt. Here's What to Know if You Need Some Relief," CNBC, November 12, 2019, www.cnbc.com/2019/11/10/americans-are-drowning-in-medical-debt-what-to-know-if-you-need-help.html.

26) Matt Bruenig, "How Many People will Obamacare and AHCA Kill?" (blog), Matt Bruenig Politics, mattbruenig.com/2017/06/22/how-many-people-will-obamacare-and-ahca-kill/.

27) Catherine Rampell, "It Takes a B.A. to Find a Job as a File Clerk," New York Times, February 19, 2013, www.nytimes.com/2013/02/20/business/college-degree-required-by-increasing-number-of-companies.html.

28) Leslie Brody, "New York City Plans to Give More 3-Year-Olds Free Early Childhood Education," Wall Street Journal, January 10, 2019, www.wsj.com/articles/new-york-city-plans-to-give-more-3-year-olds-free-early-childhood-education-11547165926?mod=article_inline).

29) US Department of Education, "Obama Administration Investments in Early Learning Have Led to Thousands More Children Enrolled in High-Quality Preschool," September

2016, www.ed.gov/news/press-releases/obama-administration-investments-early-learning-have- led-thousands-more-children-enrolled-high-quality-preschool.

30) US Department of Education, "Every Student Succeeds Act (ESSA)," www.ed.gov/essa.

31) Timothy Williams, "Poor Students Keep Getting Crushed in the Football Field," New York Times, September 2019, www.nytimes.com/2019/09/22/us/school-football-poverty.html.

32) Martin, "Here's How Much More Expensive It Is for You to Go to College Than It Was for Your Parents."

33) Demos, "African Americans, Student Debt, and Financial Security," 2016, www.demos.org/sites/default/files/publications/African%20Americans%20and%20Student%20Debt%5B7%5D.pdf.

34) Alexandre Tanzi, "U.S. Student-Loan Delinquencies Hit Record," Bloomberg Businessweek, February 22, 2019, www.bloomberg.com/news/articles/2019-02-22/u-s-student-loan-delinquencies-hit-record.

35) Elise Gould, "Higher Returns on Education Can't Explain Growing Wage Inequality," Economic Policy Institute, March 15, 2019, www.epi.org/blog/higher-returns-on-education-cant-explain-growing-wage-inequality/.

36) Scott Fullwiler, Stephanie Kelton, Catherine Ruetschlin, and Marshal Steinbaum, The Macroeconomic Effects of Student Debt Cancellation, Levy Economics Institute of Bard College, February 2018, www.levyinstitute.org/pubs/rpr_2_6.pdf.

37) Patrick McGeehan, "Your Tales of La Guardia Airport Hell," New York Times, August 29, 2019, www.nytimes.com/interactive/2019/08/29/nyregion/la-guardia-airport.html?smid=tw-nytimes&smtyp=cur.

38) Irwin Redlener, "The Deadly Cost of Failing Infrastructure," The Hill, April 2019, thehill.com/opinion/energy-environment/437550-ignoring-warning-signs-made-historic-midwest-floods-more-dangerous.

THE DEFICIT MYTH

39) ASCE, "2017 Infrastructure Report Card: Dams," Infrastructure Report Card, 2017, www.infrastructurereportcard.org/wp-content/uploads/2017/ 01/Dams-Final.pdf.

40) ASCE, Infrastructure Report Card, www.infrastructurereportcard.org/.

41) Lauren Aratani, "'Damage Has Been Done': Newark Water Crisis Echoes Flint," Guardian (Manchester, UK), August 2019, www.theguardian.com/us-news/2019/ aug/25/newark-lead-water-crisis-flint.

42) Peter Gowan and Ryan Cooper, Social Housing in the United States, People's Policy Project, 2018, www.peoplespolicyproject.org/wp-content/ uploads/2018/04/SocialHousing.pdf.

43) Richard "Skip" Bronson, "Homeless and Empty Homes—an American Travesty," Huffpost, May 25, 2011, www.huffpost.com/entry/post_733_b_692546.

44) IPCC, Global Warming of 1.5°C, Special Report, United Nations Intergovernmental Panel on Climate Change, 2018, www.ipcc.ch/sr15/.

45) Nathan Hultman, "We're Almost Out of Time: The Alarming IPCC Climate Report and What to Do Next," Brookings Institution, October 16, 2018, Again: www.brookings.edu/opinions/were-almost-out-of-time-the-alarming-ipcc-climate-report-and-what-to-do-next/.

46) Umair Irfan, "Report: We Have Just 12 Years to Limit Devastating Global Warming," Vox, October 8, 2018, www.vox.com/2018/10/8/17948832/climate-change-global-warming-un-ipcc-report.

47) Brandon Miller and Jay Croft, "Planet Has Only Until 2030 to Stem Catastrophic Climate Change, Experts Warn," CNN, October 8, 2018, www.cnn.com/2018/10/07/world/climate-change-new-ipcc-report-wxc/index.html.

48) Union of Concerned Scientists, "Underwater: Rising Seas, Chronic Floods, and the Implications forUS Coastal Real Estate," 2018, www.ucsusa.org/global-warming/global-warming-impacts/sea-level-rise-chronic-floods-and-us-coastal-real-estate-implications.

49) Doyle Rice, "Hundreds Flee as Record Rainfall Swamps Northern California, but Thousands Refuse to Leave," USA Today, February 27, 2019, www.usatoday.com/story/news/nation/2019/02/27/california-floods-hundreds-flee-their-homes-thousands-refuse/3004836002/.

50) Dana Goodyear, "Waking Up from the California Dream in the Age of Wildfires," The New Yorker, November 11, 2019, www.newyorker.com/news/daily-comment/waking-up-from-the-california-dream.

51) Umair Irfan, Eliza Barclay, and Kavya Sukumar, "Weather 2050," Vox, July 19, 2019, www.vox.com/a/weather-climate-change-us-cities-global-warming.

52) Sebastien Malo, "U.S. Faces Fresh Water Shortages Due to Climate Change, Research Says," Reuters, February 28, 2019, www.reuters.com/article/us-usa-climatechange-water/u-s-faces-fresh-water-shortages-due-to-climate-change-research-says-idUSKCN1QI36L.

53) Josie Garthwaite, "Stanford Researchers Explore the Effects of Climate Change on Water Shortages," Stanford News, March 22, 2019, news.stanford.edu/2019/03/22/effects-climate-change-water-shortages/.

54) Robin Meyer, "This Land Is the Only Land There Is," The Atlantic, August 8, 2019, www.theatlantic.com/science/archive/2019/08/how-think-about-dire-new-ipcc-climate-report/595705/.

55) Hultman, "We're Almost Out of Time."

56) Callum Roberts, "Our Seas Are Being Degraded, Fish Are Dying—but Humanity Is Threatened Too," Guardian (Manchester, UK), September 19, 2015, www.theguardian.com/environment/2015/sep/20/fish-are-dying-but-human-life-is-threatened-too.

57) Damian Carrington, "Plummeting Insect Numbers 'Threaten Collapse of Nature,'" Guardian (Manchester, UK), February 10, 2019, www.theguardian.com/environment/2019/feb/10/plummeting-insect-numbers-threaten-collapse-of-nature.

58) Union of Concerned Scientists, "Vehicles, Air Pollution, and Human Health" (webpage),

July 18, 2014, www.ucsusa.org/resources/vehicles-air-pollution-human-health.

59) Drew Shindell, Greg Faluvegi, Karl Seltzer, and Cary Shindell, "Quantified, Localized Health Benefits of Accelerated Carbon Dioxide Emissions Reductions," Nature Climate Change, March 19, 2018, www.nature.com/articles/s41558-018-0108-y.

60) World Economic and Social Survey, "Report: Inequalities Exacerbate Climate Impacts on Poor," Sustainable Development Goals, United Nations, 2016, www.un.org/sustainabledevelopment/blog/2016/10/report-inequalities-exacerbate-climate-impacts-on-poor/.

61) Kelsey Piper, "Is Climate Change and 'Existential Threat'—or Just a Catastrophic One?," Vox, June 28, 2019, www.vox.com/future-perfect/2019/6/13/18660548/climate-change-human-civilization-existential-risk.

62) University of Adelaide, "IPCCIs Underselling Climate Change," Science Daily, March 20, 2019, www.sciencedaily.com/releases/2019/03/190320102010.htm.

63) Irfan, "Report: We Have Just 12 Years to Limit Devastating Global Warming."

64) David Roberts, "What Genuine, No-Bullshit Ambition on Climate Change Would Look Like," Vox, October 8, 2018, www.vox.com/energy-and-environment/2018/5/7/17306008/climate-change-global-warming-scenarios-ambition.

65) MCC, "That's How Fast the Carbon Clock Is Ticking," Mercator Research Institute on Global Commons and Climate Change, December 2018, www.mcc-berlin.net/en/research/co2-budget.html.

66) Kimberly Amadeo, "The US National Debt Clock and Its Warning," The Balance, February 13, 2019, www.thebalance.com/u-s-national-debt-clock-definition-and-history-3306297.

67) WEF, The Inclusive Development Index 2018: Summary and Data Highlights (Geneva, Switzerland: World Economic Forum, 2018), www3.weforum.org/docs/WEF_Forum_IncGrwth_2018.pdf.

68) Quentin Fottrell, "Alone," MarketWatch, October 10, 2018, www.marketwatch.com/story/

america-has-a-big-loneliness-problem-2018-05-02.

69) Children's Defense Fund, "Child Poverty" (webpage), www.childrensdefense.org/policy/ policy-priorities/child-poverty/.

70) Sheri Marino, "The Effects of Poverty on Children," Focus for Health, April 1, 2019, www.focusforhealth.org/effects-poverty-on-children/.

71) Christopher Ingraham, "Wealth Concentration Returning to 'Levels Last Seen During the Roaring Twenties,' According to New Research," Washington Post, February 8, 2019, www.washingtonpost.com/us-policy/2019/02/08/wealth-concentration-returning-levels-last-seen-during-roaring-twenties-according-new-research/.

72) Sean McElwee, "The Income Gap at the Polls," Politico Magazine, January 7, 2015, www.politico.com/magazine/story/2015/01/income-gap-at-the-polls-113997.

73) Sabrina Tavernise, "Many in Milwaukee Neighborhood Didn't Vote—and Don't Regret It," New York Times, November 20, 2016, www.nytimes.com/2016/11/21/ us/many-in-milwaukee-neighborhood-didnt-vote-and-dont-regret-it.html.

74) Jake Bittle, "The 'Hidden' Crisis of Rural Homelessness," The Nation, March 28, 2019, www.thenation.com/article/rural-homelessness-housing/.

75) Chris Arnade, "Outside Coastal an 'Other America' Has Different Values and Challenges," Guardian (Manchester, UK), February 21, 2017, www.theguardian. com/society/2017/feb/21/outside-coastal-bubbles-to-say-america-is-already-great-rings-hollow.

76) Chris Arnade, Dignity: Seeking Respect in Back Row America (New York: Sentinel, 2019).

77) Martin Gilens and Benjamin I. Page, "Testing Theories of American Politics: Elites, Interest Groups, and Average Citizens," Perspectives on Politics 12, no. 3 (September 2014): 564–581, www.cambridge.org/core/journals/perspectives-on-politics/ article/testing-theories-of-american-politics-elites-interest-groups-and-average-citiz ens/62327F513959D0A304D4893B382B992B/core-reader.

ᴛᴴᴱDEFICIT MYTH

78) Facundo Alvaredo, Lucas Chancel, Thomas Piketty, Emmanuel Saez, and Gabriel Zucman, World Inequality Report 2018: Executive Summary, World Inequality Lab, 2017, wir2018.wid.world/files/download/wir2018-summary-english.pdf.

79) "Federal Individual Income Tax Rates History" (chart), 1913–2013, files.taxfoundation.org/legacy/docs/fed_individual_rate_history_adjusted.pdf.

80) Robert B. Reich, Saving Capitalism: For the Many, Not the Few (New York: Alfred A. Knopf, 2015).

81) Robert Reich, Tweet, March 12, 2019, 5:22 p.m., available at Meme, me.me/i/robert-reich-rbreich-the-concentration-of-wealth-in-america-has-408c58b6e98d4dcf9f496 9d237dd3442.

82) Era Dabla-Norris, Kalpana Kochar, Nujin Suphaphiphat, Frantisek Ricka, and Evridiki Tsounta, Causes and Consequences of Income Inequality: A Global Perspective, International Monetary Fund, June 2015, www.imf.org/external/pubs/ft/sdn/2015/sdn1513.pdf.

83) Josh Bivens and Lawrence Mishel, "Understanding the Historic Divergence Between Productivity and a Typical Worker's Pay," Briefing Paper No. 406, Economic Policy Institute, September 2, 2015, www.epi.org/publication/understanding-the-historic-divergence-between-productivity-and-a-typical-workers-pay-why-it-matters-and-why-its-real/.

84) 위 자료.

85) Reuters, "CEOs Earn 361 Times More Than the Average U.S. Worker—Union Report," May 22, 2018, www.reuters.com/article/us-usa-compensation-ceos/ceos-earn-361-times-more-than-the-average-u-s-worker-union-report-idUSKCN1IN2FU.

86) Alvaredo et al., World Inequality Report 2018.

87) Chuck Collins and Josh Hoxie, Billionaire Bonanza 2017: The Forbes 400 and the Rest of Us, Institute for Policy Studies, November 2017, inequality.org/wp-content/uploads/2017/11/BILLIONAIRE-BONANZA-2017-Embargoed.pdf.

THE DEFICIT MYTH

제8장
사람을 위한 경제 만들기

1) 모임을 주선한 인물은 전임 시의원 트로이 내시(Troy Nash)였으며, 그도 모임에 참석했다.

2) 그는 자주 위기의 씨앗이 되는 현 은행 시스템을 개혁하려는 야심 찬 계획도 가지고 있었다.

3) Congressional Budget Office, The Long-Term Budget Outlook (Washington, DC: CBO, June 2010, revised August 2010), www.cbo.gov/sites/default/files/111th-congress-2009-2010/reports/06-30-ltbo.pdf.

4) 위 자료.

5) Warren Mosler recounts a number of similar experiences in his book. See Mosler, The 7 Deadly Innocent Frauds of Economic Policy (Christiansted, USVI: Valance, 2010).

6) 이들 주제에 관해서는 좋은 책이 여러 권 있다. 몇 권만 예로 들면 다음과 같다. Robert B. Reich, Saving Capitalism (New York: Alfred A. Knopf, 2015); David Cay Johnston, Free Lunch (London: Penguin, 2007); Thomas Frank, Listen, Liberal (New York: Metropolitan Books/Henry Holt, 2015); Richard Florida, The New Urban Crisis (New York: Basic Books/Hachette, 2017); Chris Arnade, Dignity (New York: Sentinel, 2019); Anand Giridharadas, Winners Take All (New York: Vintage, 2019); and David Dayen, Chain of Title (New York: New Press, 2016).

7) Center on Budget and Policy Priorities, "Policy Basics: Introduction to the Federal Budget Process," updated July 8, 2019, www.cbpp.org/research/policy-basics-introduction-to-the-federal-budget-process.

8) 물론 의회는 의무 지출도 바꿀 수 있다. 예를 들어, 사회 보장 수당을 늘리거나, 전 국민에게 단일 보험자 방식 의료 보험을 제공하기 위해 메디케어 가입 연령을 65세에서 0세로 낮추는 것도 가능하다.

9) 더 많은 정보를 원한다면 다음을 참고하라. A. G. Hart, "Monetary Policy for Income Stabilization" in Income Stabilization for a Developing Democracy, ed. Max F. Millikan (New Haven, CT: Yale University Press, 1953); Simon Gray and Runchana Pongsaparn, Issuance of Central Securities: International Experiences and Guidelines, IMF Working Paper, WP/15/106, May 2015, www.imf.org/external/pubs/ft/wp/2015/wp15106.pdf; and Rohan Grey, "Banking in a Digital Fiat Currency Regime," in Regulating Blockchain: Techno-Social and Legal Challenges, ed. Philipp Hacker, Ioannis Lianos, Georgios Dimitropoulos, and Stefan Eich (Oxford, UK: Oxford University Press, 2019), 169–180, rohangrey.net/files/banking.pdf.

10) 의회 예산처에 따르면, 총 이자 지출액은 2019년 GDP의 1.8%에서 2029년에는 3.0%, 2049년에는 무려 5.7%까지 증가할 것으로 예상된다. 다음 자료를 참고하라. Congressional Budget Office, The 2019 Long-Term Budget Outlook (Washington, DC: CBO, 2019), www.cbo.gov/system/files/2019-06/55331-LTBO-2.pdf. 연방 정부 예산의 이자 지출액은 국채 발행으로, 재정 적자를 조정하는 현재의 관행을 그만두기만 해도 없앨 수 있다. 국회는 국채를 발행하는 대신, 적자 지출로 생긴 지급 준비금을 경제 내에 그냥 둘 수도 있다. 이 지급 준비금에는 연준이 정한 목표 이자율만큼 이자가 붙는다. MMT 경제학자들은 다라고 해도 좋을 만큼 대다수가 지급 준비금에 붙는 익일 금리를 영구적으로 0(또는 거의 0)으로 유지하는 편을 선호하지만, 이것이 MMT가 처방한 다른 항목들을 시행하는 데 필수적인 것은 아니다.

11) Charles Blahous, "The Costs of a National Single-Payer Healthcare System," Mercatus Working Paper, Mercatus Center, George Mason University, 2018, www.mercatus.org/system/files/blahous-costs-medicare-mercatus-working-paper-v1_1.pdf.

12) 둘 다 1974년 의회 예산 및 지출 정지 관리법(Congressional Budget and Impound Control Act of 1974)에 의해 설치됐다. 의회 예산처 홈페이지의 'History' 항목을 참고하라. Congressional Budget Office, www.cbo.gov/about/history.

13) 늘어난 지출을 상쇄하는 또 다른 방법은 다른 예산 항목에 책정된 돈을 깎는 것이다. 예를 들어, 국방 예산을 깎아 지출 비용을 마련하자고 제안할 수도 있다.

THE DEFICIT MYTH

14) 물론 '클린 빌'이 통과됐을 거라는 보장은 없다. 어쩌면 표를 더 얻을 수 있지 않았을까? 글쎄, 누가 알겠는가? 요즘 의회에서 초당파주의는 찾아보기 힘들다. 하지만 한 가지는 분명하다. 지출에 필요한 비용을 모조리 충당할 수 있는 새로운 수입원을 찾아오든지 다른 예산을 삭감할 방안을 제시하라고 고집부리는 현재의 관행은 경제학적으로 불필요하고 정치적으로 부적절하다. 최근 보고서에 따르면, 10년 동안 4.59조 달러가 필요하다.

15) Sheryl Gay Stolberg, "Senate Passes $700 Billion Pentagon Bill, More Money Than Trump Sought," New York Times, September 18, 2017, www.nytimes.com/2017/09/18/us/politics/senate-pentagon-spending-bill.html.

16) Christal Hayes, "Alexandria Ocasio-Cortez: Why Does GOP Fund 'Unlimited War' but Not Medicare Program?," USA Today, August 9, 2018, www.usatoday.com/story/news/politics/onpolitics/2018/08/09/alexandria-ocasio-cortez-republicans-finance-war-not-healthcare-tuition/946511002/.

17) Calvin H. Johnson, "Fifty Ways to Raise a Trillion," in Tax Reform: Lessons from the Tax Reform Act of 1986, Hearing Before the Committee on Finance, US Senate (Washington, DC: US GPO, 2010), 76, books.google.com/books?id=e4jnhl_AkLgC&pg=PA76&lpg=PA76&dq=calvin+johnson+shelf+project&source=bl&ots=yeBPKBOXV1&sig=ACfU3U3OXXYvNQgrroi7ZBFI8jrStMJJBg&hl=en&sa=X&ved=2ahUKEwiTqekg6blAhVK11kKHXiwAtkQ6AEwEHoECAkQAQ#v=onepage&q=calvin%20johnson%20shelf%20project&f=false.

18) 위의 책.

19) Keith Hennessey, "What Is a Vote-a-Rama?" (blog), March 25, 2010, keithhennessey.com/2010/03/25/vote-a-rama/.

20) Paul Krugman, "Deficits Saved the World," New York Times, July 15, 2009, krugman.blogs.nytimes.com/2009/07/15/deficits-saved-the-world/.

21) Jeff Spross, "You're Hired!," Democracy: A Journal of Ideas, no. 44 (Spring 2019), democracyjournal.org/magazine/44/youre-hired/.

22) Bureau of Labor Statistics, "Most Unemployed People in 2018 Did Not Apply for Unemployment Insurance Benefits," econintersect.com, econintersect.com/pages/ contributors/contributor.php?post=201910220659.

23) MMT 경제학자들이 만든 연방 일자리 보장 제도 모형에서는 법적으로 근로가 가능한 사람(16세 이상의 미국 시민권자 또는 미국 내 근로 허가를 받은 비시민권자)에게는 모두 일자리를 보장받을 자격이 자동으로 부여된다. 다음을 참고하라. L. Randall Wray, Flavia Dantas, Scott Fullwiler, Pavlina R. Tcherneva, and Stephanie A. Kelton, Public Service Employment: A Path to Full Employment, Levy Economics Institute of Bard College, April 2018, www.levyinstitute.org/pubs/rpr_4_18.pdf.

24) 경제학자들은 여러 버전의 일자리 보장 제도를 제안했다. 이 장에서 소개한 것은 선구적 MMT 경제학자들이 발전시킨 제도다. 근로자들은 여러 복지(의료 보험, 보육, 유급 휴가)와 함께 시간당 15달러의 임금을 받게 된다. 경력에 따라 보수를 차등 지급하고 다른 고려 사항을 반영한 다른 버전을 보고 싶다면 다음을 참고하라. Mark Paul, William Darity Jr, and Darrick Hamilton, "The federal Job Guarantee—A Policy to Achieve Permanent Full Employment," Center on Budget and Policy Priorities, March 9, 208, https://www.cbpp.org/research/full-employment/the-federal-job-guarantee-a-policy-to-achieve-permanent-full-employment.

25) 일자리 보장 제도는 일을 만들어서 하게 하는 꼼수가 아니다. 1930년대 뉴딜 정책 하에 만들어진 일자리와 비슷한 일자리를 다수 만들 수도 있을 것이다. 당시 공공산업 진흥국(Works Progress Administration)은 여러 공공사업을 진행했고 시민 국토 보전단(Civilian Conservation Corps)은 많은 환경 관련 업무를 수행했으며, 국가 청년청(National Youth Administration)은 150만 명의 고등학생과 60만 명의 대학생에게 파트타임 일자리를 제공했다. 흑인과 다른 소수 집단의 참여를 배제했던 루스벨트 시대의 여러 뉴딜 프로그램과 달리, 일자리 보장 제도는 모든 이에게 보편적 참여권을 준다.

26) 일자리 보장 제도는 현존하는 사회 안전망 프로그램을 대체하기 위한 제도가 아니다. 실업 보험을 포함한 모든 사회 안전망 제도를 일자리 보장 제도와 함께 유지할

수 있다. 물론 공공 서비스 일자리를 구한 사람들의 소득이 빈곤선보다 충분히 높아지면, 푸드 스탬프나 메디케이드 등의 지원을 받는 사람이 줄면서 소득에 따라 차등 지급되는 수당의 지출은 자연히 줄어들 것이다.

27) 가계가(또는 기업) 통화 사용자라는 사실을 기억하자. 소비자들은 빚을 너무 많이 졌다고 생각하면(신용 카드, 집 융자금, 차 할부금, 학자금 대출 등), 대개 소비를 줄인다. 이런 일이 벌어지면, 신용 사이클이 꺾이면서 기업의 매출이 감소한다.

28) 일부만 소개하자면, 다음과 같은 자료가 도움이 될 것이다. Michael J. Murray and Mathew Forstater, eds., Full Employment and Social Justice (New York: Palgrave Macmillan, 2018); Michael J. Murray and Mathew Forstater, eds., The Job Guarantee (New York: Palgrave Macmillan, 2013); Pavlina R. Tcherneva, The Case for a Job Guarantee (Cambridge, UK: Polity Press, 2020); and William S. Vickrey, Full Employment and Price Stability (Cheltenham, UK: Edward Elgar, 2004).

29) Wray et al., Public Service Employment: A Path to Full Employment.

30) 이 작업에 대한 더 자세한 논의를 보려면, 다음 자료를 참고하자. Pavlina R. Tcherneva, "The Job Guarantee: Design, Jobs, and Implementation," Working Paper No. 902, Levy Economics Institute of Bard College, April 2018, www.levyinstitute. org/pubs/wp_902.pdf.

31) 시간당 임금이 15달러일 때, 풀타임 참여자의 연봉을 계산하면, $15/시간 × 40시간 × 52주 = $31,200이므로, 풀타임 참여자는 한해 31,200달러를 벌 수 있다. 미국 보건복지부의 현(2019) 가이드라인에 따르면, 이 연봉은 5인 가족을 빈곤선 위로 끌어 올리는 데 충분하다. 다음 자료를 참고하라. US Department of Health & Human Services, "Poverty Guidelines," ASPE, aspe.hhs.gov/poverty-guidelines.

32) 8시간/일 × 5일/주 × 50주 × 1,200만 = 24,000,000,000.

33) 루스벨트는 1933년에 시민 국토 보전단을 조직했다. 이 프로그램에 모든 사람이 참여할 수 있는 건 아니었다. 18세에서 26세 사이의 미혼 남성 실업자에게만 자리가 주어졌다. 흑인도 참여할 수 있었지만, 흑인 전용 캠프로 배치됐다. 현대에 이 사업을 다시 시작하려면, 원하는 사람 모두가 참여할 수 있어야 할 것이다.

34) 소수 인종일수록 실업을 겪을 가능성이 크다. 이들은 경제가 약해지면 가장 먼저 일자리를 잃고, 기업이 인력을 늘릴 때는 가장 늦게 채용되는 경향이 있다. 이들은 백인에 비해 더 높은 실업률과 더 긴 실업 기간으로 고통받는다. 실제로 흑인의 실업률은 오랫동안 백인의 두 배 정도에 머물고 있다.

35) Pavlina R. Tcherneva, "Beyond Full Employment: The Employer of Last Resort as an Institution for Change," Working Paper No. 732, Levy Economics Institute of Bard College, September 2012, www.levyinstitute.org/pubs/wp_732.pdf.

36) 위 자료.

37) 3년 뒤 이 프로그램은 단계적으로 폐지되어 일자리가 아닌 현금을 지원하는 기존의 복지 프로그램과 전통적인 실업 보험으로 대체됐다. 흥미롭게도 체르네바는 이 프로그램의 가치 가운데 소득은 그리 중요하지 않은 부분에 속한다는 사실을 발견했다. 실제로 참여자들은 이 프로그램을 통해 일하면서 얻은 가치 가운데 소득을 다섯 번째(끝에서 두 번째)로 꼽았다. 소득보다 더 중요한 가치로 언급된 것들은 다음과 같다. ① 무언가 유용한 일을 한다는 것, ② 좋은 환경에서 일하는 것, ③ 지역 사회를 돕는 것, ④ 가치 있는 기술을 배우는 것. 그 외 장점으로 언급된 것들은 다음과 같다. 짧은 출퇴근 시간, 보육 기관에서 가까운 거리, 이웃과 연결되는 느낌, 존중받는 느낌, 역량이 커지는 느낌. 다음을 참고하라. Pavlina R. Tcherneva, "Modern Money and the Job Guarantee," posted by Jacobin, Vimeo, January 9, 2014, 14:02, vimeo.com/83813741.

38) Public Works & Infrastructure, "Welcome to EPWP" (webpage), Department: Public Works and Infrastructure, Republic of South Africa, www.epwp.gov.za/.

39) 위 자료.

40) Klaus Deininger and Yanyan Liu, "Heterogeneous Welfare Impacts of National Rural Employment Guarantee Scheme: Evidence from Andhra Pradesh, India," World Development 117, (May 2019): 98–111, www.sciencedirect.com/science/article/pii/S0305750X18304480?via%3Dihub.

41) Peter-Christian Aigner and Michael Brenes, "The Long, Tortured History of the Job

Guarantee," The New Republic, May 11, 2018, newrepublic.com/article/148388/long-tortured-history-job-guarantee.

42) 이외에도 경제 권리 장전은 교육받을 권리, 주거에 대한 권리, 의료에 접근할 권리, 안정적으로 은퇴할 권리 등을 보장할 예정이었다. 다음을 참고하라. Franklin D. Roosevelt, "State of the Union Message to Congress:January 11, 1944," Franklin D. Roosevelt Presidential Library and Museum, www.fdrlibrary.marist.edu/archives/address_text.html.

43) Martin Luther King Jr., "The 50th Anniversary of Martin Luther King, Jr.'s 'All Labor Has Dignity," Beacon Broadside, Beacon Press, March 18, 2018, www.beaconbroadside.com/broadside/2018/03/the-50th-anniversary-of-martin-luther-king-jrs-all-labor-has-dignity.html.

44) 우리는 다른 자동 안정화 장치들로 일자리 보장 제도를 강화할 수 있다. 예산 메커니즘에 자동적으로 동작하는 부분이 많아질수록 우리 경제는 더 부드럽게 순항할 것이다. 일자리 보장 프로그램에서 지급하는 임금을 (실제 물가 상승률이 아닌) 목표 물가 상승률에 연동하면 실제 물가 상승률이 목표(예를 들어, 2%)를 하회하는 경우, 자동으로 물가 상승률을 높이는 기능을 하게 할 수 있다.

45) Council of Economic Advisers: Walter Heller, Kermit Gordon, James Tobin, Gardner Ackley, and Paul Samuelson, recorded interview by Joseph Pechman, August 1, 1964, John F. Kennedy Library Oral History Program, www.jfklibrary.org/sites/default/files/archives/JFKOH/Council%20of%20Economic%20Advisers/JFKOH-CEA-01/JFKOH-CEA-01-TR.pdf.

46) Space.com staff, "May 25, 1961: JFK's Moon Shot Speech to Congress," Space.com, May 25, 2011, www.space.com/11772-president-kennedy-historic-speech-moon-space.html.

47) 1965년 7월, 존슨 대통령이 베트남에 군사를 보내기로 하면서 물가 상승률이 올랐다.

48) Mariana Mazzucato, The Entrepreneurial State: Debunking Public vs. Private Sector Myths (Cambridge, MA: Anthem Press, 2014).

49) Mariana Mazzucato, "Mobilizing for a Climate Moonshot," Project Syndicate, October 8, 2019, www.project-syndicate.org/onpoint/climate-moonshot-government-innovation-by-mariana-mazzucato-2019-10.

적자의 본질

초판 1쇄 | 2021년 02월 22일
초판 5쇄 | 2022년 02월 25일

지 은 이 | 스테파니 켈튼
옮 긴 이 | 이가영
발 행 인 | 고석현

발 행 처 | (주)한올엠앤씨
등 　 　 록 | 2011년 5월 14일

주 　 　 소 | 경기도 파주시 심학산로 12, 4층
전 　 　 화 | 031-839-6804(마케팅), 031-839-6811(편집)
팩 　 　 스 | 031-839-6828
이 메 일 | bookandcontent@hanmail.net

*책읽는수요일, 라이프맵, 비즈니스맵, 생각연구소, 지식갤러리, 스타일북스는 ㈜한올엠앤씨의 브랜드입니다.